“交通网络与区域城市发展”丛书

“教育部人文社科青年基金(项目编号:22YJCZH207)”资助项目
“中国博士后科学基金面上资助(项目编号:2020M681172)” 资助项目

# 城际铁路可达性与城市群空间网络

## ——以沪宁、沪杭走廊地区为例

许 劼 著



同济大学出版社
TONGJI UNIVERSITY PRESS
·上海·

**图书在版编目(CIP)数据**

城际铁路可达性与城市群空间网络：以沪宁、沪杭走廊地区为例 / 许劼著. —上海：同济大学出版社，2023.1

（交通网络与区域城市发展；1）

ISBN 978-7-5765-0673-0

Ⅰ. ①城… Ⅱ. ①许… Ⅲ. ①城市铁路—铁路工程—建设—中国 Ⅳ. ①U239.5

中国国家版本馆 CIP 数据核字(2023)第 014360 号

"交通网络与区域城市发展"丛书

"教育部人文社科青年基金(项目编号:22YJCZH207)"资助项目

"中国博士后科学基金面上资助(项目编号:2020M681172)"资助项目

**城际铁路可达性与城市群空间网络**——以沪宁、沪杭走廊地区为例

**许　劼　著**

**责任编辑**　周原田　　**责任校对**　徐逢乔　　**封面设计**　张　微

出版发行　同济大学出版社　　www.tongjipress.com.cn

（地址:上海市四平路 1239 号　邮编:200092　电话:021-65985622）

经　　销　全国各地新华书店、建筑书店、网络书店

排　　版　南京文脉图文设计制作有限公司

印　　刷　江苏凤凰数码印务有限公司

开　　本　710mm×1000mm　1/16

印　　张　19.75

字　　数　395 000

版　　次　2023 年 1 月第 1 版

印　　次　2023 年 1 月第 1 次印刷

书　　号　ISBN 978-7-5765-0673-0

定　　价　128.00 元

# 序

自大力推进新型城镇化以来,我国城镇化空间格局持续优化,中心城市和城市群已成为带动区域乃至全国高质量发展的动力源。尤其在网络化时代,依托一定的自然及生态环境条件形成通达的交通运输网络和高度发达的信息网络,使得区域内众多不同性质、类型和等级规模的城市之间的内在联系不断增强,并形成城市群这一新的地域集聚体,成为国家或区域的经济中心。京津冀、长三角、珠三角等城市群更是成为引领全国经济社会发展的核心枢纽,并深度参与到全球竞争和分工中。未来,以城市群为主体形态的城镇化格局的目标愈加清晰,指明了我国新型城镇化发展的方向和路径,将不断完善大中小城市和小城镇协调联动,网络化、特色化发展。城市群作为承载人口和经济的主要空间形式,劳动力、资本、技术等各类要素的集聚度将不断提高,但我国互联互通的交通等基础设施网络建设还有待完善,特别是轨道交通发展相对滞后,难以适应城镇化地区人口高度集聚、经济联系紧密、资源环境约束等需求,也一直是城市群发展的瓶颈问题。

城际铁路是"专门服务于相邻城市间或城市群"的快速客运铁路,是城市群层面的主要轨道交通形式。2015 年《城镇化地区综合交通网规划》提出全国范围内城际铁路规划长度超过 36 000 km,达到国家干线高铁的 3 倍。2016 年修编的《中长期铁路网规划》也提出了以"发展城际客运铁路"为我国铁路的建设发展方向。城际铁路建设的投资成本高,回报周期长,如此大规模的城际铁路建设对城市群发展能否产生积极影响,助推城市群发展?就这一重要问题,本书以长三角沪宁、沪杭走廊为实证案例,以可达性和空间网络为切入点,基于城际铁路的各站点实际上下车客流面板数据,针对性地展开了深入的讨论。

长三角城市群是我国规模最大、人口最密集、产业经济最发达的城市群之一,其高质量的一体化发展已经上升为国家战略。位于长三角的沪宁、沪杭城际铁路是我国开通最早的城际铁路线,是我国高铁系统中服务频率最高、为数不多的实现盈利的线路之一。经过多年的运营，其对长三角城市群空间网络的影响已经显现。本书选择了恰当的时机和典型的案例进行规划领域前沿问题的研究，研究得出的结论从理论上明确了城际铁路的意义，改进了可达性的计算方法，归纳了城际铁路主导空间网络的特征，发现了可达性对城市群空间网络在不同条件下的差异性影响作用及机制，充实了城际轨道交通与城市发展关联的理论体系。在实践上，对发挥城际铁路在城市群协同发展中的作用、协调城际铁路与其他交通方式的关系、协调城际铁路站点与城市用地布局的关系及运营方案等规划政策具有借鉴与启示作用。上述研究结论在以城市群作为推进城镇化的主体空间形态的当下，具有重要意义和参考价值。

本书作者在同济大学完成了本科、硕士和博士阶段的学习，是一位优秀的青年学者，在就读硕士期间，跟随我进行专业学习和研究，在读期间取得了优良的成绩。她在硕士学习期间对区域尺度的城镇体系规划比较感兴趣，博士学习和国外访学期间又系统地学习了交通规划知识，为在区域城市发展和交通网络的交叉领域进行深入研究探索打下了坚实的基础。她目前在复旦大学社会发展与公共政策学院进行博士后研究，这也进一步加深了对规划政策的研究和对规划实施的支撑。本书是“交通网络与区域城市发展”丛书的第一本专著，希望作者以此为起点，进一步拓展数据来源，在广度和深度上继续跟踪和拓展现有的研究，通过梳理和归纳客观规律，以长三角案例为我国其他城市群和城际铁路建设的参考和借鉴，促进城市群和城际铁路形成的良性循环，深化研究成果的理论意义并扩大成果的应用面，推动规划学科的进步，为我国城市群发展研究添砖加瓦。

彭震伟

同济大学党委副书记、教授、博士生导师

2023 年元月

# 前　言

在全球化发展的背景下，高度一体化、各级城市协调发展的城市群是城市化的主体形态，城市群的建设和发展是新型城镇化时期重要的国家战略。城市间联系形成的紧密空间网络，是城市群发展结果的表征。交通可达性改善是城市群联系的基础，铁路通过提供更快速的联系来提升城市可达性，并影响空间网络。这体现在高速铁路的可达性造成了空间网络的极化。

作为提供城市群内部联系的城际高速铁路（简称“城际铁路”），其服务对象、服务范围、服务频率等都与高速铁路（简称“高铁”）不同。城际铁路的规划规模达 36 000 km，长三角的城际铁路开通后，成为城市群层面城际出行市场的主体。城际铁路是否能产生不同于高铁的效应，促进城市群的空间网络扁平化，是本书探索的问题。

本书以“流空间”和“中心流”理论为依托，以长三角城市群的沪宁、沪杭走廊地区为实证案例，采用关系型数据库，构建客流矩阵，对比分析了城际铁路开通时和开通数年后各站点所在城市的可达性变化和空间网络的变化，以发现城际铁路对空间网络的影响。本书以区（县）级行政区为二级地区，分析它们与核心地区（直辖市和省会城市的中心城区）、一级地区（地级市中心城区）的空间网络关系；改进了可达性计算方法及影响模型，综合考虑车内时间、接驳时间、服务频率和社会经济条件为可达性影响的要素，使可达性指标能够更全面地反映地区联系活动的便利性。研究结果显示：

(1) 城际铁路总体上促进了空间网络扁平化，但在具体线路上有差异化的表现，因此形成了“嵌套＋极化”并存的复合模式。嵌套和极化空间模式的城际活动空间圈层分布有很大不同。沪宁走廊上海—常州区段的二级地区跨等级、跨行政区划范围的联系增强，二级地区与核心地区、一级地区的聚集规模差距缩小，空间网络更加均衡；沪杭走廊和沪宁走廊南京—常州区段空间网络的均衡效应不显著，联系集中在核心地区之间，核心地区的聚集规模明显高于二级地区。

(2) 发现了城际铁路可达性是城市群空间网络重塑的作用机制，有效可达面积与聚集规模正相关，沪宁走廊的二级地区城际铁路有效可达面积明显大于沪杭走廊。30—150 km 的联系尺度是城中设站的城际铁路相对高铁和高速公路的可达性优势范围，此范围内的强联系促进了上海—苏州—无锡三者形成紧密联系地带。尤其在城际出行总时耗 1 h(总行程约 80 km)范围内的地区通勤活动有所增加，表现在上海的通勤范围扩展到邻沪地区的昆山和苏州园区等二级地区，但并非二级地区随上级城市距离增加而联系强度衰减的邻近型空间活动，它具有“在不连续的地理空间同时进行社会活动”的特征。

(3) 地区自身的经济产业发展对聚集规模也具有影响作用，基本可达范围和国家级产业园区空间叠加的二级地区，其节点功能明显高于其他二级地区，甚至高于个别核心/一级地区。

基于以上理论发现，本书提出多尺度的空间优化建议：①在城市群层面强化城际铁路走廊地区，利用城际铁路设站，提升二级地区的城际铁路可达性，加强经济要素的集聚，使之参与区域分工，提升在网络中的地位，促进城市群协同发展。②在都市圈层面进行多轨整合，借助城际铁路形成紧密联系带，促进核心地区的资源要素扩散，加强 80 km 范围内城际铁路设站城市的分工协作，优化资源要素的空间配置，特别在核心地区邻近地区提升城际铁路使用效率，承接核心地区的资源要素溢出。③从设站的二级地区层面，加强站城的空间融合，基于站点的基本可达范围，完善当地交通配套，打造区域 TOD。以上建议对长三角城市群、上海大都市圈规划也具有实际指导意义。

# 目　录

# 第 1 章　城际铁路可达性和研究框架概述

## 1.1　城市群发展与城际铁路规划建设

### 1.1.1　城市群发展与铁路可达性

#### 1. 城市群是城市化的发展趋势

当城市化发展到高级阶段时，由单个或多个城市汇聚形成竞争力强大的城市群成为一种重要的城市化空间组织，也成为区域空间形态演变的重要趋势，使城市有更广的发展空间。城市群以高度全球化的大都市区为核心，并与邻近的其他城市通过劳动分工实现功能互补整合，进而形成紧密的联系，塑造了区域整体的空间。它们在本质上打破了行政区划范围的屏障，在一个巨大的城乡交融的区域内实现经济社会整合，构成国家经济的中心，成为区域发展战略的支撑点，对区域经济起到了重要的引领作用。城市群作为国家参与全球竞争和分工的地域单元，是能够起到加速城市化进程和城乡统筹作用的空间体，是新的城市化发展趋势。

20 世纪中后期，随着以全球化为主要特征的新经济时代来临，城市群已经成为地域空间格局演变的重要形态（Hall、Pain，2006；顾朝林，2011），也是国家经济发展的重心以及区域经济发展的引擎（宁越敏，2011）。世界著名的城市群，如美国东海岸城市群、日本京阪神城市群，在全球经济中发挥重要作用，全球 10 个最大的城市群，仅占全球人口的 6.5%，但创造了 42.8%的经济规模（Florida 等，2008）。区域的核心地区，是由这些大都市区及二级专业化城市共同组成的（Scott，2001），世界经济体系的空间结构正逐渐建立在城市群的基础上（陆大道，2015）。一个城市如果要建成世界城市，必定要夯实其所在的城市群的总体经济实力，加强这个城市与周边城市的经济联系。新的经济增长中心所在的区域城市化不断加快，必然会出现若干片城市群，在实力最强的城市群中又会崛起具有世界意义的世界城市（黄建富，2003）。

## 2. 交通设施可达性对城市群空间网络发展的影响

城市群的发展和基础设施的建设之间互相影响，城市的发展可能会拉动基础设施的需求，基础设施的建设也可能会促进城市发展（Conrad、Skskin，1998；Ribalaygua，2005）。当原本相互独立的城市之间有快速和可靠的交通基础设施时，可以取得更大范围的经济成果（Batten，1995）。发达的交通设施尤其是轨道交通，对强化城市群之间的联系，促进区域产业升级、转型和区域整体发展，起着重要作用（邓焕彬，2012）。因为城市规模变化背后的力量是“空间移动外部经济”，它不会被限制在一个单独的场所，可以创造出“大规模大都市间的城市结构”（Lang、Nelson，2009），即巨型区域（城市群）（Trullén 等，2013）。交通设施建设带来的可达性变化，影响了社会经济活动的空间布局。交通技术和城市模式的变化，可能导致城市和区域功能的重组：一方面城市模式的变化会影响交通可达性和区位决策，另一方面交通系统也会影响城市形态和发展（Israel、Cohen，2010）。铁路对可达性提升的作用比道路更明显（Baum-Snow、Kahn，2005；Gutiérrez 等，2006）。以法国高铁（Trainà Grande Vitesse，TGV）为例，它不仅是比其他交通工具开得更快的火车，也是一种具有自身特色的新型交通模式，它将深刻地影响空间的组织，并塑造碎片型空间（Plassard，1990）。以上都是交通设施可达性对城市群空间网络影响的表现。

## 3. 高铁对城市群空间网络的极化效应

高铁带来的可达性变化是公认的结果，它是促进了空间网络的均衡发展还是加剧了极化发展？这一直是区域发展研究者和交通投资决策者所关心的问题。从投资和政策角度，欧洲交通基础设施的建设，包括全欧交通网络（Trans-European Transport Networks，TEN-T），初衷都是为了缩小区域之间的社会发展不平衡，并促进欧盟经济社会一体化（CEC，1998、2004）。1998 年，欧洲共同体委员会（Commission of the European Communities，CEC）明确指出交通设施的供给对减少区域内部差异和社会不公，以及增强经济和社会一体化具有重要作用。彼得·霍尔（Peter Hall）也认为，高铁是重塑欧洲大陆形态的重要力量之一，在高铁的作用下，在城市群里原本比较偏远的城镇由于成为高铁网上的节点城市而会很快地繁荣起来（Hall，2009）。同时大城市群里的反极化、反集聚化进程将成为发展主流，向更为广阔的空间进行延伸。欧盟的政策认为提升落后边缘地区可达性的交通投资是很有必要的（Vickerman 等，1999；Givoni，2006；Garmendia 等，2008）。实证案例中，可达性到底是有助于区域的极化发展还是分散化发展，依然十分模糊(Garmendia 等,2012),高铁既可能引起城市的集中发展,也可能形成分散的体系(Jiao 等,2017)。部分实证结论指出高铁起到了区域极化(Bröcker 等,2010;López、Monzón,2010;López 等,2008;Willigers、van Wee,2011)而非均衡化发展的作用(Hey 等,2002;Peters,2003;Vickerman,1995)。与之相反,一些设有高铁站的城市由于可达性提升,经济状况也得到提升,由于高铁线网连通了原来较为孤立的地区,高铁的建设对区域城镇体系的平衡起到了积极的影响作用(Monzón 等,2013)。因此,由于不同的网络特征和区域发展背景,没有可以保证成功的发展路径(Verma 等,2013)。

#### 4. 高铁研究中尚待研究的问题

大部分实证研究认为,高铁服务能够增强主要区域城市的地位,但是对中小城市的影响差别很大。而中小规模的中间站对城市体系又具有支撑作用,其发展水平直接关联着空间网络是否失衡。由于自身条件背景及在网络中区位的复杂性,涉及的要素较多,高铁对于人口密度不高的中间站所在城市的影响,或者它们在何种情况下能获益,尚有待研究(Garmendia 等,2010;Martínez、Givoni,2009;Ureña 等,2010;Cheng 等,2015)。从目前实证研究所观察到的高铁发展模式都不是普遍适用的(Demizu 等,2017)。西班牙高铁的有关研究发现,距离马德里 1 h 高铁里程的雷阿尔城(Ciudad Real)从以前偏远的小城市,转型为多中心大都市功能区内的副中心(Garmendia 等,2008),从一个规模日益增长的通勤城市成长为区域商务中心。然而,英格兰东南部的阿什福德(Ashford)的地方经济只有微量增长(Preston、Wall,2008)。由高铁带来的外部可达性的提升可能有助于提升城市在城市体系中的位置,但是"这个城市需要满足一些经济发展和复兴的先决条件,否则,提升的外部可达性可能导致意想不到的副作用"(Pol,2002)。

此外,在已有的高铁对空间网络的影响的研究结果中,对因果关系的解释是十分困难的(Vickerman,1997)。现在需要研究的重点方向是,一方面,细化研究对象,将国土层面的长距离高铁和服务于城市群内部的短距离城际铁路分离;另一方面,区分城际铁路在不同基础条件下的差异性作用。

### 1.1.2 "流空间"视角下的城市空间网络

城市群空间布局是直观的形态,它形成的本质原因是可见或不可见的城市联系,包括通信、交通联系和经济联系,以上联系构成了空间网络。

1990 年代以来,高速交通技术和通信设施的发展,对全球化中的区域社会经济空间组织产生了重大影响(Zook,2001),信息(包括金融流、技术流等)、人口、货物在信息通信基础设施以及现代高速交通基础设施(城际铁路、高速公路以及城市内部快速轨道交通等)的支撑下,很大程度上摆脱了地理空间的既有限制,从而在更大的空间范围内进行交流与传播(孙中伟、路紫,2005)。企业和个人的可移动性(mobility)不断增强,空间的区位可变性不断增强,形成了"时空压缩"效应(Bridge,1997)。原本在一个城市内的活动可能向周边城镇扩散,出现"跨城流动"现象,交通设施保障各种功能活动高频率跨城转换,成为基础条件。通过高速交通干线可以促进生产要素的流通,在区域中形成城市之间的网络,即空间网络。

此现象引发对传统空间理论的反思和新空间形式的探讨。其中最具有影响力的是"流空间"理论。曼纽尔·卡斯特尔(Manuel Castells)提出,"流空间"所形成的网络组织成为全球社会经济系统的重要结构元素(Castells,1989)。区域本身是一个内部相关联的网络空间,由功能枢纽(城市中心区)与轴线(商品、人口、资金及信息流)构成,新涌现的区域组织建立在各种"流"的基础上。"流"产生的根源和目的是城市,收到和未收到这些"流"的地区间产生了新的不平衡化(博尔哈、卡斯泰尔,2008)。因此,围绕传统"场所空间"组织的世界经济将转变为以"流空间"为主,并最终被取代(Castells,1996)。

从"流空间"视角研究空间网络,为交通设施促进城市群空间发展提供了新思路,不再限制在传统的城市社会经济属性的静态空间分布的框架中。转变研究视角,现有的大部分事前分析(ex-ante)预测可达性提升对城市造成的影响,事后分析(ex-post)关注经济刺激结果,都是从供给方间接、静态的角度观察问题,无法反映城市网络中的动态联系状态。对于投资者而言,乘客的需求反馈——实际产生的"流",能更直接地反映城际铁路对城市群发展的作用。

### 1.1.3 我国城市群现状问题和城际铁路建设政策

理论上,区域城市群逐渐取代单个城市成为城市化进程中新的发展方向,城市群代替城市成为全球竞争和国际分工的基本地域单元;实践上,我国城市化已经进入转型发展的关键时期,开始由注重速度转为注重质量。中国共产党第十八次全国代表大会(简称"十八大")和中央城镇化工作会议相继提出"新型城镇化"战略。作为未来中国经济发展格局中最具活力和潜力的核心地区,城市群在全国城镇化建设中起着战略支撑和增长极点的作用,已经成为国家推进城市化的主体空间形态和国家参与全球竞争与国际分工的基本地域单元。国外学者也认识到了我国城市群在世界城市化发展过程中的重要性(Derudder 等,2013)。

由于认识到城市群发展的重要性,21 世纪初期我国的城市化政策中,已经将城市群作为统筹城乡发展的国家战略①。改革开放四十余年，我国城市群发展得到了很大提高，竞争力增强，但是总体发展水平不高，一体化程度不够深，区域内城市间分工协作体系不完善，区域内不平衡发展所带来的差异正在变大。其中一个问题在于"城际交通结构不合理，城际铁路相对滞后，难以适应城镇化地区人口资源环境等对交通的要求"(《城镇化地区综合交通网规划》)。我国城市群的交通运输，应从依托高速公路转变为依托城际铁路，满足城镇密集地区的人口、环境对交通的要求。

我国从 21 世纪开始进入铁路大发展的时代，其中作为国家干线通道的高铁最早启动建设，截至 2015 年，作为国家级通道的高铁网络基本形成"四横四纵"网络，营业里程达 19 000 km，提前完成规划目标。但是随之而来的问题是城市群的极化发展。实证研究表明，高铁的特点是速度快、设站少，高铁站通常设置在城市群内的核心地区，高铁的受益地区都是核心地区，忽略了周边的中小城市。有研究表明，我国城市群的核心地区发展水平远高于周边地区和城市，由于核心地区强大的极化效应造成周边城市要素、资源、人才的大量流失，欠发达城市的发展速度不增反降(谭啸，2012)。此外，高铁站点的形成带动了很多城市的高铁新城建设，虽然从空间上已经形成了建设区，然而由于需求和供给的严重失衡，并没有相应的活动支撑，造成资源浪费。

近年来，服务于城市群内部的城际铁路建设配合城市群的建设战略逐渐得到重视②。无论在我国还是世界其他国家，有大量正在建设和规划建设的快速铁路项目，大规模投资建设城际铁路，是否能对城市群产生正面影响？能否显现与高铁不同的效用，使其促进城市群的均衡发展？如何科学合理地进行城际铁路的选

---

① 《国民经济和社会发展第十一个五年计划》从国家层面提出"要把城市群作为推进城镇化的主体形态"，已经形成城市群发展格局的区域"要继续发挥带动和辐射作用，加强城市群内各城市的分工协作和优势互补，增强城市群的整体竞争力"，并指出已经形成的城市群发展格局的是京津冀、长三角和珠三角地区。后续的《国民经济和社会发展第十二个五年计划》《国民经济和社会发展第十三个五年计划》都提出，完善城市化布局和形态，形成以大城市为依托，中小城市为重点，逐步建设形成辐射作用大的城市群，促进大中城市和小城镇协调发展。党的十八大报告提出"科学规划城市群规模和布局"，2012 年中央经济工作会议提出"新型城镇化"将城市群的发展作为国家主要战略之一。2013 年 2 月中共中央城镇化工作会议指出，把城市群作为主体形态，促进大中小城市的小城镇合理分工、功能互补、协同发展。2014 年国务院印发《国家新型城镇化规划(2014—2020 年)》明确"优化提升东部地区城市群，培育发展中西部地区城市群"的要求。2016 年 3 月《国民经济和社会发展第十三个五年规划纲要(草案)》提出"加快城市群建设发展，增强一级地区辐射带动功能，加快发展中小城市和特色镇"。

② 2015 年国家发改委、交通运输部印发《城镇化地区综合交通网规划》，提出全国范围内城际铁路规划长度超过 36 000 km，其规模是高铁的 3 倍。2016 年修编的《中长期铁路网规划》中也提出"发展城际客运铁路。规划建设支撑和引领新型城镇化发展、有效连接大中城市与中心城镇、服务通勤功能的城市群城际客运铁路"。

线和设站规划，才能使其与城市群协同发展？这些都成为当前研究的重要议题。城际铁路是高铁中的一个分支，正确理解它在空间网络转型中的效应，能为基础设施建设的决策提供有效的理论支持和有价值的地方建议。

本书以位于我国三大城市群之一——长三角城市群的沪宁、沪杭走廊地区为例，以“流空间”为概念框架，实证分析沪宁、沪杭城际铁路的开通当年以及开通数年后的客流情况，明确城际铁路对空间网络均衡化发展的促进作用。一方面，将个体城市放在空间网络上进行研究，明确与其他城市的关系，以此判别城市群体系的极化或均衡趋势；另一方面，对比两个研究案例，试图寻找共性和差异性影响要素，发现城市自身社会经济条件及站城空间关系对交通设施建设效用的影响。

## 1.2 研究对象、目标和研究价值

### 1.2.1 研究对象和目标

本书的研究对象为城际铁路，其具体定义将在章节 2.1 中展开详细描述。研究围绕城际铁路带来的可达性变化与城市群空间网络的关联性展开。本书的城市群空间网络范畴是城际铁路所产生的“流”，不包括其他交通方式。

（1）理论研究目标：根据城际铁路的特征对其进行定义，细分城际铁路与高铁的差异，明确基于城际铁路的空间网络模式与特征；验证城际铁路开通后沿线站点所在地区可达性变化对空间网络模式产生的影响，以及其他外部条件的影响作用；说明城际铁路可达性产生影响的机制。

（2）规划实践目标：梳理城际铁路对城市群均衡发展的空间层面，科学合理地处理城际铁路与其他交通设施的关系，提出利用城际铁路改善地区的可达性并促进地区发展的途径；根据实证分析的结果，为长三角城市群、上海大都市圈、邻沪地区三个空间层面的规划政策、城际铁路的运营方案调整提供依据。

### 1.2.2 研究理论和实践价值

本书在我国目前宏观建设背景下，基于城际铁路自身的服务特征，依托“流空间”和“中心流”理论，对城市群空间网络进行解析，揭示城际铁路可达性的影响效应。

我国的高铁建设对城市发展的影响已经初步显现，大部分实证研究都得出了高铁加剧城市间的不平衡或极化发展的结论。然而，城际铁路与高铁具有显著的差异，主要体现在两方面：①城际铁路的站距符合二级地区（区县级行政区）之间的距离;②其服务范围限于联系密切的城市群内部,能够满足一日交流往返要求。基于以上特征,它对城市群层面的城市空间网络将产生与高铁不同的效用。我国正处于大规模规划和建设城际铁路的时期,但是目前对于该尺度的实证研究很少。系统地总结归纳我国发展成熟的城市群内已经开通的城际铁路可达性变化,对空间网络影响要素和作用机制研究具有重要的理论和实践意义。

### 1. 理论意义

(1) 区分城际铁路与高铁的定义。在我国,"铁路"是十分模糊的概念,虽然城际铁路和高铁都有各自的规划,但是二者经常被混淆。本书从服务对象、服务范围、服务频率等三方面对二者进行梳理和比较,从定义上明确二者的差异。

(2) 计算"门到门"出行时间,将城际铁路与其他交通方式的出行时间差转换为空间指标。综合考虑车内时间、接驳时间、服务频率和社会经济条件为影响可达性的要素,对可达性计算方法及影响模型进行改进,使可达性指标更全面地反映节点联系活动的便利性。

(3) 应用"流空间"和"中心流"理论,解析并对比城市群层面的空间网络特征,深化认识在新的技术背景下城市群空间网络模式的变化,总结城际铁路与其他交通方式主导的空间网络的差异性。

(4) 从节点聚集规模、节点联系的空间尺度、节点联系活动类型三个方面,归纳可达性对城市群空间网络的影响作用机制。说明在不同走廊之间、同一条走廊内部城际铁路产生差异性的空间网络影响结果的原因。

### 2. 实践意义

本书对城市群、都市圈、核心地区邻近地区三个空间层面的交通—空间协调发展规划的政策制定与实施具有实践指导意义,根据本书的理论结论,依托城市群发展现状与条件,通过调整城际铁路的可达性可以进行多尺度的空间优化,促进城市群空间网络的转型。

(1) 利用城际铁路的布线设站,提升沿线城市可达性,发挥城际铁路在城市群协同发展中的作用;协调城际铁路与其他交通方式的关系,整合多种轨道交通设施,使城际铁路在可达性优势空间范围内发挥作用,提升建设资源的使用效率;协调城际铁路站点与城市用地布局的关系及运营方案,提升城际铁路使用效率。

(2) 对于长三角城市群,发现沪宁、沪杭走廊的空间网络特征及变化,科学评估两条城际铁路可达性对空间网络的影响效用,提出城际铁路支持城市群一体化发展的规划政策建议。

### 1.2.3 研究单元和术语界定

高铁站距大，设站数量少，因此高铁引发的空间网络变化研究均以地级市为研究单元；相比之下，城际铁路站距小，设站数量多，本书涉及直辖市和地级市的中心城区（即核心城市地区/一级城市地区，简称“核心地区”“一级地区”）和区县级行政区（即二级城市地区，简称“二级地区”）两类空间单元（图 1.2.1）。

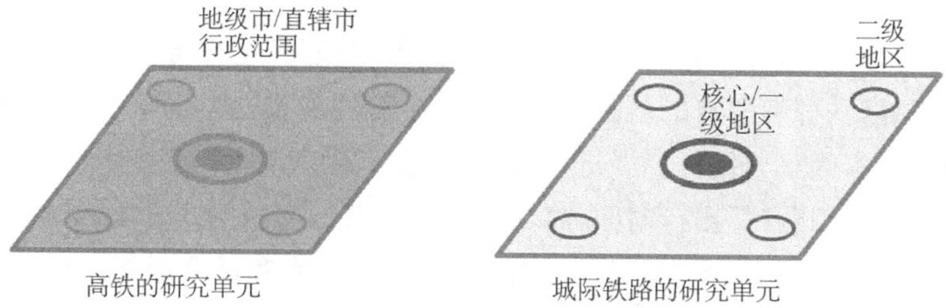


**图 1.2.1 高铁和城际铁路的研究单元**

在行政区划层面，本书将直辖市和地级市的中心城区定义为核心地区或一级地区，将近郊区、远郊区和县（含县级市）定义为二级地区。其中核心地区为特殊的一级地区，通常为城市群中最重要的直辖市或地级市的中心城区。在空间网络层面，核心地区、一级地区、二级地区分别对应核心节点、一级节点、二级节点。核心地区、一级地区为二级地区的高位序地区，核心节点、一级节点为二级节点的高位序节点。

直辖市和地级市的行政中心一般设在核心地区和一级地区，核心地区和一级地区往往集中了直辖市和地级市高等级的社会经济资源，其人口密度、经济密度高于二级地区，且与市域范围内的二级地区有行政隶属关系。核心地区、一级地区与行政隶属二级地区的空间距离在 10—50 km 范围。如果二级地区是近郊区，它与核心地区或一级地区的建成区在空间上是相连的。

在高铁的相关研究中，通常以直辖市和地级市为统计口径，合并核心地区、一级地区、二级地区的指标，是对城市发展情况的总览，无法反映出在直辖市或地级市行政区划范围内的具体空间分布。本书区分核心地区、一级地区和二级地区，能体现出更为细化的活动空间分布，通过乘客活动的变化，判别城市发展是向核心地区或一级地区集中，还是向二级地区扩散。

例如，上海的核心地区包括黄浦区、静安区、长宁区、徐汇区、虹口区、杨浦区、原浦东新区；二级地区包括嘉定区、松江区、青浦区、奉贤区、金山区、原南汇区、崇明区。苏州的一级地区包括姑苏区、相城区、吴中区；二级地区包括苏州园区、苏州新区、吴江区、昆山市、太仓市、常熟市、张家港市。

## 1.3 研究方法和技术路线

### 1.3.1 研究思路

本书基于“流空间”和“中心流”理论，以“可达性”为切入点，针对城际铁路的特征——使区域交通网络综合化、服务集约化、公交化，提出在区域内部层面(intra-regional)的假设问题(hypothesis)：在城市群中，城际铁路带来的各站点所在地区的可达性变化(以出行时间衡量)，可影响“流空间”的强度和方向，从而改变网络中各节点的关系及各节点自身的规模。跨行政区划范围的二级地区联系日益频繁，受到距离的制约减弱，发展潜力得以释放，使空间网络结构趋于扁平化。但是各二级地区的发展条件不同，在不同走廊之间、同一条走廊内部，空间网络的变化都具有差异性。

我国行政体系垂直分割管理，行政区经济广泛存在。因此，跨行政区划范围的“流”会受到各种阻碍，使得大多数“流”的运行范围受到局限。由于行政体系对各种资源流动的影响很大，“流”的运行方向大多是沿着城市的行政等级纵向运行。这一特征，也在很多实证研究中得到印证。

以上情况的出现与交通网络密切相关，例如城市群的公路网呈放射状布局，以核心地区和一级地区为核心，而下一等级的城镇之间的公路网络较弱；高铁的线路设站方式也是跳过小规模城市，主要联系核心地区和一级地区。

城际铁路的出现能否改变这一局面，是本书关注的重要问题。研究假设认为，城际铁路引发的跨城活动在城市间产生相互作用，各个二级节点不再局限于行政边界，不再固定地从上级节点获取服务，而是从整个网络中的节点获取所需要的资源，这种空间网络内部各节点的互补性行为将改变城市群原有的垂直、单向向心的联系网络。

本书以沪宁、沪杭城际铁路为实证案例，定量对比分析城际铁路与其他交通设施对走廊地区可达性的影响；然后用“流”来测度城际铁路网络节点和节点联系构成的空间网络，分析可达性和非可达性要素对空间网络及其变化的影响。

城际铁路走廊地区是构成城市群的基础，城际铁路直接影响了走廊地区内部的联系，本书的研究重点实际上就是两条铁路走廊地区。两条铁路走廊地区是相对独立的研究对象，没有深入剖析二者之间的联系，但在研究时间段(2010—2015 年)中，在长三角城市群范围内，走廊内部的联系占主导地位，可以作为城市群联系的典型代表。

### 1.3.2 研究方法

本书以实证和历史对比的研究方法为基础框架，融合文献综述、空间网络分析和计算、情景假设和截面及历史对比、离散分析、聚类分析、质性分析、回归分析等具体操作方法，选择长三角城市群的沪宁、沪杭走廊地区作为实证案例，进行2010年沪宁城际铁路开通和2015年开通六年后的数据分析，以2010年沪杭城际铁路开通和2012年开通三年后的数据分析为对比案例。

#### 1. 文献综述

阅读和整理城市群概念的起源、进展和前沿探索的相关文献资料，梳理区域空间发展脉络；归纳和总结不同阶段理论对区域空间结构模式的描述和解析，并对比其差异；阅读已有交通设施（特别是高铁）对区域空间发展影响的文献，对比实证研究结果的差异及原因。建立研究的理论框架。

#### 2. 空间网络分析和计算

建立公路、城际铁路、高铁设施网络，利用道路规划设计CAD（TransCAD）和地理信息系统（GIS）软件进行沪宁走廊交通网络的出行时间计算和对比。其中利用TransCAD网络分析中的抗阻分析模块，建立区域核心地区基于交通网络的出行时间抗阻分布图；利用最短路径分析模块，计算每个中间站点通过交通网络到达区域核心地区的出行时间。在GIS中计算每个网络节点的平均可达性。

#### 3. 情景假设和截面及历史对比

根据不同时间节点的主要城际交通方式，计算各站点所在地区每种交通方式的可达性，分别进行纵向和横向对比。对计算得出的城市网络特征，进行纵向对比。

#### 4. 离散分析

针对乘客出行调查数据，选用多项Logit模型（Multinomial Logit，MNL），分析不同出行活动类型乘客的属性特征、出行偏好特征，以对比出行活动主体行为的差异性影响要素。

#### 5. 聚类分析、质性分析

将城市间的“流”分为五种联系类型：核心/一级地区之间、核心/一级地区与行政隶属二级地区之间、核心/一级地区与非行政隶属二级地区之间、同行政区划范围的二级地区之间、跨行政区划范围的二级地区之间。将可达性水平分为三类：可达范围几乎全部覆盖建成区、可达范围覆盖一部分建成区、可达范围不覆盖建成区。对比、归纳每个组的属性特征、产业发展阶段等，进行质性分析。

6. 回归分析

对每个站点所在地区的常住人口规模和聚集规模进行线性回归分析，发现二者的相关性。

### 1.3.3　技术路线

根据研究思路，本书的主要研究内容分为三部分：城际铁路的可达性计算、空间网络的特征与变化分析、城际铁路可达性与其他要素对空间网络的影响分析。技术路线如图 1.3.1 所示。

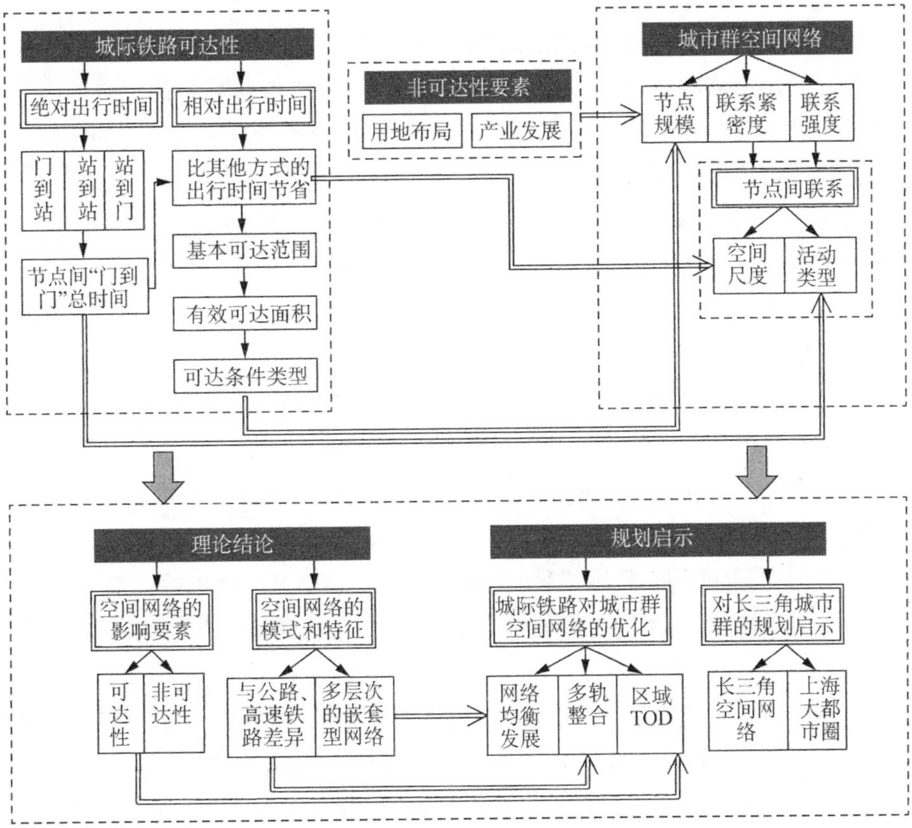


图 1.3.1　本书技术路线

实证研究中，对 2010 年沪宁、沪杭走廊和 2015 年沪宁走廊、2012 年沪杭走廊的城际铁路各站点所在地区与其他交通网络相比的可达性进行定量计算；基于城际铁路所产生的“流”，描述沪宁、沪杭走廊的空间网络特征及其变化；对比数年间的变化特征，总结可达性和非可达性要素的影响作用路径。

## 1.4 主要研究内容

本书共包括 7 个章节。

第 1 章介绍本书的研究背景，说明研究目标和意义，阐明研究方法和思路，概述主要研究内容。

第 2 章为研究对象的界定，梳理城际铁路的特征，阐述城际铁路与高铁的区别，归纳城际铁路的网络形制分类，并列举具体案例以辅助说明不同类型网络形制所适用的空间体系。整理国内外城市群的概念演变和发展过程，明确城市群的定义。

第 3 章为相关研究进展，包括高铁可达性及其对空间网络的影响研究，以及“流空间”的理论与实证总结。说明高铁对空间网络影响研究中尚存在的不足及已有研究结果对城际铁路研究启示；“流空间”的理论和已有实证研究的方法为后文的实证分析提供分析框架。

第 4—6 章都是对沪宁、沪杭城际铁路可达性及所在走廊地区空间网络的实证分析。第 4 章描述了沪宁、沪杭走廊的交通设施发展背景，说明沪宁、沪杭城际铁路的线路和设站，对比分析沪宁城际铁路与京沪高铁沪宁段的差异。对比城际铁路站点所在各城市不同时间节点、不同交通模式的完整出行链出行时间，分别从纵向的相同交通模式的时间变化和横向的相同时间的交通模式两个角度进行对比分析。

第 5 章以“流空间”为依托，分析沪宁、沪杭走廊形成的空间网络。分别以联系强度、联系紧密度、聚集规模为定量指标，分析得出重要的枢纽点、节点和轴线，描述沪宁、沪杭走廊的空间网络特征，并对比开通后数年间的变化。区分节点间联系的类型，对比不同类型之间的变化差异，对比分析两条线路的相同和差异，并分析原因。

第 6 章将影响要素分类，筛选出代表性要素，分别说明各要素与空间网络的因果联系。将可达性的影响落实到节点聚集规模、节点联系的空间尺度、节点联系的类型三方面，通过回归分析、分类统计、离散分析等方法，分别说明以上三个可达性要素的作用机制。此外，通过实证案例对比分析说明社会经济要素的影响，解析相同可达性条件产生不同结果的原因。

第 7 章为结论，分为理论和规划启示两个方面。理论部分包括城际铁路主导的空间网络模式特征及与其他模式的差异对比、可达性对空间网络模式的影响、其他要素对空间网络模式的影响。规划启示包括利用城际铁路可达性进行城市群一体化建设的规划要点，城际铁路与其他轨道交通的关系协调，以及针对设站城市提升可达性的方法。在此基础上提出了城际铁路在长三角一体化发展中的相关规划政策建议。最后，指出了研究的不足之处以及今后研究的方向。

# 第 2 章　城际铁路、城市群、可达性、空间网络的界定

## 2.1　城际铁路

### 2.1.1　城际铁路的定义

目前国际上对铁路设施具有明确定义的只有高速铁路（简称“高铁”），欧盟（EU）在 1996 年提出，高铁为设计速度 200 km/h 以上的改造的铁路线路，此标准现在普遍适用于欧盟成员国。国际铁路联盟（UIC）也为高铁的设计速度提供了建议：“新建高铁的设计速度达 250 km/h 以上；经升级改造（直线化、轨距标准化）的高铁，其设计速度达 200 km/h，甚至达到 220 km/h”，并指出各国可以根据自身情况确定本国高铁的概念。我国《高速铁路设计规范》中定义高铁为“旅客列车设计行车速度 250—350 km/h”的线路。

我国高铁建设以 2003 年的秦皇岛—沈阳客运专线为起点，2003—2008 年期间进行了两次铁路提速，将一些既有线路改造为高铁线路。2008 年，我国首条新建高铁线路（京津城际铁路）开通，此后进入快速扩张期。《中长期铁路网规划（2008 年调整）》中提出到 2020 年将建成“四纵四横”国家级客运通道，全国的快速客运专线达 18 000 km 以上。2016 年再次调整，规划 2030 年高铁规模达 30 000 km。

与高铁相比，城际铁路则缺乏国际定义，在各国命名为“城际铁路”的线路也具有不同的运行速度，如我国新建的沪宁城际铁路的速度为 300 km/h；1991 年德国城际快车（ICE）改造线路的速度为 200—250 km/h，新建线路的速度为 320 km/h。以上线路都能满足国际铁路联盟和欧盟的速度标准。然而，英国的城际铁路（IC125）的速度只有 176 km/h，因此作为区别于普通铁路的次高铁（semi-HSR）使用。我国长江中游城市群的武咸城际铁路根据线路区段的不同，混合了 120 km/h、200 km/h 和 300 km/h 三种运行速度。

我国的铁路系统中，有高铁、动车、客运专线、城际铁路等数个概念。这些

概念之间既相互关联，也有明显差异。以上四类线路都不是客货混运，而是独立的客运线路，理论上以运行速度为分类标准，其中高铁是设计速度为 300 km/h 的线路，动车是设计速度为 250 km/h 的线路，城际铁路则是设计速度为 120—200 km/h 的线路(《城际铁路设计规范》)。而在实际运行中，则常有交叉，如秦沈客运专线、武广高铁、沪宁城际铁路虽然线路名称不同，但是运营中都以 G 开头，速度相近；京津城际铁路、武咸城际铁路、郑开城际铁路、成灌高铁的运行速度差异很大，却都以 C 开头；沪蓉高铁则以 D 而非 G 开头。

城际铁路的运行速度具有如此大的差异，其原因不仅在于不同的轨道条件，还与其服务对象——城市群的特征有密切关系，反映在站距和停站方式上。因此，对城际铁路的定义不能仅仅按照速度指标或列车开头字母、线路名称为硬标准，而是应该强调其服务范围和站距。《铁路线路设计规范》指出“城际铁路专门服务于相邻城市间或城市群”，明确了其服务范围应满足城市群层面的中心地区和边缘地区之间的联系，而非跨区域的联系，站距则按照城镇密度设置。

由此，根据城际铁路的特征对其进行定义：联系城市群内部的市镇；符合每日交流的需求；公交化运营。因此，城际铁路可能涵盖高铁、跨市域普通铁路、跨市地铁等多种形式。该定义基于与城市网络的关系，而非铁路本身的特性(如行车速度、轨道技术标准、车辆类型、列车开头字母等)。

在上述定义中，存在城际铁路和高铁的交叉，原因在于从运行速度上，部分城际铁路可能达到高铁的速度要求。本书为了避免概念混淆，将服务频率高、站距符合中心地区和边缘地区距离的高铁，也统一划归入城际铁路；将服务频率低、主要服务于中心地区的高铁，归类为高铁。

### 2.1.2　网络类型

城市群包括数个地级市，也可能包括省会城市和直辖市。城际铁路系统应能满足所有区域内部交通需求，城际铁路网络可分为核心/一级地区与行政隶属二级地区、核心/一级地区之间、核心/一级地区与非行政隶属二级地区、同行政区划范围和跨行政区划范围的二级地区之间五种类型，对应不同的城市群发展阶段(表 2.1.1)。

**表 2.1.1　城际铁路网络分类**

| 基于“流”的城际铁路网络类型 | 空间范围 | 空间网络结构 |
|---|---|---|
| 核心/一级地区与行政隶属二级地区 | 同行政区划范围 | 垂直 |
| 核心/一级地区之间 | 跨行政区划范围 | 出现水平联系 |

（续表）

| 基于“流”的城际铁路网络类型 | 空间范围 | 空间网络结构 |
| --- | --- | --- |
| 核心/一级地区与非行政隶属二级地区 | 跨行政区划范围 | 水平联系增多 |
| 同行政区划范围的二级地区之间 | 同行政区划范围 | 扁平 |
| 跨行政区划范围的二级地区之间 | 跨行政区划范围 | 扁平 |

在城市群发展的初级阶段，核心/一级地区互为竞争关系，交通联系以核心/一级地区与行政隶属二级地区为主，“流”发生的范围受到距离限制，城市群空间网络是垂直结构。当不同的核心/一级地区之间彼此合作，开始出现水平联系，“流”产生的空间范围扩大，层次变多，城市群空间网络形态趋于扁平化。当核心/一级地区与非行政隶属二级地区之间产生“流”，水平联系增多，城市群空间网络愈发扁平化。当城市群内的二级地区得到充分发展，既有核心/一级地区之间、核心/一级地区与二级地区之间的交通需求，又有同行政区划范围和跨行政区划范围的二级地区之间的交通需求，城市群空间网络成为一个完全扁平的网络。相应地，与城镇布局相适应的城际铁路网络也具有不同的运行速度、站距和线路长度等特征。

### 1. 核心/一级地区与行政隶属二级地区

该类型下的城市群空间网络的特点是只有一个核心/一级地区，它具有绝对的规模和经济主导优势，能够控制区域内的大部分社会和生产资源。其空间布局过程先是以一个核心/一级地区为极核集聚发展，当核心/一级地区规模过大，并出现由于过度膨胀而造成的城市环境恶化时，转为扩散发展阶段，需要有与之相适应的快速交通系统作为“流空间”，引导城市功能和人口的外移。为了避免核心/一级地区的无序蔓延，通常以规划建设外围新城的方式吸引核心/一级地区人口向周边二级地区迁移，形成新的就业中心和具有综合功能的城市副中心，核心/一级地区与二级地区之间需要留有自然绿化空间，各自有明确的发展边界。城际铁路引导的“不连续空间”特征使之成为适宜以上要求的交通方式。

与此阶段的城市群空间特征相适应的城际铁路网络，通常线路骨架为核心放射式，几乎所有的城际铁路线路都以核心/一级地区为起点，联系不同方向的周边二级地区，当周边二级地区之间的联系逐渐增多时，由环状铁路连接。城际铁路的作用类似跨市的市郊铁路，通勤作用较商务作用更大。这类城际铁路以东京为典型案例。

东京首都圈由一都三县组成，包括东京都（23 区及多摩新城）、埼玉县、千叶县、神奈川县，是以东京市区为中心，半径 80 km，总面积 13 400 km$^2$ 的城市化地区，人口 1 400 万(2019 年)。

随着轨道交通系统的建设，该地区的空间发展经历了极核增长到人口向郊区扩散的过程。第二次世界大战后，东京市处于极核增长初期，1954 年人口迅速膨胀至 745 万，以东京火车站为原点的 20 km 半径范围内的地区被划为 23 区，作为核心市区。1958 年，《第一次首都圈建设规划》参照《大伦敦规划》在距离市中心 16 km 处设置了宽度为 8—10 m 的绿化带，以遏制城市无序蔓延。然而该绿化带没有起到应有的作用，在后续的 10 年中，23 区的人口急速增长，直到 1968 年的《第二次首都圈建设规划》提出由铁路来疏散市中心 23 区的人口，这个趋势才得以改变。在放射状城际铁路网络的引导下，东京外围城镇的人口迅速增加，同时 23 区人口缓慢减少(表 2.1.2、图 2.1.1)。1985 年之后，23 区的人口占东京都总人口的比例保持在 67%—70%。

**表 2.1.2　　1950—2019 年东京都人口规模**

| 年份 | 东京都人口规模(人) | 23 区人口规模(人) | 23 区人口占东京都总人口比例 | 东京都人口增长率 | 23 区人口增长率 |
|---|---|---|---|---|---|
| 1950 年 | 6 277 500 | 5 385 071 | 85.78% | 79.96% | 93.92% |
| 1955 年 | 8 037 084 | 6 969 104 | 86.71% | 28.03% | 29.42% |
| 1960 年 | 9 683 802 | 8 310 027 | 85.81% | 20.49% | 19.24% |
| 1965 年 | 10 869 244 | 8 893 094 | 81.82% | 12.24% | 7.02% |
| 1970 年 | 11 408 071 | 8 840 942 | 77.50% | 4.96% | −0.59% |
| 1975 年 | 11 673 554 | 8 646 520 | 74.07% | 2.33% | −2.20% |
| 1980 年 | 11 618 281 | 8 351 893 | 71.89% | −0.47% | −3.41% |
| 1985 年 | 11 829 363 | 8 354 615 | 70.63% | 1.82% | 0.03% |
| 1990 年 | 11 855 563 | 8 163 573 | 68.86% | 0.22% | −2.29% |
| 1995 年 | 11 773 605 | 7 967 614 | 67.67% | −0.69% | −2.40% |
| 2000 年 | 12 064 101 | 8 134 688 | 67.43% | 2.47% | 2.10% |
| 2005 年 | 12 576 601 | 8 489 653 | 67.50% | 4.25% | 4.36% |
| 2010 年 | 13 159 388 | 8 945 695 | 67.90% | 4.63% | 5.37% |
| 2015 年 | 13 515 271 | 9 272 740 | 68.61% | 2.70% | 3.66% |
| 2019 年 | 13 942 856 | 9 644 079 | 69.17% | 3.16% | 4.00% |

来源：《东京统计年鉴》http://www.toukei.metro.tokyo.jp/tnenkan/tn-eindex.htm.

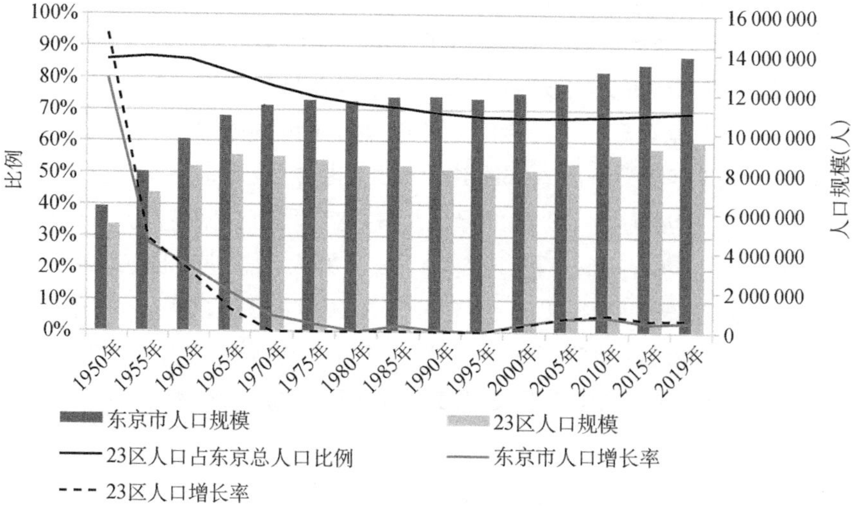


**图 2.1.1　东京首都圈人口变化**

来源：改绘自《东京统计年鉴》http：//www. toukei. metro. tokyo. jp/tnenkan/tn-eindex. htm.

在核心地区职能外迁和城际铁路的共同作用下，核心地区的人口和功能沿着城际铁路扩散，东京市的人口规模在 2000 年前一直保持在 1 200 万以下，首都圈的空间布局也逐渐形成以东京都 23 区为核心，在山手线和放射线的交叉点形成多个副中心，总体呈放射状布局的城市群空间结构。

城际铁路有效引导了核心地区的人口流动，沿着交通走廊的方向扩散，形成高频度的核心/一级地区与二级地区的“流”。由此，形成了中早期(1970 年之前)的东京首都圈垂直型空间网络格局。东京大都市区的空间布局是在城际铁路的引导下形成的，城际铁路使中心城市人口沿着交通廊道疏散，山手线和延伸到郊区新城的私营铁路的换乘站由于吸引了大规模客流，逐渐形成了新的商业区和商务区等公共活动中心。在东京首都圈的中早期发展中，城际铁路的客流以通勤出行为主。而后，东京首都圈进入了下一个发展阶段，逐渐与相邻的核心/一级地区融合为太平洋沿岸大都市带。

### 2. 核心/一级地区之间

该类城市群空间网络由数个空间距离十分接近的地级市、省会城市或直辖市构成，核心/一级地区之间的联系大于核心/一级地区与行政隶属二级地区的联系。两个核心/一级地区之间的距离较近，快速交通设施支持的高频度商务联系，促进了二者之间的产业合作。极核发展初期，二级地区的独立性较弱，水平联系多在核心/一级地区之间。到了扩散阶段，人口转移到二级地区，形成合理的区域分工。

城际铁路网络首先建设核心/一级地区之间的快速通道，运营方式为一站式到达，线路布局也不考虑二级地区的空间位置。与高速公路相比，大运量的城际铁路能够满足两个核心/一级地区之间迅速增长的通勤和商务交通需求。而后建设相同起讫点、不同线形的第二通道，串联二级地区。最终，随着两个核心/一级与二级地区之间的通道建设，网络开始显现下一阶段的雏形，即核心/一级地区之间的双通道及核心/一级地区与二级地区的放射状线路共同组成的网络。这类城际铁路网络形制以京津地区为典型案例。

京津都市圈最初只包括北京和天津两个城市，建成区十分接近。两市之间分别于 1993 年和 2008 年建成京津塘高速公路、京津高速公路。然而考虑到日益增长的交通需求，京津城际铁路于 2008 年开通，这条 120 km 长的线路没有中间站，使两个城市之间的出行时间缩短为 0.5 h。

然而，随着核心地区的规模日益扩大，将人口和功能疏散到周边河北省内的城镇成为扩散发展阶段的目标。2015 年发布的《京津冀协同发展规划纲要》规划疏解北京的非首都功能，以缓解过度膨胀造成的大都市病。作为交通支撑，京津冀城际铁路网络规划总规模达 4 000 km(《京津冀城际铁路网规划》)，该网络不仅联系了核心地区，还在核心地区与周边城市之间形成了 0.5—1 h 的通勤圈。因此，城市群的空间规模随着城际铁路网而扩大，城际铁路网的形制也变为一条主要廊道和数条放射线的组合。2015 年，北京市宣布行政副中心外迁至距离天安门广场 30 km 的通州，包括政府、人大、政协、党委的四个主要政府机构。2017 年 12 月，通州区北京副中心正式启用。2019 年 1 月，北京市级行政中心正式迁入北京城市副中心，北京市级机关第一批 35 个部门、165 个单位完成主体搬迁。这些机构的外迁，伴随着相应服务设施的迁移，一方面疏散核心地区的非首都功能，引导部分人口外移；另一方面吸引周边地区的人口，叠加效应将形成新的区域副中心。京津冀地区的城市化发展尚处于中早期阶段，城际铁路引发的高频率“流”聚集于核心/一级地区之间的廊道上，网络显现出水平联系趋势。规划建设的中后期城际铁路网络，将培育更多核心/一级地区与非行政隶属二级地区“流”。

### 3. 核心/一级地区与非行政隶属二级地区

当空间网络发展到下一个阶段，由两个以上距离较近的地级市构成的城市群出现更为扁平的结构。除了核心/一级地区之间的产业分工与合作，还出现核心/一级地区与非行政隶属二级地区的联系，使二级地区突破了原有的核心/一级地区行政区划范围。不仅每个核心/一级地区与行政隶属二级地区有生产要素流动需求，而且核心/一级地区与非行政隶属二级地区之间的产业分工与合作也使其社会经济联系日益紧密。克服二级地区之间的交通屏障，有助于推进区域一体化进程。

在每个核心/一级地区放射状网络的基础上，形成联系核心/一级地区的廊道并串联廊道上的卫星城镇。与之相对应，城际铁路的空间布局有一部分放射状连通成为跨极核通道，位于通道上的二级地区发展机会较其他二级地区更佳，逐渐形成交通走廊。其运营方式更为灵活，即各班列车停站的多样化，以及大小交路混跑。在高峰时期核心/一级地区与非行政隶属二级地区之间的小交路发车频率较高，核心/一级地区之间为商务出行服务的大交路线路发车频率略低，使之既能满足每个核心/一级地区与非行政隶属二级地区的通勤联系，又能满足核心/一级地区之间的快速商务联系。这类城际铁路网络以长三角城际铁路系统为典型案例。

长三角城际铁路系统包括沪宁、沪杭、宁杭三条通道，分别于 2010 年、2010 年和 2013 年开通运营，形成三角形网络。这几条线路与 2008 年建成的一站式到达的京津城际铁路最大区别是不仅联系区域中的核心地区，还同时服务于二级地区，为它们之间的交流提供条件，兼具通勤和商务功能。以沪宁城际铁路为例，除了核心/一级地区以外，有 16 个车站设在跨行政区划范围的二级地区。平均运营停靠站距 27 km，既能满足满足邻近城市的商务需求，也为跨地区通勤提供条件。苏州园区与苏州市不仅是依附关系，而且有对外联系需求，如与上海产生通勤和高频度商务活动，二级地区的外向性变强。目前，长三角地区已经形成网络城市的雏形。

### 4. 同行政区划范围和跨行政区划范围的二级地区之间

当产生了跨行政区划范围的“流”之后，二级地区更为独立，出现多个层次的区域内部联系，既有核心/一级地区之间的联系，也有核心/一级地区与二级地区的联系，还出现了同行政区划范围和跨行政区划范围的二级地区之间的联系，形成完全扁平的城市网络。各城镇之间的距离很近，每个城市各自扩张，彼此的边界越来越近，最终各城市的建成区连绵为一个整体，无法辨认明显的建设用地与未开发地区的边界，一条城市道路可以成为划分两个相邻城市的行政区的界线。由于各城市的建成区之间的距离不远，往返更为便利，城市群内的各类资源流动更频繁，“流空间”密度最高。但是缺乏明确的边界，使之具有与城市无序蔓延发展相同的缺点。在每个城市行政区之内，建设密度从中心区到边缘地带降低，即使是相连的，城市景象会有明显变化，这一特点使之区别于典型的多中心特大城市。

由于无序蔓延的缺点，区域通勤时间延长，交通拥堵现象更明显，因此需要速度快、路权明确、出行时间有保证的交通方式，加强各城市中心区的快速联系。城际铁路在此时比公路和城市道路更有优势，串联起几个可以视为一个建成区的城市，重要站点为各城镇的高密度中心区。与这类城市群形态相适应的城际铁路在二级地区站距大，在核心/一级地区站距小，且与城市地铁良好衔接。与其他网络相比，城际铁路的站距小，停站频繁，列车的速度相对较低。这类城际铁路网络形制以美国加州湾区（The Bay Area）的湾区快速交通（Bay Area Rapid Transit，BART）、加州通勤火车（Caltrain）和我国珠三角广佛都市区的广佛线为典型案例。

湾区位于美国加州中部，湾区政府协会定义的湾区涉及 9 个县①，涉及旧金山、圣何塞等重要城市。湾区快速交通网络服务东湾、半岛地区和旧金山市，其余地区的人口密度低而小汽车使用比例高。4 个有湾区快速交通服务的县的人口规模为 425 万，占地 5 000 $km^2$，人口密度是其余地区的三倍。湾区快速交通网络目前有 5 条线路，总长 167 km，共计 44 个车站②，旧金山中心区的列车在地下运行，东湾地区的列车在高架运行。城际铁路网络不仅联系旧金山和其他县，还为东湾地区提供县和县之间的交通联系，城市群的空间布局更为均匀，更多的城镇是独立的，而非卫星城。加州通勤火车班次少，成为湾区快速交通在东湾地区的补充。

跨市地铁线路虽然属于城市轨道交通制式，与铁路的线路、车辆、信号等方面所执行的技术标准不同，但是作为城际轨道交通，在相邻城市之间也能起到快速联系的作用，二者具有相似性。例如，广佛都市区的广佛线为城市轨道交通制式的跨市地铁线路，其长度与站距比铁路短。但是与城际铁路的作用相同，二者都是联系邻近的两个城市。这类线路通常出现在城市连绵带，建成区之间不留有自然绿地或农用地，城际铁路引发的各种类型“流”的层次更多、强度更大，是城际铁路发展到更高阶段的形态。

位于珠三角的广佛都市区由广州、佛山两个城市组成，面积为 1.1 万 $km^2$，人口 2 000 万，两个城市中心区之间的距离在 20 km 以内，目前两个城市的建成区没有明显边界，已经连成一片。广佛线建成于 2010 年，截至 2012 年，总长度为

---

① 包括阿拉米达、康特拉科斯塔、马林、索诺玛、纳帕、索拉诺、圣马特奥、旧金山、圣克拉拉。详见 http://www.abag.ca.gov/abag/local_gov/county/county.html。

② 详见 http://www.bart.gov/。

32 km，设有 21 座车站，由于地面已经完成开发建设，因此没有地面线路。从广佛线的乘客出行调查结果分析，线路开通后的跨城功能性活动比例明显提高，使乘客在都市连绵区中的跨城生活成为可能（赵渺希、王世福、张小星，2012）。广佛线对增强区域内部的功能联系具有重要促进作用。

从以上案例可以得出，在区域城镇化进程中，作为路权独立的快速交通设施——城际铁路在城市群的空间发展中起到了重要的引导作用。由于城市群区域空间社会经济和自然地形条件的差异，形成了不同类型的空间布局特征和相应的城际铁路网络（表 2.1.3）。这五个类型的空间网络是从竞争、封闭、垂直，逐渐转向合作、开放、扁平的发展过程。

表 2.1.3　　城际铁路网络空间特征

| 基于“流”的城际铁路网络类型 | 空间网络图示 | 城际铁路运营模式 |
|---|---|---|
| 核心/一级地区与行政隶属二级地区 | 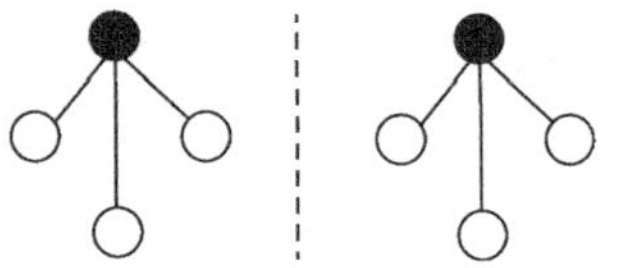 | 站站停 |
| 核心/一级地区之间 | 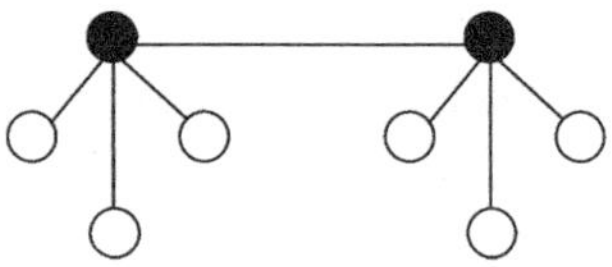 | 一站到达 |
| 核心/一级地区与非行政隶属二级地区 | 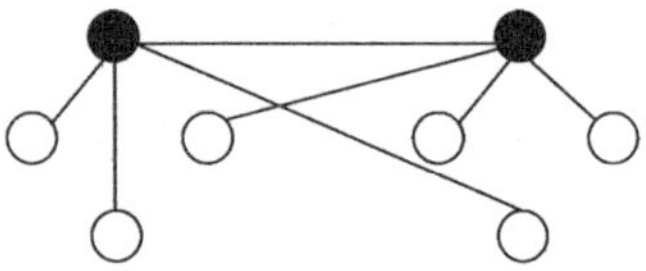 | 大小交路混跑 |
| 同行政区划范围的二级地区之间 | 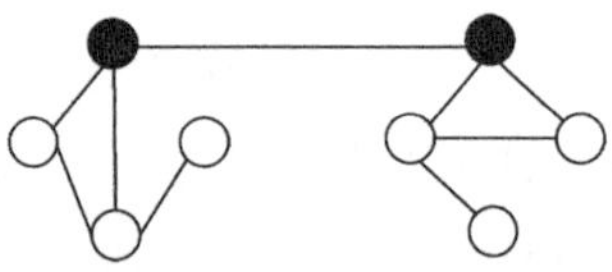 | 站站停 |
| 跨行政区划范围的二级地区之间 | 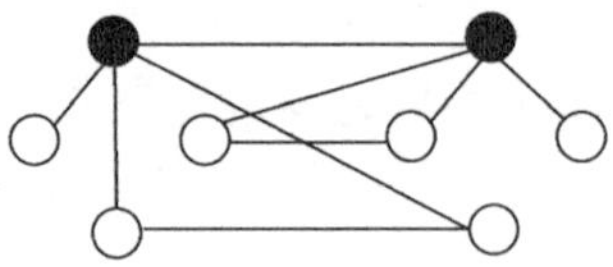 | 站站停 |

城际铁路本身并不会自动地有利于城市群发展，它作为“流空间”的物质底层，只有适应于城市化进程中的出行需求，才能激发不同类型、不同频度的“流”。

城际铁路的网络形制应通过充分考虑城市群发展阶段和背景，进行合理的网络布局和筛选适用的运营及开发模式，达成交通—空间相互作用的积极效应。

## 2.2　城市群

### 2.2.1　世界城市群的定义

城市群的概念最早在 19 世纪末提出，理论研究经历了多次扩充和深化，从形态特征描述到结构分析，再到机制探索的过程；与之密切关联的实证案例研究则经历了从以欧美国家的研究为主到关注亚洲发展中国家的国际化实证的发展过程。大致可以划分为三个时期：第一阶段，是城市群概念的起步阶段，1950 年代之前的研究主流，初步提到疏散大城市的人口，提出在其周边布局小城市的方法，包括田园城市（Garden City）、组合城市（或集合城市）（Conurbation），多为理论指导实际建设；第二阶段，是城市群概念的发展阶段，1950 年代之后，开始注重实证和理论的并行，从已有建设中进行理论提炼，理论上强调空间布局与形态特征，反映了在区域内部尺度上超越单个城市的城市化空间特征，包括大都市区（Metropolitan Area）和大都市带（Megalopolis），以及亚洲的半城市化地区（Desakota）；第三阶段，是城市群概念的成熟阶段，这一时期的研究从表面的形态，深入到质性研究，更关注城市之间的经济联系与相互影响，注意到了相互联系的城市网络化特征，形成有联系的多节点城市化空间，为 1990 年代之后的研究主潮，涉及网络城市（Network Cities）、城市区域（City Region）、功能性城市区域（Functional Urban Region）、巨型城市区域（Mega-City Region）等概念。

#### 1. 第一阶段（1890—1950 年代）

（1）田园城市

国际研究中，城市群的雏形是霍华德 1898 年在《明日的田园城市》（*Garden Cities of Tomorrow*）中提出的城镇群体（Town Cluster），这是最早从城市群体角度进行的探索性研究与实践。

霍华德描述的田园城市理想模型包括城市和乡村两个部分，形成城市组群，达到高度的城市生活和清静的乡村生活的有机结合。在城市组群中，每一座城镇都是行政独立的，每个田园城市的规模设有上限。

在田园城市概念的描述中，并没有提到有关“城市群”的定义，然而基于霍华德把城市与区域作为整体研究的思想，这个总共不超过 25 万人口规模的地区，在空间形态上，已经形成了小型的城市群。这些田园城市借助快速交通工具——铁路——相互联系。

(2) 组合城市(或集合城市)

1915年帕特里克·盖迪斯(Patrick Geddes)第一次明确地提出“城市群”的定义，包括Conurbation和Urban Region两个术语。Conurbation描述的是人口向城市集中和城市团块的空间现象，通常译作“组合城市”(或“集合城市”)。Urban Region是“城市区域”，它是20世纪的城市组织形式，与19世纪城市模式不同之处在于，它的空间规模更大，横跨多个城市，从而形成区域(芒福德，2005)。“城市区域”的形成是众多城市影响范围的相互叠加，组合城市(或集合城市)是新的城市空间，由众多城市区域相互影响和叠加而成。

以田园城市和组合城市(或集合城市)的概念为依托，对其进行深化和发展，1922年雷蒙·恩温(Raymond Unwin)提出“卫星城”的理论框架，1944年帕特里克·艾伯克隆比(Patrick Abercrombie)将其应用于大伦敦规划的建设中，在伦敦建成区周围划定了十多公里宽的绿带，城市周围保持永久性农业，在绿带以外的郊区规划并后续建设了数座新城。

以1946年的《新城法》为开端，新城建设经历了数十年的实践，形成一级城市和郊区城镇构成的相互关联、合理分工的大都市区，中心区和郊区之间有着密切的经济社会联系。卫星城的建设使“城市群”的概念形态初现，但是实际建设的外围卫星城对母城的依赖性依然较强，尚未形成理想中的彼此独立的城市群。

### 2. 第二阶段(1950—1990年代中期)

(1) 大都市区

与母城和卫星城的建设而产生的区域空间形态相对应，出现了大都市区的概念，它指的是一个拥有大规模人口的核心地区以及周围相邻地域单元共同组成的城市化地区，一般以县(county)为单位。郊区居民的通勤活动使他们融入城市，因此中心和边缘成为一个由就业依赖而联系的整体(Lang、Dhavale，2005)。

美国最早于1910年提出大都市区(Metropolitan District)，1950年代这一概念正式定名为标准大都市区(Standard Metropolitan Area, SMA)，作为统计调查的基本单元。一个标准大都市区所应达到的标准包括：由一级地区(Central County)和外围城市(Outlying County)构成，其中一级地区的人口规模在5万人以上，都市区总人口10万人以上，一级地区和外围城市的通勤率较高，即非农业活动主导的中心县和外围县之间的劳动力联系密切。

1959年标准大都市区改为标准大都市统计区(Standard Metropolitan

Statistic Area，SMSA)，区域边界与行政区划相一致，包括一些人口较少的地区，与一级地区共同组成城镇影响范围，包括地域影响范围和就业影响范围。

相同类型的统计单元在世界各国相继出现，但是名称不同，例如加拿大为“国情调查大都市区”(Census Metropolitan Area，CMA)，英国为“标准大都市劳动市场区”(Standard Metropolitan Labour Area，SMLA)，澳大利亚为“国情调查扩展城市区”(Census Expand Urban District，CEUD)。它们的统一特征都是在郊区化的发展背景下，反映出一级地区的居住功能剥离到周边城镇的现象。

大都市区的构成，着重于一级地区对周边地域的影响以及二者的功能联系，它们反映在社会经济的多个方面。因此，有研究认为“都市区也是城市群的概念范畴”(张京祥，2004)。

(2) 大都市带

20 世纪中期之后，城市群理论研究与规划实践的结合日益紧密。与 1950 年代之前规划单方面引导建设卫星城以疏散主城人口不同，1950 年代之后的规划理论一方面关注已经形成的城市群地区并总结其特征，基于实证案例提出具体的定量化标准，并针对已有实践中的问题进行反思；另一方面着重于强调城市之间的联系，为后一阶段试图进行定量化的关系描述的研究奠定了基础。

戈特曼(Jean Gottmann)在 1957 年提出大都市带(Megalopolis)，也可称为巨大城市带，更接近现代城市群的形态，指的是数个城市通过集聚作用相互结合在一起，形成紧密的联系，每一个城市集聚区都围绕一个城市核心发展，它们共同构成了经济、社会、文化等方面存在紧密联系的巨大地域整体。

戈特曼认为大都市带是沿着特定的交通轴线集聚的多核心地区体系，在该空间范围内的产业高度聚集，城市建设范围一直蔓延到农村，每个城市间都有密切的联系，他提出了判定大都市带的定量指标包括：人口规模达到 2 500 万人以上，人口密度达到 250 人/$km^2$ 以上。戈特曼指出大都市带的空间组织形式是“人类生活空间组织形式的新秩序”。同时，从产业结构、劳动力构成、土地利用方式等方面分析了美国东北海岸大都市带的自然条件和社会经济特征，提出空间形态在核心地区的高度密集、在整个地区多核心的星云状空间(Nebulous)和体现内部组织多样化的马赛克结构(Mosaic)。由此，大都市带成为全新的城市群概念。

戈特曼提出的概念与田园城市的设想不同，是从观察到现象的思考和总结，并十分注重城市间的联系。大城市的一级地区出现的交通和环境问题以及小汽车的普及，使郊区成为良好的居住地段，同时与一级地区保持紧密的社会经济联系，随着交通网络的扩展和完善，地域相连的大都市区打破建成区边界，形成大都市区。大都市带的实质是产业空间重组的结果，并且在经济全球化和区域经济一体化的背景下，它会作为一种新的城市区域空间组织，占据全球经济的核心位置(Pygiotis，1991)。

(3) 亚洲的半城市化地区

城市化背景的差异，导致了城市群形态的差异。以亚洲地区为代表的发展中国家的城市化具有自身的特色，1980 年代以后，此类地区开始受到关注，有学者认为它有着自身的特征，与西方国家以城市为基础的城市化过程有所差异。

麦吉(Terry McGee)对快速城市化阶段的东南亚发展中国家的城市密集地区进行研究之后，认为亚洲国家并非在重复西方国家的人口向城市集中的过程，城乡间的差异并非十分显著，提出半城市化地区(Desakota)和半城市化发展过程(Kotadesi)(McGee，1991)。

他认为发展中国家的超级城市区域(Megaurban Region)是由五部分组成的，包括大城市、城市边缘区、半城市化地区、人口密集的农村、人口稀少的边界。半城市化发展过程是以区域为基础的城市化过程(Regional Basic Urbanization)，即乡村地区逐步向半城市化地区转化，经济活动和人口在半城市化地区内集中。与此概念对应的半城市化地区，是原来介于城市之间的乡村地带，由于劳动密集型产业以及非农产业的发展而迅速发展，接近城市的发展程度。在他所描述的地区内，城市与农村的空间边界模糊，功能上则存在城乡互动，使之又别于西方的大都市带。通过城市间的乡村地带联系起来的城市组群定义为超级城市群。从空间特征来看，与西方国家相比，它具有就地转移性，受到了独特的地域社会制度的制约，如户籍制度、地方社区政府的干预。

(4) 亚洲发达地区的都市圈理论与实践发展

第二次世界大战后，日本的城市建设十分迅速，东京、大阪等城市急速扩张，面临与西方国家类似的问题。1970 年代小林博氏在对东京大都市圈的研究后总结前人观点归纳并强化了城市群发展过程的三个概念：大都市地区(Metropolitan Region)、大都市区(Metropolitan Area)、城市化地带(Urbanized Area)。他认为在日本境内，沿太平洋海岸分布着三大都市圈：东京、大阪、名古屋，它们构成了太平洋沿岸城市群。都市圈的概念和大都市区十分类似，一般有一个一级地区为明确的区域核心，一级地区与周边城镇有紧密的社会经济联系，从空间形态上来看，一级地区和外围城镇呈圈层布局。可以认为，都市圈是以一级地区为主、由周边多个中小城市支撑而构成的一体化区域。

日本政府也给出了都市圈的界定标准：一是外围地区到一级地区的通勤率高于 5%；二是一级地区为中央政府所指定的，或人口规模高于 100 万人的城市；三是与人口规模 50 万人以上的城市相邻(许学强、周一星、宁越敏，2009)。

这一阶段的城市群研究着重于实证案例，从案例中获取信息，试图以定量化的标准描述城市群的空间形态特征，而不完全以理想化的理论为指导建设的框架，是相对于上一阶段的重大转变，也为后一阶段的进一步深入研究奠定了基础。

### 3. 第三阶段（1990 年代中期至今）

20 世纪末前后，城市群的研究进入全新的阶段，全球范围的城市化背景下，为了增强经济竞争力并实现可持续发展，当城市超越自身的界限，它们就融入了由特定网络（如高速公路和高铁）构成的新的大型集群（Ross，2011）。特别在进入 21 世纪后，在城市化快速发展和人口膨胀的背景下，城市群的发展日益受到世界各国的重视，美国和许多欧洲、亚洲城市分别制定了超大城市区域的战略发展框架。同时，也推进了理论研究的深度。

在经济全球化背景下，城市群作为城市化和区域一体化进程中出现的高等级地域空间组织形式，对世界经济格局发展产生深刻的影响（刘靖、张岩，2015）。

尺度上超越单个城市的城市群日益成为重要的人类聚居地，也形成了城市景观的新局面。1950 年代提出的大都市带（或巨大城市带）也被新的概念所取代，美国学者约翰·弗里德曼（John Friedmann）用“城市地域”（Urban Field）的概念来描绘后工业化社会形态与功能上多核聚集的集合城市区。后续又涌现出诸多新的城市群的形态模式和概念，例如网络城市（Network Cities，Batten，1995）、城市网络（Urban Network，van Houtum、Lagendijk，2001）、城市区域（City Region，Scott，2001）、超大都市连绵区（Beyond Megalopolis，Lang、Dhavale，2005）、巨型城市/超大都市连绵区（Megacity Region，美国区域规划协会）、全球性巨型城市区域（Polycentric Metropolis，Hall、Pain，2006）、巨型城市区域（Megaregion，UN-Habitat，2008）、功能性城市区域（Functional Urban Regions，Hall，2009）等。

无论以上概念如何命名，它们都有共同点——由于增长、集合、大都市区的空间扩展，这些网络发展成了自然的经济单元，成为城市群（UN-Habitat，2008；Atlanta Regional Commission，2008；Oizumi，2011），并在区域中构成了紧密的联系网络。城市群的特征为“街区是城市的重要组成部分，现在城市是城市群的街区”（Ross，2008）。

这样的城市网络与空间和经济上由单一城市主导的大都市区不同，曼纽尔·卡斯特尔甚至认为这种变化在理论和实践上废弃了城市的概念（Ross，2011）。因为，从本质上看，城市群不是更大的城市（虽然大城市的定义是基于人口规模），但是仅用这一个参数并不一定能形成当今全球经济最重要的空间单元。

此阶段的研究者认为边界和范围不再重要,“功能上多中心的城市群十分难定义,因为城市由服务业网络形成的关系是跨尺度的和不固定的。它们由市场决定,有组织地操作,是跨越边界并具有活力的”。彼得·霍尔和凯西·佩恩(Kathy Pain)在以上强调内部网络关系的基础上,对城市群的研究一方面深入分析城市群的本质并探索其成因,十分注重与规划实践、政府统计数据的结合,不仅仅停留在理论层面;另一方面将关注点转移到城市间的关系和联系上(Hall、Pain,2006)。而由于发展背景的差异,实证研究侧重点不同,美国的大量研究关注大都市区的多中心化现象(Anas,1998)。

(1) 区域国家

如此大规模且跨越都市区的空间结构可以追溯到托马斯·亚当斯(Thomas Adams)和刘易斯·芒福德(Luis Mumford)在1950年代的讨论。前者认为城市会增长到1 000万—2 000万人口,并扩展到距离市中心50英里(约80.5 km)或更远的范围。而后者预见了大都市区结构的变化,从一个单中心形式转变为在一个广阔但是统一的空间里更分散的城市和村庄网络,称为“城市区域”。

二者的研究都停留在预判和构想阶段,真正提出跨城市的区域结构概念的是大前研一(Kenichi Ohmae)。1993年大前研一提出“区域国家”(Region State),他认为,国家“成为不自然的、机能失调的单元,它在没有边界的世界组织了人类的活动,管理经济活动”,它应该在全球经济版图中被区域国家替代(Ohmae,1993)。区域国家和自然经济区类似,可以不以国土边界为界限,大前研一认为,区域国家应该大到能够保证有吸引力的市场,保证通信和交通基础设施,以及参与全球层面经济活动及专业服务的质量。

大前研一的探索成为这个阶段研究的开端,虽然在当时的影响力不大,但是这是对城市化进程转变的初步认识,也是以后研究的思想基石。

(2) 超大都市连绵区、大都市区、大城市区

20世纪中期后,美国大部分新增的城市用地都位于城市核心地区以外,它们将大都市区接在一起。在21世纪初,区域规划协会(Regional Planning Association, RPA)的主席罗伯特·雅罗(Robert Yaro)十分重视大都市带(或巨大城市带)的概念,他认为美国应该进行大规模的类似欧洲的“空间规划”(Yaro,2004)。

2005年罗伯特·朗(Robert Lang)和阿瑟·尼尔森(Arthur Nelson)根据2003年美国人口普查局的人口统计资料,提出“超大都市连绵区”(Beyond Megalopolis),是在探索中的城市区域模式。

大都市区(Megapolitan/Metropolitan/Megalopolitan)与人口普查局(Census

Bureau)定义的城市化地区——人口密度超过每平方英里(约 2.6 $km^2$)1 000 人的地区——并不是同义词,前者空间范围内的相当一部分地区的人口密度低于这个标准,因为大都市区不仅考虑空间要素,还注重县之间的功能联系,并不是所有的空间上连续的大城市(Metro)和小城市(Micro)都可以作为大都市区的一部分。为此,美国人口普查局还设定了联合统计区(Combined Statistical Area,CSA)的统计单元,它既可以是大城市和小城市的组合,也可以是大城市的组合、小城市的组合,它是大都市区的基本单元。这一转变十分重要,一方面,它实现了从理论概念到官方统计的跨越,比大都市带(或巨大城市带)更具有实践意义;另一方面,它将县之间的联通性作为判定标准之一,而不仅注重县的社会经济属性。

这是一种在国土层面上集中、在区域层面上分散的人类聚居的空间形式。它的认定标准有九条:①连接两个以上(甚至更多)大都市区;②到 2040 年总人口超过 1 000 万;③衍生自连绵的大都市区;④组成具有十分特别的历史背景和共性特征的有机的文化区域(Organic Culture Region);⑤占据大致相似的建成环境;⑥通过主要的交通基础设施将大城市的核心联系起来;⑦由各种货物流和服务流形成一个功能性的城市网络;⑧创造了一个适合开展大尺度区域规划的实用的地理单元;⑨位于美国境内,以县为基本统计单元。在划定影响边界时,没有用重力模型进行中心—边缘的关系划定,他们认为大都市区的边界可能是不连续的。

研究明确了美国的 10 个大城市区(Megapolitan Area)。统计发现美国的人口最稠密的 15 个大都市区都位于 10 个大城市区内。2005 年美国这些地区的总人口达 2.02 亿人,相当于法国、德国和英国的总人口,所占国土面积只有 1/10,却占有 70%以上的 GDP 产出。在他们的预测中,美国从 2005 年到 2050 年将增加一亿人口,至 2040 年,2/3 的美国人将居住在 20 个甚至 10 个超大都市连绵区的区域里。此后,超大都市连绵区正式定名为大城市区,以东北海岸、中西部地区、加州南部、墨西哥湾等 10 个地区为代表。与欧洲和日本相比,美国人的城市密度更低,巨型城市区域(Mega-City Region)的密度是每平方英里(约 2.6 $km^2$)500 人,是城市化地区的下限,只有日本的一半。在 2040 年,可能将有 6 000 万美国人居住在相对有限的大城市区范围内。美国的城市密度将提高。

大城市区的空间形态可以是线形的,可以是星云状的,也可以是综合形态,在这十个大城市区中,除了 35 号州际公路沿线大城市区(I35)为典型的线形走廊,中西部大城市区(Midwest)是典型的星云状团块,其他都是位于二者之间的综合形态。

目前,关于大城市区的研究主要是空间联系的分析,例如“场所空间”或建成环境的空间布局的研究。同时也有对“流空间”的研究,分析通过交通系统和商务网络将场所连接的一系列联系。理论上,在地理上的完整性理解既包含“流”也包含“场所”。

超大都市连绵区概念的提出(Lang,2007)是从政府层面注重跨大都市区的、更大的区域的发展。大都市区到大城市区的变化,是空间规模的进一步扩展,使城市化发展模式出现了转变。前者着重于核心都市区对周边的影响作用,后者则出现了多个城市核心的网络化发展态势。因此,这个转变也是注重区域内部城市联系研究的开端。

(3) 多中心巨型城市区域

彼得·霍尔提出了全球性巨型城市区域(Polycentric Metropolis)及城市化发展趋势:城市群的发展逐渐形成了由信息流联系的全球城市区域,因此认为21世纪的重要城市化现象是多中心巨型城市区域(Polycentric Mega-City Region,MCR),它是围绕着一个或多个全球城市发展的城镇群体,这些城镇在空间上独立,但形成了高度集中的复杂空间网络。大都市的空间形态正逐渐向以大都市为中心的多中心大都市发展(Hall、Pain,2006)。

这是一种在高度城市化和全球化背景下的全新的城市形态,由空间上分离但是功能相互联系的10—50个城镇集聚在一个或多个一级地区周围,其经济力量通过新的功能性劳动分工组织起来,形成多个功能性城市区域(Function Urban Region,FUR),再被高速公路、高铁、电信系统的“流空间”联络起来。随着城市经济发展,城市地域空间具有由单核向多核演化的趋势,发展形成广域的城市化区域范围。它是从大规模的区域核心地区到周边小城市的长期分散化发展的结果。

多中心网络综合了四部分概念:约翰·弗里德曼的全球城市等级、彼德·泰勒(Peter Taylor)的世界城市网络、艾伦·斯科特(Allen Scott)的全球城市区域和曼纽尔·卡斯特尔的流空间。它源于1999年的欧洲空间展望(European Spatial Development Perspective,ESDP),其中提及了以多中心(Polycentricity)为目标的核心政策。从欧盟角度,欧洲空间展望中多中心的含义是在现状欧洲西北部的伯明翰、巴黎、米兰、汉堡和阿姆斯特丹形成的五边形区域外再增加新的中心。然而在区域层面上,多中心意味着多中心巨型城市区域范围从主要城市扩散到小城市。同时,多中心网络重新排列了城市等级(Christaller,1933),不仅改变了“场所空间”也改变了“流空间”。

多中心巨型城市区域的研究进一步打开了城市群的研究领域,使之从概念辨析、空间边界划定、案例的比较分析,开始转型为机制、动因、内部联系等方面的研究,更为重要的是,它进行了城市联系的定量化研究,实现了重要的跨越。

(4) 巨型区域和巨型城市

自从彼得·霍尔在多中心巨型城市区域中引入了巨型城市区域(Mega-City Region)的概念,联合国对这个现象也十分重视,进一步研究了巨型城市区域。世界上的大城市(Megacity),正在相互融合成为更大的巨型区域(Mega Region),形成没有边界的城市(Endless City),其面积可达数百平方公里,人口规模可达 1 亿人。各城市超越自身的极限,合并为一个巨大的集合体,在空间和经济上相互联系。

联合国人类住区规划署认为,这是未来五十年的发展趋势,创造财富的原动力不再是国家,而是巨型区域,因为全世界最大的 40 个巨型区域只占有很小比例的土地、全世界 18%的人口,却集中了 66%的经济活动和 85%的科技创新。

2005 年美国区域规划协会正式定名了"巨型区域"(RPA,2006)。在美国 2050 年的规划中,提到巨型区域是国土规划中重要的组成部分。作为一种新的城市规模,它代表了更大空间尺度上的框架。它们是大都市区构成的网络,由交通设施、经济活动、共享的自然资源、社会和历史的共性联系在一起。美国有 11 个正在形成的巨型区域,至 2050 年,大部分国家生产价值将在此创造。它们仅占有全国 1/4 的面积,却拥有 3/4 的人口和 3/4 的经济产量。

大都市区研究中也提到了 10 个地区,虽然与巨型区域的地区命名不同,但是除了增加科罗拉多州的弗兰特山脉(Front Range)地区以外,空间分布几乎一致。

从此,世界上对于巨型区域的研究进入全面发展的阶段,研究者关注的重点不再停留在实证案例中各城市社会、经济属性的比较分析,纷纷转向质性和定量研究,描述其本质、探索其形成机制及内部联系状态。

虽然各研究对巨型区域的描述不尽相同,如"连续的城市和郊区的集聚体,其范围不仅包括城市个体和它们的腹地"(Florida 等,2008),"大都市中心和周边地区形成的网络,由现有的环境、经济、文化、基础设施相联系"(Ross,2009),"核心大都市区或多个相互交织的大都市区及其腹地在全球化影响下通过分工合作形成一个有机整体"(Scott,2001),"空间形态上,城市和区域空间的物质边界日趋模糊,区域进入到各城市彼此交融的阶段,空间一体化成为区域空间结构重组的主要特征,彼此分离的空间实体之间产生持续、频繁、多元的交互控制作用"(van Oort 等,2010)。另外,还有研究基于夜间灯光的卫星数据将城市群定义为:包括两个以上主要城市或大都市区的有连续灯光的地区,其 GDP 产值在 1 000 亿美元以上。但是已经形成共识的是,巨型区域是在空间上和社会经济上连续的城市网络。作为一个新的经济单元,它不仅在内部增长,提升密度,也在外部增长,彼此影响,不受人工政治边界的限制,而是由创新、生产和消费中心间的交互作用形成。

从1990年代开始的城市群的研究视角相对于上一阶段有了明显的转变和突破，看待巨型区域的视角从地区转为系统。在地区概念里，城市群是由相邻的大城市集聚而形成的新的地理边界。从系统视角，它是由巨大的城市网络形成的空间和社会经济连续统一体。这一转变，使以形态特征描述为主的研究，深入到城市群研究的本质（城市间的关系）层面，成为21世纪后的研究热潮。本书将基于最前沿的视角，进行城市群研究。

### 2.2.2 我国城市群的定义

由于我国城市化进程总体起步较晚，在“城市群”这一术语的概念定义方面，我国学术界的工作并不突出，主要沿用了世界上的主流提法，或加以修正、引申、演化，用于作为框定我国城市群的借鉴标准。但是2000年之后，随着城市化率加速提升，我国城市群的规划实践和实证研究逐渐丰富。

#### 1. 城市群概念的引入

国内研究最早于1980年代提及“城市群”的概念，将其作为与“城市—区域”相近的概念，具体表述为“城市发展及与之有紧密联系的周围地区之间的一种特定的地域结构体系”（宋家泰，1980）。其后，戈特曼的 Megalopolis 被译为“巨大城市带”（后多译为“大都市带”）引入我国学界（于洪俊、宁越敏，1983），然而，对其认识还相对模糊。1990年代初期，崔功豪、杜国庆（1992）对 Megalopolis 进行了较为详细的介绍。崔功豪、王本炎（1992）进一步对城市群结构进行分类，划分为城市区域（City Region）、城市群组（Metropolitan Complex）和巨大都市带（Metropolis）。

#### 2. 概念的修正和本土化延伸

1990年代前后，我国经济地理和城市规划研究者在借鉴国际主流概念的基础上，进行修正和延伸，根据我国城市化发展特征，对“城市群”的概念提出自己的表述。

周起业、刘再兴（1989）提出“按经济中心来组织管理地区经济，即以大城市为依托，有计划地发展中小城镇，在各大城市周围形成若干以中小城市为主的中小型经济中心。通过它们，使大城市同相邻的中小城镇和农村相联系，大中小城市及其分别联系着的农村相交织，形成全国的经济网络，协调部门和地区间的经济活动。”

周一星(1991)认为“都市连绵区”是“以若干城市为核心,大城市与周围地区保持强烈交互作用和密切经济社会联系,沿一条或多条交通走廊分布的巨型城乡一体化区域”。他将我国东部沿海地区形成的几个城市群与西方大都市带和类似的城市群空间布局形态相比较之后,认为它们都可以称之为大都市城市群或都市连绵区(Metropolitan Interlocking Region, MIR)。从后续的概念发展来看,都市连绵区更接近巨型区域,已经达到了城市群发展的高级阶段。

姚士谋等学者先后两次定义城市群。1992 年其提出城市群的概念,指出城市群是“在一定地域范围内的复杂的区域系统,各类不同等级规模的城市依托交通网络组成的一个统一体”,其中“城市之间、城市与地区之间都存在着相互作用、相互制约的特定功能”(姚士谋等,1992)。2001 年,其再次明确将城市群描述为“在特定的地域范围内具有相当数量的不同性质、类型和等级规模的城市,依托一定的自然环境条件,以一个或两个超大城市或特大城市作为地区经济的核心,借助于现代的交通工具和综合运输网的通达性,以及高度发达的信息网络,发生和发展着城市个体之间的内在联系,共同构成一个相对完整的城市‘集合体’”。

提及的“内在联系”是城市群内城市相互作用、整体联动的重要因素,包括经济、社会、文化、生态等众多方面的联系,集中表现为各城市之间物质空间和虚拟空间的联系,例如以交通设施为代表的人流和物流载体,以及信息传输、商品市场、上下游产业关联等虚拟载体(王娟,2012)。

从城市群的概念和规划来看,国内外都经历了从学术界的研究兴趣到政府层面的政策偏向的过程,近年来得到了政府部门的普遍重视。类似戈特曼提出的大都市带,虽然学界地位很高,但是在统计层面没有运用于空间统计实践,因此实用性相对较弱。直到政府对法定统计单元进行修正,为研究提供了基础条件,才从实质上进入全面铺开阶段。我国虽然起步晚,突破性理论贡献较少,但是运用于规划实践较多。

学术界对这一大规模的人居空间是否应有具体的边界看法不统一(盛蓉、刘士林,2015)。因此,从空间尺度和边界上来说,尚没有对城市群严格的范围界定。联合国对城市群(Urban Agglomeration)的定义为“由一个城市或城镇的一级地区与郊区边缘地带或毗邻的外部地区组成。一个大的城市群可能包括几个城市或城镇郊区及其边缘地区”。以上概念所指的空间范围既有交叉也有重叠,但是总体来说,城市群包括城市、镇、外围地区的城市区域,从遥感图片来看,是连片的不规则体(顾朝林,2011)。

虽然各理论表述不一,对城市群的认识也在不断深化和扩展,但是城市群的定义具有几点共识:聚集了大规模的人口、财富和生产资料(Marull 等,2015);它是一个地域单元，其范围不受到行政边界的限制；该空间范围内的城市、镇具有紧密的社会经济联系，有一部分在通勤范围内；通常具有一个或多个核心地区。

我国的行政区划中，地级市下辖区、县级行政单元(含县级市)，地级市行政中心位于一级地区(通常由一个或数个区构成，城市化率较高)，其行政等级高于周边的区、县(通常为郊区或县，城市化率较低，也称"二级地区")。针对城市群这样的地域单元，在传统的城镇体系规划中，以地级市的一级地区为中心，外围郊区和县为其边缘，形成垂直的依附和被服务关系。城镇之间的外部关系主要考虑一级地区之间或者同一行政区的中心和边缘之间，尚未突破行政区划，行政界限成为空间和交通资源的分配屏障。这一规划思路在新的城市化背景下需要转变。

## 2.3 可达性

交通设施的建设，无论是桥梁还是快速路，都会使各地之间产生"空间压缩"(Janelle，1969；Harvey，1989)，反映在可达性的变化上(Hou、Li，2011)。

可达性概念首次由沃尔特·汉森(Walter Hansen)提出，是指由个人可以得到的与社会经济相互反映的潜在机会(Hansen，1959)，它是一个绩效指标，测度个体在参与活动时的自由程度(Weibull，1976)，也被理解为当提供某些交通工具时，人们到达场所的能力(Curl 等，2015)。可达性的抽象定义中包括两个要素：目的地的平面空间位置和联系平面上这些节点的交通网络的特性(Vickerman，1974)。

当发现可达性对区域经济潜力的价值(Keeble 等，1982)，特别是与劳动力市场的关系时(Handy、Niemeier，1997；Weber、Kwan，2003；Martín、Reggiani，2007)，可达性的含义就扩充到交通发展对土地使用的影响以及政策计划(Geurs、van Wee，2004)，即可达性的空间效应。

本书的"可达性"指交通网络引起的出行资源的空间分布，即出行时间长短。

## 2.4 空间网络

本书中的"空间网络"指城市群内各城镇之间的外部关系网络。城市空间网络是在信息化、全球化背景下出现的新型城市空间组织形式，在城市之间形成水平、非层级性的联系和流动的网络体系(Capello、Nijkamp，2005)。

城市的本质是城市的内部组织关系(Harris、Ullman，1945)。城市之间的关系问题，即城市的外部组织关系，可以称为"城市的第二本质"(Taylor，2004)，从而明确了城市和区域空间组织之间的网络互动关系的重要性（Taylor，2009）。它反映了各城市在一个群体内的集合功能以及形成的网络状联系，反映了城市相互作用的共性关系（蔡勇美、郭文雄，1985），涉及城镇空间布局、城市之间的相互作用、产业和职能分工等多个方面的研究内容。

对于城市群而言，虽然各城镇自身的社会经济属性指标较为重要，然而更为重要的是这些指标能够反映特定区域内城市之间及城市的经济社会各要素之间的相互作用关系，是城市群发展变化的直观结果。区域城市化水平越高，城镇越密集，城市的外部关系越重要。

与传统地理学用于解释区域空间网络布局的理论不同，“流空间”突破了静态的时空视角，重构城市群的空间网络体系。

在均衡的空间网络中，节点规模更趋平均，节点间联系的层次较多，部分二级节点的网络功能提升，与非行政隶属核心/一级节点都产生了联系，转变为多层次的嵌套式空间网络。相比之下，在极化的空间网络中，只有个别节点规模较为突出，不同层级的节点间网络地位差异较大，强度较大的联系也只产生在个别节点之间，联系层级单一。

# 第3章　相关研究进展

目前的相关研究中，研究对象并不区分高铁和城际铁路，都将新建时速250 km/h和改建时速200 km/h的客运铁路统称为高铁。现有关于高铁对城市群发展的影响多从两个角度进行研究：铁路带来的可达性提升和可达性资源的重新分布，以及可达性提升后对空间网络的影响。

依靠基础设施的物质支撑，长距离跨区域的流动成为可能，企业和个人的可移动性(mobility)不断增强。上述可移动性，可以用交通设施可达性(accessibility)作为其量化指标。除可达性的提升及其空间分布外，可达性造就的"时空压缩"现象，导致区域空间内部组织结构变化，引发新的区域空间形态、功能和发展模式的变革(Bridge，1997)，为可达性对空间网络所产生的影响。

在已有关于交通设施对空间网络发展影响的定性研究中，观点基本一致，对交通设施在城市群的空间网络(由社会经济资源布局表现)形成过程中起到的关键作用持肯定态度，认为交通设施和由社会经济活动构成的空间网络是紧密相关的，二者存在相互反馈的关系。空间网络从通达性方面对交通提出需求，是推动交通运输的动力之一，只要存在足够的潜在需求，就会寻求满足这种需求的手段，从而促进交通的发展，使交通供给和需求达到短暂的平衡。

铁路作为快速交通设施，提供两个或多个大城市之间的联系，形成交通走廊，是城市群空间结构的骨架。新建高铁提升长距离联系的交通服务，使高铁沿线城市的可达性提升，推动并促进城市群空间网络的演化，形成"一体化的经济走廊"(Blum等，1997)。"走廊理论"(Theory of Corridors)(Whebell，1969)描述了由发达的走廊连接的主要城市构成的空间，与其相似的"点轴开发"(陆大道，1995)是以产业的集聚与扩散沿着阻力最小的方向展开为依据。

高铁对城市群空间网络的影响反映在设施开通的前后，城市群空间形态与结构的重构，与原有的空间网络相比，是趋向均衡还是极化。开通前后变化比较的重点是高铁走廊和以外地区的可达性和经济资源分布，以及高铁走廊内部的首末站、枢纽站与中间站的可达性和经济资源分布。从已有研究来看，可达性指标的计算结果主要受到空间尺度、交通网络形态、城市规模等可测度指标的影响，其结果尚有规律可循，而对空间网络(城市社会经济属性布局)的研究结果却差异很大(Givoni，2006)，大部分实证研究结果表明，高铁可能加速区域集中，形成极化的空间网络布局，但是也有一部分表现出促进区域扩散，形成均衡的空间网络。

## 3.1 高铁可达性研究

1950年代以来，高铁可达性的研究成为一个重要方向。这类研究集中在高铁建设后对区域和国家层面的城市对外出行时间变化的影响上。高铁缩短了城市的对外出行时间，改变了可达性条件。空间—时间距离的缩短带来新背景下的交通资源布局，使场所的相对空间关系发生变化。

可达性的改变，代表了高铁网络效率的提升，是高铁效益评估的重要内容，也是高铁线网建设投资的主要理由(Martín，1997)。

### 3.1.1 高铁可达性的不均衡布局

#### 1. 欧洲高铁可达性资源的不均衡布局

在实证研究中，无论是建设前的预测还是高铁开通后的实际对比，可达性资源分布研究得出较为一致的结论是高铁在站点之间的地带造成了空间脱节(Gutiérrez、García，2005)，不在高铁线网上的城市间接地受到了损害，而通高铁的终点站和中间大城市从中获益。从长距离的高铁线网来看，它将增强原有的交通网络中的优势城市，而牺牲了中间站的区位利益(Puga，2002；Vickerman等，1999)，因为大部分的可达性提升都分布在枢纽城市，因此造成空间体系的极化发展(Levinson，2012)。

从欧洲高铁线网[①]引起的新时空资源的空间分布来看，欧洲大陆在尺度上形成了新的时空关系，即“收缩的欧洲”，如图3.1.1所示，但是也造成了新的不平衡：有些城市之间的出行时间变化不大，而有些城市之间的出行时间明显缩短。

对图3.1.1中可达性空间资源分布形态变化的进一步深入分析可得，高铁开通后，欧洲大陆在空间分布上变得更为紧凑了，各地区之间的距离(以时间测度)

---

① 欧洲的高铁建设始于1980年代，当时各个国家独立建设高铁，直到2000年左右，开始形成全欧交通网络。如PBKAL铁路(巴黎—布鲁塞尔—科隆—阿姆斯特丹—伦敦，Paris-Brussels-Koln-Amsterdam-London，PBKAL)是首条跨国高铁，其他线路如西南线地中海支线(马德里—巴塞罗那—里斯本—波尔图，Madrid-Barcelona-Lisboa-Oporto)、大西洋线(马德里—圣塞巴斯蒂安—达克斯—波尔多—图尔市，Madrid-San Sebastian-Dax-Bordeaux-Tours)、东部轴线(联系卢森堡和德国)以及阿尔卑斯线路(里昂—图尔，Lyon-Tur)。

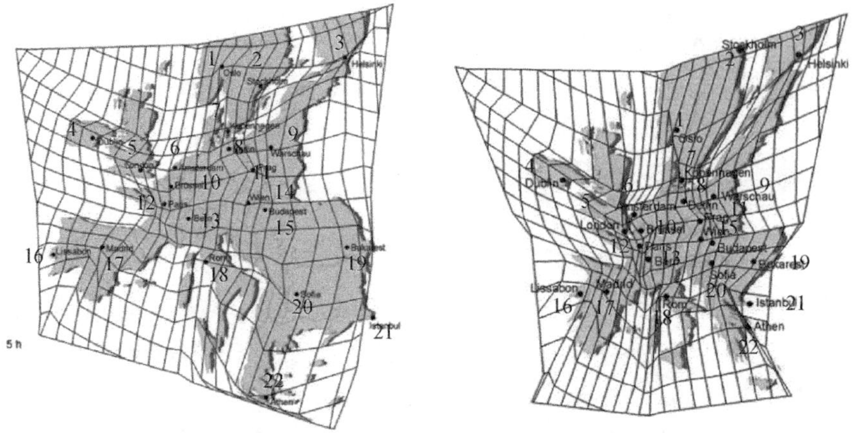


1. 奥斯陆　2. 斯德哥尔摩　3. 赫尔辛基　4. 都柏林　5. 伦敦　6. 阿姆斯特丹　7. 哥本哈根
8. 柏林　9. 华沙　10. 布鲁塞尔　11. 布拉格　12. 巴黎　13. 伯尔尼　14. 维也纳　15. 布达佩斯
16. 里斯本　17. 马德里　18. 罗马　19. 布加勒斯特　20. 索菲亚　21. 伊斯坦布尔　22. 雅典

**图 3.1.1　欧洲 1993 年和 2004 年对 2020 年的预测基于铁路的时空距离**

来源：改绘自 Spiekermann、Wegener，2004

变得更近。一个很明显的特征是，可达性的最大获益者是线网中的主要城市，如伦敦和巴黎，以及中转点，如里昂和里尔（Gutiérrez 等，1996）。其余的节点无论是绝对可达性还是相对可达性都将受到损失，如比利时的高铁新线路路过一些主要城镇而不停靠（Vickerman，1997）。因此，欧洲的空间收缩并不是简单的模式，而是高铁建成后，中心城市的获益建立在牺牲边缘城镇利益的基础上（Vickerman 等，1995）。

1990 年代后期针对欧洲大陆可达性变化的相关分析，也得出了类似的结论，如古铁雷斯（Gutiérrez 等，1996）以加权最短出行时间（Weighted Average Travel Time，WATT）、潜力指数（Potential Value，PV）和每日可达性（Daily Accessibility，DA）为指标，预测大城市将是欧洲高铁带来可达性提升的主要获益者。古铁雷斯（Gutiérrez 等，1996）采用潜力指数 PA 预测 2010 年规划建设的高铁线网，发现可达性较高的地区都是欧洲各国的大城市。2001 年预测马德里—巴塞罗那—法国边境高铁线路能带显著缩短出行时间，并带来巨大的经济收益。施皮克曼（Spiekermann）、温格纳（Wengerner）1996 年以火车出行 5 h 可达的人口数量为指标（即 DA），古铁雷斯等（1996）以 GDP 加权的 WATT 为指标进行可达性计算，结果均显示出，高铁可达性在欧洲中央地区和城市最高。88 个人口 30 万以上的欧洲城市的可达性变化研究表明，高铁沿线的站点城市的可达性提高幅度更显著，无论从出行时间角度（Gutiérrez，1996）、重力模型角度（Bruinsma、Rietveld，1993），还是 DA 指标角度(Spiekermann、Wegener,1996),研究结果均表明欧洲高铁引发的可达性资源布局增加了主要城市及其腹地之间的差距。维克曼等人认为欧洲高铁带来可达性的改变主要获益者是现在可达性已经很高的地区(Vickerman 等,1999)。特别是欧洲西北部城市的地位得到了增强,而乡村地区的相对可达性变差了(Yin,2015)。总体来看,欧洲的全欧交通网络规划和建设并没有达成降低区域可达性不公平的目标(Vickerman,2015),高铁线路并没有增加区域的内聚性,而是加大了极化效应(Levinson,2012),它的作用只是重构了区域"中心—边缘"空间格局,即边缘的边缘化(Hall,2009)。因此核心地区之间的距离由于出行时间的缩短而变得更近了,远的地方则变得更远(Spiekermann、Wegerner,2008)。

就不同国家的单独分析,大部分案例得出的结论也是高铁线路上的大城市的可达性提升幅度最大,并对不在高铁线路上的小城镇造成威胁。例如,法国高铁网络使巴黎成为网络中心,主要的活动集中在数量极为有限的地区(Plassard,1991)。马德里—巴塞罗那—法国边境高铁研究比较了有高铁和没有高铁两个情景,得出结论为大规模城市与其他地区相比,更能从高铁设施获益,即主要城市可达性提升,增加不平衡(Gutiérrez,2001)。西班牙高铁开通和不开通两种情景的潜力指数相比较,高铁开通后,可达性在国土层面的分布更不均衡,可达性值最高的地区集中在巴塞罗那、马德里和巴伦西亚等城市的高铁站周边,高铁站造成了"可达性孤岛",不设站地带则成了阴影区,即烟道效应(Plassard,1991),这些孤岛的大小取决于从邻近城市到高铁站点的交通网络的质量(Monzón 等,2013)。英国高铁的研究者一致认为,城市的可达性取决于与高铁线网的连接性。高铁线路上的大城市得到了较好的交通条件,但却牺牲了中间小城市(Hall,2009)。连接科隆和法兰克福的一条德国高铁的可达性计算结果表明,受高铁的影响,蒙塔鲍尔和林堡两个站点周边区域的可达性得到了明显的改善,从 GIS 图中可以直观地观察到这两个站点所在的莱茵美因地区呈现非常显著的集聚效应(Gabriel、Feddersen,2010)。

但是也有个别国家发现外围城市可达性提升最快,例如,随着马德里—里斯本高铁线的贯通,2015 年葡萄牙的一些外围城市如波尔图的可达性从 1996 年的几乎垫底反超了西班牙的格拉纳达,同时都灵和热那亚将成为从高铁获益最为显著的城市,可达性的提高率将达到接近 80%(Martín、Reggiani,2007)。

基于高铁线网的时间分析基础上,采用以人口为权重的平均可达性指标的计算结果表明,高铁对平均可达性的提升作用,总体上是积极的,设有高铁站的城市可达性迅速提升,然而,不同城市之间的变异系数则变大了(表 3.1.1)。总体来看，可达性已经很高的地区因为高铁开通而进一步提升了可达性，而原本可达性较差的地区，如果不设高铁站，则可达性几乎不变，因此，交通资源的分布更不均衡(Rietveld、Bruinsma，1998)。

**表 3.1.1　　欧洲 42 个城市在高铁开通前后的可达性变化**

| 可达性指标 | 高铁开通前 | 高铁开通后 |
| --- | --- | --- |
| 平均值 | 211 304 | 205 695 |
| 标准差 | 59 321 | 79 673 |
| 变异系数 | 0.281 | 0.318 |
| 平均可达性 | 100.0 | 118.6 |

来源：改绘自 Rietveld、Bruinsma，1998

### 2. 我国高铁可达性资源的不均衡布局

在我国的高铁网络上，基于出行时间的可达性显现出明显的“廊道效应”，可达性从廊道中心到边缘呈衰减趋势。有些高铁线路上的节点城市为附近的城市连接到其他区域提供了快速廊道(Shaw 等，2014)。具体表现为：高铁沿线城市的每日可达指数的变化率最高，而变化最少的区域分布于一级地区城区附近，呈现距离一级地区越远且离站点越近的地区变率高，反之则低。高铁设站城市的一日交流圈内可达城市数量明显上升，未设站城市变化较小(何丹、杨犇，2013)。

从我国的区域尺度上来看，高铁引起可达性变化的结论也较为类似，以我国的长三角城市群为例，该范围已通车的沪宁和沪杭等高铁的沿线城市的可达性水平明显高于未覆盖地区，上海、苏州、无锡、常州、嘉兴等城市的可达性优势更为明显，而扬州、泰州、南通等未通高铁的城市位于长三角地区可达性空间格局的第三阶梯。京沪高铁开通后，皖北地区的中小城市很难找到经济增长点，面临着巨大挑战(何丹、杨犇，2013)。长三角地区 16 个地级市的 WATT 指数计算的结果表明，高铁开通后，长三角城市群的区域可达性得到全面提升，高铁走廊地区的可达性水平明显高于其他城市，高铁带来的要素高度集中使核心和边缘城市的差异更大，例如台州和舟山。由于未开通高铁又同时处在空间区位边缘，边缘地区在高铁效应的作用下与核心地区的差异度进一步扩大(赵丹、张京祥，2012)。

总体来看，关于可达性提升的空间分布，新建交通设施是会带来区域可达性的均衡分布还是增强了极化发展这个问题，大部分的高铁研究发现，高铁建设后，主要城市和腹地之间的不均衡程度扩大了(Murayama,1994;Gutiérrez 等,1996;Jiang 等,2010)。

### 3.1.2 高铁可达性研究中的分歧点

从可达性变化的角度,一方面,高铁建设并没有达到城市群空间网络均衡发展的目标;另一方面,各案例的计算结果也呈现出一定的差异,甚至同一个案例的研究会得出不同的结论,原因在于指标的选择、空间尺度和单元的选择、是否考虑服务频率三项要素。

#### 1. 指标选择和数据来源

可达性的计算,在交通规划中的应用十分广泛,然而可达性计算的问题在于,分析结果对可达性概念的解读和指标的选择十分敏感(Rietveld、Bruinsma,1998),对指标的依赖性很强(López 等,2008)。常用的可达性指标中 WATT 偏向于评价节点在网络中的空间位置,而 DA 和 PV 则将社会经济属性纳入考虑。以区位为基础的分析能够发现网络形态的潜力,但是得出的结果通常高于实际作用(Moyano 等,2018)。以重力公式为基础的分析得出的结论,与单纯的网络分析相比,更容易得出极化的区域网络的结论(López 等,2008)。人口规模或者经济规模大的城市,会得出较高的 PV 和 DA 指数,相反,城市在高铁线网中的位置,决定了 WATT。为了达到高的 PA 值,一个城市应该在既定的时间内到达其他经济规模大的城市(Jiao 等,2014)。类似地,在网络研究中,经济规模大的城市更可能具有高加权接近中心度(Weighted closeness centrality, WCC)值,人口规模大的城市更可能具有大的加权度中心性(Weighted degree centrality, WDC)值(Jiao 等,2017)。

#### 2. 空间尺度和交通网络发展阶段

空间尺度也是可达性计算结果的影响要素之一,例如西班牙的马德里—巴塞罗那—法国边境高铁廊道使欧洲大陆尺度的可达性差异降低,伊比利亚半岛通过高铁与欧洲大陆其他地区彼此联系,但却使国家层面的可达性差异提升,较大的城市群能从高铁获益(Gutiérrez,2001)。

以马德里—巴塞罗那—法国边境高铁的 WATT、PV、DA 的计算结果为例,DA 计算结果的集中程度最高,PV 次之,而 WATT 计算结果则表现为分散效应。这些效应取决于空间尺度:国家尺度上形成极化效应,而欧洲大陆尺度和边境尺度则为平衡效应(Gutiérrez,2001)。

西班牙西北部的加利西亚高铁，在国家层面、走廊层面、地区层面的可达性均不相同，其中宏观尺度的国家层面和走廊层面，高铁开通后引起可达性更为平衡的分布，在地区层面可达性的分布却更为极化(Ortega 等，2012)。

此外，交通网络的发展阶段造成了不同案例数据来源的差异。每个城市在高铁建设前的可达性和它们的地理位置决定了它们能否中高铁建设中获益。例如原本偏远地区的可达性提升幅度最高，高铁开通后，这些城市与人口密集的大城市的联系度提升，然而在马德里和巴塞罗那大都市区的一些城镇可达性提升率并不高，甚至低于 20%，原因在于它们与大城市十分接近，只设普通铁路站，没有高铁站(Monzón 等，2013)。

对珠三角 1990—2020 年的综合交通网络可达性变化分析表明，在第一阶段交通设施的初步发展，包括桥梁、快速路和铁路提速，其可达性提升效益明显；当基础设施扩张，则出现了区域内部的分布不均衡，直到快速路建设发展初期，不均衡度依然很高，但是后期的可达性分布明显趋于均衡。第二阶段，2000 年之后城际铁路的建设又一次引发了新的不均衡(Hou、Li，2011)。

### 3. 服务频率

是否考虑各站服务频率，对可达性的结果影响很大。中间站引起的时间损失，包括减速、加速和停靠时间，降低了线路整体的运营效率。初始速度为 200 km/h 的高铁列车，制动距离为 1 900 m；初始速度为 350 km/h 的高铁列车，制动距离为 6 700 m(UIC，2014)。站间距越短，平均运行速度越低(图 3.1.2)。

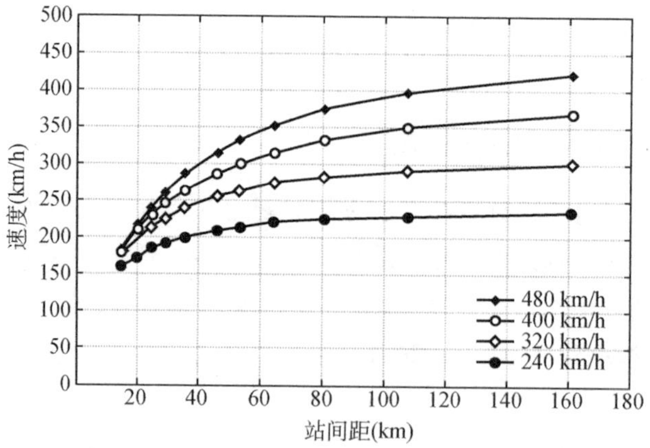


**图 3.1.2　商业铁路速度和站间距的关系**

来源：改绘自 Schneider，1993

开通高铁的首末站和中间站相比，后者服务频率处于弱势。虽然它们的绝对可达性得到了提升，但它们的相对区位被损害了，因为高铁开通后大城市的可达性提升率更高(Levinson，2012)。中间小城市所在站点面临的潜在威胁是"烟道效应"(Tunnel Effect)(Gutiérrez、García，2005；Plassard，1991)或"回流效应"(Backwash Effect)(van den Berg、Pol，1998)。

由于高铁的运行速度较快，站间距较长，享受高频率服务的车站数量是有限的，很容易造成区域城市极化发展的情形更为恶化(Bruyelle、Thomas，1994)。欧洲的铁路运营商为了达到理想的速度，不会停靠利润不高的中间小站(Hall，2009)，而将优先的运营区段设定为长距离的城际出行，压缩了短距离出行服务，特别是区域内的通勤服务(Chen、Hall，2012)。蒙松等(Monzón等，1994)预测，由于重点站点的数量限制，很可能引发极化效应，重要节点城市得到的服务更好(Bruyelle、Thomas，1994)。在欧洲的边境城市，这个问题更为明显，高铁对位于边境的通高铁城市几乎没有作用，因为边境条件限制了服务频率，如欧洲西北部的伦敦—巴黎—布鲁塞尔—阿姆斯特丹高铁线网为了达到迅速联系几个大都市区的目的，会忽略边境城市和中间站城市。其原因在于当中间站客流较小时，由供应商提供的铁路服务利润低、成本高，政府很难使铁路服务商更偏向当地需求，供应商的商业压力会降低服务频率要素的可达性公平(Vickerman，2015)。

我国的高铁线可达性最高的区域是中部地区，也是我国的地理位置的中心(Jiao等，2014；Cao等，2013)，新建的高铁线更强化了该地区在普通铁路网络中的优势(Cao等，2013)。长三角地区高铁开通之后交通空间结构的变化显示高铁强化了上海作为交通网中心的地位，对周边城市具有集聚的优势，并且呈现出中心向四周递减的趋势(方大春、杨义武，2013)，即首末站城市的地位更加突出了。

### 3.1.3　对城际铁路研究的启示

在城际铁路的可达性计算中，首先，为了客观反映可达性资源在空间上的分布，减少PV和DA等可达性综合指标中社会经济要素对计算结果判读的干扰，选择WATT为基本计算方法，着重反映各城市在城际铁路网络中的出行时间。其次，在明确研究空间范围和尺度的基础上，对比不同的时间节点，反映城际铁路开通前后的可达性差异，并对可达性的变化进行分析，对比可达性的空间分布变化的差异性。最后，增加停靠频率为可达性的考虑要素之一，全面反映乘客活动的便利程度。

## 3.2 高铁可达性对空间网络的影响研究

尽管可达性的提升和经济增长的关系十分复杂，但较好的可达性是提升区域和城市竞争力的必要条件。高铁可达性对空间网络的影响表现在网络总规模和网络中各节点的规模布局两个方面。

网络总规模方面，表现为增加空间网络的经济总量，新型基础设施引发的聚集经济能够扩大产出（Levinson，2012）。由于高铁的建设，降低了交通成本，较低的交通成本可以扩张市场规模，吸引资源进入市场，使市场将持续扩张。地方产业的前向和后向联系增强了这个不断累加的过程，同时，市场的扩张促进了收益提升，反过来又降低了成本并鼓励进多的资源进入该市场，实际工资和利润也得到了提升。在区域中心位置的公司能够克服交通成本的障碍，并以较低的成本供应偏远的市场（Vickerman，2018）。

网络中各节点的规模布局方面，表现为社会经济资源在空间网络中的极化分布，即各节点的规模差距拉大。普拉萨尔（Plassard，1991）认为，高铁会增加区域核心地区和周围小城市的矛盾。区域内部城镇体系极化分布（Chen、Hall，2012）对区域内部的关系十分不利（Troin，1995；Menerault、Barre，1997；Bruyelle、Thomas，1994），只有通高铁的终点站（区域核心地区）和中间大城市从中获益（Levinson，2012；Gutiérrez 等，1996；Garmendia 等，2012）。高铁重新分配了经济资源，由于高铁带来的网络连通性，将会转化为竞争力，可达性程度越高，则吸引力越大（Willigers、van Wee，2011），使位于在高铁线网上的核心地区更具优势。这些城市也能从吸引经济活动的聚集效应中获益，扩大它们的市场并加快区域经济增长和发展（Martín，1997）。

以上为事前研究的结论，事后分析按照社会经济要素类型分为人口和劳动力、产业经济、土地开发（包含开发量和房价）等几个方面。相比事前研究结论的一致性，事后社会经济要素布局的结论差异较大。因为可达性计算都是基于情景模拟，有固定的公式，在给定的条件下，计算结果是可以预期的。但是城市发展则受到多种要素的影响，很难把可达性的影响单独隔离开（Vickerman，2018），导致可达性和经济增长的关系是不确定的（Martín，1997）。

### 3.2.1 高铁可达性对空间网络的极化作用

#### 1. 人口和劳动力布局

日本和我国高铁对人口布局的影响研究，大多都集中于指出高铁站所在地的布局趋势,而没有起到空间网络中规模较大的节点城市扩散的助力作用;欧洲的一部分国家表现出大城市劳动力市场的扩大,即空间网络的少数节点规模扩张。

日本新干线经过 30 年的发展后,设有站点的城市表现出明显的区位优势,而没有站点的城市继续被边缘化(Kuniaki、Masatsugu,2001),即表现为沿线地区的高度聚集(Sasaki 等,1997)。在发达地区的新干线并不能发挥出区域扩散作用,相反地,人口还有向为数不多的高铁沿线城市聚集的趋势。直接连接经济发展水平落差较大区域的新干线还会加强沿线地区现有的聚集扩散模式(张萃,2009)。有新干线站点的城市,其人口和就业增长率明显高于没有设站的城市。东海道新干线建成后 10 年间,设有新干线车站的城市人口增长率比没有设立站点的城市平均高出 20%(Brotchie,1991;Amano、Nakagawa,1990)。东海道沿线设有站点的城市人口密度普遍比没有设站的城市高出 30%以上,尤其在首末站城市东京、大阪更为显著,中途站只有名古屋表现出明显的集聚效应(Murakami、Cervero,2010)。1964 年北海道新干线通车时未在挂川设站,高铁的影响非常有限,直到 1988 年设站以后,显现出拉动劳动力市场的效应,4 年后挂川的就业率提高了 8%(Smith,2003)。而且就业率和经济活动的增长在需要信息交换的部门尤为明显,如酒店和餐饮行业(Sands,1993;Givoni,2006)。

韩国首尔—釜山高铁线路的前期预测研究结果显示,高铁开通后,首尔大都市区的人口重心有呈集中分布在首尔及其边缘地带设站地区的趋势(Kim,2000)。

我国的高铁研究中,发现长距离跨区域高铁对沿线的中小城市人口具有负面影响,事前和事后分析结果不一致。在武广高铁建成之前,理论上认为在人口向武汉、广州、长沙三座城市集聚之后,根据赫希曼的涓滴效应,随着增长极出现集聚不经济,就会促使人口沿着高铁线向中小城市扩散。判断在小城市和众多城镇设置站点,可以方便其与大、中城市的交流,接受辐射,促进沿线人口向小城市和小城镇聚集(伍业春,2009)。然而,武广高铁开通后,沿线郴州和韶关的城市化率连续下降,武汉和广州变化不大,而长沙的城市化率出现明显的增长,表现出大城市的虹吸作用(孙健韬,2012)。类似地,北京经济圈的人口聚集空间结构研究发现,首都经济圈的人口集聚度整体呈上升态势,保定、张家口、承德三个城市的人口集聚度下降,而北京和天津这样的超大型城市对人口的吸引力进一步增强,对其他城市人口表现出袭夺效应(孙莉,2013)。

虽然人口的袭夺效应显著,但是高铁使得人们能够更便捷地到达更多的工作地点。随着通勤的日趋频繁,通勤者可以到更远的地方谋职以换取更高的报酬(Froidh,2005),从而扩大劳动力市场。一方面,人们会从衰落的工厂或者产业部门中失去工作;另一方面,他们会在一个合理的通勤范围里从另一些新兴的工厂和部门获得新的工作(Blum 等,1997)。2002 年,当科隆—法兰克福高铁开通运行后,蒙塔鲍尔和林堡两个中间站附近区域 GDP、人均 GDP、人口以及就业岗位数的变化结果显示,高铁开通以后,蒙塔鲍尔和林堡站点周边区域的经济活动相较其他外围区域增长更为显著,各项数据在当年到达高峰,随着人均 GDP 的提高,工资也在逐步提高,从而激发了工作移民的增加(Gabriel、Feddersen,2010)。法国高铁的大西洋线开通后,南特到巴黎所需的时间缩减了一半,由于前者低廉的土地租金,许多原先将总部设在巴黎的大型企业纷纷转投南特,为南特创造出大量的就业机会(Sands,1993)。西班牙高铁站开通后,居住地和劳动合同异地比例明显上升(Guirao 等,2017)。从这个角度来看,高铁对于区域一体化的促进作用被低估了(Blum 等,1992;Ross,1994;Ureña 等,2009)。高铁的连通性使中间站克服了原有的孤立状态,为去往大城市通勤或商务出行创造机会,会将大城市的一部分商务活动吸引到中间站(Ureña 等,2009)。

从就业状况来看,我国京津城际铁路开通后,两地的就业数量增加,特别是第三产业的就业人数明显增加(林晓言,2010;白云峰,2010)。京沪高铁开通后第二年,北京、天津、石家庄和太原的职工平均工资均比前一年有明显的提高(耿元等,2010)。与西班牙高铁不同,我国的京津城际铁路站点并没有显示出拓展跨区域劳动力市场的作用。京津城际铁路对旅游、购物等休闲活动具有显著的促进作用,但是对居住地点和工作空间的迁移改变有限,通勤客流很少(吴康等,2013)。

### 2. 产业经济布局

高铁对经济发展的空间布局的影响结果更为复杂,在经济气候平稳的背景下,高铁对交通廊道沿线设站城市的总体经济状况具有积极影响,空间网络的经济总量都有明显提升,如东海道新干线开通 30 年间沿线地区乘客数量增长了 1 倍,GDP 增长了 3 倍(Smith,2003)。新干线开通和未开通地区之间的生产力差异更明显(Sasaki 等,1997;Albalate、Bel,2012)。

然而,不同的产业发展背景对交通条件改变的敏感性具有很大差异,开通时间的长短也有影响作用(Hernández、Jiménez,2014)。在所有产业门类中,第三产业的敏感度最高(Garmendia 等,2012),包括消费型服务业(Han 等,2010)、知识经济门类产业、金融服务业(Chen、Hall,2011;Yin,2015;Graham,2007)以及房地产(Cheng 等,2015)。出行成本对于工业产出的平均生产力弹性系数为 0.04,但对于服务业产出却高达 0.12,在部分行业甚至达到 0.2(Graham,2007)。毕马威 2013 年的研究报告指出制造业的生产力弹性为 0.019,生产类服务业为 0.073,

消费类服务业为0.06(KPMG,2013)。相较而言,高铁对于服务业的影响要明显高于工业。新干线沿线设站城市的零售和批发业就业增长率相比不设站城市高16%—34%(Hirota,1985),长野县就业人数增长尤为显著的行业分别是房地产、服务业、商业(Han等,2010)。挂川市高铁站点周边的零售业增长是制造业的6.6倍(Okada,1994)。东京—大阪新干线沿线五个中间站的制造业和服务业活动在高铁站5 km范围内反而有所流失(Murakami、Cervero,2010),而以金融业为主的伦敦中心区的岗位增长率达20%(Cheng等,2015)。英国高铁一号线(High Speed 1, HS1)设有站点的城市其知识经济岗位都高于不设站点的地区(Vickerman,2018)。在伦敦高铁出行一小时圈范围内的城市其知识密集型产业就业增长达到了50%以上(Chen、Hall,2011),并能增强高铁站所在地区向知识经济转型(Chen、Hall,2012)。法国高铁开通后,里昂的生命医药、金融服务、汽车工业、会展、物流、化工产业都得到了极大提升(Rietveld等,2001;Bonnafous,1987),巴黎和里昂之间的商务旅行增加了56%,同时带动了112%的服务贸易的增长(Pieda,1991)。

我国的高铁预测研究认为高铁将促进高新技术产业和旅游业的发展(赵丹丹,2011)。京津城际铁路将对区域的旅游业、高新技术产业、文化产业、房地产、物流业产生积极影响(张安琳等,2013)。成绵乐城际铁路建成后,成绵乐地区的一部分产业将转移到德阳、绵阳、乐山和眉山等四个节点城市,而成都会进一步吸引科技、金融、商业等方面的人才,成为西部地区的经济中心(夏露林,2012)。实证研究认为高铁线网使经济结构更分散,城市变得更专业化(Cheng等,2015)。京津城际铁路促进了现代服务业的发展,开通第二年天津的商场销售额增幅在20%—40%(周孝文,2010)。长三角地区高铁开通后,苏州、杭州两市的娱乐休闲消费场强呈上升趋势(张文新,2012)。

与消费型服务业、知识经济产业相比,和旅游相关的产业,在不同的发展条件下则表现出差异化的发展趋势。虽然高铁能扩大旅游市场范围,吸引游客,但是停留时间的缩短,又使当地宾馆业受到冲击(Garmendia等,2012;Bonnafous,1987),武广高铁开通后,各地区旅游收入年平均增长率都超过了高铁开通前(孙健韬,2012)。新干线开通后在景点所在的沿线城市留宿的客人减少了(Okabe,1980;Kamada,1980),秋田新干线开通的14年间,境内住宿游客一直下降(秋田县观光局,2012),但是九州新干线开通仅1年间为熊本县带来了10.4%的住宿增幅(地域流通经济研究所,2012)。差异的原因在于,熊本县增加的住宿客源中大半是来自关西以西的游客,新干线开通后,这些游客为深度游览当地名胜留宿当地。而秋田县的客源主要来自周边地区,大量周边游客在新干线开通后改为一日游，根本不需要住宿。类似地，山阳线设站城市的餐饮和住宿行业，如中间站点冈山和终点站所在城市的旅店和客房数都成倍地增长(Brotchie，1991；Hirota，1985)。欧洲的大西洋线开通后，曼斯的商务客流上升，但游客平均停留时间却缩短了，导致酒店业收益下降(Masson、Petiot，2009)。另外，对于专业化企业，其市场在本区域之外或国际市场，并不需要重新分布，反而可能带来威胁。例如，巴黎—罗德—阿尔卑斯沿线商务活动主要是服务而非商品的供给与销售，由于巴黎的服务产业很强势，对于罗德—阿尔卑斯地区的企业来说，在此领域的巴黎竞争对手的威胁很大(Bonnafous，1987)。

### 3. 土地开发和房价

土地发展作为人口和产业经济的实体空间依托，也受到区域快速轨道交通设施建设的影响，可分为土地开发量、企业区位选择和住宅价格等几个方面。通常认为，高铁的建设对站点周边的土地开发和房价上升具有积极效用，高铁站能够吸引企业级及个人活动在站点附近聚集。

空间组织的变化是为了充分利用高铁站背景下的新区位所提升的吸引力，也是一个复杂的动态过程，同时牵涉到经济、社会和环境的多层面的影响(Banister、Berechman，2003；Vickerman、Ulied，2009)。

总体来说，高铁站周边的土地开发具有一定的优势，如东京站 5 km 范围内高附加值的经济活动都集聚在东京站附近(Murakami、Cervero，2010)；法国高铁开通后，有一些办公场所从巴黎和周边地区转移到南特站附近(Sands，1993)。但是具体地块的开发效果受到高铁站点的时间、到城市中心区的时间、区域其他城市出行时间等要素的综合影响(王兰等，2014)，既包括高铁站到区域内其他城市的出行时间，也包括高铁站到城市内起讫点的时间(Shen 等，2014)。

不同类型的经济活动与高铁站的空间阈值和集散程度也有差异，总体分布集聚高点在 2 000 m 处，商务服务业与住宿餐饮业在 1 500 m 处达到最高；交通运输业和房地产业集中分布的现象较为明显。批发和零售业行业在大范围上有分散分布的趋势。住宿餐饮业、计算机服务业、科技服务业以及居民服务业在高铁站区集聚分布的基础上呈均匀分布态势(王丽等，2012)。从绝对出行时间来看，在 10—15 min 的步行范围内，其区位价值更高时间，15 min 以上则效应明显降低。公交车的影响范围表现为到达车站的时间越长，效用结果逐渐降低(Willigers、van Wee，2011)。

也有研究认为，很难分离出观察到的区位变化现象在多大程度上是受到了高铁的影响，因为区位选择受到很多要素的影响。市场准入度、是否有合格员工，以及是否有办公空间都是区位选择的主要因素(Healey、Baker,1996)。法国高铁对于法国公司的布局决策,是次要因素,特别是制造类企业,其选址受到其他条件的牵制(Haynes,1997)。对于一部分办公室而言,非可达性的要素,例如房地产价格、建筑类别、城市环境类别等,比可达性要素的影响更大(Willigers、van Wee,2011)。

关于轨道设施对房价的影响通常使用 Hedonic 模型计算(Franklin、Waddell,2003),但是研究结果却不一致。

一部分实证得出,小城市的高铁站吸引了更多的人到车站附近地区居住,也使之融入相邻的大都市区(Garmendia 等,2008;Froidh,2005)。特别当高铁主要服务 160—800 km 的大都市区之间(Button,2012),由于速度优势,高铁将住房、劳动力市场和通勤区结合在一起(Blum 等,1992),使大范围跨地区的通勤活动成为可能。高铁更有利于中小城市的房价提升,即城市间的发展差距在高铁运营后可能逐渐缩小(孙聪等,2014),距离中央商务区较远,并能够方便到达铁路站点的住宅(距站点 1 500 m)平均价格较其他地区高 11%(Dube 等,2013)。

此外,还有研究认为高铁对房价的影响不大,甚至具有负面影响。如我国台湾省台南市的高铁站对周边的房价影响作用很小,位于西班牙马德里放射走廊上三个高铁站所在的城市,平均房价较临近马德里的城市低 30%(Ureña 等,2012)。其原因在于,这些案例中其他要素的作用盖过了高铁可达性的作用,如票价、城市规模、气候、教育资源(孙聪等,2014)、城市人均收入以及住宅自身的特征(Chen、Haynes,2014)。

### 3.2.2　非可达性要素对空间网络的影响

综上分析,“高铁可能成为复兴或者强化城市经济的重要机遇,可以改变交通方式的构成,更为环境友好,提升内部城市和城市区域的形象”(Pol,2002),其效应取决于城市如何与提升的可达性相互作用(Kobayashi、Okumura,1997;Pol,2002),即可达性与其他要素的配合。在单个的案例研究中都有提及可达性以外的影响要素,但是尚未有研究全面对比或系统地总结这些要素及其作用机制。

总结现有研究,出行时间是外因,即空间可达条件,然而城市的内因也不可忽略,应一并纳入分析范围,主要包括城市在网络中的位置以及其他交通设施网络、站点与城市的位置关系和地方交通网络、频率和准时性、经济和政策环境等,都是重要的影响要素。

### 1. 城市在空间网络中的位置以及其他交通设施网络

如果在中心地区的高效率公司能利用新的基础设施来拓展市场，边缘地区的增长将被压制，虽然可达性的提升降低了交通成本，并提升了落后地区的竞争力，但是富有的地区对交通成本的承受力更高，也更容易获取投资，并维持它们的优势（Vickerman，1997）。这一观点并非否认高铁对沿线一些偏远的城市带来的增长效应，只是这些效应很容易被核心地区更为迅速的增长所掩盖，而形成了相对的弱势（Vickerman，1997）。

法国高铁线网中越是靠近一级地区的城镇产业发展越是困难，靠近一级地区并非优势。距离巴黎 40 min 高铁车程的旺多姆镇曾经在高铁站点附近规划了一个高科技集聚区，但是更多企业还是选择落户巴黎。同样的情况也出现在勒克勒索（van Dinteren、Fancello，1994），距巴黎 1 h 高铁路程的图尔，商务客流量下降了 24%，而巴黎增长了一倍（Vickerman，1997）。英国高铁一号线沿线的伦敦和肯特郡的城镇并没有提升经济增长的速度（Wellings，2014），中间站城市到伦敦的出行时间大幅节省，但是肯特郡的失业率却高于国家平均水平。英国高铁一号线的主要受益城市在 2014 年的失业率最高，而距离高铁线较远的城镇失业率较低。虽然客流量有明显增加，但是高铁线路并没有显现出经济资源的重新布局作用（Vickerman，2018）。其原因在于，产生活力的活动，例如公司的高等级服务、先进技术、市场、广告等，都是在大城市中才会产生的（Plassard，1992）。与邻近的地区相比，如果该地区的经济条件较差，新建的高铁可能导致对本地区的负面影响（Albalate 等，2012）。

另外，对大城市来说，很难区分出是高铁的作用，还是其他交通方式提升的作用更大（Bonnafous，1987）。在高铁建设之前，大城市与机场已经有良好的交通衔接，高铁对大城市而言只是连通性的边际效益提升（Plassard，1991；Vickerman 等，1999）。大部分研究仅考虑铁路网络，其他交通模式没有计算在内，需要计算全方式的网络，如芬兰的铁路和公路网络对人口增长都有影响作用（Kotavaara 等，2011）；英国沿海地区的西海岸主干线高铁（West Coast Main Line，WCML）开通时，公路系统改造和曼彻斯特机场的扩建在一定程度上重构了区域经济。高铁的开通只是增强了这个趋势，并非所有不通高铁的城市都处于劣势，如法国的贝克尔-蒙特勒伊地区（Berck-Montreui）并没有高铁站，但就业率超过国家平均水平，其原因在于 A16 高速公路使贝克尔-蒙特勒伊地区与巴黎的联系十分便捷（Chen、Hall，2012）。

### 2. 站点位置和地方交通配套

城市如何与提升的可达性相互作用(Kobayashi、Okumura,1997;Pol,2002),处理好高铁站和城市的关系,便捷地进入网络,是十分重要的政策(van den Berg、Pol,1998;Vickerman,1997)。

站点与城市的位置关系以及地方交通配套,共同决定了站点到达主要经济活动地区的时间,这是高铁可达性效应溢出的重要因素,并不是越快越好,而是越方便越好。基础设施的效率取决于整体网络的质量,如果网络整体没有得到提高,而仅注重地方交通设施,效用是很低的。总出行时间的降低比两站之间的高速出行更重要(Takagi,2005)。如果与地区交通网络连接不充分,特别是到地区城市中心的轨道系统不完善,则将大大降低乘坐率(Sands,1993)。如果高铁站距离城市过远,车站所在城市无法获益(Shen 等,2014),如大曼彻斯特北部较为落后的主要原因在于高铁站和区域内部的联系较弱(EKOS,2008;Lucci、Hildreth,2008)。由于需要换乘才能到达市区,与普通铁路相比优势不大,高铁对企业的区位选择并没有影响(Willigers,2011)。我国的京津高铁除了旅游出行之外,主要是商务出行,而通勤客流很少(吴康等,2013),仅占总客流的 6%(Wang 等,2013)。原因在于,高铁站距离城市建设区较远,普遍布局于距离城市中心区 10 km 以外的地区(Wang、Lin,2011),致使“时空收缩”的优势打了很大折扣。英国的阿什福德车站地区反而成为城镇两个建成区之间的障碍,既不利于交通发展,又对地区建设无益(Vickerman,2015)。

因此,应该尽量将高铁站在空间上与老城中心连接(Trip,2008),或者建立良好的接驳交通系统。如里尔和里昂的历史中心距离车站都有相当一段距离,但是当地政府将地区复兴和地区可达性改善联系起来,使新车站成功发展。

### 3. 频率和准时性

服务频率的区别主要在首末站和中间站之间产生。运营商通常会追求高速度,主要服务大规模的城市,而跳过利润低的小城市(Hall,2009)。

如东京—大阪新干线的中间站名古屋、巴黎—里昂高铁的中间站勒克勒佐都是在高铁开通后,经济衰退的例子(Kamada,1980;Murakami、Cervero,2010),它们对商务活动吸引力减弱,在站点 5 km 范围内,制造业和第三产业的活动普遍下降(Murakami、Cervero,2010)。

伦敦—曼彻斯特高铁更多地经过了现有的重点地区,跳过了经济相对欠发达的城市。由于高铁发车频率在核心地区和周边地区的差异,柴郡东部、哈尔顿和沃灵顿长期以来吸引了曼彻斯特的经济活动转移，与中心地区的联系稳定。而较为偏远的柴郡西部、切斯特、兰卡斯特等地区，与中心地区的联系则很弱。中央兰开夏、默西赛德郡和大曼彻斯特北部等地区，在高铁开通后与区域中心的经济联系增强了(Chen、Hall，2012)。

法国省际列车(Transport express regional，TER)的开通增长了桑布尔-艾维斯努瓦(Sambre-Avesnois)地区到达里尔的工作出行机动性，里尔中心区成为周边地区的岗位吸引点。法国北部加来海峡大区(Nord-Pas-De-Calais，NPDC)的里尔由于距离巴黎 1 h 铁路里程，车次频繁，知识经济岗位数量快速增加，明显高于全国平均水平，同时里尔还被纳入大巴黎地区一小时通勤范围(DATAR，1992)。

另外，快速轨道交通如果要承担通勤的作用，准时性是十分重要的，它不仅具有短期效益，从长期来看，提高准点率或可靠性，可以大大降低有延迟经历的乘客数量，并提升边际效益(Kato 等，2014)。

#### 4. 经济和政策环境

如果城市利用高铁建设的机遇，举办一些大型活动，能对城市的发展起到促进作用。虽然高铁的建设无法直接对社会经济活动产生十分有效的影响，但城市的繁荣程度决定了是否能够有效利用高铁可达性所提供的机会(Banister、Berechman，2000)，如通过承办世界级体育赛事以及运营商务场馆，可从商务旅游中获得了可观的收益(Frost、Steer，2009；Banister、Berechman，2000)。对于经济发展基础不佳的城市，如果不配合相关用地政策，高铁对这些城市几乎没有作用(Cheng 等，2015)，地方经济轨迹束缚了高铁区域的转型发展，如法国北部加来海峡大区以前的矿业地区和沿海地区在高铁开通后依然以制造业为主(Chen、Hall，2012)。

整体经济环境的作用也不容忽视，如果遇到金融危机和持续的萧条，发展规划将被搁置，如英国的艾贝斯费特(Vickerman，2015)。加州高铁车站可能的效果研究预测经济衰退会直接降低高铁对发展的作用(Sands，1993)。马德里—巴塞罗那的高铁线路在 2008—2011 年期间由于经济危机，交通量下降了 22%。在高铁对西班牙城市财政收入影响的研究中，也将是否有经济危机作为外部变量纳入分析模型中(Hernández、Jiménez，2014)。

经济环境也体现在居民收入和票价的比例上，如果票价设定不考虑宏观经济条件，占居民收入的比例太高，线路开通后，乘客数量将大大低于预期，几乎没有起到大运量交通设施的作用。要充分发挥高铁的“隧道效应”来促进城际间劳动力的迁移必须满足通勤群体的时间价值要低于他们的工作时间价值，通常交通费应该在其收入的 8%—12%（王缉宪，2011）。在 2010 年的一份研究中，我国台湾的高铁使用人群很少的主要原因是票价较高，月票价格达到 70%的台湾居民收入中位数水平，相比之下，欧洲的一些城市高铁月票为 10%的居民收入中位数水平。

### 3.2.3　对城际铁路研究的启示

在多种要素的影响下，高铁可达性对空间网络的影响没有明确的结论，特别是位于中间站的城市在空间网络中的地位是得到增强还是被减弱。而城市群空间网络的极化还是均衡趋势，取决于中小规模城市。

以上研究结果差异性的根本问题在于，现有高铁相关的城市群内各城市的可达性研究和社会经济属性的研究，都以城市的社会经济属性为研究目标，是一种静态的结果表达，并不注重空间网络中城市间的联系、城市间的功能互补、城市在区域中的作用。无论可达性和社会经济属性如何衡量，都无法表达城市之间的实际外部联系。要理解这种联系状态，必须分析城市间的“流”。同时，已有研究多为个案研究，缺乏系统的横向比较和总结。

在研究中，本书将上文总结的可达性以外的其他影响要素，纳入沪宁、沪杭城际铁路走廊地区实证研究的理论框架，在网络节点的发展模式中进行各要素的具体分析。

## 3.3　“流空间”视角下的空间网络

1990 年代前后，由于全球化影响了城市化的发展，城市群的空间组织中，网络秩序开始受到重视，新的理论也就此展开探索。曼纽尔·卡斯特尔于 1996 年提出“流空间”理论①，它的含义是在地理空间不连续的情况下，同时进行社会活动的物质安排，或者不必地理上相邻就能实现共享时间的社会活动的物质组织（Castells，1999/2000）。它在全球的多个地理层面都普遍存在，网络中的城市和城市区域都是“流空间”中的重要枢纽和节点。1990 年代末期，有中国学者在空间经济分析理论中提到，各种空间实体之间存在的要素流是区域空间结构要素的

① 最早提及“流空间”概念的是哈格特（Haggett），他认为人文地理研究的空间形式包括节点、层次、网络或渠道、流、面共五个部分。这五个部分是形成空间过程的基础（Haggett，1965）。

三方面内容之一①,包括人流、物流、信息流等,是与“流空间”相同的概念;2010 年以后,“中心流理论”成为“中心地理论”的补充,解释区域空间网络的构成,同时随着实证研究增加,城市间的空间网络关系研究掀起了热潮,普遍认为城市之间应该是动态、相互关联的,并需要合作与网络互补关系。“流空间”和“中心流”理论自此成为空间网络的主流理论。

曼纽尔·卡斯特尔认为社会是由各种流构成的,通过各种流,城市积累和获得财富和权力。因此,在网络社会中,真正产生能量的是网络中的机械(物质)流,由于这一转变十分重大,使得政治机构不再是权力和能量的基础(Castells,2000)。卡斯特尔(Castells,1996)对比了我们传统概念中的“场所空间”(例如县和城市)以及当下的人、信息和商品的跨国流动,即“流空间”之后,发现这样的“流空间”在全球的多个地理层面都普遍存在。

### 3.3.1 “流空间”理论与空间网络

“流空间”和“中心流”理论中描述的空间体系特征,体现在空间网络的形态与结构、空间网络的节点关系、空间网络的动力机制三方面。

#### 1. 空间网络的形态与结构

相对中心地理论描述的单一垂直的邻近性网络,“流空间”和“中心流”理论描述了在不同空间尺度下相互关联的城市间功能联系,其网络空间结构既有垂直分工联系,又有水平分工联系。在空间形态上,城市网络与中心地理论的单一中心不同,它具有多中心结构,在功能上具有完善的职能体系或网络综合体系,包括高速交通廊道的实体联系和通信系统的虚拟联系,是一种分散化且经济、社会、环境可持续发展的城市形态和空间组织。这样一种具有水平联系的多中心结构的城市网络是在互补或相似的城市中心之间形成的,主要是水平和非层级性的联系和流动的网络体系,可以提供专业化分工的经济性,以及协作、整合与创新的外部性(Taylor 等,2010)。

总体来说,“流空间”强调空间网络中节点性、水平联系和中心之间的多向联

① 这三方面内容包括:第一,以资源开发和人类经济活动场所为载荷的经济地域单元为中心问题的空间分异与组织关系。第二,空间实体构成的等级规模体系。第三,各种空间实体之间存在的要素流。要素包括经济活动内聚力极化而成的节点、受经济中心吸引和辐射影响的经济腹地、基础设施构成的经济网络、人流物流信息流等要素流、规模等级体系。五种要素包括节点、线、域面,其中节点指城镇、集镇、村庄等集中居民点,线指铁路、公路、电讯、人员流动、商品、资金、情报等交换和流动网络,域面指区域中的人口分布、经济活动、土地利用、节点中心的影响范围等方面表现出来的状态(陆玉麟,1998)。

系。网络模式的节点性、双向流动特点，使之符合全球化和信息化时代的发展趋势(Batten，1995)。

### 2. 空间网络的节点关系

2000 年前后，彼德・泰勒提出“中心流”理论，认为伴随着全球化进程和区域边界的弱化，使区域空间组织模式正在从“场所”等级对“流”的决定关系，转变为“流”的分布对“场所”的决定性影响(Taylor 等，2007)，即从上级节点对下级节点的绝对向心作用，转变为下级节点和上级节点的垂直联系以及与网络中其他节点的水平联系同时存在的多向联系。城市间的网络交互作用对区域空间组织的重要作用越发显著(Taylor，2009)。这样的交互过程使得城市群体系从静止、封闭、等级明显的状态转变为多中心、扁平化、网络化的状态。这也是从极化到均衡的发展过程。

彼德・泰勒将中心地模式中的上下级节点关系定义为邻近性网络(Town-Ness)，并认为它是城市发展的一般机制，是中心地的普遍适用的功能(Berry、Pred，1965)。正是中心地理论描述的邻近性网络(特别是市场原则下的中心地模式)，构成了区域中的城市等级型体系结构。上级节点的等级越高，则影响范围越大，在国家城市系统研究中，最顶层的城市将整个国家作为它的影响范围。虽然这个理论描述了城市和镇的社会建设的普遍机制，但是它并非一种基于实证人的空间行为定律的理论来源(Taylor 等，2010)。

相比之下，在网络模式中，上级节点的控制与下级节点的从属关系被弱化，各城镇之间更偏重功能互补的关系。在新的技术条件背景下，时空压缩现象较为普遍，上级节点的引力场已远不局限在空间上直接相邻的下级节点了，造成绝对空间位置的重要性下降，下级节点可以产生跨行政区划范围的对外联系。彼德・泰勒将以上所描述的在网络模式中的城市联系称为嵌套性网络(City-Ness)。邻近性网络和嵌套性网络是同时出现的，在具体案例中，二者将达成平衡的状态。越大的上级节点邻近性网络越不明显，而嵌套性网络更占优势。

邻近性网络反映了行政维度的城市外部关系，这一过程被明确地限定在行政区划范围内。邻近性网络产生的单向依赖关系，不是由完整和复杂的城市间关系产生的发展机会，因此它并非经济过程的内在动力。无论上级节点的服务范围有多大，也不会成为经济增长的原因。无论上级节点处于哪个层级，这种城市空间增长动力对城市间的关系提出了要求，应该不仅仅服务于行政区划范围以内。因此，经济变化发生在嵌套性网络，它不在层级结构中限制城市间的关系，反映了非等级联系。城市过程的复杂本质使之区别于邻近性网络，嵌套性网络包括了将不同行政区划范围内的城市连接到一起的网络过程:产生了广阔的腹地世界,比腹地更高一层(Taylor,2004),也是从中心地模式到网络模式的转换的关键(Taylor,2003)。

### 3. 空间网络的动力机制

网络结构转变是网络特征的表象,背后的原因是节点关系的变化,从以上级节点对下级节点的垂直关系为关注点,转变为节点之间的水平关系为重点。邻近性网络中的二级节点对外联系的空间范围受到距离的局限,主要与行政区划范围内的上级节点联系,相比之下,嵌套性网络产生的联系范围更广。由于经济全球化和通信交通技术的广泛使用重塑了城市间的关系,使上级节点与行政区划范围内下级节点的传统联系不再那么紧密。在动态的网络中,中心性(Centrality)已经不如节点性(Nodality)重要。

除了上述的直观的空间形态,动力机制是造成节点关系两个模式区别的本质性原因。动力机制归纳了网络体系形成的影响要素(包括可达性和非可达性)及过程,实现了从场所对流的影响转变为流对场所的影响。

人类社会的活动会直观地反映到地理空间的演化中,而空间网络模式最重要的差异是各自社会活动的空间形式(Taylor 等,2010)。在传统的空间观念中,实体空间是一个具有特定区位的地区,基于这种时空观的地理学偏重"场所空间"的研究,正如在中心地理论中,场所空间建立在空间位置的中心性的基础上(Taylor 等,2010)。以单一中心向外围扩散是基本的空间演化方式,也是传统地理学理论中对区域空间聚集和扩散的机制解释。

哈格斯特朗(Hagerstrand,1968)提出的现代空间扩散理论试图揭示区域空间等级扩散的普遍规律。它描述了典型的生产要素向上级节点集聚,再扩散到下级节点的过程;与之相异,网络化极大地影响了约翰·海因里希·冯·杜能(Johan Heinrich von Thünnen)提出的距离衰减原理(Distance-Decay Principle),处于"信息时代"的区域空间日益显现出网络化的特征,使静态的场所空间发生转换,网络促使一种新式区域组织形成,它由城市基本功能(管理、金融、政治等)必备的等级部门构成,并形成新的组织规则。区域空间演化机制也同时发生了转变,在信息社会背景下表现出来的"流空间"(巴凯斯、路紫,2000)正是用于理解空间转型的概念,"流"成为创造网络的核心要素(Taylor 等,2010)。现代交通工具与通信技术缩小了空间运输成本,改变了城市之间物质与非物质流动的方向、速度与频率,从而改变经济活动的空间运行方式,提升和增强了城市的辐射扩散功能,城市间的关系在"流空间"的作用下强化。

城市之间的互补关系是网络模型的一个重要动力机制。地理位置的邻近性使一级地区之间产生了竞争，以巩固自身作为整个地区内经济、文化及政治中心的地位，当达成一致时，竞争就转化为合作。城市网络通过使城市中心区与各地区联系更广泛、更密切，进而成为其发展的机制(博尔哈、卡斯泰尔，2008)。理论上，新的信息、通信、交通技术十分适合灵活弹性的生产和网络组织模式，原因在于新的技术系统允许社会活动和人口聚居的向心化(集中)和离心化(扩散)过程同时发生，不同区位的空间的功能被重新组织起来并产生相互作用。特定空间的合作活动成为可能，企业活动能够在一个特定的空间集中，同时，后勤部门可以扩散到都市区的郊区，活动的空间扩散、创造的集中形成了新的产业空间特征(Castells，1999)。互补性导致了不同规模和同等规模城市之间的双向流动，因此强调了水平的可达性，也就造成了网络的扁平化(博尔哈、卡斯泰尔，2008)。

新工作的产生和合作关系的转变就是嵌套性网络的形成原理。经济发展(商品生产包括货物和服务)是通过“流空间”组织的，“流空间”即动态的城市网络。作为所有城市化社会的一般特征，嵌套性网络已经成为现代世界体系的特征，充满生气的城市密集网络，引发了自身的发展和经济扩张(Taylor 等，2010)。在此作用下，全球的主导性的空间形式从场所空间转变为“流空间”，所形成的网络组织也成为全球社会经济系统的重要结构元素。“城市网络”能够展现建立在“流空间”上的城市体系，用于解释新出现的城市体系组织结构形式(Camagni，1993)，区域内各类生产要素在城市间流动，是推动区域空间结构变化的主要动力。

### 3.3.2 基于“流空间”的空间网络实证研究

在实证研究中，主要解决“流”的测度，即关系型数据的获取或选用替代参量。城市研究中基于城市社会经济属性数据的个体城市评估和不同城市之间的分析比较已经十分常见，也有多种综合指标体系用于评估城市的竞争力等，这些数据大多局限于特定的行政区划范围之内。然而，城市间阻隔和城市属性指标并非评价城市网络结构的关键指标，能够直接表达城市之间相互联系的关系矩阵才是揭示城市间资源流动和相互依赖关系的重要数据，却相对缺乏。

1990 年代中期，就有学者试图梳理归纳有哪些城市间的联系可以作为“流”的具体表达。基于“流”的形态和功能，从形态上分为人口、物质和信息三个大类，从功能上分为经济、政治、社会再生产和文化四类，建构城市间联系的拓扑结构。对城市间的联系进行细分之后，得出 12 种联系，如表 3.3.1 所示。

表 3.3.1　“流”的具体表达和形态

| 功能 | 形态 | | |
|---|---|---|---|
| | 人口 | 物质 | 信息 |
| 经济 | 劳动力迁移 | 商品流 | 传真 |
| 政治 | 驻外大使 | 运送武器、国际援助 | 政治威胁 |
| 社会再生产 | 家庭迁移、社会组织 | 汇款 | 个人信件、电话 |
| 文化 | 剧院演出 | 艺术品 | 电影 |

来源：改绘自 Smith、Timberlake，1995

以上提及的 12 种联系是从内容上的大致分类，尚未明确到具体的获取途径或指标。后续有学者指出了大规模关系型数据的获取途径：可以分析地方商业新闻内容，通过记录商务新闻中提及的城市，记录它们被提到的数量和频率；由于技能型劳动力在跨国企业商务网络，尤其在先进的生产性服务业中的聚集和彼此交流为世界城市功能的发挥作出突出贡献，因此可以通过对此类就业人员的座谈访谈获知技能型劳动力的城际迁移情况；可以通过对生产性服务企业的办公网点区位的分析获得关系数据；也可以通过其他途径找出度量城市外部关系的替代性数据(Beaverstock 等，2000)。同时期有学者指出三个类似的获取途径：城际数据传输和交往、企业分支机构间的业务往来、劳动力的城际迁移(Malecki，2002)。

上述的几个方面依然处于讨论阶段，尚不够明确数据来源，直到 21 世纪初期，拉夫堡大学地理系设立的全球化与世界城市研究中心(GaWC)，明确提出七种关系数据，获取途径更为实际，包括主流报纸的商务版面报道的全世界范围内的商业新闻、企业连锁网络、通过访谈和调查获得的全球移民网络、城市之间的专利合作情况、城市基础设施网络、科学知识创新在世界城市中的作者合作、非政府组织在城市中的分布情况。

根据以上研究提出的数据类型，可见劳动力流动、产品和信息流动、资本流动是区域内部各城市之间交流的主要内容，因此后续的实证研究通常将基础设施、社会活动、企业组织作为三种主要的关系型数据来源，分别代表城市之间的交通通信联系、社会文化联系、经济联系。

针对以上三方面的城市间关系的数据，有几类常用的分析思路：①以城市之间发生活动的某一方面来反映城市的网络关系，如交通客流或通信往来的数据，常采用统计每两个城市之间的起讫点(Origin-Destination，OD)联系数构成矩阵的分析方法；②针对生产性服务业进行分析，利用大型企业跨市的商务活动、跨国企业的等级布局关系作为真实的城市间连接关系的替代，常使用生产性服务业

(Advanced Producer Service,APS)连锁网络模型和总部—支部归属的方法;③数据不足的情况下,使用传统的方法,例如计算区位熵和克鲁格曼指数、社会网络分析、分形理论模型、重力模型,甚至交通出行时间和频率等。企业联系是间接指标,存在合理度量的问题,其算法需要更新,用于反映实际城市网络状态,减少偏差(赵渺希等,2014)。前两类思路都需要进行转换:先从交流活动或企业等级到社会实践活动网络的测度,然后从社会实践活动网络到城市网络的测度。

企业联系、社会文化都是间接指标。交通线网与空间的联系最为密切,能够直接反映城市间的人流、物流的交流水平和联系度。交通线网是最为直接反映"流空间"的载体,可以解释城市联系的空间格局和演变特征,应用于城市等级体系和城市群发展水平的评价。除了线网以外,交通流是直接塑造城市间关系的重要动力(王成金,2009)。常用的数据包括存在于空间中的交通设施线网、车次服务频率、实际运营的客货流及互联网中的信息流、乘客出行调查样本共四个来源。针对以上数据的处理方法分别为物理网络的空间分析、重力模型模拟、频率密度分析、乘客离散个体分析,构建实际发生的"流"的联系矩阵。

基于交通线网的"流"矩阵,它是直接、客观、真实地反映城市联系的定量指标,实证测度可包括货运量(周一星、杨家文,2001)、航线客运量(Derudder 等,2008;Derudder、Witlox,2009;van Nuffel 等,2010;Smith、Timerlake,2001;金凤君,2001;于方涛等,2008)、城际集装箱运量(王成金,2009)、铁路客流(Yang 等,2018)和客货流(Wang 等,2001)、信息流(包括邮件往来、互联网流量)等。"流"的视角在城市关系及等级体系关系的研究中已有相关应用,如国际和国家尺度的航空客流。

从"流空间"的特征来分析,人的流动性是流动空间的核心所在(沈丽珍等,2010),交通设施技术实现了人的高速"流动",促使空间的流动性越来越强。理论上,"流空间"支持实体流动的线,指在地域空间上具有确定线段的交通流线(陆玉麒,1998)。因此,以城际铁路客流反映"流空间"构成的空间网络,能够最为直接和客观地体现网络中城市的联系及其等级关系。

## 3.4 与已有研究的关系

### 3.4.1 研究对象的细分

根据已有文献,有必要细分高铁研究的研究对象。服务于不同空间尺度的客运铁路可能产生差异化的空间效果,如若一概而论,研究结果很难找到规律。将服务于城市群内部的城际铁路与服务于国土尺度的高铁分离，以区别二者的影响差异。目前城际铁路的针对性研究相对缺失。

已有理论认为，高铁可以从不可再生能源聚集型的公路和航空夺取市场。乘客调查显示，大约 80%的高铁乘客为方式转变的乘客，包括普通铁路、飞机、汽车的转换，剩下 20%乘客为新增的乘客(Givoni 等，2013)。在这种竞争条件下，需要明确其服务范围和优势，其核心价值是出行时间(Givoni，2006)。虽然对具体的服务时间和距离区间的设定有差异，但是大部分已有研究认为高铁的建设目的是长距离(400—800 km，2—3 h 以上)的出行。

从时间上来说，2—3 h 为合适的范围，对于长距离的商务出行者来说，2 h 的出行时间最具有竞争力，能够抢夺大部分航空市场(Givoni，2006)；而 320—640 km，3 h 以内的高铁线路占运输市场较大份额，超过航空的比例。

从距离上来说，已有研究根据高铁与不同交通方式的比较得出了 150—800 km 出行距离的空间尺度。150—800 km 出行距离是高铁的优势服务范围(Pepy、Leboeuf，2005)，在 150—500 km 的距离范围内，欧洲和日本高铁的市场占有率为 80%—90%(Hall，2009)。对于 400—600 km 的出行距离，高铁比飞机更节省时间；对于 400 km 以下的出行，高铁比公路更节省时间(Vickerman，2015)；而对于 150 km 以下的出行，高铁相对普通铁路并没有太大优势(Pepy、Leboeuf，2005)。在人口稠密的交通走廊上，联系人口规模较大的区域中心，长度为 300—800 km 的高铁的经济效益最佳，距离更长的、停靠小规模人口城镇的高铁，很难达到收益平衡。符合以上条件的东京—大阪新干线经济效益最佳，相比之下其他新干线线路则表现较差，如表 3.4.1 所示(Perl、Goetz，2015)。

**表 3.4.1　　全球高铁和航空的市场份额**

| 线路 | 长度(km) | 出行时间(h:min) | 速度(km/h) | 市场份额 | |
|---|---|---|---|---|---|
| | | | | 高铁 | 航空 |
| 马德里—巴塞罗那 | 631 | 2:45 | 229 | 50% | 50% |
| 马德里—塞维利亚 | 472 | 2:45 | 195 | 83% | 17% |
| 巴黎—阿姆斯特丹 | 451 | 4:00 | 113 | 45% | 55% |
| 巴黎—布鲁塞尔 | 311 | 1:25 | 219 | 95% | 5% |
| 巴黎—伦敦 | 444 | 2:15 | 197 | 81% | 19% |
| 巴黎—里昂 | 430 | 2:00 | 215 | 90% | 10% |
| 罗马—博洛尼亚 | 359 | 2:30 | 143 | 75% | 25% |

（续表）

| 线路 | 长度（km） | 出行时间（h:min） | 速度（km/h） | 市场份额 | |
|---|---|---|---|---|---|
| | | | | 高铁 | 航空 |
| 罗马—米兰 | 560 | 4:30 | 124 | 35% | 65% |
| 斯德哥尔摩—哥德堡 | 456 | 3:00 | 152 | 62% | 38% |
| 东京—大阪 | 515 | 2:25 | 213 | 85% | 15% |

来源：改绘自 De Rus、Gines，2008

高铁被认为适用于中长途出行，但长距离、高利润的出行，会挤压短距离的区域内部的通勤服务（Chen、Hall，2012）。高铁运营商为了长距离的高利润，很少甚至不停靠中间站，这也指明了中间站或小城市车站无法获益的原因。高铁建设不仅是为了速度更快和更短的出行时间，而是提升重要路线的运能。然而提升现有线路的运能，受到现状各种条件的制约，因此需要选择新线路，而新线路通常不与老线路并行，而是选择最短的路径。例如巴黎—里昂通道，新建高铁将运营距离缩短了 100 km，但是新线路跨过了一些重要居民点，无法设站，因此中间站所在地区无法得到任何服务（Vickerman，2015）。在这样的背景下，高铁是否应该为中小规模中间站以及短途出行提供服务，十分不明确（Cheng 等，2015）。

近阶段研究中，200 km 以下的中短距离高铁革新了高铁的概念。有研究指出，日本和欧洲的经验显示，高铁应该占有 150—200 km 范围内 80%—90%的出行市场（Hall，2009）。相对长途出行，城市群内部的服务更有利于区域一体化（Garmendia 等，2012）。高铁不仅可以服务于短途商务，当中间站与大城市的距离在适宜范围内，它可以作为一种新型的通勤工具（Yin 等，2015），甚至在一些情况下，高铁的建设就是为了服务中短距离的出行，如德国和瑞典。德国通过改造既有铁路线提供高铁服务，站距较短，被称为城际快车（Intercity Express，ICE）。而瑞典的连接斯德哥尔摩和埃斯基尔斯蒂纳的 115 km 长的高铁线路设有 5 个中间站，开通后客流需求增加了 7 倍（Fröidh，2005）。

除了上述两条建设时就是以中短距离为服务目标的铁路，还有在设计时服务于中长途出行，在实际运行中却发现需要增开短途班次的线路，通过增设中间站或者延长线路的方法连接一些区域中的次要城市。客流量反映的是出行时间和目的地之间的平衡，它决定了中间站的停靠策略，我国武广高铁刚开通时，为了提升效率，几乎不停中间站，这种运营方式最终被停靠几个中间站的方案替代了（China Daily，2010）。又如西班牙高铁（Garmendia 等，2012），它原本是服务于马德里和巴塞罗那等大城市之间的出行，开通后却发现 200 km 出行距离的客流量大于预期，因此西班牙高铁只得在传统线路上增开了高频率、票价低的中短途线路，服务于通勤乘客，并与长距离线路独立运营（Menendez 等，2002），目前这类线路已经达到 5 条，其中 3 条线路长度在 60—200 km 之间。这类连接一级地区和周边小城市的线路，打开了西班牙高铁发展的新机遇（Ureña 等，2012）。

西班牙的短距离高铁起到了积极的扩散作用，沿线城市与区域经济中心联系更为紧密（Garmendia 等，2008）。大型中间站城市能够吸引高等级经济活动，使其在区域城市体系中的地位上升，高铁线网将使与之有直接联系的城市获益，转换已有城镇体系的平衡和等级，增强某些城市的区域地位，从而改变区域城镇体系格局（Ureña 等，2009），一些距离大都市区 100 km 以内的设站郊区或小城市可能成为都市区的副中心（Ureña 等，2010）。

在 100—200 km 的服务区间，高铁有效扩大了大都市区的劳动力市场，这种新的通勤出行方式为中间站城市的经济发展和土地开发提供了机遇，并使之部分融入大都市区的发展过程（Garmendia 等，2011）。西班牙高铁开通后，居住地和劳动合同异地比例明显上升（Guirao 等，2017），对拓展跨区域的劳动力市场起到了积极的促进作用。从这个角度来看，高铁对于区域一体化的促进作用被低估了（Blum 等，1992；Ross，1994；Ureña 等，2009）。高铁的连通性使中间站克服了原有的孤立状态，为去往大城市通勤或商务出行创造机会，会将大城市的一部分商务活动吸引到中间站，包括专业会议、中等重要性的商务、技术咨询和城市旅游等（Ureña 等，2009）。马德里—塞戈维亚（Madrid-Segovia）的乘客调查显示，该线路有 49%的乘客为通勤乘客，通勤乘客中有 71%的乘客在高铁开通前就是长距离通勤者（这些乘客中，69%曾经使用小汽车，29%使用公交车，2%使用普通铁路）（Garmendia 等，2012）。这一现象印证了 2003 年阿特金斯提出的研究结论：高铁的站距不宜大于 50 km，如果首末站之间不设中间站，即使有速度优势，也可能会损失客流需求（Atkins Engineering Consultancy，2003）。

在 100 km 以下服务区间的高铁站的效用甚至可以翻倍。与长途服务相比，更大量的都市区层面的服务说明如果高铁只限于区域外部的长距离服务，与培育大都市区的一体化是背道而驰的（Garmendia 等，2012）。中短距离的高铁服务减缓了“烟道效应”（Gutiérrez、García，2005）或“回流效应”（van den Berg、Pol，1998），在停靠频率较低的中小城市更是如此。

我国的中短距离的快速铁路研究，缺乏实证基础。由于我国的“四纵四横”是国家级通道，线路长、站点多、涉及的面积广，使得大部分高铁相关的研究都集中在长距离、跨区域的出行，关注其极化效应，对区域内部层面的城际铁路（即中短途高铁)关注较少。在我国的高铁研究中,大量文献集中于长距离、国家通道等级的客运铁路,以地级市为研究单元(Cao 等,2013;Jiao 等,2014;Zheng、Kahn,2013;Chen、Vickerman,2017;Jiao 等,2017;Wang 等,2014),大部分分析方法适用于大型核心地区;相比之下,走廊层面的短距离高铁研究则较为少见,对中小规模中间站的发展研究更是真空地带,而中间站城市的状况各有不同,它们依然需要进一步的研究。

高铁可达性优势的距离衰减十分显著,社会经济影响受到的地域空间限制很强,只能在地方层面显现(Graham 等,2010)。对英国 125/225 城际铁路的影响研究表明,“高铁起到了明显的有助于距离伦敦 2 h 铁路范围内城市的知识经济产业转移,刺激了新型的经济增长,但是这个影响结果不是自动的,也不是普遍的”。但是,这样的效果是否可以通过铁路站所在的上级节点,传导到其周边的亚区域?或者下级节点是否会因为新建设的高铁而变得更加边缘化?

长三角地区的城际铁路中间站点数量多,既有核心和一级地区又有二级地区,该尺度的研究可以回答“高铁的效益是能传播到周边的亚区域,还是集中在中心地区周边”的问题(Chen、Vickerman,2017)。

### 3.4.2　空间网络的研究视角转变

除了指标选择差异和频率在计算中的缺失以外,可达性评价的另一个问题是,它体现的是交通资源的供应条件,而作为使用者来说,乘客所认为和经历的可达性体验,可能和客观上测量的空间可达性是有差异的。根据网络计算的可达性值和乘客自我报告(Self-Reported)的可达性值是有差异的(Curl 等,2015)。因此,在交通规划中,是需要从乘客对可达性变化的实际行动反映的角度开拓新的研究思路(Chen、Vickerman,2017)。可达性是基于情景模拟得出的结果,而非实际的出行行为,从静态的建设指标转为动态的绩效表现指标,才能体现城市群内部的实际联系状态,只有了解乘客对交通工具的使用,才能理解城市间的“流”。

高铁的社会经济影响需要在高铁开通后一定时间才能被观察到,因此很难在短时间内观察到以社会经济属性为基础的空间网络变化。我国的高铁网络具有明显的时空收缩效果,但是“空间—经济”影响结果依然未知(Chen、Hall,2012)。除了北上广三个大都市区以外,未通高铁的城市的平均人口增长率反而高于有高铁站点的城市(Zheng、Kahn,2013)。例如在高铁线网中,上海是可达性最高、最重要的城市(Jiao 等,2014),而 GDP 的增长率在长三角城市群中最低。我国高铁站周边的土地开发中,“鬼城”问题十分常见,虽然物理空间的转型十分容易达成，这些建筑却没有承租者，通常要到较晚的阶段，车站地区更有吸引力时才会出现。以上都有以短期观察到的指标变化，用于长期影响的评价的问题（Chen、Vickerman，2017），其结果无法正确反映实际的城市群空间网络的特征。

无论是高铁可达性还是空间网络影响的已有研究，都忽视了网络中的城市关系和功能互补，更少有涉及城市在区域中的角色以及乘客的活动。它们无法表现城市群内部各城镇之间的联系状态，只有了解乘客对交通工具的使用，才能理解这样的关系。总体而言，研究视角应从现有的供给条件评价，转化为需求状态评价；从静态的空间资源分布，转化为空间关系表达。因此，有必要将研究视角拓宽为绩效指标，以“流空间”为出发点，着眼于交通流，客观反映城市群的网络关系；依托“中心流”理论，解析城市间关系的重构与转变机制。

交通流是最直接反映社会经济活动的空间本质的证据（Spiekermann、Wegener，2008）。与反映供给条件相比，这类数据的优势是它们十分清晰地反映了城市节点之间的实际出行需求（Neal，2010）。以“流空间”（Castells，1989）为理论基础，在实证研究中的流，包括了城市间的外部关系（Camagni、Salone，1993）。城市群空间网络越均衡，则城市间对外部联系强度彼此越接近，有利于功能互补。流能够重新布局区域内的经济活动，并重构空间网络。目前，还没有研究从铁路客流的“流空间”视角，进行空间网络的实证分析。

### 3.4.3 可达性的计算方法和影响模型完善

如图 3.4.1 所示，已有高铁相关的研究内容主要聚焦于对步骤 4 和步骤 5 的分析，对步骤 1 和步骤 6 的解释不足。其中步骤 4 反映了新的交通设施条件下，交通资源的供给分布及变化，步骤 5 反映了在新条件下，社会经济活动的重新布局结果，但是这个结果并不取决于时空收缩，还同时受到其他条件和要素的影响。

本书包含步骤 4，补充了步骤 5，并新增步骤 1 和步骤 6，形成 1—3—4—5—6 的完整研究路径。其中步骤 1 以实际客流为实证依托，体现对可达性的客观需求，避开了“空车”“鬼城”等有供给、无需求的指标误判。步骤 4 基于上文的可达性研究方法总结，选择一种合理的可达性计算方法，反映完整的出行链，并考虑停站频率要素。除此以外，与高铁带来的可达性分布不均衡结论相比，城际铁路带来的可达性是否有所差异，也是步骤 4 的分析内容。步骤 5 通过对现有研究对其他影响要素的总结，与可达性供给条件相结合，分析可达性对节点聚集规模和节点联系强度空间分布的影响。步骤 6 以实际客流反映城市间的相互作用，弥补了

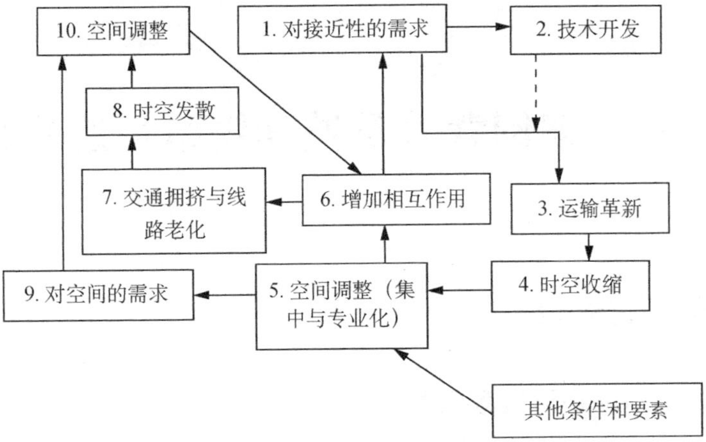


**图 3.4.1　时空收缩模型**

来源：陈秀山、张可云，2003①

已有有属性、无关系的空间网络研究，能够反映动态的城市联系关系。以上四个步骤与研究内容的四个部分相对应：步骤 4 对应城际铁路的可达性计算、步骤 1 对应以客流为基础的空间网络特征、步骤 6 对应基于流空间的节点联系强度和类型、步骤 5 对应网络中的节点聚集规模发展。

① 从理论上对交通设施和城市群空间体系相互作用的变化过程如下十个步骤：1. 城市群区域经济的发展使城市之间的经济联系更加紧密，城市间的相互作用加强，对城市间的可达性提出需求；2. 需求引发运输技术变迁，城市间的可达性需求促进技术创新；3. 技术变迁，运输革新；4. 空间距离对经济和人的活动影响减小；5. 时空收缩的影响，企业为追求规模报酬递增和专业化分工，会发生产业空间结构调整，形成产业集聚和分工专业化；6. 随着产业集聚和分工专业化，城市间的商品和原材料贸易量增加，城市间相互作用越来越大；7. 相互之间的联系日益紧密，增加交通需求，造成交通拥挤；8. 带来集聚非经济效应，在一定条件下，形成产业扩散；9. 产业集聚和分工专业化发展，对空间提出新需求；10. 时空发散和空间需求的共同作用下，带来新的空间结构调整。

# 第 4 章　案例背景及城际铁路可达性分析

## 4.1　案例背景介绍

### 4.1.1　长三角城市群发展背景

长三角是长江三角洲的简称，从自然地理角度，是指长江入海之前的冲积平原；从经济地理角度，目前它是我国经济发展水平最高、经济实力最强的地区，被列为世界第六大城市群，但是它的具体范围经历过数次变化。

1982 年，国务院划定“上海经济区”①的范围时，第一次将它作为经济区域单元提出。1992 年，长三角城市协调办主任联席会于将长三角的范围划定为 14 个市，并成立了协调组织——长江三角洲城市经济协调会。后续扬州行政区划调整为扬州和泰州两个城市，使长三角的城市总数量增长为 15 个。2003 年的协调会第四次会议上，又加入台州市，至此长三角城市群规模达到 16 个市②。这 16 个市的行政区划总面积为 11 万 $km^2$，占全国国土面积的 1.1%，也是 2005 年国家发改委编制的《长江三角洲地区区域规划纲要》中所划定的范围。

2010 年，国务院批准《长江三角洲地区区域规划(2010—2020)》，依然将规划核心范围确定为 2003 年确定的 16 个市，但是规划研究范围拓展到两省一市(江苏省、浙江省、上海市)；同年，长三角城市经济协调会第十次市长联席会议将 16 个市扩展到 22 个市③；2015 年编制的《长江三角洲城市群发展规划(2015—2030)》将规划范围拓展为 26 个市④，面积扩大为 21.17 万 $km^2$。

虽然 2010 年之后，长三角的范围几经扩大，然而 2003 年所确定的 16 个市，仍然是公认度最高的、国家认可的长三角核心区范围。城市发展上，这 16 个城市

---

① 包括上海、无锡、常州、宁波、苏州、杭州、嘉兴、湖州、宁波、绍兴等 10 个城市。

② 包括上海、南京、苏州、无锡、常州、南通、扬州、镇江、泰州、台州、杭州、宁波、嘉兴、湖州、绍兴、舟山，共 1 个直辖市、15 个地级市。

③ 将盐城、合肥、马鞍山、金华、淮安、衢州增加为新成员。

④ 包括上海、南京、无锡、常州、苏州、南通、盐城、扬州、镇江、泰州、杭州、宁波、嘉兴、湖州、绍兴、金华、舟山、台州、合肥、芜湖、马鞍山、铜陵、安庆、滁州、池州、宣城。

作为长三角的重点地区；规划编制上，也依然以这 16 个城市作为长三角的核心规划范围。根据 2016 年的统计数据，这 16 个长三角城市的常住人口总规模 1.1 亿[①]，占全国人口的 8%，创造了全国 16.5% 的 GDP 总产值、17.3% 的第三产业产值、35.8% 的外贸收入、46% 的外资利用量。其人口密度为全国平均水平的 7 倍；从经济量和土地面积的比值来看，经济产值、外贸收入和外资利用密度是全国平均水平的 15 倍、31 倍和 40 倍。在长三角核心范围中，上海、南京、杭州是三个最重要的节点，上海—南京、上海—杭州是最重要的交通廊道。在长三角核心区范围内，沪宁、沪杭是两条重要的交通走廊，其中沪宁走廊包括上海、苏州、无锡、常州、镇江、南京 6 座城市，沪杭走廊相对较短，包括上海、嘉兴、杭州 3 座城市。

### 4.1.2　长三角地区交通网络发展和研究地区选择

从历史上看，交通廊道对长三角地区的城市布局形态变化具有显著的引导和影响作用。重要的城市都布局于交通廊道上，而廊道上交通设施的建设，也考虑到沿线城市的服务需求。

在明清时期，水运是城市间交通运输的主要方式，河流也成为重要的廊道，城市沿着长江和运河集聚，形成城市发展轴（方大春、孙明月，2014）。随着近代铁路的建设，逐渐形成铁路沿线的城市带。沪宁走廊（上海—南京）、沪杭走廊（上海—杭州）是长三角地区的重要交通廊道。

1949—1978 年期间，由于经济总量增长缓慢，长三角地区的综合运输发展停滞不前，交通设施建设也几乎没有进展。

1980 年开始，随着改革开放和经济复苏，长三角地区的综合运输量开始恢复增长，年均增长率达 7%，1980 年初期的客运市场依然以铁路为主体，公路仅次之，水运的比例不高，而航空几乎没有。

1990 年代的大规模高速公路建设，使长三角地区基本形成沪宁、沪杭、杭甬三条交通廊道，1990 年之后，长三角地区的客运构成经历了显著的变化，1990 年代初期公路运输比重逐渐上升，相比之下，铁路、水运比例逐渐下降。其中沪宁高速公路于 1996 年建成通车，并于 2006 年扩建成公路和铁路的复合廊道，突出了沪宁廊道的地位。

---

① 上海 2 420 万，南京 827 万，杭州 919 万，苏州 1 063 万，无锡 653 万，常州 471 万，镇江 318 万，嘉兴 461 万，湖州 297 万，南通 730 万，宁波 788 万，绍兴 499 万，扬州 450 万，泰州 464 万，台州 608 万，舟山 116 万。

2000 年，长三角地区的公路客运比例相比 1990 年进一步提高，而铁路运输从原来的 32.6%下降到 21.6%（表 4.1.1）。

**表 4.1.1　　　　长三角地区主要年份客运周转量结构**

| 年份 | 铁路 | 公路 | 水运 | 航空 | 合计 |
|---|---|---|---|---|---|
| 1980 年 | 42.2% | 38.9% | 18.9% | 0.0% | 100.0% |
| 1990 年 | 32.6% | 53.2% | 8.7% | 5.5% | 100.0% |
| 2000 年 | 21.6% | 65.6% | 1.1% | 11.7% | 100.0% |

来源：徐循初、阮哲明，2003

然而，2000 年开始进行的大规模铁路建设，使全国进入了以高铁为主导，城际铁路为主体的铁路时代（王煜坤、黄建中，2010）。2010 年是长三角地区交通网络建设的重大转折点，在此之后，沪宁、沪杭、宁杭城际铁路以及京沪高铁沪宁段逐一开通，使铁路重新成为重要的对外客运设施。近年来，城际铁路和高铁开通后，公路客运整体呈规模萎缩和功能弱化的态势，苏州公路客运平均运距由 50 km 降低至 35 km，上海对外交通中公路客运出行分担率由 27%下降至 17%，铁路出行分担率则由 2010 年的 45%上升至 2017 年的 54%。若考虑长三角范围内的城际出行，实际情况则远高于这一数值（蔡润林，2019），说明目前铁路已经是长三角地区的城际客运的主要交通方式。《上海市城市总体规划（2017—2035 年）》也指出未来上海以铁路运输占对外客运 65%为对外交通运输目标。

在长三角范围内，已经建成的城际铁路有沪宁、沪杭、宁杭三条，其中沪宁和沪杭城际铁路均在 2010 年下半年开通，开通时间最长，而且在开通前走廊地区的公路建设已经十分完善，宁杭城际铁路开通时间为 2013 年下半年。长三角地区在建和在规划的城际铁路包括通苏嘉、沪宁城际二线（沿江城际铁路）、沪杭城际铁路二线。

由于本书为实证研究，需要选择已经开通，而且开通时主要公路建设已经接近完善的地区，排除可达性变化的干扰因素。此外，选择对比案例时，需要选择同时开通的城际铁路，使案例对比更为客观，因此选择沪宁和沪杭两条城际铁路通道作为研究的实证案例。沪宁、沪杭城际铁路不仅开通时间最早，而且运营较为成熟，客流稳定，两条铁路开通以后的运输量几乎达到饱和状态，特别是沪宁城际铁路的客运量在长三角范围内最大。

选择这两条城际铁路作为研究对象还具有以下优势：①它们的客流能反映沿线城市间的联系状态，对长三角地区主要城市间的联系具有代表性；②由于沪宁和沪杭两条城际铁路的选线、设站、长度、站点所在城市发展条件、走廊地区交通条件等方面的明显差异，通过两条交通走廊之间的对比，能对长三角城市群的认识更为全面和整体；③沪宁、沪杭城际铁路停靠的二级地区数量多，与本书关注的研究单元相符，且易于进行走廊之间和走廊内部的对比。

研究中将两条通道单独对比，一方面受到研究条件牵制，客流数据为每条线路的上下客流；另一方面长三角地区的核心地区为上海，即两条走廊之间的联系量较少，绝大多数是走廊内部的联系。发达的交通设施促进了沪宁、沪杭走廊地区的经济发展。沪宁走廊地区 6 个城市市域总面积为 3.4 万 $km^2$，占长三角核心区 16 个城市面积的 31％，占全国面积的 0.35％；沪宁走廊地区的总人口规模为 5 752 万(2016 年)，占长三角核心区的 50％，占全国的 4.2％，人口密度是长三角核心区的 1.7 倍，是全国平均水平的 11.6 倍；沪宁走廊地区的 GDP 规模、第三产业产值、外贸收入、实际外资利用量等指标，都占长三角核心区的 60％左右，经济密度是长三角核心区的 1.9—2 倍，GDP 规模、第三产业产值、财政收入、外贸收入、实际外资利用量的土地产出密度分别是全国平均水平的 27 倍、30 倍、20 倍、60 倍和 78 倍。而沪杭走廊地区总人口规模 3 800 万(2016 年)，人口密度是长三角核心区的 1.4 倍，经济密度是长三角核心区的 1.4 倍，均低于沪宁走廊地区的水平(表 4.1.2)。

**表 4.1.2　沪宁走廊地区、沪杭走廊地区、长三角核心区及全国范围的发展指标对照**

| 地区 | 人口密度(人/$km^2$) | GDP 密度(亿元/万 $km^2$) | 第三产业产值密度(亿元/万 $km^2$) | 财政收入密度(亿元/万 $km^2$) | 外贸收入密度(亿元/万 $km^2$) | 外资利用量密度(亿美元/万 $km^2$) | 面积(万 $km^2$) |
|---|---|---|---|---|---|---|---|
| 沪宁走廊地区 | 1 676.968 | 21 045.77 | 11 920.41 | 3 334.99 | 8 613.39 | 102.75 | 3.4 |
| 沪杭走廊地区 | 1 412.639 | 15 715.99 | 10 346.84 | 3 773.61 | 6 308.18 | 105.66 | 2.7 |
| 长三角核心区 | 1 007.636 | 11 171.00 | 6 027.72 | 1 802.46 | 4 501.36 | 52.87 | 11.0 |
| 全国范围 | 144.032 | 775.13 | 400.23 | 166.20 | 144.22 | 1.31 | 960.0 |

从长三角核心区和全国范围的横向比较来看，沪宁和沪杭走廊地区都是经济和社会发展水平较高、各类资源在空间上最为集中的地区，是重点地带；从沪宁、沪杭走廊地区自身发展的纵向角度来看，交通设施与区域城市化发展形成了良性的相互作用，达到了彼此促进发展的理想效果。因此，将该廊道重点交通设施的沪宁、沪杭城际铁路作为主要研究对象，是交通—空间相互作用的代表性案例。

### 4.1.3 城际铁路开通前后的交通网络对比

目前，沪宁走廊的主要铁路设施包括老沪宁铁路（目前主要用作货运）、沪宁城际铁路（用于快速客运）、京沪高铁沪宁段（与沪宁城际铁路不共线）；主要公路设施包括沪宁高速公路（1996 年通车，为沪蓉高速公路的一部分）、沪渝高速公路、沿江高速公路（2004 年通车）、苏锡常南部高速公路（2016 年通车）、沪宜高速公路（2010 年通车）、沪常高速公路、沪霍线；非沪宁走廊主线但是相关的公路设施包括常嘉高速公路南段（2016 年通车）、扬溧高速公路、常溧高速公路（2015 年通车）、长深高速公路（2008 年通车）、通锡高速公路（2012 年通车）、苏绍高速公路（2010 年通车）、泰镇高速公路（2012 年通车）、苏嘉杭高速公路（2004 年通车）。

其中较为重要的沪宁高速公路 1996 年通车，为双向四车道，设计车速 120 km/h，共长 274 km，其中上海段长 25.8 km，江苏段长 248.2 km，起自上海真如，途中经过苏州、无锡、常州、镇江四个城市，到达南京，为国家通道沪蓉高速公路的一部分。2003 年扩建为双向八车道，2006 年通车。在沪宁城际铁路开通之前，它是最直接地联系上海和南京的快速通道，两条线路几乎呈平行布局。以上设施的建成通车时间节点如表 4.1.3 所示。

表 4.1.3 沪宁走廊交通设施建设

| 交通方式 | 2010 年之前 | 2010 年 | 2015 年 | 2015 年之后 |
|---|---|---|---|---|
| 铁路 | 老沪宁铁路 | 新建沪宁城际铁路 | 新建京沪高铁沪宁段 | 规划新建南沿江城际铁路 |
| 公路 | 沪宁高速、沪渝高速、沿江高速、沪常高速、扬溧高速、长深高速、苏嘉杭高速 | 新建沪宜高速、通锡高速、苏绍高速 | 新建常溧高速 | 新建苏锡常南部高速、常嘉高速南段、泰镇高速 |

沪杭走廊的主要铁路设施包括老沪杭铁路、沪杭城际铁路；主要公路设施包括沪杭高速公路（1998 年通车，为沪昆高速公路的一部分）、沈海高速公路上海段（2007 年通车）、上海绕城高速公路（2008 年通车）、申嘉湖高速公路（2009 年通车）、G320 国道。重要的公路设施全部在 2010 年之前建设完成。

从沪宁走廊来看，2015 年与 2010 年相比，铁路设施新增了京沪高铁沪宁段，公路设施新增了常溧高速，该高速公路服务于常州市域内部的交通联系。苏锡常南部高速、常嘉高速南段、泰镇高速均为 2015 年之后新增的公路设施。从沪杭走廊来看，2012 年与 2010 年相比，公路设施和铁路设施均没有新增重要的跨地区交通通道（图 4.1.1—图 4.1.3）。

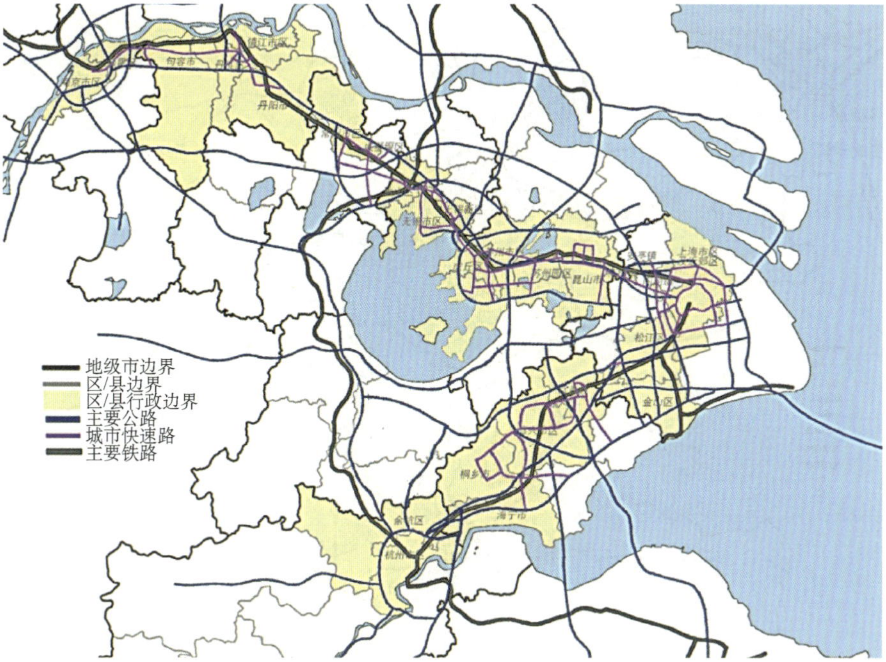


图 4.1.1　2010 年城际铁路开通前的沪宁、沪杭走廊地区交通网络

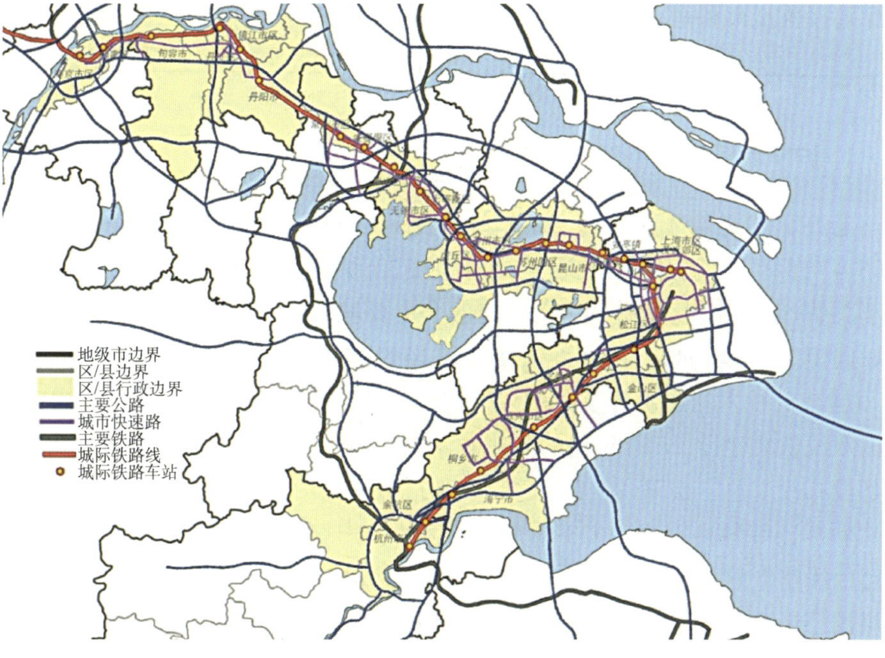


图 4.1.2　2010 年城际铁路开通后的沪宁、沪杭走廊交通网络

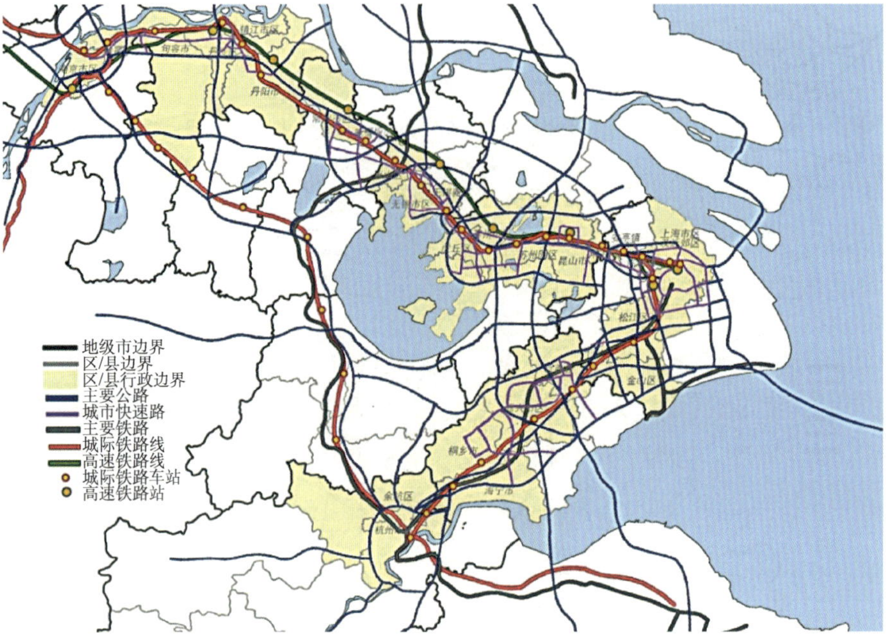


**图 4.1.3　2012 年沪宁、沪杭走廊交通网络**

2012 年,长三角核心区新增了一条重要的铁路设施——宁杭城际铁路。该线路连接杭州市和南京市,并不位于研究相关的走廊上。

## 4.1.4　沪宁城际铁路总体线路和站点布局

### 1. 沪宁城际铁路的线路和站点布局

老沪宁铁路位于沪宁走廊,有着一百多年的历史,它在清朝开始建设,于 1908 年(光绪三十四年)建成通车,当时的起点和终点站分别位于上海北站和南京下关站,途经苏州、无锡、常州、镇江四个主要城市。当时上海到南京的铁路运营时间为 10 h。1949 年之后,该条线路经过多次现代化更新和线路扩容,如 1950 年代的枕木和道岔替换(将上海和南京之间的运营时间缩短为 4 h)、1980 年代的双线铁轨建设、1990 年代的列车技术升级、20 世纪初的铁路设备电气化,这些都没有改变沪宁铁路(2007 年之后改称京沪铁路沪宁段)的线路走向。考虑到施工和拆迁等各种因素,2008 年开始建设的沪宁城际铁路依然采用了这条沪宁铁路的线路走向,建成后与其并线运营,终点站位于上海市和南京市,大部分站点都沿用了老沪宁铁路的铁路车站,但是始末站设置略有差异,上海的北站已经弃用,而是转移到上海站和新建的上海虹桥站,南京下关站也不再作为始末站,而是转为南京站，偶尔也会从南京南站发车。

沪宁城际铁路总长度 301 km，实际运营中共经停 19 个中间站，分别为仙林、宝华山、镇江、丹徒、丹阳、常州、戚墅堰、惠山、无锡、无锡新区、苏州新区、苏州、苏州园区、阳澄湖、昆山、花桥、安亭、南翔、上海西。沪宁城际铁路共经过南京、镇江、常州、无锡、苏州 5 个地级市和 1 个直辖市（上海）。每个地级市的核心/一级地区包括数个行政区，并由数个县城或市辖区作为外围边缘地区。地级市的行政中心设于核心/一级地区，下一等级的行政管理机构设于区县的建成区内。沪宁城际的中间站不仅停靠地级市的一级地区，同时停靠区县级城市（即下文所述“二级地区”）①。沪宁城际铁路线、各站点及所对应的行政区图 4.1.4 所示。其中地级一级地区的市区将数个行政区合并，描出其轮廓，如南京市区包括鼓楼区、建邺区、秦淮区、玄武区、雨花台区、白下区、下关区。上海市区除了黄浦区、卢湾区、徐汇区、长宁区、静安区、普陀区、闸北区、虹口区、杨浦区以外，还将闵行区、宝山区两个近郊区以及浦东新区的所有街道纳入（以上均为 2010 年的行政区划）。

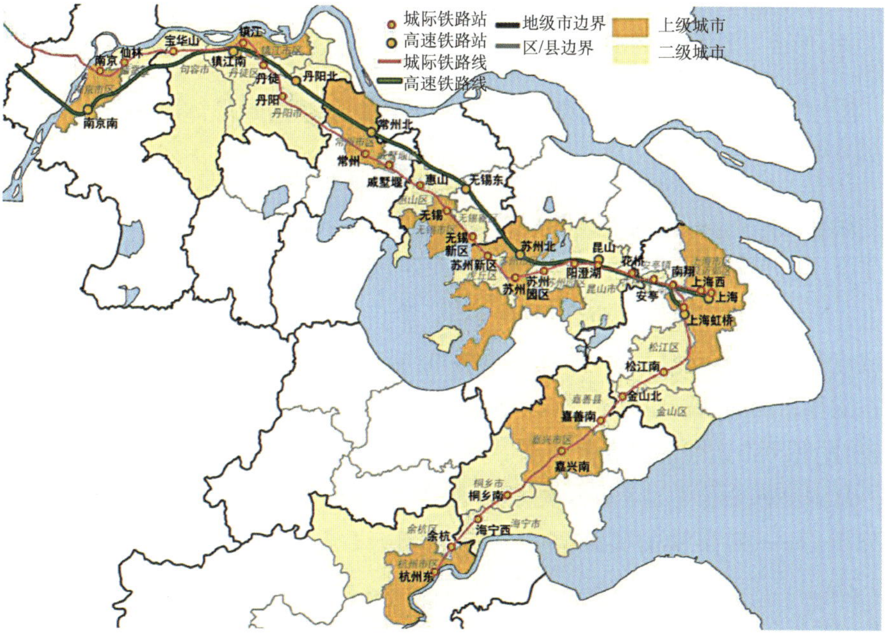


**图 4.1.4　沪宁、沪杭城际铁路线路、站点及沿线城市**

---

① 仙林站位于南京市栖霞区，宝华山站位于镇江市句容市，丹徒站位于镇江市丹徒区，丹阳站位于镇江市丹阳市，戚墅堰站位于常州市戚墅堰区，惠山站位于无锡市惠山区，无锡新区站位于无锡市无锡新区，苏州新区站位于苏州市苏州新区，苏州园区站位于苏州市苏州园区，阳澄湖站位于苏州市苏州园区，昆山站位于苏州市昆山市，花桥站位于苏州市花桥镇，安亭站位于上海市嘉定区安亭镇，南翔站位于上海市嘉定区南翔镇。

沪宁走廊所涉及的核心地区为上海市中心城区、南京市中心城区，一级地区为苏州市中心城区、无锡市中心城区、常州市中心城区、镇江市中心城区，二级地区为上海市嘉定区、上海市松江区、上海市奉贤区、上海市青浦区、上海市崇明区、上海市金山区、上海市浦东新区原南汇区部分、苏州市昆山市、苏州市太仓市、苏州市常熟市、苏州市张家港市、苏州市吴江区、苏州市苏州园区、苏州市苏州新区、无锡市锡山区、无锡市惠山区、无锡市江阴市、无锡市宜兴市、无锡市无锡新区、常州市金坛区、常州市溧阳市、常州市武进区、常州市戚墅堰区、镇江市丹阳市、镇江市句容市、镇江市丹徒区、镇江市扬中市、南京市栖霞区、南京市六合区、南京市浦口区、南京市江宁区、南京市溧水区、南京市高淳区。

2010 年 7 月沪宁城际铁路正式开通，通车后的第一年，即 2011 年，沪宁城际公司营业收入 35.65 亿元，实现利润总额 5.09 亿元，税后净利润为 3.8 亿元；通车后的第五年，即 2015 年，沪宁城际已经实现净利润 6.41 亿元①，是我国高铁历史上运营较为成功的一条线路。该线路的客运能力已经达到饱和状态，部分站点需要提前订票，甚至无座票也会出现售罄的情况，是交通设施与城市建设发展彼此促进，形成良性循环的典型案例。

### 2. 沪宁城际铁路、京沪高铁沪宁段线路和站点布局总体比较

在沪宁走廊上，还有一条晚于沪宁城际铁路的高铁——京沪高铁沪宁段。与沪宁城际铁路相异，它的走线并没有参照沪宁铁路，而是重新选线、重新设站。为了促进铁路车站对城市新区建设的带动作用，京沪高铁沪宁段线路上的站点在空间上几乎全部脱离现有城市建成区范围。沪宁城际铁路和京沪高铁沪宁段在三个城市(县/区级行政区)共站，在五个城市(县/区级行政区)同时设站。对沪宁城际铁路和京沪高铁沪宁段的站距、站点布局、站点区位、运营特征等几个方面进行比较，发现两条铁路的服务范围不尽相同，二者各司其职(图 4.1.5)。

京沪高铁全长 1 318 km，设站 23 座，实际运营并不停靠所有站点，从运营数据分析，每一列高铁的实际停靠站点在 2—11 个之间，最小平均停靠站距为 119 km。京沪高铁途经北京、天津、河北、山东、安徽、江苏、上海等 7 个省级行政单位，地级市、直辖市的平均行政面积 8 255 $km^2$，建成区之间平均距离 103 km，与最小平均停靠站距吻合。因此，可以推断，京沪高铁的主要服务对象为地级市的一级地区。京沪高铁的沪宁段，经过 6 个地级市和直辖市，在 6 个市区均设车站，除此以外，在 2 个县级市也设有车站，总共设有 8 站，但在实际运营中，实际停

① 详见 http://news.sina.com.cn/o/2016-07-25/doc-ifxuhukv7444521.shtml。

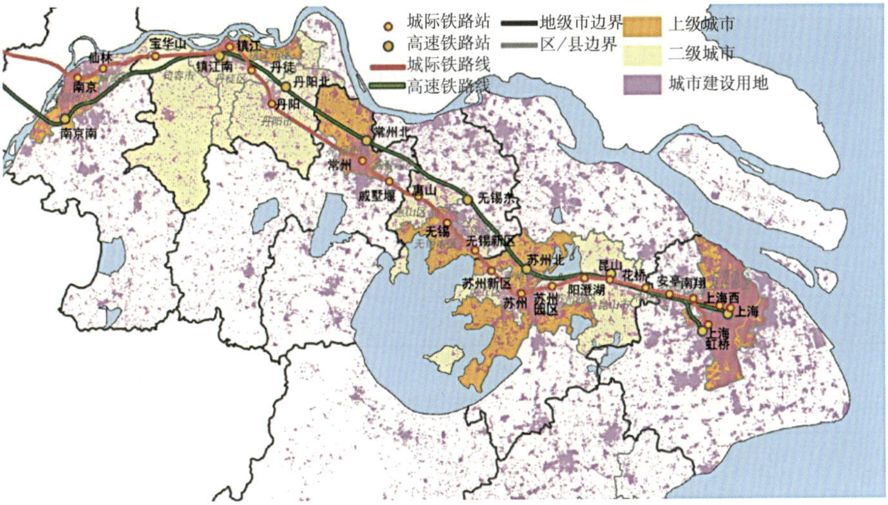


图 4.1.5　沪宁城际铁路及京沪高铁沪宁段的线路和站点对比

靠站点为 1—3 站，最小平均停靠站距为 100 km。

相比之下，沪宁城际铁路全长 301 km，设站 22 个，每一列城际铁路的实际停靠站点在 4—11 站之间，最小平均停靠站距 27 km。沪宁城际铁路途经江苏、上海 2 个省级行政单位，途经南京、镇江、常州、无锡、苏州等 5 个地级市，这些城市的县级市、市辖区平均行政面积为 614 $km^2$，建成区之间平均距离为 28 km。沪宁城际铁路的主要服务对象为二级地区。

两条线路的共站城市是上海、昆山、南京。其中在上海市，两条线路的终点站在上海火车站和上海虹桥火车站均有班次，这两个站点均设在上海市一级地区的建成区范围内；在昆山县级市，两条线路均停靠在昆山南站，位于昆山建成区的南缘；在南京市，沪宁城际铁路主要停靠南京站，偶尔停靠南京南站，京沪高铁全部停靠南京南站，南京站位于南京市区的中心地段，南京南站位于建成区南端。

两条线路的具体站点设置、距离如表 4.1.4、表 4.1.5 所示。

表 4.1.4　　京沪高铁沪宁段站点

| 序号 | 名称 | 铁路里程（km） | 站间距（km） | 2015 年停车频率 | 共站沪宁城际铁路 |
|---|---|---|---|---|---|
| 1 | 南京南站 | 1 023 | — | 34 | 共站，但发车频率不同 |
| 2 | 镇江西站 | 1 087 | 64 | 9 | 异站 |
| 3 | 丹阳北站 | 1 112 | 25 | 4 | 异站 |

（续表）

| 序号 | 名称 | 铁路里程（km） | 站间距（km） | 2015年停车频率 | 共站沪宁城际铁路 |
|---|---|---|---|---|---|
| 4 | 常州北站 | 1 144 | 32 | 9 | 异站 |
| 5 | 无锡东站 | 1 201 | 57 | 113 | 异站 |
| 6 | 苏州北站 | 1 227 | 26 | 16 | 异站 |
| 7 | 昆山南站 | 1 268 | 41 | 6 | 共站，但发车频率不同 |
| 8 | 上海虹桥站 | 1 318 | 50 | 34 | 共站，但发车频率不同 |

**表 4.1.5　　沪宁城际铁路站点**

| 序号 | 名称 | 铁路里程（km） | 站间距（km） | 2015年停车频率 | 共站京沪高铁 |
|---|---|---|---|---|---|
| 1 | 南京站 | 301 | — | 115 | 共站，但发车频率不同 |
| 2 | 仙林站 | 288 | 13 | 1 | 否 |
| 3 | 宝华山站 | 274 | 14 | 1 | 否 |
| 4 | 镇江站 | 237 | 37 | 65 | 异站 |
| 5 | 丹徒站 | 224 | 13 | 1 | 否 |
| 6 | 丹阳站 | 210 | 14 | 44 | 异站 |
| 7 | 常州站 | 165 | 45 | 88 | 异站 |
| 8 | 戚墅堰站 | 154 | 11 | 8 | 否 |
| 9 | 惠山站 | 140 | 14 | 12 | 否 |
| 10 | 无锡站 | 126 | 13 | 96 | 异站 |
| 11 | 无锡新区站 | 113 | 19 | 12 | 否 |
| 12 | 苏州新区站 | 94 | 10 | 2 | 否 |
| 13 | 苏州站 | 84 | 10 | 109 | 异站 |
| 14 | 苏州园区站 | 74 | 15 | 9 | 否 |
| 15 | 阳澄湖站 | 59 | 9 | 2 | 否 |
| 16 | 昆山南站 | 50 | 10 | 59 | 共站 |
| 17 | 花桥站 | 40 | 11 | 1 | 否 |
| 18 | 安亭北站 | 29 | 15 | 2 | 否 |
| 19 | 南翔北站 | 14 | 9 | 1 | 否 |

（续表）

| 序号 | 名称 | 铁路里程（km） | 站间距（km） | 2015 年停车频率 | 共站京沪高铁 |
|---|---|---|---|---|---|
| 20 | 上海西站 | 5 | 5 | 3 | 否 |
| 21 | 上海站 | 0 | — | 57 | 否 |
| 22 | 虹桥站 | 0 | — | 58 | 共站 |

### 3. 沪宁城际铁路、京沪高铁沪宁段同城车站比较

选择两条线路在沪宁走廊上均设站的城市，进行站点的区位比较。它们分别是 6 个核心/一级地区车站：上海、苏州、无锡、常州、镇江、南京，以及 2 个区县级行政区车站：丹阳、昆山。其中，除了首末站上海和南京，以及 1 个中间站（昆山）是两条线路共站以外，其余的 5 个车站（镇江、丹阳、常州、无锡、苏州），虽然设在同一个城市，但是两条线路的车站都在建成区的不同位置，车站区位的差异十分明显，属于同城异站。对以上 3 个共站和 5 个同城异站站点，从运营时间、服务频率、车站在建成区中的位置三个方面比较二者的差异。

（1）运营时间

从运行速度角度比较，京沪高铁更快，在南京到上海之间的运营时间为 1.5 h 左右；沪宁城际铁路则需要 2 h 左右。相比之下，服务的均好性则是沪宁城际铁路更佳，平均停靠站数 7—8 站为多，而京沪高铁停 2—3 站居多。

从运营时间段来看，在早高峰期间，沪宁城际铁路具有优势。以南京—上海方向的中间站乘客为例，通常来说，乘客的出行方向都是从中间站出发，去往上海上班或出差，通常通勤乘客要求到达上海的时间为 8:00 左右，短途商务乘客到达上海的时间不超过 10:00，因此需要乘坐 7:00—8:00 出发的列车。京沪高铁的列车早上从北京出发，最早一班到达南京为 11:14，已经临近中午，无法满足该地区区县级行政区的通勤和短途商务出行需求。因此，在早高峰期间，出行目的地为上海的乘客，不会乘坐京沪高铁。虽然从上海—南京方向的列车班次来看，从中间站出发，去往南京的乘客早上可以乘坐上海出发的京沪高铁的早班车，但是 6:30—8:30 从上海出发的列车，通常只停靠 2—3 个中间站，甚至一站到达南京。很多列车通过而不在区县级行政区停站（仙林、宝华山、丹徒、戚墅堰、惠山、无锡新区、苏州新区、苏州园区、阳澄湖、花桥、安亭、南翔），使以上地区的乘客无法乘坐京沪高铁的列车到达目的地城市，只能乘坐沪宁城际铁路。

（2）服务频率

2010 年，京沪高铁尚未开通，上海和南京之间的快速客运铁路只有一条沪宁

城际铁路，每个沿线城市只有一个客运火车站，因此每个城市的班次十分明确。2011 年，京沪高铁开通后，上海和南京之间有两条快速客运铁路，其中昆山、上海、上海虹桥站是沪宁城际铁路和京沪高铁共站，南京的沪宁城际铁路大部分发自南京站，京沪高铁全部发自南京南站，也有一部分沪宁城际铁路线从南京南站发车后并入城际铁路通道。丹阳、镇江、常州、无锡、苏州这五个城市的沪宁城际铁路和京沪高铁不共站，因此将这些城市的沪宁城际铁路和京沪高铁的班次分开统计。分别比较 2015 年两条线路的班次总量和不同时段的班次分布(表 4.1.6)。

**表 4.1.6　　沪宁城际铁路和京沪高铁沪宁段班次统计**

| 站点 | 2010 年班次 | 2015 年沪宁城际铁路班次 | 2010—2015 年沪宁城际铁路班次变化 | 2015 年京沪高铁班次 | 2015 年总班次 |
|---|---|---|---|---|---|
| 上海 | 70 | 83 | 13 | 66 | 149 |
| 南翔北 | 2 | 1 | −1 | — | 1 |
| 安亭北 | 1 | 2 | 1 | — | 2 |
| 花桥 | 1 | 1 | 0 | — | 1 |
| 昆山南 | 46 | 52 | 6 | 10 | 62 |
| 阳澄湖 | 5 | 2 | −3 | — | 2 |
| 苏州园区 | 8 | 9 | 1 | — | 9 |
| 苏州 | 52 | 78 | 26 | 33 | 111 |
| 苏州新区 | 2 | 2 | 0 | — | 2 |
| 无锡新区 | 7 | 12 | 5 | — | 12 |
| 无锡 | 59 | 73 | 14 | 34 | 107 |
| 惠山 | 11 | 12 | 1 | — | 12 |
| 戚墅堰 | 5 | 8 | 3 | — | 8 |
| 常州 | 48 | 69 | 21 | 31 | 100 |
| 丹阳 | 42 | 40 | −2 | 8 | 48 |
| 丹徒 | 2 | 1 | −1 | — | 1 |
| 镇江 | 48 | 51 | 3 | 25 | 76 |
| 宝华山 | 3 | 1 | −2 | — | 1 |
| 仙林 | 4 | 1 | −3 | — | 1 |
| 南京 | 70 | 83 | 13 | 66 | 149 |

来源：2015 年的班次信息从中国铁路售票官方网站查询统计获得。2010 年的班次信息从上海铁路局的时刻表统计获得。

京沪高铁总班次最多的是上海和南京两个首末站，每天均为 66 班；一级地区苏州、无锡、常州、镇江分别为 25—33 班，二级地区昆山和丹阳的班次最少，分别为 10 班和 8 班。但是京沪高铁班次都少于沪宁城际铁路，其中南京和上海沪宁城际铁路班次分别为京沪高铁的 1.26 倍，一级地区车站为 2—2.4 倍，两个二级地区车站都是 5 倍。

高峰期间的班次差异更大，早晚高峰期间，南京、上海的沪宁城际铁路上升为京沪高铁列车班次的 1.5 倍，其中上海在早高峰时段的沪宁城际铁路是京沪高铁车次数量的 7 倍。平峰期间两站的沪宁城际铁路列车班次是京沪高铁列车班次的 1.2 倍。

镇江、常州、无锡、苏州早晚高峰期间沪宁城际铁路的班次达到京沪高铁列车班次的 2.3—2.8 倍。镇江早高峰期间，京沪高铁的列车到达较晚，在 8:00 以后，班次数量为沪宁城际铁路的 40%。苏州早上 7:00—9:00 时间段，沪宁城际铁路发车密度为 12 min 一班。平峰期间，以上城市的沪宁城际铁路服务频率约为京沪高铁的 2 倍。

昆山和丹阳早高峰全部是沪宁城际铁路列车，昆山晚高峰只有 1 班京沪高铁列车，仅为沪宁城际铁路班次的 1/8。京沪平峰这两个二级地区的沪宁城际铁路服务频率是京沪高铁的 4.3—6 倍(图 4.1.6)。

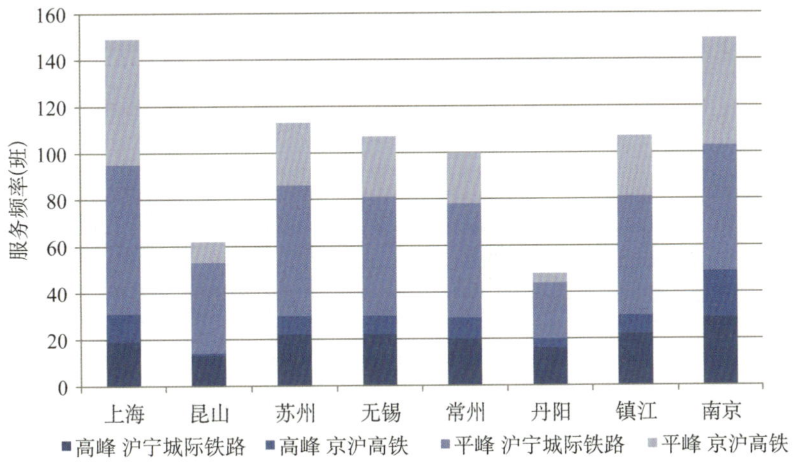


**图 4.1.6　沪宁城际铁路及京沪高铁沪宁段各相关站点的服务频率统计**

从班次总量角度，每个城市(核心、一级、二级)都是沪宁城际铁路的服务频率高于京沪高铁，而且核心地区站、一级地区站、二级地区站的沪宁城际铁路的服务优势递增。上海和南京的沪宁城际铁路的班次相对京沪高铁的竞争力最低，特别是平峰期间与京沪高铁频率差异不大。两市非通勤和短途商务出行目的的乘客，乘坐沪宁城际铁路和京沪高铁的概率基本相同。

从高峰时段的班次分布角度，沪宁城际铁路的服务较京沪高铁更符合沿线一级和二级地区高频率的通勤和商务出行需求。在早高峰期间出行的通勤和短途商务乘客，乘客乘坐沪宁城际铁路的概率更高，特别是两个二级地区，高峰期间沪宁城际铁路的班次达到京沪高铁的 4—13 倍。上海和南京两市，沪宁城际铁路也仅在早高峰期间略占服务频率优势。

从运营频率来看，同城设站的情况下，沪宁城际铁路具有明显优势，它的列车频率明显高于京沪高铁。南京市的沪宁城际较京沪高铁多 115 班车，镇江市的沪宁城际较京沪高铁多 65 班车，丹阳市的沪宁城际较京沪高铁多 44 班车，常州市的沪宁城际较京沪高铁多 88 班车，无锡市的沪宁城际较京沪高铁多 96 班车，苏州市的沪宁城际铁路较京沪高铁多 109 班车，昆山市的沪宁城际铁路较京沪高铁多 59 班车。

从沪宁城际铁路自身来看，核心地区的停站频率明显高于中间二级地区。如南京、苏州、常州、无锡，每天有多于 80 班城际列车；仙林、宝华山、丹徒、戚墅堰、苏州新区、苏州园区、阳澄湖、花桥、安亭、南翔每天少于 10 班，惠山、无锡新区每天略高于 10 班；镇江、丹阳、昆山 60—80 班。停站较多的站点，与京沪高铁基本一致(图 4.1.7)。

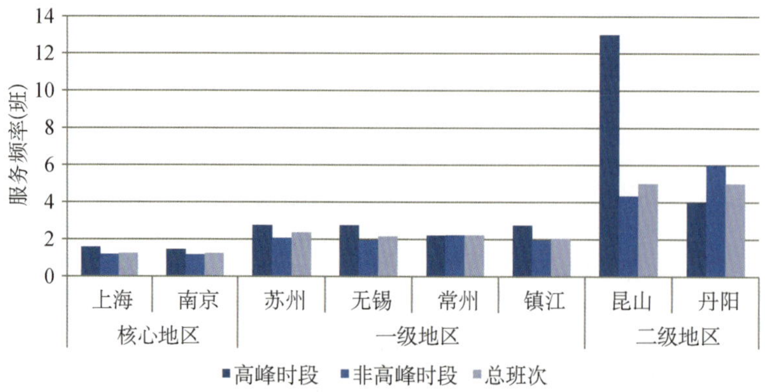


**图 4.1.7　沪宁城际铁路及京沪高铁沪宁段各相关站点的城际铁路的车次比例**

(3) 车站在建成区中的位置

对以上 8 个同城站点的站城关系进行比较。除了 3 个共站的站点以外，其余 5 个设在同一个城市的车站，在建成区中位置的差异十分明显。由于线路布局的差异，在这 5 个城市中，京沪高铁车站均远离了现状城市建成区，并没有充分考虑与现有设施及城市发展方向的协调，而沪宁城际铁路走线与老沪宁铁路并行，车站均位于城市建成区以内，一方面避免了城市内大量的拆迁工作，另一方面与现有城市中心区即主要客源地距离较近，节省接驳时间，车站方便乘客出行。

图 4.1.8 中所示的镇江南站为京沪高铁车站，镇江站为沪宁城际铁路站。二者相比，镇江站位于镇江市区的中心，距镇江市政府仅 1 km；镇江南站远离镇江市区距离约 4 km，除了火车站附近的建设，周边几乎都是非建设用地。该站反而距离镇江下辖的丹徒中心区很近，仅为 2 km。

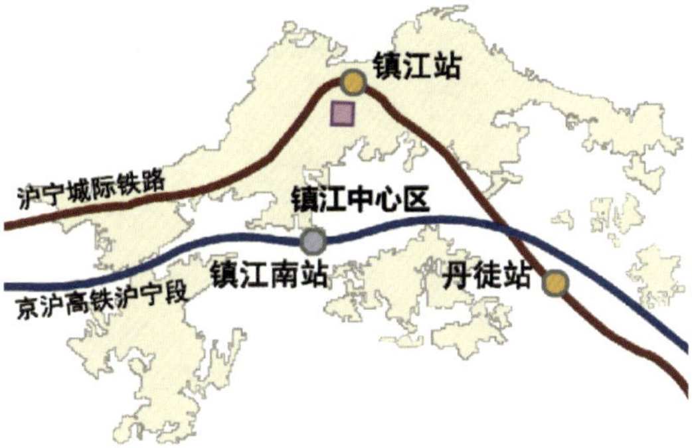


图 4.1.8　镇江站、镇江南站区位对比

图 4.1.9 中所示的丹阳北站为京沪高铁车站，丹阳站为沪宁城际铁路站。丹阳站位于丹阳中心区，距丹阳政府仅 1 km；丹阳北站不仅距离中心区达 6 km，而且位于沪宁高速公路的另一侧，高速公路对城市发展的影响，又增加了这个火车站与主要建设用地之间的屏障。

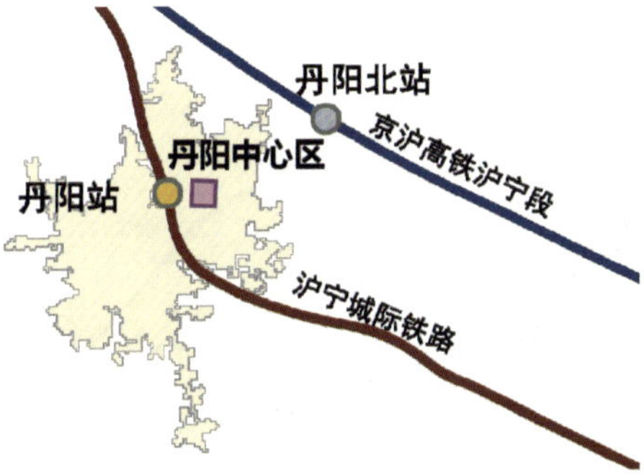


图 4.1.9　丹阳站、丹阳北站区位对比

图 4.1.10 中所示的常州北站为京沪高铁车站，常州站为沪宁城际铁路站。常州站位于常州市的中心区，距常州市政府 2.5 km；常州北站距离中心区达 5 km，常州市区主要位于沪宁高速公路南侧，同时城市逐渐向南拓展，而常州北

站位于沪宁高速公路的北侧，对南部市民出行不便利。

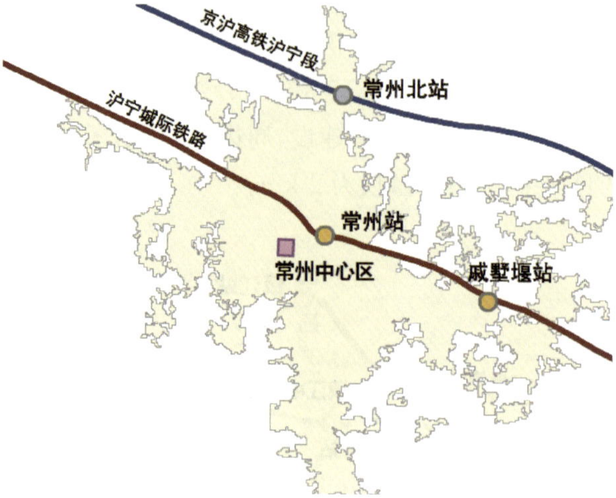


图 4.1.10　常州站、常州北站区位对比

图 4.1.11 中所示的无锡东站为京沪高铁车站，常州站为沪宁城际铁路站。无锡站与无锡市中心区(传统商业中心的繁华地段，轨道交通 1、2 号线交点)距离为 1.2 km，无锡市政府从中心区搬迁之后，无锡站可以通过轨道交通 1 号线直接到达行政中心；无锡东站距离市中心达 16 km，除了站区本身的开发以外，周边均为村镇。无锡市区的空间拓展以向西南的太湖方向为主导，滨湖区也成为重点发展区域，而无锡东站既位于沪宁高速公路的东侧，又与城市发展方向相反，仅靠轨道交通 2 号线为主要接驳方式。

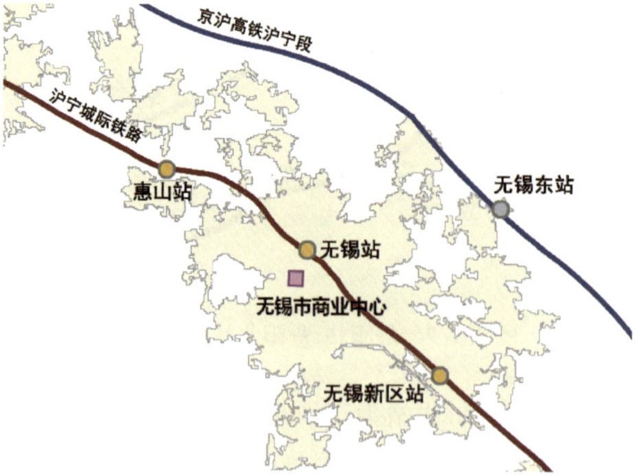


图 4.1.11　无锡站、无锡东站区位对比

图 4.1.12 中所示的苏州北站为京沪高铁车站，苏州站为沪宁城际铁路站。相比之下，苏州站与苏州市中心区（传统商业中心的繁华地段，如观前街）距离为 2 km，而且两条轨道交通线路在苏州站交汇，市民出行十分便利；苏州北站距离城市中心区达 13 km，位于苏州中环线以北，几乎已经到城市边缘，站区周边主要为非城市建设用地，有零星的居住楼盘和少量厂房。

**图 4.1.12　苏州站、苏州北站区位对比**

总体来看，由于线路布局的差异，在这 5 个城市中，京沪高铁车站与沪宁城际铁路车站的区位布局特征十分明确，前者的车站均远离了现状城市建成区，并没有充分考虑与现有设施及城市发展方向的协调，而后者由于线路与沪宁铁路并行，车站均位于城市建成区以内，一方面避免了城市内大量的拆迁工作，另一方面距离现有城市中心区较近，是出行量较高的交通吸引发生和到达地点，即客源地。

两条线路的同城共站城市是上海、昆山、南京。在上海市，两条线路的终点站在上海火车站和上海虹桥火车站均有班次停靠，这两个站点均设在上海市的建成区范围内，上海火车站位于中心区，上海虹桥站和虹桥机场形成联运，位于外环边缘；在昆山县级市，两条线路均停靠在昆山南站，该站点位于昆山建成区的南缘；在南京市，沪宁城际铁路站主要停靠南京站，偶尔停靠南京南站，高铁全部停靠南京南站，也有一部分沪宁城际铁路线从南京南站发车后并入城际铁路通道，南京站位于南京市中心区，南京南站位于建成区南端（图 4.1.13—图 4.1.15）。

按照前文所述的站距、站点布局、站点区位、运营特征等几个方面对京沪高铁沪宁段和沪宁城际铁路同城共站、同城异站的站点的比较分析总结如表 4.1.7 所示。

图 4.1.13　上海沪宁城际铁路及京沪高铁站点对比

图 4.1.14　南京沪宁城际铁路及京沪高铁站点对比

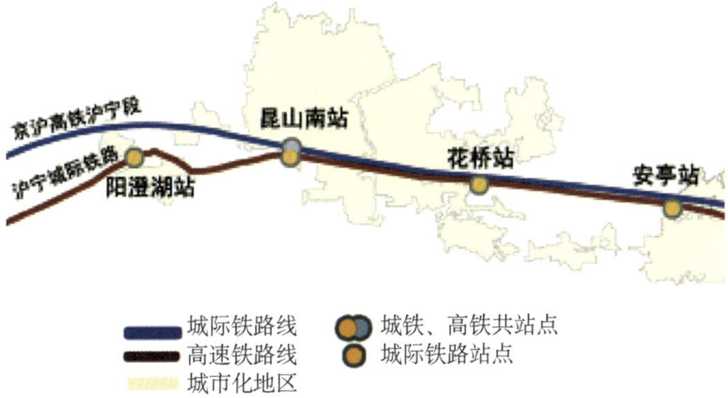


图 4.1.15　昆山沪宁城际铁路及京沪高铁站点对比

表 4.1.7　　沪宁城际铁路和京沪高铁沪宁段同城共站、同城异站的站点比较

| 序号 | 名称 | 铁路里程(km) | 站间距(km) | 停车频率 | 是否共站/两站的距离(km) |
| --- | --- | --- | --- | --- | --- |
| 1 | 南京站 | 301 | 64 | 115 | 共站,停站频率不同 |
| 4 | 镇江站 | 237 | 25 | 65 | 异站/6 |
| 6 | 丹阳站 | 210 | 32 | 44 | 异站/6.6 |
| 7 | 常州站 | 165 | 57 | 88 | 异站/9 |
| 10 | 无锡站 | 126 | 26 | 96 | 异站/14 |
| 13 | 苏州站 | 84 | 41 | 109 | 异站/9 |
| 16 | 昆山南站 | 50 | 50 | 59 | 共站 |
| 21、22 | 上海站、上海虹桥站 | 0 | — | 586 | 共站 |

## 4.1.5　沪杭城际铁路总体线路和站点布局

沪杭城际铁路,也是《中长期铁路规划》中沪昆高铁的组成部分,于 2010 年 10 月正式投入运营。沪杭城际铁路全长 159 km,共设有 9 个站点:上海虹桥站、松江南站、金山北站、嘉善南站、嘉兴南站、桐乡站、海宁西站、余杭站、杭州东站。沪杭城际铁路途经一个直辖市(上海)、两个地级市(嘉兴和杭州),沪杭城际铁路每一列城际铁路的实际停靠站点在 2—5 个之间,最小平均停靠站距 32 km(表 4.1.8)。

表 4.1.8　　沪杭城际铁路站点

| 序号 | 名称 | 铁路里程(km) | 站间距(km) | 2019 年停车频率 |
| --- | --- | --- | --- | --- |
| 1 | 上海站 | 0 | — | 135 |
| 2 | 松江南站 | 31 | 31 | 21 |
| 3 | 金山北站 | 48 | 17 | 19 |
| 4 | 嘉善站 | 67 | 19 | 25 |
| 5 | 嘉兴站 | 84 | 17 | 103 |
| 6 | 桐乡站 | 112 | 28 | 34 |
| 7 | 海宁站 | 133 | 21 | 23 |
| 8 | 余杭站 | 144 | 11 | 23 |
| 9 | 杭州站 | 159 | 15 | 135 |

1909 年,上海南站至杭州闸口的老沪杭铁路正式投入运营,途经 24 个站。与沪宁走廊不同,由于在原有规划方案中,沪杭高速城际铁路考虑过磁悬浮线的可能性,对线路的平面线型要求较高,这条老沪杭铁路通道曲线较多,并未被沪杭城际铁路所用。使老沪杭铁路和新建的沪杭城际铁路形成了沪宁城际铁路与京沪高铁沪宁段相似的空间关系:老沪杭铁路与建成区的距离较近,而沪杭城际铁路则远离建成区。

沪杭走廊所涉及的核心地区为上海市中心城区、杭州市中心城区,一级地区为嘉兴市中心城区,二级地区为上海市嘉定区、上海市松江区、上海市奉贤区、上海市青浦区、上海市崇明区、上海市金山区、上海市浦东新区原南汇区部分、嘉兴市平湖市、嘉兴市嘉善县、嘉兴市桐乡市、嘉兴市海盐县、嘉兴市海宁市、杭州市余杭区、杭州市萧山区、杭州市临安区、杭州市富阳区、杭州市桐庐县、杭州市建德市、杭州市淳安县。

## 4.2　基本可达性

### 4.2.1　铁路沿线城市的可达性计算方法

#### 1. 已有研究的可达性指标

可达性的计量方法十分多样,在高铁的相关实证研究中,以空间位置为基础的可达性度量最适用于评价铁路建设的影响。常用的可达性测度指标包括加权最短出行时间(Weighted Average Travel Time, WATT)、潜力指数(Potential value, PV)、每日可达性(Daily accessibility, DA)、到达区域核心地区的时间等。这些计算方法中,有的关注基于交通设施的出行时间,有的则涉及经济活动和土地发展。

加权最短出行时间以出行时间为基础,评价交通网络中的一个节点到区域内其他节点的最短时间,并加权社会经济要素后的综合交通成本(Gutiérrez,2001)。总出行时间越短,可达性越高,这一指标同时强调出行目的地的社会经济要素。计算公式为:

$$T_i = \frac{\sum_j M_j \cdot t_{ij}}{\sum_j M_j} \tag{1}$$

其中 $T_i$ 是节点 $i$ 的可达性,$t_{ij}$ 是到达目的地 $j$ 的出行时间,$M_j$ 是 $j$ 地的规模。WATT 用于比较不同节点、时间、交通方式的可达性,而不仅仅关注某一个可达性的绝对数值。对该指数的解释十分简单:在新建的交通设施开通后,$T_i$ 降低,则 $i$ 地的出行时间得到节省,平均出行时间值最低的节点,在所有节点中的可达性最高。

潜力指数是重力模型的一个类别(Bruinsma、Rietveld,1993)。对于任一个出发点 $i$,其可达性计算为,任一目的地城市的人口或经济总量除以到达目的地时间,将所有目的地的计算值相加,即为该出发点的 PV。计算公式为:

$$P_i = \sum_j \frac{M_j}{t_{ij}^{\alpha}} \tag{2}$$

其中 $P_i$ 为节点 $i$ 的潜力,$t_{ij}$ 为 $i$ 和 $j$ 之间的出行时间,$M_j$ 是目的地 $j$ 的规模,$\alpha$ 是摩擦系数,可以通过实证数据进行参数调试,也可以取值为 1。指标解释为每个城市由于高铁开通而提升的经济潜力。它描述了在距离摩擦条件下,从某一个节点到达一个吸引点的出行难易程度,即某一特定地点可达范围内的经济活动规模。PV 值越高,潜力越大。该指标用于表现本节点与周边节点之间的联系,认为这种联系会随着周边节点的城市人口或经济规模扩大而增加,但同时会随着节点间交通成本的增加而减少。PV 不仅考虑用地和交通要素,还考虑了乘客对设施的体验,使用了距离衰减函数(Geurs、van Wee,2004)。这一指标与 WATT 的差异在于,它更聚焦于在某一个节点经济活动变化的机会,其前提假设为,目的地规模越大,距离越近,则出发点的市场潜力越大。

每日可达性衡量了从某一地点出发,一日内可往返范围内的人口和经济活动规模。每日可达性计算公式为：

$$Q_i = \sum_{T_{ij} \leqslant T_{\max}} q_j \tag{3}$$

其中 $Q_i$ 为节点 $i$ 的每日可达性，$q_i$ 是节点 $i$ 的人口规模。$T_{\max}$ 一般设定 2 h（Hou、Li，2011）或 3 h（Jiao 等，2014）为每日出行的时间阈值。有研究认为，3 h 是高铁与航空相比，具有优势的出行时间（Zheng、Kahn，2013）。

以上三个指数的计算结果都是站点或站点所在城市在交通网络中的可达性平均值，除此以外，可达性的定量分析还可取与重要城市间的出行时间为指标（Cheng 等，2015）。以高铁为例，结合高铁线网与到达区域核心地区的时间或者到达高铁站点的距离，作为可达性的指标。例如，英国高铁的研究将有高铁通过和没有高铁通过的城镇分为到达伦敦 1 h、2 h 和 2 h 以上的组（Chen、Hall，2011）。类似地，西班牙的高铁研究也分为距离高铁站 5 km、5—10 km 和 10—20 km 的组（Hernández、Jiménez，2014）。

### 2. 本书的可达性计算

本书所涉及的可达性以绝对出行时间为基础，对比不同交通方式之间的相对节省时间。绝对出行时间计算从两个角度进行：①平均出行时间，以 WATT 指数为基础，不计算权重，反映了该节点在网络中联系便利性的平均水平；②到达核心地区的出行时间，反映了与区域经济中心的空间联系便利性。以上两个指标均关注交通网络本身的变化，分离出社会经济要素波动对计算结果的干扰。城际铁路相对节省时间是城际铁路的绝对出行时间与其他交通方式绝对出行时间的差值。

本书所指的城际铁路绝对出行时间，将全面考虑设施通道长度、车辆条件、站点布设、服务频率四方面要素，将四者全部转化为基于网络的出行时间指标。其中设施通道长度作为出行距离，站点布设表达为车站与城市中心区的距离，车辆条件作为速度，服务频率换算为候车时间，共同计算出基于交通设施网络的区域平均出行时间和到达核心地区的出行时间，综合反映各城市在不同交通网络下的出行条件。

设施通道和车辆条件即城际铁路通道长度和城际铁路运行速度，二者的商即为在城际铁路通道上的出行时间，参照上文的计算公式，以出行时间（出行距离除以平均速度）为指标，计算公式为：

$$A_i = \sum_{j=1}^{n} T_{ij} \tag{4}$$

其中 $A_i$ 表示点 $i$ 的可达性，$i$ 和 $j$ 都是交通网络中的点，$n$ 为节点的数量，

$T_{ij}$ 为两点之间的出行时间。时间越短，可达性越好。

这也是很多可达性研究所止步的计算步骤，只考虑通道上的出行时间，而不考虑其他时间。本书将扩展要素构成，把车站位置和频率都纳入考虑范围，更全面地反映可达性状况。

车站在交通网络中的位置不完全反映乘客的实际出行状态，还需考虑车站和城市建成区的空间关系，可分为三类：①靠近或位于 CBD 附近；②位于建成区边缘；③飞地型(Hall，2009)。实际建设案例如里尔、布鲁塞尔、伦敦国王大街、马德里的高铁站属于第一种类型，伦敦斯特拉福站、新大阪站、上海虹桥站属于第二种类型，新干线神奈川县站、伦敦埃布斯弗利特站、阿姆斯特丹站、苏州北站、阿维尼翁的新高铁站属于第三种类型。我国的大部分高铁站属于第三种类型，因此高铁带来的时空压缩效应将被较远的车站位置而抵消(Wang 等，2013)。即使车站位于城市中心区的边缘，由于我国城市规模大，“门到站”加上“站到门”的时间也在总出行链中占较高比例，是必须要考虑的因素。

本书在出行时间的计算中，考虑“门到门”出行时间，共包括三个组成部分“门到站”“站到站”“站到门”，不仅反映车站在综合交通网络中的位置，还需要考虑车站与城市的关系，将车站两端接驳时间计算在内，细化为出行起讫点的时间，完整地表达乘客的全出行链，即每个节点的实际出行时间，如图 4.2.1 所示。以这种计算方法测度同一个空间尺度、不同时间节点的可达性，比较铁路开通前后的差异，能够明确研究对象，排除其他干扰要素。

**图 4.2.1　出行时间的三个组成部分**

测度“门到站”和“站到门”的时间，需要经过两个工作步骤：①建立道路和城际铁路综合交通网络；②拾取各建成区的中央活动区(政府所在地或商业活动中心)作为“门”所在点，设城际铁路站为途径点，通过 TransCAD 软件的路径计算功能，得出“门”之间的出行时间，如图 4.2.2 所示。对于大部分建成区，拾取主要商业街为活动中心，如苏州拾取观前街，苏州园区拾取金鸡湖时代广场，南京市区拾取新街口，上海较为特殊，由于市中心面积较大，因此以内环路为边界，只要到达内环，即到达中央活动区。

按照以上考虑的要素和计算步骤，能够完整地反映乘客出行链，十分贴近实际地反映乘客的出行时间成本。

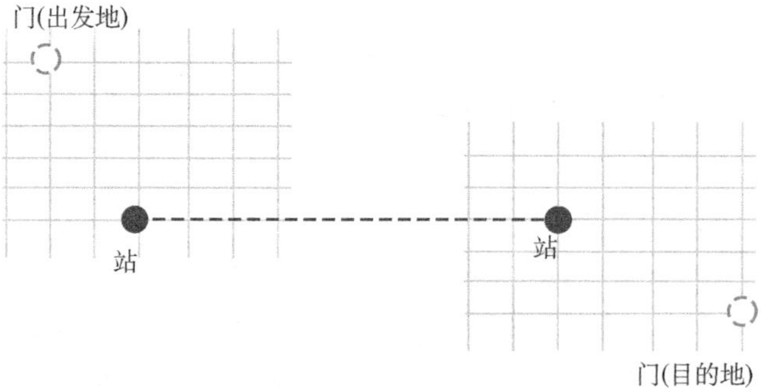


**图 4.2.2 “门到站”和“站到门”与车站的空间关系**

针对频率这一要素无法在计算结果中得到体现的缺陷，布鲁因斯马、特维尔德(Bruinsma、Rietveld，1993)在研究中将频率要素定量化为停站惩罚时间，具体表达为：

$$V = E/4F \tag{5}$$

其中 $V$ 为停站惩罚时间，$E$ 为乘客实际出行的时间段(城际铁路运营时间为每天 6:00—21:00，共 15 h)，$F$ 为每日发车班次。

则乘客的总出行时间为：

$$T = RT + E/4F \tag{6}$$

其中 $T$ 为总出行时间，$RT$ 为消耗在路途上的时间。考虑频率要素后的出行时间公式，能够综合反映站点出行条件。本书通过停车频率增加惩罚时间，客观反映中间站的出行时间成本。

除了计算城际铁路的绝对出行时间以外，还需计算公路、高铁与其他交通方式的绝对出行时间，并计算二者之间的出行时间差，进行方式之间的对比，作为城际铁路影响范围的计算依据。从小汽车转为高铁通勤出行者的数量主要取决于高铁的速度(Baum-Snow、Kahn，2005)。类似地，城际铁路设施网络的出行时间，是它与其他方式相比，对乘客是否具有吸引力的重要因素。

## 4.2.2 沪宁、沪杭走廊可达性计算设计

### 1. 沪宁走廊可达性计算设计

从上文长三角地区交通网络发展情况可以看出，沪宁走廊的交通网络在

2010 年之前、2010 年和 2011 年之后有明显的差异。1990—2010 年，该地区处于公路网络的发展完善时期，在 2010 年左右，沪宁走廊的公路网络（包括高速公路、国道、省道等主要道路）基本成型，主要城市和地区之间都能经由公路彼此通达。2010 年，沪宁城际铁路的开通标志着铁路客运的重要转折，它比公路客运的经济、时间成本更低，环境更舒适，而且铁路独立的路权能够避免公路出行的延误风险，确保到达目的地时间的可预测性。2011 年之后，由于京沪高铁的通车运营，使沪宁走廊上存在两条线路设站不同、服务范围具有差异的快速客运铁路，进一步缩短了主要城市之间的出行时间，增强了铁路客运能力。

与所取得的沪宁城际铁路客流数据的时间点相匹配，分别计算几种交通设施的可达性，用于模拟选择不同城际出行方式的乘客的出行时间成本，计算 2010 年、2015 年两个时间节点的沪宁走廊交通网络在每个时间节点上不同交通方式的可达性，便于进行定量化的比较分析，包括：2010 年城际铁路开通之前的公路网络、2010 年城际铁路开通后的城际铁路综合网络以及 2015 年公路网络、2015 年城际铁路综合网络、2015 年高铁综合网络。

在以上交通设施网络中，公路网络将沪宁走廊的高速公路、国道、城市快速路都纳入模型中，该网络可以反映出到达每个城市的中心建成区所需的时间。由于铁路并不具备门到门的运输优势，特别是京沪高铁沪宁段的站点都在城市建成区以外，需要通过道路系统才能到达大部分乘客的活动范围，因此将铁路与公路网络相连接，形成一个综合网络，能够更精确地模拟铁路乘客的总出行时间。

交通方式的比较分析从横向和纵向两个角度进行，分别是不同交通方式在同一时间节点的对比和同一交通方式在不同时间节点的对比。前者可以辨别出，不同交通方式在某一时间节点以出行时间为标准的竞争结果；后者用于分析同一交通网络的发展变化。因此，需要进行六次比较：2010 年公路网络与 2015 年公路网络比较；2010 年城际铁路综合网络与 2015 年城际铁路综合网络比较；2010 年公路网络与 2010 年城际铁路综合网络比较；2015 年公路网络与 2015 年城际铁路综合网络比较；2015 年高铁综合网络与 2015 年城际铁路综合网络比较；2015 年公路网络与 2015 年高铁综合网络比较。一方面，分析 2010 年城际铁路开通前后的变化以及城际铁路综合网络和公路网络的可达性差异，分析 2015 年高铁前后的变化以及高铁综合网络和城际铁路综合网络的可达性差异。另一方面，比较不同交通方式在 2010 年和 2015 年的自身变化。在以上列举出的六个比较中，有两个是重点比较对象：2010 年公路网络和 2010 年城际铁路综合网络、2015 年城际铁路综合网络和 2015 年高铁综合网络。

对每种交通设施网络分别计算两种可达性：在交通网络中的走廊地区平均可

达性、到核心地区的可达性。计算与比较分析的内容如表 4.2.1 所示。

**表 4.2.1a　　沪宁走廊可达性的比较：不同时间节点**

| 交通方式 | 2010 年 | 2015 年 | 2010 年与 2015 年的比较 |
| --- | --- | --- | --- |
| 公路网络 | 平均可达性、到核心地区的可达性 | 平均可达性、到核心地区的可达性 | 2010 年公路网络与 2015 年公路网络比较 |
| 城际铁路综合网络 | 平均可达性、到核心地区的可达性 | 平均可达性、到核心地区的可达性 | 2010 年城际铁路综合网络与 2015 年城际铁路综合网络比较 |
| 高铁综合网络 | — | 平均可达性、到核心地区的可达性 | — |

**表 4.2.1b　　沪宁走廊可达性的比较：不同交通方式**

<table>
<tr><th>时间</th><th>公路网络</th><th>城际铁路综合网络</th><th>高铁综合网络</th></tr>
<tr><td>2010 年</td><td colspan="2">公路网络与城际铁路综合网络比较</td><td>—</td></tr>
<tr><td rowspan="3">2015 年</td><td colspan="2">公路网络与城际铁路综合网络比较</td><td>—</td></tr>
<tr><td>—</td><td colspan="2">城际铁路综合网络与高铁综合网络比较：6 个共站城市</td></tr>
<tr><td>公路网络与高铁综合网络比较</td><td>—</td><td>公路网络与高铁综合网络比较</td></tr>
</table>

可达性的计算步骤分为两步：

（1）根据通道长度和通道速度计算得出“门到门”在交通通道上的所花费的出行时间。考虑到收费口、交织、转弯、休息、交通拥堵、铁路停站等各种情况延误的时间，并参考已有研究的成果（何丹、杨犇，2013；徐进等，2012）①和铁路时刻表，将交通设施的计算平均行驶速度（非设计速度）设定为：高速公路 90 km/h，国道、快速路等 50 km/h，城际铁路 145 km/h，普通铁路 70 km/h，沪宁普通铁路 85 km/h，高铁 210 km/h。按照设定的情景在 CAD 中分别建立矢量交通网络。将交通网络导入 TransCAD，并对不同类型的公路、铁路设施赋予相应的速度，得出不同情景中的出行时间网络。在城际铁路和高铁网络中，将城市中心区与铁路站的空间关系反映为车站到中心区的时间。用 Time Impendence 的模块功能，将南京和上海的内环线作为出发点，得出网络中各点到达核心地区的出行时间。然

① 其中将高速公路、国道、省道、普通铁路、高铁的设计速度分别设定为 120 km/h、80 km/h、60 km/h、100 km/h、350 km/h；实际计算速度分别设定为 98 km/h、64 km/h、48 km/h、80 km/h、300 km/h。

后，根据每个节点到达其他节点的通道出行时间，计算平均可达性，得出每个节点到达区域中其他节点的平均出行时间，完成第一步工作。

(2) 套用布鲁因斯马、特维尔德(Bruinsma、Rietveld，1993)使用的将服务频率转换为出行时间的公式 $V=E/4F$，将频率转化为停站惩罚时间。

### 2. 沪杭走廊可达性计算设计

由于沪杭城际铁路的客流数据时间节点为 2010—2012 年，而且没有与之平行的高铁线，因此情景较简单，只需进行计算 2010 年、2012 年公路和城际铁路的出行时间，作为可达性计算的基础指标。设定的情景包括：2010 年城际铁路开通之前的公路网络、2010 年城际铁路开通后的城际铁路综合网络以及 2012 年公路网络、2012 年城际铁路综合网络。计算步骤与沪宁城际铁路相同(表 4. 2. 2)。

**表 4. 2. 2a　　沪杭走廊可达性的比较：不同时间节点**

| 交通方式 | 2010 年 | 2012 年 | 2010 与 2012 年的比较 |
|---|---|---|---|
| 公路网络 | 平均可达性、到核心地区的可达性 | 平均可达性、到核心地区的可达性 | 2010 年公路网络与 2012 年公路网络比较 |
| 城际铁路综合网络 | 平均可达性、到核心地区的可达性 | 平均可达性、到核心地区的可达性 | 2010 年城际铁路综合网络与 2012 年城际铁路综合网络比较 |

**表 4. 2. 2b　　沪杭走廊可达性的比较：不同交通方式**

| 时间 | 公路网络 | 城际铁路综合网络 |
|---|---|---|
| 2010 年 | 公路网络与城际铁路综合网络比较 | |
| 2012 年 | 公路网络与城际铁路综合网络比较 | |

## 4. 2. 3　沪宁走廊“门到门”可达性计算结果

### 1. 公路网络与城际铁路综合网络的可达性比较

公路网络与城际铁路综合网络的可达性比较反映了乘客在沪宁城际铁路开通之前通过公路网络出行和开通之后通过城际铁路出行的时间成本。通过比较，能够较为清晰地看到，沪宁城际铁路开通后，从各站点所在城市的主要建成区范围内乘客出行的耗时差异，也可以说是公路和城际铁路竞争的重要参考依据。

计算得出的结论是 2010 年沪宁城际铁路开通之后，各个站点相对公路的平均可达性显著改善，对沿线地区所有城市的提升较为平均；沪宁城际铁路对平均可达性改善较大的是原本基于公路网络平均可达性不高的地区；原本基于公路网络平均可达性最高的地区改善最小，各站点之间的差距变小，即区域平均可达性的均衡化；2015 年与 2010 年的情景结果一致。详细的计算结果分析如下：

2010 年沪宁城际铁路开通之后，20 个站点的平均可达性均值从公路的 81.9 min 缩短到城际铁路的 57.8 min，平均提升幅度达到 28.9%，各站点的提升幅度相对均衡。6 个核心/一级地区平均提升幅度为 30.7%，14 个二级地区平均提升幅度为 28.1%，二级地区与核心/一级地区相比，变化幅度的差异不大。所有站点中平均可达性变化幅度较小的是南翔、花桥和无锡(表 4.2.3)。

**表 4.2.3　2010 年沪宁走廊核心/一级地区和二级地区的城际铁路综合网络平均可达性提升对比**

| 地区 | 平均可达性低于平均值(地区计数/个) | 平均可达性高于平均值(地区计数/个) | 地区小计(个) | 可达性变化平均值 | 可达性低于走廊平均值的比例 | 可达性高于走廊平均变化值的比例 |
|---|---|---|---|---|---|---|
| 核心/一级 | 2 | 4 | 6 | 30.7% | 33% | 67% |
| 二级 | 5 | 9 | 14 | 28.1% | 36% | 64% |

对二级地区与核心/一级地区的平均可达性进行单独分析，20 个站平均可达性从公路网络的 81.9 min 提升到城际铁路综合网络的 57.8 min，平均提升值为 24 min。二级地区与核心/一级地区的平均可达性相比，二级地区从 79 min 提升到 57 min，平均提升 22 min，核心/一级地区从 88 min 提升到 61 min，平均提升 27 min；二级地区和一级地区平均可达性变化幅度低于平均和高于平均的比例相差 2%；两种类型的平均值也仅相差 2%。20 个车站平均可达性变化幅度的标准差为 0.045。核心/一级地区平均可达性变化幅度低于平均值的是无锡、苏州，二级地区平均可达性变化幅度低于平均值的是南翔、花桥、昆山、苏州新区、丹徒。

从以上结果分析可得，沪宁城际铁路对各城市区域平均可达性改善的特征十分明显，一方面，它对沿线地区所有城市的提升较为平均，二级地区的平均可达性与核心/一级地区的差距很小。另一方面，沪宁城际铁路对平均可达性改善较大的是原本基于公路网络平均可达性不高的地区，原本基于公路网络平均可达性最高的地区反而改善最小。基于公路网络的平均可达性最好的地区是无锡到昆山区段，即无锡市域和苏州市域，7 个低于平均可达性提升平均幅度的站点有 5 个位于该地区。平均可达性提升幅度较大的是两端，即南京市域和上海市域(表 4.2.4、图 4.2.3)。

**表 4.2.4　　2010 年沪宁走廊不同地区的城际铁路综合网络平均可达性提升对比**

| 平均可达性提升的绝对时间 | 南京市域 | | 镇江市域 | | 常州市域 | | 无锡市域 | | 苏州市域 | | 上海市域 | |
|---|---|---|---|---|---|---|---|---|---|---|---|---|
| | 核心/一级地区（个） | 二级地区（个） | 核心/一级地区（个） | 二级地区（个） | 核心/一级地区（个） | 二级地区（个） | 核心/一级地区（个） | 二级地区（个） | 核心/一级地区（个） | 二级地区（个） | 核心/一级地区（个） | 二级地区（个） |
| 30—60 min | 1 | 2 | 1 | — | — | — | — | — | — | — | 1 | — |
| 15—30 min | — | — | — | 2 | 1 | 1 | — | 2 | 1 | 3 | — | 2 |
| 15 min 以下 | — | — | — | — | — | — | 1 | — | — | 2 | — | — |

注：表中的数字代表地区的数量

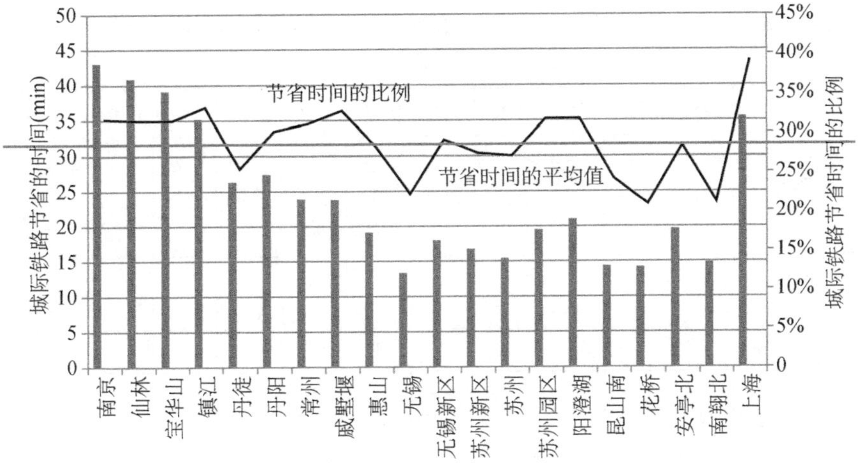


**图 4.2.3　2010 年沪宁走廊各站点的城际铁路综合网络平均可达性绝对提升值、变化率、平均变化率对比分析**

由于核心地区集聚了大部分资源，对其他城市特别是二级地区具有吸引作用，因此大部分中间站的乘客，都是去往核心地区——上海市和南京市。通过对各站点基于 2010 年城际铁路和高铁综合网络到达上海和南京的出行时间对比，能够从另一个角度反映各站点大部分乘客的出行时间成本。

2010 年城际铁路综合网络中 20 个站点所在建成区到达核心地区上海的可达性的比较计算结果显示，与基于 2010 年公路网络到达核心地区的可达性相比，各站点的可达性均有改善。从整条走廊来看，可达性的改善与距离正相关，随着距离增加而增加，城际铁路站与上海市的距离越远，可达性改善幅度越大，距离越近则越小。上海市域范围内的城际铁路站的可达性改善不到 15 min，苏州和无锡市域范围内的城际铁路站可达性改善为 15—30 min，常州和镇江市域范围内的城际铁路站可达性改善为 30—60 min，南京市域内的城际铁路站的可达性改善达 60 min 以上。在同一行政区内，核心/一级地区和二级地区的改善差异不大，无锡市域内甚至是核心/一级地区可达性改善小于二级地区。

但是从到达区域核心地区（上海）可达性的改善幅度来看，城际铁路与公路相比，改善幅度相对平均，大部分站点的可达性变化幅度在 30%—38%，只有花桥站的改善幅度较低，不到 5%。全部中间站到达核心地区可达性的平均改善幅度为 35.3%，标准差 0.09，较为均衡。并没有表现出距离效应，中间站的可达性改善幅度并非因为距离区域核心地区的远近而呈规律性变化。

从可达性提升的绝对值和提升幅度来看，相比之下，城际铁路对各中间站的提升改善，是较为均衡的（表 4.2.5、图 4.2.4）。

**表 4.2.5　2010 年沪宁走廊不同地区到达上海的公路网络与城际铁路综合网络可达性变化分段**

| 城际铁路与高速公路相比 | 南京市域 | | 镇江市域 | | 常州市域 | | 无锡市域 | | 苏州市域 | | 上海市域 | |
|---|---|---|---|---|---|---|---|---|---|---|---|---|
| | 核心地区（个） | 二级地区（个） | 一级地区（个） | 二级地区（个） | 一级地区（个） | 二级地区（个） | 一级地区（个） | 二级地区（个） | 一级地区（个） | 二级地区（个） | 核心地区（个） | 二级地区（个） |
| 时间差 60 min 以上 | 1 | 2 | 1 | — | — | — | — | — | — | — | — | — |
| 30—60 min | — | — | — | 2 | 1 | 1 | — | 1 | — | — | — | — |
| 15—30 min | — | — | — | — | — | — | 1 | 1 | 1 | 2 | — | — |
| 15 min 以下 | — | — | — | — | — | — | — | — | — | 2 | — | 2 |

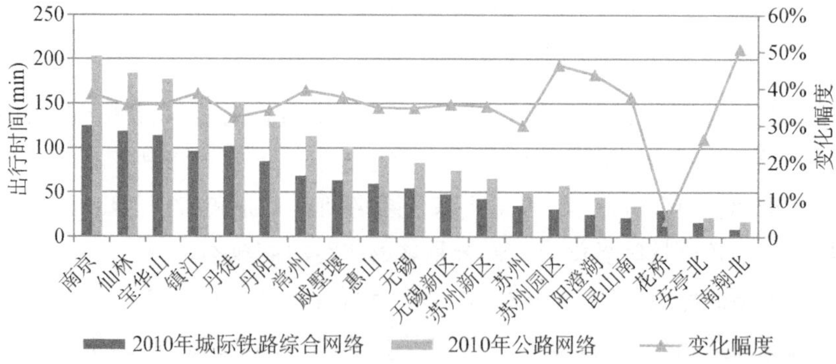


**图 4.2.4　2010 年沪宁走廊各站点到达上海的公路网络与城际铁路综合网络可达性时间差分析**

2010 年城际铁路综合网络中 20 个站点所在建成区到达核心地区南京的可达性特征的比较计算结果显示，与基于 2010 年公路网络到达核心地区的可达性相比，各站点的可达性均有改善，且依然具有距离效应。南京市域范围内的城际铁路站的可达性改善不到 15 min，镇江市域范围内的城际铁路站可达性改善为 15—30 min，常州、无锡市域范围内的城际铁路站和苏州市域范围内的一部分城际铁路站可达性改善为 30—60 min，上海市域内的城际铁路站的可达性改善达 60 min 以上。在同一行政区内，核心/一级地区和二级地区的改善差异不大，苏州市域内甚至是核心/一级地区可达性改善小于二级地区。

但是从到达核心地区（南京）可达性的改善幅度来看，城际铁路与公路相比，改善幅度相对平均，可达性改善幅度最大的是仙林和宝华山，达到 50%以上，其余站点的可达性变化幅度在 30%—38%间，只有花桥站的改善幅度较低，不到 5%。全部站点到达核心地区可达性的平均改善幅度为 38.6%，标准差 0.057，较为均衡。并没有表现出距离效应，中间站的可达性改善幅度并非因为距离核心地区的远近而呈规律性变化（表 4.2.6、图 4.2.5）。

**表 4.2.6　2010 年沪宁走廊不同地区到达南京的公路网络与城际铁路综合网络可达性变化分段**

| 城际铁路与高速公路相比 | 南京市域 | | 镇江市域 | | 常州市域 | | 无锡市域 | | 苏州市域 | | 上海市域 | |
|---|---|---|---|---|---|---|---|---|---|---|---|---|
| | 核心地区（个） | 二级地区（个） | 一级地区（个） | 二级地区（个） | 一级地区（个） | 二级地区（个） | 一级地区（个） | 二级地区（个） | 一级地区（个） | 二级地区（个） | 核心地区（个） | 二级地区（个） |
| 时间差 60 min 以上 | — | — | — | — | — | — | — | — | — | 2 | 1 | 2 |
| 30—60 min | — | — | — | — | 1 | 1 | 1 | 2 | 1 | 3 | — | — |
| 15—30 min | — | — | 1 | 3 | — | — | — | — | — | — | — | — |
| 15 min 以下 | — | 1 | — | — | — | — | — | — | — | — | — | — |

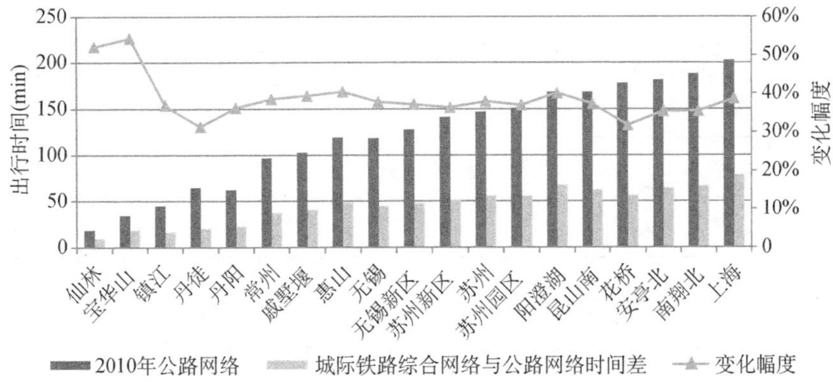


**图 4.2.5　2010 年沪宁走廊各站点到达南京的公路网络与城际铁路综合网络可达性时间差分析**

## 2. 公路网络与高铁综合网络的可达性比较

沪宁走廊公路网络与高铁综合网络分别反映了乘客通过公路网络出行和通过京沪高铁出行的时间成本。通过二者的比较，能够得出高速路开通后，从各站点所在城市的中心区乘客出行的耗时差异。可以说，是公路和京沪高铁竞争的重要参考依据。

计算结果显示，京沪高铁开通后对 20 个站点的区域平均可达性的改善也是较为明显的，从公路网络的 80.5 min 减少到 62.4 min，平均可达性的平均提升幅度为 21.6%，平均提升 18 min。但是平均变化幅度及提升绝对值都低于城际铁路的 28.9%和 24 min。

总体来看，京沪高铁带来的平均可达性变化在不共站点的差异较大，甚至有些站点的平均可达性并未得到明显改善。6 个核心/一级地区的平均可达性平均提升 27.7 min，二级地区的平均可达性平均提升 12.4 min；在二级地区和核心/一级地区中，站点的平均可达性变化幅度低于平均变化幅度和高于平均变化幅度的比例相差达 15%，两种类型的平均可达性提升的平均幅度相差达 13%。20 个车站平均可达性变化标准差为 0.098，是城际铁路平均可达性变化标准差的 2 倍多，说明前者与后者相比，各站的变化的差异性更大。

以上结果显示，京沪高铁对各站点的区域平均可达性提升的影响是不均衡的。一方面表现在核心/一级地区的平均可达性改善幅度相对二级地区更大。另一方面首末站效应较为明显，即两个终点站上海和南京平均可达性的改善幅度明显高于其他站点（表 4.2.7、图 4.2.6）。

**表 4.2.7　2015 年沪宁走廊核心/一级地区和二级地区的高铁综合网络平均可达性提升对比**

| 地区 | 平均可达性低于平均值（地区计数/个） | 平均可达性高于平均值（地区计数/个） | 地区小计（个） | 可达性变化平均值 | 可达性低于走廊平均值的比例 | 可达性高于走廊平均变化值的比例 |
|---|---|---|---|---|---|---|
| 核心/一级 | 3 | 3 | 6 | 30.7% | 50% | 50% |
| 二级 | 9 | 5 | 14 | 17.7% | 64% | 36% |

2015 年高铁综合网络中 20 个站点所在建成区到达区域核心地区上海的可达性与基于 2015 年公路网络到达核心地区的可达性相比较的结果显示：大部分站点的可达性得到提升，其中安亭、南翔无法从高铁线网到达车站，因此与公路网

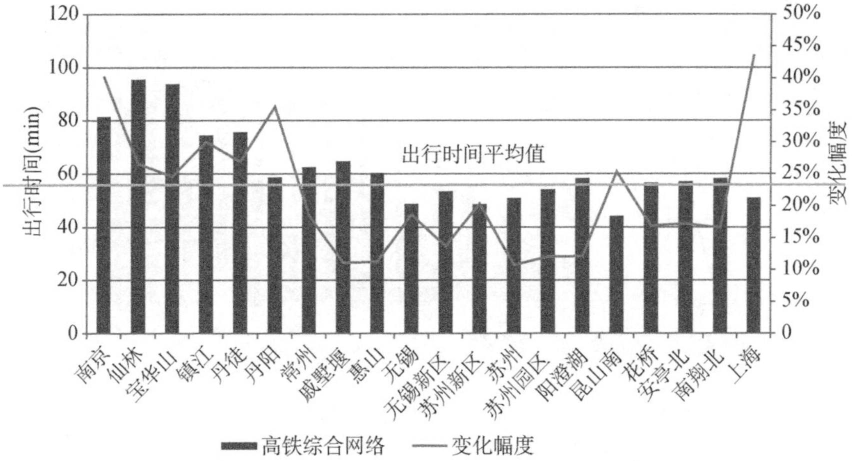


**图 4.2.6　2015 年沪宁走廊各站点的高铁综合网络平均可达性绝对提升值、变化率、平均变化率对比分析**

络相比，可达性没有提升和变化。可达性平均改善幅度为 29.9%，低于城际铁路的平均改善幅度，但是各站差异很大，标准差达 0.2，为城际铁路的 2 倍(图 4.2.7)。

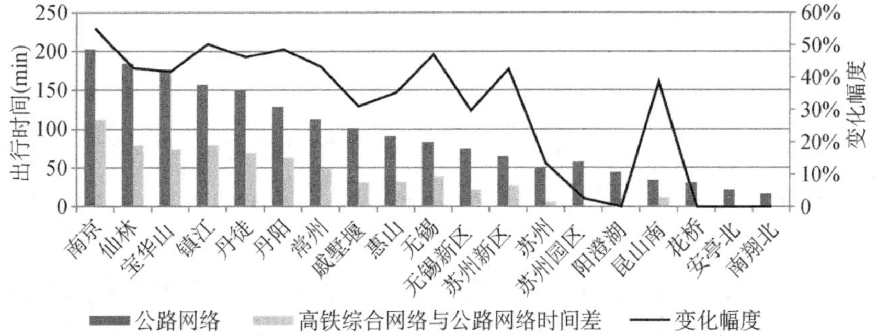


**图 4.2.7　2015 年沪宁走廊各站点到达上海的公路网络与高铁综合网络可达性时间差分析**

高铁线网中 20 个站点到达核心地区南京的可达性，相比公路的改善幅度具有距离效应，距离区域核心地区越远，可达性改变幅度越大，其中仙林、宝华山无法从高铁线网到达车站，因此与公路网络相比，可达性没有差异。可达性平均改善幅度为 33%，低于城际铁路的平均改善幅度，但是各站差异很大，标准差达 0.143，为城际铁路的 2.5 倍(图 4.2.8)。

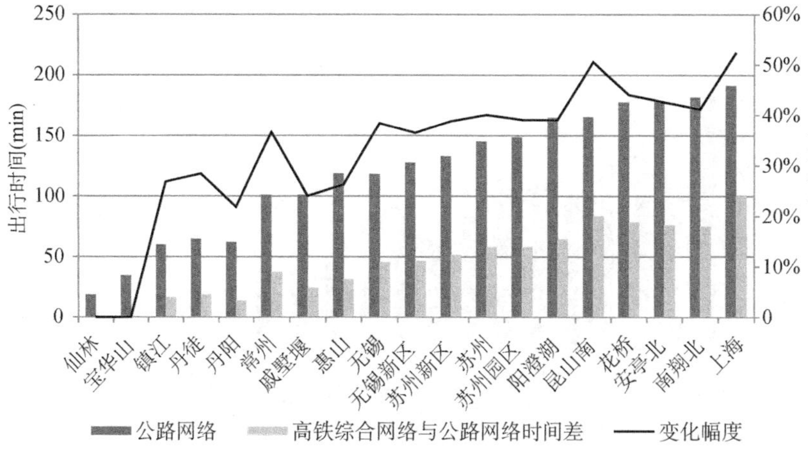


**图 4.2.8　2015 年沪宁走廊各站点到达南京的公路网络与城际铁路综合网络可达性时间差分析**

### 3. 城际铁路综合网络与高铁综合网络的可达性比较

2015 年城际铁路综合网络和 2015 年高铁综合网络是重点比较对象之一，自从 2011 年京沪高铁开通之后，它和沪宁城际铁路极易混淆。以下通过对各站点所在城市的区域平均可达性、到达上海的可达性和到达南京的可达性分别进行比较，发现二者的差异十分明显：京沪高铁十分有利于核心地区的出行，但是并不利于中间值特别是二级地区的出行。

比较各站点所在城市在两个网络中的区域平均可达性，结果显示，京沪高铁开通后，与城际铁路综合网络相比，少部分地区（6 个车站所在地区）的区域平均可达性改善，为南京、丹徒、丹阳、昆山、花桥、上海；其余大部分地区（14 个车站所在地区）可达性下降。对比核心/一级地区和二级地区分类，二级地区平均可达性下降的比例更高，有 72％的二级地区高铁平均可达性低于城际铁路，核心/一级地区平均可达性下降的比例稍低，为 66％。

4 个核心/一级地区可达性下降的原因是京沪高铁站距离城市中心区的距离较远，还需要较长时间的接驳，其中上海和南京两座城市由于建成区规模较大，京沪高铁站距离主要人口聚集地不远，则可达性提升，其余核心/一级地区的高铁可达性均比城际铁路低；二级地区可达性下降的原因是在这些地区都不设京沪高铁车站，乘客如果乘坐京沪高铁到达以上地区，只能从最近的位于核心/一级地区的京沪高铁车站下车，再通过公路到达二级地区的中心区（表 4.2.8）。

表 4.2.8　2015 年沪宁走廊核心/一级地区和二级地区的城际铁路综合网络与高铁综合网络可达性对比

| 地区 | 高铁平均可达性高于城际铁路的地区(个) | 地区 | 高铁平均可达性低于城际铁路的地区(个) | 地区小计(个) | 高铁平均可达性高于城际铁路比例 | 高铁平均可达性低于城际铁路比例 |
|---|---|---|---|---|---|---|
| 核心/一级 | 2 | 南京、上海 | 4 | 6 | 33% | 67% |
| 二级 | 4 | 丹徒、丹阳、昆山、花桥 | 10 | 14 | 29% | 71% |

对比二级地区和核心/一级地区的高铁与城际铁路平均可达性变化，核心/一级地区的高铁比城际铁路平均可达性优势更大。从平均可达性提高的车站来看，核心/一级地区分别提高了 5—10 min 和 10 min 以上；二级地区虽然高铁可达性比城际铁路更佳，但是都在 5 min 以内，优势不明显。从平均可达性降低的车站来看，核心/一级地区可达性降低的幅度更小，出行时间增加 5 min 以内和 5—10 min 分别有 2 个；然而，有 1/3 的二级地区的平均可达性降低幅度在 10 min 以上，最大的将近 15 min，总体来说，可达性下降的幅度较核心/一级地区更大。说明京沪高铁并不利于二级地区的出行(表 4.2.9、图 4.2.9)。

表 4.2.9　2015 年沪宁走廊核心/一级地区和二级地区的城际铁路综合网络与高铁综合网络可达性变化分段

| 地区 | 高铁平均可达性高于城际铁路的地区(个) | | | 高铁平均可达性低于城际铁路的地区(个) | | | 总计(个) |
|---|---|---|---|---|---|---|---|
| | 10 min 以上 | 5—10 min | 5 min | 10 min 以上 | 5—10 min | 5 min | |
| 核心/一级 | 1 | 1 | 0 | 0 | 2 | 2 | 6 |
| 二级 | 0 | 0 | 4 | 4 | 5 | 3 | 14 |

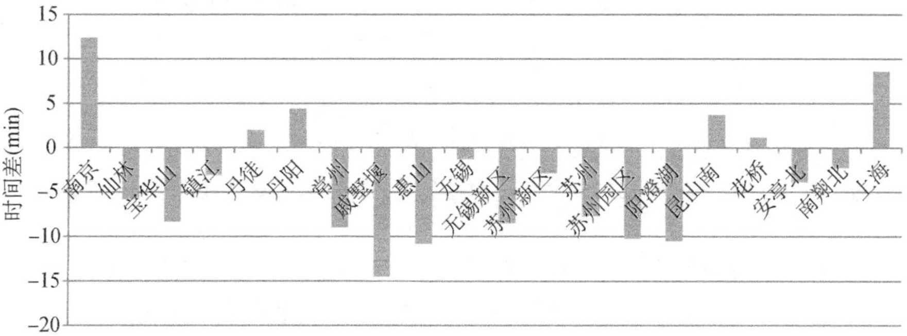


图 4.2.9　2015 年沪宁走廊各站点的城际铁路综合网络与高铁综合网络平均可达性分析

沪宁城际铁路和京沪高铁沪宁段共站的城市有南京、上海和昆山(在上文已有说明),在同城设站的城市有丹阳、镇江、常州、无锡、苏州。由于京沪高铁的运行速度明显高于沪宁城际铁路,因此3个沪宁城际铁路和京沪高铁沪宁段共站的城市,平均可达性都有所提升,其中南京的提升最为显著,超过12 min,昆山的提升的绝对值最小,不到4 min。同城设站的城市,丹徒、花桥、丹阳三站的高铁可达性较城际铁路更高,其原因是,前两个地区的沪宁城际铁路车站距离城市建设区也较远,后一个地区的京沪高铁站位于建成区边缘不远处,但是提升幅度都很小,不超过4.4 min,而其余同城设站的站点所在地区的平均可达性都有所降低,其中常州降低的绝对值最大,接近10 min。

### 4. 不同时间节点公路网络的可达性比较

该情景比较涉及2010与2015年的沪宁走廊,基本没有变化。

通过2010年和2015年两个时间节点公路网络的比较,能够辨别从各站点所在城市的主要建成区范围内乘客出行的耗时差异。由于沪宁走廊的公路系统在2010年已经基本成型,主要公路已建设完成,其中沪宁高速公路还完成了扩建工程,2015年的公路网络与2010相比并没有明显的差异。因此,计算所得出的两个时间节点的公路网络平均可达性,各站点数值几乎没有变化。两个时间节点的平均可达性的平均值变化仅为1.4 min,各站的变化幅度在2%—4%区间内(图4.2.10)。

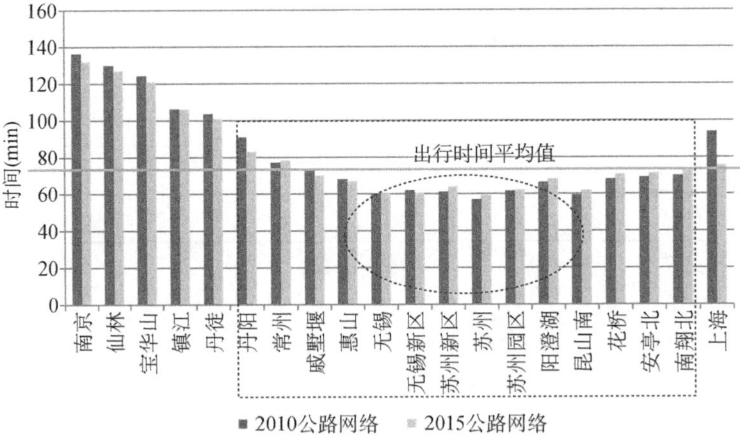


**图4.2.10 2010年和2015年沪宁走廊各站点的公路网络平均可达性对比分析**

公路平均出行时间低于均值的地区为丹阳—南翔北区段,其中无锡市区到昆山为优势地区,最佳的地点在苏州市区。与之相比,该地区的物理空间的中间点在常州/无锡,位于戚墅堰附近。说明交通设施的建设,能够直接改变网络的道路密度和出行速度，对区域空间各节点的平均可达性具有重大影响作用。

### 5. 不同时间节点城际铁路综合网络的可达性比较

2010 年城际铁路综合网络和 2015 年城际铁路综合网络相比，沿线各城市的平均可达性没有发生变化。因为各站点城市到达区域网络上其他节点的最短路径依然是乘坐城际铁路，下车后接驳公路，到达主要建成区，因此与 2010 年相同。

### 6. 沪宁走廊服务频率对可达性的影响

在上文中已经提到，除了基于交通网络的出行时间以外，服务频率在可达性中也具有重要影响，因此基于列车班次统计，从纵向角度比较沪宁走廊 2010 年沪宁城际铁路和 2015 年沪宁城际铁路的班次变化，从横向 2015 年沪宁城际铁路和京沪高铁沪宁段的班次差异。

从沪宁城际铁路纵向变化比较可得，大部分站点的发车频率都有所提升，为乘客提供更多乘车时间选择。从沪宁城际铁路和京沪高铁沪宁段横向比较，8 个城际铁路和高铁同城共站及同城异站的站点停车频率与停靠时间段的分布可得，沪宁城际铁路更具有可达性优势。每个(核心/一级/二级)城市都是沪宁城际铁路班次明显多于京沪高铁班次，前者为后者的 2—4 倍。将高峰和平峰时段分别统计，二者的差异显示，二级地区的沪宁城际铁路的班次是京沪高铁的 4—13 倍，因此在相同条件下，乘坐沪宁城际铁路的概率更高。核心/一级地区的沪宁城际铁路与京沪高铁停车频率的差异减小，前者为后者的 1.5—3 倍。从高峰和平峰分段的班次比较结果来看，沪宁城际铁路的服务较京沪高铁更符合沿线城市高频率的通勤和商务出行需求。从站点布局角度，也是沪宁城际铁路更节省接驳时间。沪杭城际铁路中间站的频率不亚于沪宁城际铁路，甚至比后者更高。

纵向比较的结果显示，苏州、常州、无锡、南京、上海等 5 个核心/一级地区的沪宁城际铁路班次变化最大，分别增加了 14—24 班，同样作为一级地区的镇江，沪宁城际铁路班次只增加了 3 班。班次减少的站点有 6 个，均为二级地区，包括南翔、阳澄湖、丹徒、丹阳、宝华山、仙林，分别减少了 1—3 班；丹阳作为二级地区的车站虽然沪宁城际铁路班次减少了 2 班，但是京沪高铁的班次开设 8 班，总班次增加。班次增加的二级地区车站包括安亭、昆山、苏州园区、无锡新区、惠山、戚墅堰共 6 个，分别增加了 1—6 班。另有 2 个二级地区车站班次不变，为苏州新区、花桥。

从京沪高铁班次来看，班次最多的也是上海和南京两个核心地区，均为 66 班；一级地区苏州、无锡、常州、镇江分别为 25—38 班，二级地区昆山和丹阳的班次最少，分别为 10 班和 8 班。

从横向角度分别分析沪宁城际铁路和京沪高铁沪宁段同城和共站各站点的班次。

### 7. 共站站点——昆山、上海、南京

分析昆山站的服务频率，2015 年沪宁城际铁路班次较 2010 年增加了 13%，增加的班次有 2 班为早高峰，3 班为晚高峰，1 班为平峰，增加的班次主要分布在早晚高峰时段。2015 年的沪宁城际铁路和京沪高铁沪宁段总班次相比，京沪高铁的列车不到总班次的 17%；发车时间段相比，早高峰期间全部是沪宁城际铁路列车，晚高峰期间只有 1 班京沪高铁列车，仅为沪宁城际铁路班次的 1/8。由于昆山南站是沪宁城际铁路和京沪高铁线共站，对于乘客而言，"站到站"时间相等，选择乘坐沪宁城际铁路还是京沪高铁，班次为主要考虑因素。从通勤活动的时间规律分析，沪宁城际铁路比京沪高铁有绝对优势，乘客选择沪宁城际铁路的概率是京沪高铁的 13 倍；商务、探亲等其他活动，虽然出发时间受到的限制较小，选择沪宁城际铁路、京沪高铁皆可，但是从绝对班次数量来看，平峰时段乘客选择沪宁城际铁路的概率是选择京沪高铁概率的 3 倍多(表 4.2.10)。

表 4.2.10　沪宁城际铁路和京沪高铁沪宁段的昆山南站班次统计

| 分类 | 发车时间段 | 2010 年沪宁城际铁路班次 | 2015 年沪宁城际铁路班次 | 2015 年京沪高铁班次 |
|---|---|---|---|---|
| 早高峰 | 6:00—7:00 | 0 | 0 | 0 |
| | 7:00—8:00 | 0 | 1 | 0 |
| | 8:00—9:00 | 3 | 4 | 0 |
| 平峰 | 9:00—11:00 | 2 | 8 | 3 |
| | 11:00—13:00 | 7 | 5 | 2 |
| | 13:00—15:00 | 6 | 6 | 0 |
| | 15:00—16:00 | 6 | 3 | 1 |
| | 16:00—17:00 | 4 | 6 | 1 |
| 晚高峰 | 17:00—18:00 | 3 | 4 | 1 |
| | 18:00—19:00 | 2 | 4 | 0 |
| 平峰 | 19:00—20:00 | 4 | 4 | 0 |
| | 20:00—23:00 | 9 | 7 | 2 |
| 总计 | | 46 | 52 | 10 |

分析南京站的服务频率，2015 年沪宁城际铁路班次较 2010 年增加幅度不大，约为 18%，每天有 83 班车，其中早晚高峰分别增加 3 班和 1 班，平峰增加 9 班，增加的班次主要集中在平峰时段。2015 年的京沪高铁占总班次的 45%。比较沪宁城际铁路、京沪高铁沪宁段的发车时间段，早晚高峰期间的京沪高铁班次占全部列车班次的 40%，平峰期间的京沪高铁班次占全部列车班次的 46%。南京市的城际铁路站位于城市中心区，毗邻玄武湖，邻近城市快速路，车站可以换乘两条轨道交通线路；相比之下，京沪高铁站位于城市建成区边缘，邻近沪蓉高速公路，可以换乘两条轨道交通线路。在同时考虑班次频率和到站时间的情况下，沪宁城际铁路相对京沪高铁没有明显优势(表 4.2.11)。

**表 4.2.11　沪宁城际铁路和京沪高铁沪宁段的南京和南京南站班次统计**

| 分类 | 发车时间段 | 2010 年沪宁城际铁路班次 | 2015 年沪宁城际铁路班次 | 2015 年京沪高铁班次 |
|---|---|---|---|---|
| 早高峰 | 6:00—7:00 | 4 | 6 | 0 |
| | 7:00—8:00 | 6 | 7 | 4 |
| | 8:00—9:00 | 5 | 5 | 1 |
| 平峰 | 9:00—11:00 | 8 | 9 | 5 |
| | 11:00—13:00 | 9 | 10 | 7 |
| | 13:00—15:00 | 11 | 13 | 12 |
| | 15:00—16:00 | 4 | 7 | 4 |
| | 16:00—17:00 | 4 | 6 | 4 |
| 晚高峰 | 17:00—18:00 | 5 | 6 | 6 |
| | 18:00—19:00 | 5 | 5 | 9 |
| 平峰 | 19:00—20:00 | 4 | 4 | 3 |
| | 20:00—23:00 | 5 | 5 | 11 |
| 总计 | | 70 | 83 | 66 |

分析上海站的服务频率，2015 年沪宁城际铁路班次较 2010 年增加幅度不大，约为 18%，每天有 83 班车。晚高峰时段京沪高铁比沪宁城际铁路少一班车，然而，早高峰时段，京沪高铁的车次数量占总班次的 1/8，沪宁城际铁路占服务优势。2010 年和 2015 年的沪宁城际铁路班次相比，2015 年在早高峰的班次虽然只增加了一班，然而到达时间段提前了 1 h，有两班车在 8:00 前到达上海，提升了通勤出行的可能性。

与南京相同，上海市 2015 年的京沪高铁占总班次的 45%。比较沪宁城际铁路和京沪高铁的发车时间段，早晚高峰期间的京沪高铁列车班次占全部列车班次的 40%，平峰期间的京沪高铁列车班次占全部列车班次的 46%。上海的沪宁城际铁路和京沪高铁共站于上海虹桥站、上海火车站，分别位于城市建成区边缘和城市中心区，均与两条以上轨道交通线路衔接。另外，上海虹桥站还与虹桥机场邻近，为沿线城市乘客乘坐飞机提供接驳服务(表 4.2.12)。

对于通勤乘客而言，沪宁城际铁路更具有优势，对于其他出行目的的乘客，沪宁城际铁路和京沪高铁没有太大区别。

**表 4.2.12　沪宁城际铁路和京沪高铁沪宁段的上海和上海虹桥站班次统计**

| 分类 | 发车时间段 | 2010 年沪宁城际铁路班次 | 2015 年沪宁城际铁路班次 | 2015 年京沪高铁班次 |
|---|---|---|---|---|
| 早高峰 | 6:00—7:00 | 0 | 0 | 0 |
| | 7:00—8:00 | 0 | 2 | 0 |
| | 8:00—9:00 | 6 | 5 | 1 |
| 平峰 | 9:00—11:00 | 11 | 11 | 4 |
| | 11:00—13:00 | 8 | 11 | 6 |
| | 13:00—15:00 | 8 | 10 | 10 |
| | 15:00—16:00 | 6 | 6 | 4 |
| | 16:00—17:00 | 5 | 6 | 5 |
| 晚高峰 | 17:00—18:00 | 5 | 7 | 4 |
| | 18:00—19:00 | 3 | 5 | 7 |
| 平峰 | 19:00—20:00 | 5 | 7 | 5 |
| | 20:00—23:00 | 13 | 13 | 20 |
| 总计 | | 70 | 83 | 66 |

### 8. 同城异站站点——镇江、丹阳、常州、无锡、苏州

分析镇江站(南京—上海方向)的服务频率，与其他一级地区相比，2015 年沪宁城际铁路班次较 2010 年增加最少，增幅仅为 6%，2015 年每天有 51 班沪宁城际铁路列车。常州和镇江在 2010 年均有 48 班沪宁城际铁路列车，服务频率相同，但是到了 2015 年，常州比镇江多 18 班。2015 年镇江市的沪宁城际铁路总共增加 3 班，其中早高峰减少 3 班，晚高峰增加 5 班，平峰增加 1 班。2015 年的沪宁

城际铁路和京沪高铁沪宁段总班次相比，京沪高铁的列车占客运铁路总班次的1/3，沪宁城际铁路占 2/3，为京沪高铁的 2 倍。发车时间段相比，早晚高峰期间的京沪高铁列车班次约占全部客运铁路列车总班次的 26%，仅为沪宁城际铁路高峰班次的 1/3；其中早高峰期间，京沪高铁的列车到达较晚，班次也少，仅为早高峰总班次的 28%。平峰期间的京沪高铁列车班次占全部客运铁路列车班次的37%，较高峰时段占总班次的比例稍高。

镇江市的沪宁城际铁路站位于城市中心区，距离市政府不到 1.5 km；相比之下，京沪高铁站为飞地设站，周边建设以村镇和工厂为主，空间位置接近丹徒区。在同时考虑班次频率和到站时间的情况下，沪宁城际铁路略占有优势。居住在镇江市区的乘客，选择沪宁城际铁路更为合理(表 4.2.13)。

**表 4.2.13　沪宁城际铁路的镇江站和京沪高铁沪宁段的镇江南站班次统计**

| 分类 | 发车时间段 | 2010 年沪宁城际铁路班次 | 2015 年沪宁城际铁路班次 | 2015 年京沪高铁班次 |
|---|---|---|---|---|
| 早高峰 | 6:00—7:00 | 1 | 1 | 0 |
| | 7:00—8:00 | 7 | 4 | 0 |
| | 8:00—9:00 | 5 | 5 | 4 |
| 平峰 | 9:00—11:00 | 6 | 9 | 2 |
| | 11:00—13:00 | 5 | 8 | 4 |
| | 13:00—15:00 | 7 | 8 | 3 |
| | 15:00—16:00 | 1 | 7 | 4 |
| | 16:00—17:00 | 1 | 6 | 2 |
| 晚高峰 | 17:00—18:00 | 4 | 6 | 2 |
| | 18:00—19:00 | 3 | 6 | 2 |
| 平峰 | 19:00—20:00 | 3 | 4 | 5 |
| | 20:00—23:00 | 5 | 9 | 6 |
| 总计 | | 48 | 51 | 25 |

分析丹阳站(南京—上海方向)的服务频率，2015 年沪宁城际铁路班次较2010 年减少了 2 班，下降幅度不到 5%，而且从班次的时间分布来看，减少的是平峰时段的班次，高峰时段的班次反而增加了。其中早晚高峰时段各增加 1 班，平峰时段减少 4 班。2015 年的沪宁城际铁路和京沪高铁沪宁段总班次相比，京沪高铁的列车不到总班次的 17%。发车时间段相比，早高峰期间全部是沪宁城际

铁路列车，晚高峰期间有3班京沪高铁列车，为沪宁城际铁路班次的一半。丹阳的沪宁城际铁路站位于城市中心，而京沪高铁站位于城市建设区以外，需要长距离接驳，乘客在进行出行选择时，既要考虑班次频率，又要考虑到站时间。无论从频率班次还是到站时间，都是沪宁城际铁路更占优势。总体来看，若要进行通勤出行，沪宁城际铁路比京沪高铁有优势，班次数量是京沪高铁的4倍，同时节省到达车站的接驳时间；而进行商务、探亲等其他出行，选择沪宁城际铁路也比京沪高铁具有优势，沪宁城际铁路班次是京沪高铁的6倍(表4.2.14)。

**表4.2.14 沪宁城际铁路的丹阳站和京沪高铁沪宁段的丹阳北站班次统计**

| 分类 | 发车时间段 | 2010年沪宁城际铁路班次 | 2015年沪宁城际铁路班次 | 2015年京沪高铁班次 |
|---|---|---|---|---|
| 早高峰 | 6:00—7:00 | 1 | 3 | 0 |
| | 7:00—8:00 | 3 | 2 | 0 |
| | 8:00—9:00 | 2 | 5 | 1 |
| 平峰 | 9:00—11:00 | 4 | 3 | 0 |
| | 11:00—13:00 | 5 | 6 | 2 |
| | 13:00—15:00 | 8 | 5 | 1 |
| | 15:00—16:00 | 3 | 5 | 0 |
| | 16:00—17:00 | 2 | 2 | 0 |
| 晚高峰 | 17:00—18:00 | 3 | 3 | 2 |
| | 18:00—19:00 | 2 | 3 | 1 |
| 平峰 | 19:00—20:00 | 4 | 0 | 1 |
| | 20:00—23:00 | 5 | 3 | 0 |
| 总计 | | 42 | 40 | 8 |

分析常州站(南京—上海方向)的服务频率，2015年沪宁城际铁路班次较2010年增加21班，增幅达到44%，每天有69班车。其中早晚高峰分别增加2班和4班，平峰增加15班，增加的班次集中在平峰时段。2015年的沪宁城际铁路和京沪高铁沪宁段总班次相比，京沪高铁的班次不到客运铁路总班次的1/3。发车时间段相比，早晚高峰期间的京沪高铁班次约占总班次的45%，但是早高峰期间，沪宁城际铁路的班次是京沪高铁的2.75倍；平峰期间的京沪高铁列车班次占全部列车班次的30%。

常州市的沪宁城际铁路站位于城市中心区，相比之下，京沪高铁站位于城市中心区边缘，周边为村镇。在同时考虑班次频率和到站时间的情况下，沪宁城际铁路略占有优势。但是从高峰时段的班次情况来看，居住在常州市区南部的通勤乘客，选择沪宁城际铁路更为合理（表 4.2.15）。

**表 4.2.15　沪宁城际铁路的常州站和京沪高铁沪宁段的常州北站班次统计**

| 分类 | 发车时间段 | 2010 年沪宁城际铁路班次 | 2015 年沪宁城际铁路班次 | 2015 年京沪高铁班次 |
|---|---|---|---|---|
| 早高峰 | 6:00—7:00 | 0 | 3 | 0 |
| | 7:00—8:00 | 5 | 3 | 1 |
| | 8:00—9:00 | 4 | 5 | 3 |
| 平峰 | 9:00—11:00 | 7 | 9 | 3 |
| | 11:00—13:00 | 5 | 10 | 4 |
| | 13:00—15:00 | 6 | 8 | 2 |
| | 15:00—16:00 | 3 | 4 | 3 |
| | 16:00—17:00 | 5 | 6 | 2 |
| 晚高峰 | 17:00—18:00 | 2 | 4 | 4 |
| | 18:00—19:00 | 3 | 5 | 1 |
| 平峰 | 19:00—20:00 | 4 | 3 | 5 |
| | 20:00—23:00 | 4 | 9 | 3 |
| 总计 | | 48 | 69 | 31 |

分析无锡站（南京—上海方向）的服务频率，2015 年沪宁城际铁路班次较 2010 年增加幅度约为苏州的一半，达到 24%，每天有 73 班车。其中早晚高峰分别增加 2 班和 3 班，平峰增加 9 班。2015 年的沪宁城际铁路和京沪高铁沪宁段总班次相比，京沪高铁的列车达到客运铁路总班次的 31%。发车时间段相比，早晚高峰期间的京沪高铁列车班次约占全部列车班次的 1/3，平峰期间的京沪高铁列车班次占全部列车班次的 1/3。

无锡市的沪宁城际铁路站位于城市中心区，与两条轨道交通线路衔接，出行方便；相比之下，京沪高铁站与城市建成区不邻接，周边为村镇和工厂。在同时考虑班次频率和到站时间的情况下，沪宁城际铁路依然占有优势。居住在无锡市区的通勤乘客，选择沪宁城际铁路更为合理（表 4.2.16）。

表 4.2.16　沪宁城际铁路的无锡站和京沪高铁沪宁段的无锡东站班次统计

| 分类 | 发车时间段 | 2010 年沪宁城际铁路班次 | 2015 年沪宁城际铁路班次 | 2015 年京沪高铁班次 |
|---|---|---|---|---|
| 早高峰 | 6:00—7:00 | 0 | 1 | 0 |
| | 7:00—8:00 | 3 | 4 | 0 |
| | 8:00—9:00 | 5 | 5 | 4 |
| 平峰 | 9:00—11:00 | 7 | 9 | 2 |
| | 11:00—13:00 | 9 | 8 | 4 |
| | 13:00—15:00 | 10 | 8 | 3 |
| | 15:00—16:00 | 2 | 7 | 4 |
| | 16:00—17:00 | 3 | 6 | 2 |
| 晚高峰 | 17:00—18:00 | 4 | 6 | 2 |
| | 18:00—19:00 | 5 | 6 | 2 |
| 平峰 | 19:00—20:00 | 3 | 4 | 5 |
| | 20:00—23:00 | 8 | 9 | 6 |
| 总计 | | 59 | 73 | 34 |

分析苏州站(南京—上海方向)的服务频率,2015 年沪宁城际铁路班次较 2010 年增加了 26 班车,增幅达到 50%,每天达到 78 班车。其中早晚高峰时段分别增加 3 班和 5 班,平峰时段增加 18 班。2015 年的沪宁城际铁路和京沪高铁沪宁段总班次相比,京沪高铁的列车达到总班次的 30%。发车时间段相比,早晚高峰期间的京沪高铁列车班次约占全部列车班次的 1/4,为 8 班,而沪宁城际铁路列车达到 22 班,其中早上 7:00—9:00 时间段,发车密度为 12 min 一班;平峰期间的京沪高铁列车班次占全部列车班次的 1/3,为 25 班。

苏州市的沪宁城际铁路站位于城市建成区边缘,北环快速路通过,并有两条轨道交通线路到达,出行方便;相比之下,京沪高铁站位于城市郊区,周边建设密度不高。在同时考虑班次频率和到站时间的情况下,沪宁城际铁路占有优势,特别是早高峰期间,沪宁城际铁路占有绝对性优势(表 4.2.17)。

表 4.2.17　沪宁城际铁路的苏州站和京沪高铁沪宁段的苏州北站班次统计

| 分类 | 发车时间段 | 2010 年沪宁城际铁路班次 | 2015 年沪宁城际铁路班次 | 2015 年京沪高铁班次 |
|---|---|---|---|---|
| 早高峰 | 6:00—7:00 | 0 | 0 | 0 |
| | 7:00—8:00 | 2 | 5 | 0 |
| | 8:00—9:00 | 5 | 5 | 3 |

（续表）

| 分类 | 发车时间段 | 2010 年沪宁城际铁路班次 | 2015 年沪宁城际铁路班次 | 2015 年京沪高铁班次 |
|---|---|---|---|---|
| 平峰 | 9:00—11:00 | 3 | 9 | 3 |
| | 11:00—13:00 | 7 | 11 | 6 |
| | 13:00—15:00 | 8 | 9 | 1 |
| | 15:00—16:00 | 4 | 7 | 2 |
| | 16:00—17:00 | 4 | 7 | 2 |
| 晚高峰 | 17:00—18:00 | 3 | 6 | 2 |
| | 18:00—19:00 | 4 | 6 | 3 |
| 平峰 | 19:00—20:00 | 3 | 5 | 4 |
| | 20:00—23:00 | 9 | 8 | 7 |
| 总计 | | 52 | 78 | 33 |

综合以上分析，2011 年京沪高铁的开通不可避免地会对沪宁城际铁路的运营造成一定的影响，通过对可达性和班次两个要素的分析，发现从乘客出行时间成本的角度考虑，这些影响并不大。一方面，各站点的出行时间并没原因为京沪高铁的开通而得到大幅度缩短；另一方面，京沪高铁明显较沪宁城际铁路的班次少，特别是二级地区。因此，这些影响主要发生在核心/一级地区，特别是南京和上海两个同城共站的终点站城市，可能会有沪宁城际铁路的客流损失，转而选择京沪高铁，但是对二级地区的影响则十分有限(表 4.2.18)。

**表 4.2.18　沪宁城际铁路和京沪高铁沪宁段的共站、同城异站站点班次统计**

| 城市 | 班次 | | | | 车站位置 | | 对比与总结 |
|---|---|---|---|---|---|---|---|
| | 高峰 | | 平峰 | | | | |
| | 沪宁城际铁路 | 京沪高铁 | 沪宁城际铁路 | 京沪高铁 | 沪宁城际铁路 | 京沪高铁 | |
| 昆山 | 13 | 1 | 39 | 9 | 共站，城市建成区边缘 | 共站，城市建成区边缘 | 通勤沪宁城际铁路占绝对优势 |
| 上海 | 19 | 12 | 64 | 54 | 共站，城市中心区边缘 | 共站，城市中心区边缘 | 通勤沪宁城际铁路占绝对优势，其他城际铁路和京沪高铁差异不大 |

（续表）

| 城市 | 班次 高峰 沪宁城际铁路 | 班次 高峰 京沪高铁 | 班次 平峰 沪宁城际铁路 | 班次 平峰 京沪高铁 | 车站位置 沪宁城际铁路 | 车站位置 京沪高铁 | 对比与总结 |
|---|---|---|---|---|---|---|---|
| 南京 | 29 | 20 | 54 | 46 | 城市中心区 | 城市建成区边缘 | 沪宁城际铁路和京沪高铁差异不大 |
| 镇江 | 22 | 8 | 51 | 26 | 城市中心区 | 远离建成区 | 通勤乘客沪宁城际铁路略占绝对优势，其他差异不大，市区居民选择沪宁城际铁路更方便 |
| 丹阳 | 16 | 4 | 24 | 4 | 城市中心区 | 远离建成区 | 通勤沪宁城际铁路占绝对优势，其他沪宁城际铁路更方便 |
| 常州 | 20 | 9 | 49 | 22 | 城市中心区 | 城市建成区边缘 | 通勤乘客沪宁城际铁路略占绝对优势，其他差异不大，市区南部居民选择沪宁城际铁路更方便 |
| 无锡 | 22 | 8 | 51 | 26 | 城市中心区 | 远离建成区 | 通勤乘坐沪宁城际铁路略占优势，市区居民选择沪宁城际铁路更方便 |
| 苏州 | 22 | 8 | 56 | 27 | 城市中心区 | 城市建成区边缘 | 沪宁城际铁路占优势 |

根据 2010 年和 2015 年的沪宁城际铁路发车频率，可以得出同时将基于路网的实际出行时间和基于发车频率的等车时间纳入考虑范围内的总出行时耗，计算结果显示，班次变化带来的对可达性的影响是十分显著的，其中南翔、阳澄湖、苏州新区、丹徒、宝华山、仙林等站由于 2010 年班次原本已不多，2015 年又减少了停靠班次，减少幅度可达 50%，导致以上站点所在地区的停站惩罚可达性大幅度增加。花桥和丹阳两站的班次几乎没有变化，停站惩罚可达性也没有变化。其余站点的停站惩罚可达性都因班次增加而有所提升，其中提升较明显的是安亭、无锡新区、戚墅堰，达到 13 min 以上，均为二级地区。核心/一级地区的提升则十分有限，都不超过 1.5 min（图 4.2.11）。

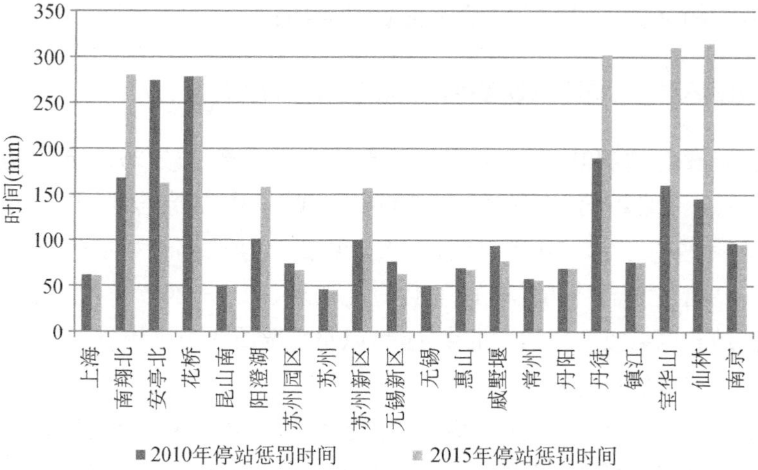


**图 4.2.11　2010 年和 2015 年城际铁路各站点停站惩罚可达性比较**

以平均可达性为基础，同时考虑班次频率的影响，比较京沪高铁和沪宁城际铁路同城共站和同城异站站点所在地区的停站惩罚时间，计算结果显示，除了上海和南京两个核心地区的京沪高铁停站惩罚更优，分别比乘坐沪宁城际铁路节省 7—11 min；其余站点都是城际铁路的停站惩罚更优，也就是乘客选择沪宁城际铁路更节省出行时间。特别是昆山和丹阳 2 个二级地区，乘坐沪宁城际铁路的平均出行时间比乘坐京沪高铁节省 18 min。其余 4 个一级地区，乘坐沪宁城际铁路比京沪高铁分别节省 6—14 min 不等(图 4.2.12)。

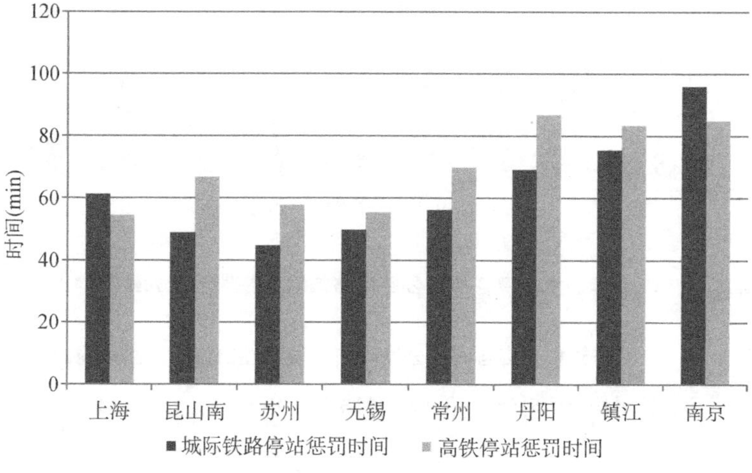


**图 4.2.12　2015 年城际铁路和高铁设站地区的停站惩罚可达性比较**

### 4.2.4 沪杭走廊"门到门"可达性计算结果

#### 1. 公路网络与城际铁路综合网络的可达性比较

沪杭走廊的情况比沪宁走廊更为简单,只需要比较 2010 年公路网络和 2010 年城际铁路综合网络以及公路网络、城际铁路综合网络在 2010 年和 2012 年之间的差异。2010 年之前,沪杭走廊的高速公路骨架已经形成,因此在 2010—2012 年之间没有可达性的变化。类似地,2010—2012 年之间沪杭走廊的城际铁路综合网络没有可达性的变化,可以将情况简化为比较公路网络和城际铁路综合网络二者的可达性。

与沪宁城际铁路形成反差,2010 年沪杭城际铁路开通后,沪杭城际铁路与公路相比,"门到门"出行时间并不占优势,沿线城市的平均可达性并没有明显改善,各站点的平均可达性变化不大甚至有些站点还有所下降。只有余杭和杭州的乘客乘坐城际铁路较公路更节省出行时间,其余站点的城际铁路出行时间均高于公路。特别是金山和海宁两个站点,公路的出行时间明显更短。

2010 年与 2012 年的计算结果一致(图 4.2.13、表 4.2.19)。

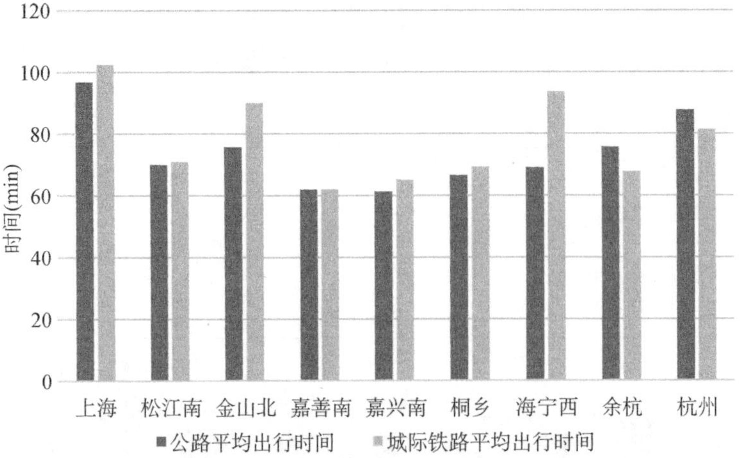


**图 4.2.13 2010 年沪杭走廊各站点公路网络与城际铁路综合网络平均出行时间差**

**表 4.2.19 2012 年沪杭走廊各站点公路网络与城际铁路综合网络平均出行时间差**

| 站点 | 公路平均出行时间(min) | 城际铁路平均出行时间(min) | 公路和城际铁路时间差(min) |
|---|---|---|---|
| 上海 | 96.88 | 102.38 | −5.5 |
| 松江南 | 70 | 70.88 | −0.88 |

（续表）

| 站点 | 公路平均出行时间（min） | 城际铁路平均出行时间（min） | 公路和城际铁路时间差（min） |
|---|---|---|---|
| 金山北 | 75.63 | 89.88 | −14.25 |
| 嘉善南 | 61.88 | 62 | −0.13 |
| 嘉兴南 | 61.25 | 65 | −3.75 |
| 桐乡 | 66.38 | 69.25 | −2.88 |
| 海宁西 | 68.88 | 93.5 | −24.63 |
| 余杭 | 75.75 | 67.63 | 8.13 |
| 杭州 | 87.63 | 81.25 | 6.38 |

### 2. 沪杭走廊频率对可达性的影响

考虑每个站点的发车频率要素，转化为出行时间，计入出行总时间。

沪杭城际铁路不需要与高铁相对比，只需将城际铁路班次代入公式，计算得出停站惩罚时间，作为可达性的考虑要素之一。沪杭城际铁路由于数据缺失，用2018 年的班次代替。考虑频率要素后，8 个二级地区的城际铁路车站与公路时间差出现负值，其他一级地区和二级地区的基本可达范围也有不同程度缩小。基本可达范围的半径变化规律为：车站距离核心地区越近，基本可达范围越小，越远则越大，二者的变化趋势相反。

与沪宁城际铁路的计算结果类似，计算了停站惩罚时间之后，城际铁路出行时间相对公路的优势有所降低，特别是二级地区所在的站点。计算了频率时间之后，依然保持与公路相对优势的是杭州，而海宁和金山的劣势更加明显(图 4.2.14)。

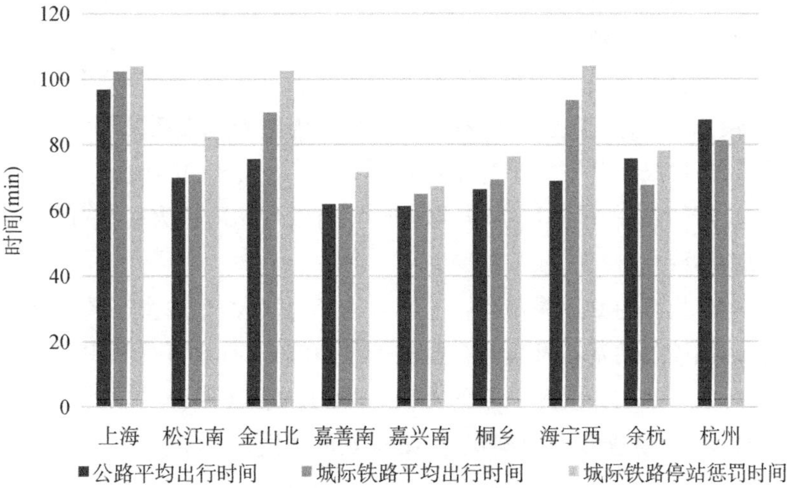


**图 4.2.14　沪杭城际铁路停站惩罚可达性比较**

## 4.3 有效可达面积

### 4.3.1 有效可达面积的定义与计算原则

以上的可达性分析，聚焦于各节点的出行时间，能够体现乘客使用不同交通方式的时间成本，而无法和站点及所在城市用地产生对应关系，因此需添加速度要素，将城际铁路相对其他交通方式节省的出行时间转化为基本可达半径，并考察基于基本可达半径的基本可达范围与城市的空间关系。

平均出行时间的基本可达半径的计算参照公式：

$$R = v_b(t_b - t_d) \tag{6}$$

其中 $R$ 为基本可达半径，$t_b$ 为城际铁路的平均出行时间，为 $t_d$ 为其他交通方式的平均出行时间，$v_b$ 为市内交通方式的速度。

参考 WATT，将各城市城际铁路的节省出行时间矩阵和到发客流比例矩阵相乘(以实际出行客流代替各节点的人口规模)，得出每站的加权节省出行时间，客流加权基本可达半径的计算参照公式：

$$R = v_b \sum^i \left[\frac{Q_{ij}}{Q_i}(t_b - t_d)\right] \tag{7}$$

其中 $Q_{ij}$ 为城市 $i$ 到城市 $j$ 的联系强度，$Q_i$ 为城市 $i$ 的总聚集规模，根据以上公式计算得出的基本可达半径，考察其余城市建成区的关系，可以计算得出有效可达面积，城际铁路的有效可达面积，是相对于基本可达半径更为精确的可达条件指标，分为四种情景(图 4.3.1)。

情景一：当基本可达半径 $R$ 较大，车站与城市中心区不远，整个建成区都位于城际铁路的基本可达半径内，则有效可达面积为整个建成区；

情景二：当建成区范围大于基本可达半径，则建成区的外围部分位于城际铁路相对其他出行方式的基本可达范围之外，则有效可达面积为基本可达半径与建成区的交叠部分；

情景三：当相邻的城际铁路车站基本可达半径很大，车站发车频率高，对应的节点规模大，则该站的基本可达半径会被侵吞一部分，有效可达面积也会被侵占；

情景四：当车站与建成区中心的距离太远，建成区的乘客使用城际铁路出行相对其他出行方式完全没有时间优势，则有效可达面积为零。

在这四种情境中，情景一的城际铁路出行优势最大，所有在城市建成区内的

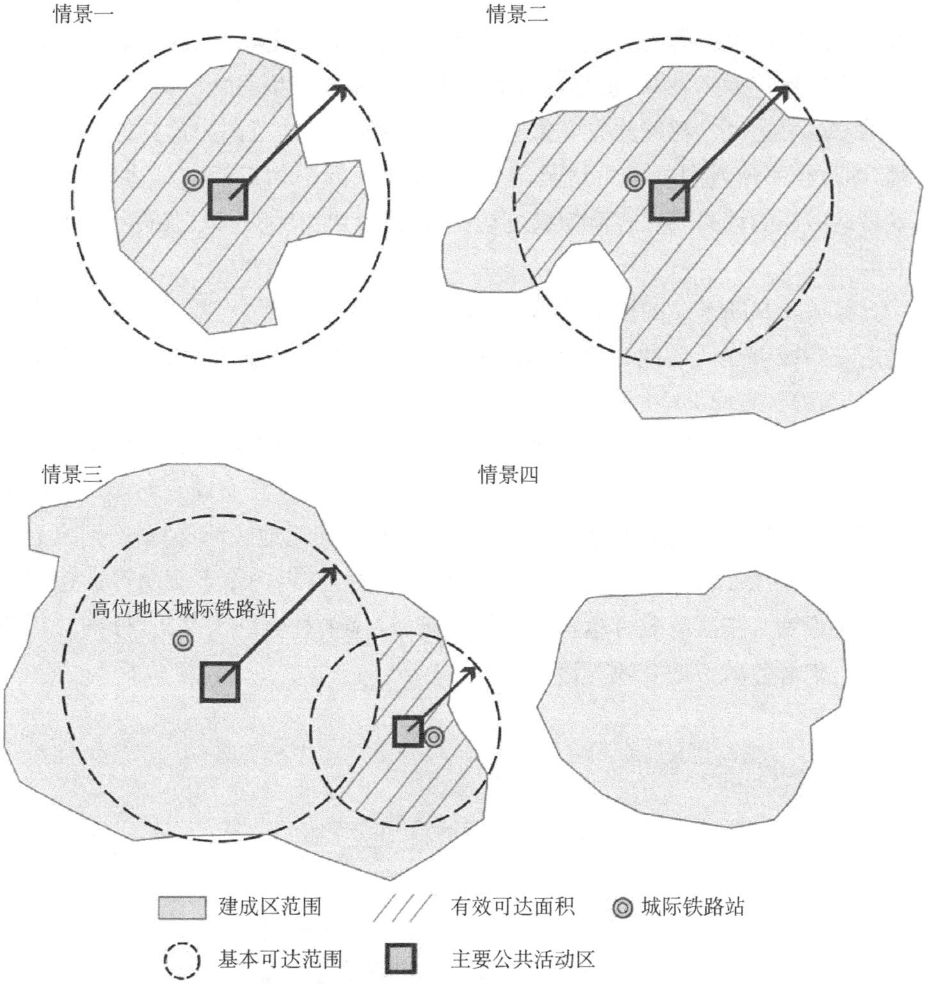


**图 4.3.1　城际铁路站点可达情景分类和有效可达面积计算原则**

乘客，都是乘坐城际铁路比其他交通方式（高速公路或高铁）更节省出行时间，在其他条件相同的情况下，乘客最有可能选择城际铁路出行。情景二和情景三的城际铁路出行优势居中，有一部分乘客乘坐城际铁路较其他交通方式（高速公路或高铁）更节省出行时间，在有效可达面积内的这部分乘客，最有可能选择城际铁路出行；情景四的城际铁路出行优势最低，没有乘客乘坐城际铁路较其他交通方式（高速公路或高铁）更节省出行时间，乘客是否选择城际铁路出行，取决于其他因素。

分析上文的计算结果，如果采用停站惩罚可达性指标与公路相比，则大部分站点城际铁路相对公路的基本可达半径为负，考虑到公路出行也有停站惩罚，而且城际铁路有出发时间的预判性，因此将停站惩罚作为城际铁路的站点之间基本可达范围的比较原则，例如相邻站点的基本可达范围产生叠合的时候，以高频率站点的基本可达范围覆盖并吞噬低频率站点的基本可达范围为计算原则将更为合理，即高频率站点的基本可达范围保持不变，低频率站点基本可达范围减小。有效可达面积的计算采用客流加权可达性，则更能切实反映该站点实际节省的出行时间。

计算城际铁路车站的影响范围与建成区的空间叠合部分，需要获得城际铁路车站所在各城市建设用地边界及城际铁路车站基本可达范围(已经计算得出)。获得沪宁、沪杭走廊 2010 年分辨率 100 m 的航拍图，用地分为农田、林地、草地、水域、居民地、荒地、其他共 7 类。筛选居民地数据，去除村镇居民点，保留城市居民点作为城市建设用地边界，进行城际铁路线各站点的区位布局及站点周边的用地空间定量分析。在空间上叠合基本可达范围与城市化地区(航拍图识别出的居民地)，如图 4.3.2 所示。对比沪宁、沪杭两条走廊，发现沪宁走廊的可达性明显高于沪杭走廊。按照有效可达面积计算原则，以这张叠合图为基础，分别计算沪宁和沪杭走廊各城市的有效可达面积。

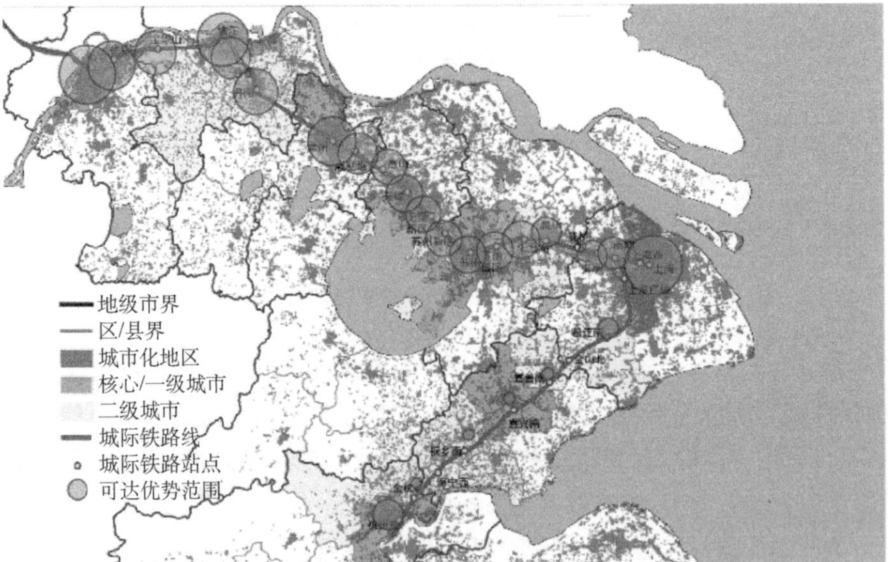


**图 4.3.2　沪宁、沪杭走廊各站点所在城市的基本可达范围与建成区空间关系**

## 4.3.2　沪宁走廊的有效可达面积计算结果

沪宁城际铁路基本可达范围的计算涉及与高速公路和高铁的可达性比较。

分别计算沪宁走廊 20 个地区的城际铁路与高速公路相比的基本可达半径指标，分别考虑区域平均出行时间的基本可达半径，2015 年客流方向加权的基本可达半径，2010 年客流方向加权的基本可达半径，结果如表 4.3.1。

表 4.3.1　　沪宁城际铁路各站点的基本可达半径(相对高速公路)

| 站点 | 2015 年相对高速公路的客流加权基本可达半径(km) | 2010 年相对高速公路的客流加权基本可达半径(km) | 基于交通网络相对高速公路的平均出行半径(无停站惩罚)(km) |
|---|---|---|---|
| 上海 | 11.43 | 13.28 | 11.83 |
| 南翔 | 10.40 | 9.55 | 4.93 |
| 安亭 | 10.13 | 14.25 | 6.53 |
| 花桥 | 5.93 | 8.44 | 4.73 |
| 昆山 | 5.23 | 5.92 | 4.77 |
| 阳澄湖 | 8.33 | 7.71 | 7.00 |
| 苏州园区 | 9.33 | 9.96 | 6.83 |
| 苏州 | 8.00 | 8.86 | 5.13 |
| 苏州新区 | 9.53 | 10.78 | 5.57 |
| 无锡新区 | 8.60 | 9.82 | 5.47 |
| 无锡 | 7.87 | 8.60 | 4.43 |
| 惠山 | 9.93 | 11.26 | 6.03 |
| 戚墅堰 | 10.57 | 10.43 | 7.00 |
| 常州 | 10.70 | 11.39 | 8.33 |
| 丹阳 | 8.83 | 10.10 | 6.47 |
| 丹徒 | 10.33 | 9.92 | 7.90 |
| 镇江 | 12.70 | 13.53 | 11.63 |
| 宝华山 | 12.77 | 11.61 | 11.90 |

（续表）

| 站点 | 2015年相对高速公路的客流加权基本可达半径（km） | 2010年相对高速公路的客流加权基本可达半径（km） | 基于交通网络相对高速公路的平均出行半径（无停站惩罚）（km） |
|---|---|---|---|
| 仙林 | 14.47 | 12.00 | 12.60 |
| 南京 | 16.60 | 17.68 | 12.90 |

将以上计算所得的基本可达半径所围成的圆形与沪宁城际铁路20个站点所在建成区的建成用地边界相交，得出有效可达面积，结果如表4.3.2。

**表4.3.2　　沪宁城际铁路各站点的有效可达面积**

| 站点 | 客流加权有效可达面积（$km^2$） |
|---|---|
| 上海 | 502.1 |
| 南翔北 | 57.3 |
| 安亭北 | 45.8 |
| 花桥 | 8.8 |
| 昆山南 | 56.5 |
| 阳澄湖 | 10.1 |
| 苏州园区 | 69.6 |
| 苏州 | 154.5 |
| 苏州新区 | 38.8 |
| 无锡新区 | 95.2 |
| 无锡 | 137.5 |
| 惠山 | 44.0 |
| 戚墅堰 | 42.0 |
| 常州 | 218.8 |
| 丹阳 | 51.5 |
| 丹徒 | 5.4 |
| 镇江 | 118.1 |
| 宝华山 | 8.8 |
| 仙林 | 15.9 |
| 南京 | 322.5 |

当比较城市的城际铁路与高铁可达性时，涉及 8 个站点。从表 4.3.3 中的计算结果分析，平均出行时间，除了上海和南京是京沪高铁较沪宁城际铁路更节省时间，其他的 6 个站点都是沪宁城际铁路较京沪高铁节省时间。其中昆山的基本可达范围覆盖了大部分建成区，丹阳的基本可达范围覆盖了全部建成区，苏州、无锡、常州、镇江的基本可达范围覆盖了一部分建成区，包含核心地段。

**表 4.3.3　沪宁城际铁路各站点的影响半径(相对京沪高铁)、与建成区中心的距离**

| 站点 | 建成区中心与沪宁城际铁路站的距离(km) | 相对京沪高铁的基本可达半径(km) |
|---|---|---|
| 上海 | 4.0 | — |
| 昆山 | 4.3 | 6.0 |
| 苏州 | 3.0 | 4.3 |
| 无锡 | 1.3 | 1.9 |
| 常州 | 2.5 | 4.5 |
| 丹阳 | 1.0 | 5.9 |
| 镇江 | 1.0 | 2.6 |
| 南京 | 3.0 | — |

以上的比较分析，并不是指每个站点所在地区的绝对出行水平，而是乘坐沪宁城际铁路相对其他对外交通方式的出行时间是否具有优势。例如丹阳，虽然与高速公路及京沪高铁相比，沪宁城际铁路站的基本可达范围覆盖绝大部分建成区，优势最大，并不代表它是走廊地区所有站点中可达性最佳的，而是沪宁城际铁路开通后，与高速公路网络的出行时间相比较，节省幅度最大的，而且在京沪高铁开通后，也并没有比沪宁城际铁路的出行时间更节省时间。同时也说明了，在原有的公路网络中，丹阳本身的可达性一般，因此具有可提升空间。类似地，上海和南京的可达性最不理想，也不是指两站的实际出行条件不佳，而是沪宁城际铁路与京沪高铁相比，从出行时间角度出发的吸引力不足。

## 4.3.3　沪杭走廊的有效可达面积计算结果

沪杭城际铁路只需关注与高速公路的可达性比较。沪杭城际铁路并不比公路节省“门到门”出行时间，只有余杭和杭州的乘客乘坐城际铁路较公路更节省出行时间，其余城市的城际铁路总出行时间均长于公路(图 4.3.3)。

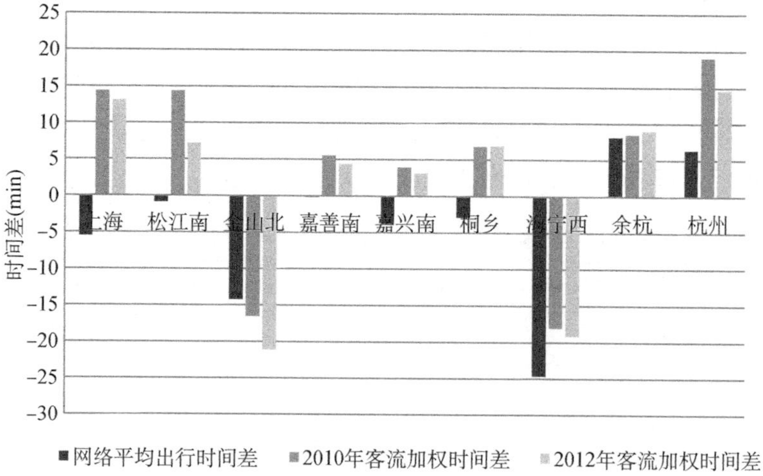


**图 4.3.3　沪杭城际铁路与公路时间差**

计算客流比例加权时间差，则发现除了海宁和金山以外，其他城市的城际铁路客流加权节省时间在 5—15 min 区段(表 4.3.4、表 4.3.5)。

**表 4.3.4　　沪杭城际铁路各站点的基本可达半径**

| 站点 | 公路平均出行时间(min) | 城际铁路平均出行时间(min) | 出行时间差(min) | 2010 年客流加权时间差(min) | 2012 年客流加权时间差(min) | 2010 年基本可达半径(km) | 2012 年基本可达半径(km) |
|---|---|---|---|---|---|---|---|
| 上海 | 96.88 | 102.38 | −5.50 | 14.36 | 13.07 | 4.79 | 4.36 |
| 松江南 | 70.00 | 70.88 | −0.88 | 14.34 | 7.13 | 4.78 | 2.38 |
| 金山北 | 75.63 | 89.88 | −14.25 | −16.54 | −21.11 | −5.51 | −7.04 |
| 嘉善南 | 61.88 | 62.00 | −0.13 | 5.55 | 4.40 | 1.85 | 1.47 |
| 嘉兴南 | 61.25 | 65.00 | −3.75 | 3.93 | 3.13 | 1.31 | 1.04 |
| 桐乡 | 66.38 | 69.25 | −2.88 | 6.81 | 6.86 | 2.27 | 2.29 |
| 海宁西 | 68.88 | 93.5 | −24.63 | −18.04 | −19.12 | −6.01 | −6.37 |
| 余杭 | 75.75 | 67.63 | 8.13 | 8.48 | 9.03 | 2.83 | 3.01 |
| 杭州 | 87.63 | 81.25 | 6.38 | 19.08 | 14.63 | 6.36 | 4.88 |

**表 4.3.5　　沪杭城际铁路各站点有效可达面积**

| 站点 | 客流加权有效可达面积($km^2$) |
|---|---|
| 上海 | 72.3 |

（续表）

| 站点 | 客流加权有效可达面积($km^2$) |
| --- | --- |
| 松江 | 53.3 |
| 金山 | 0 |
| 嘉善 | 7.0 |
| 嘉兴 | 5.3 |
| 桐乡 | 16.6 |
| 海宁 | 0 |
| 余杭 | 15.2 |
| 杭州 | 104.1 |

从沪杭城际铁路的有效可达面积来看，如果只计算平均出行时间的基本可达范围，则只有余杭和杭州建成区的一小部分被覆盖，而计算客流加权有效可达，则沿线大部分站点所在建成区（金山除外）都能覆盖到一小部分。

## 4.4 可达条件的分类

### 4.4.1 可达条件分类原则

考虑车站所在的行政区等级和站城关系，车站划分为核心/一级地区或独立的二级地区、近郊型二级地区和远郊型二级地区共三类空间形态。核心/一级地区或独立的二级地区的城际铁路车站均位于城市用地范围内，车站靠近中心区，其中二级地区与一级地区的城市用地在空间上不连续，从空间形态上划分为第一类，沪宁走廊包括上海、苏州、无锡、常州、镇江、南京、昆山、丹阳，沪杭走廊包括上海、杭州、嘉兴、金山、嘉善、海宁、桐乡。近郊型二级地区与核心/一级地区的城市用地空间连续，城际铁路车站位于城市用地范围内或其边缘，从空间形态上划分为第二类，沪宁走廊包括苏州园区、无锡新区、惠山、戚墅堰、南翔、苏州新区、仙林，沪杭走廊为松江。远郊型二级地区与核心/一级地区的城市用地不连续，中间隔有二级地区或未开发建设的农用地，为第三类，沪宁走廊的远郊二级地区包括安亭、宝华山、花桥、阳澄湖、丹徒，沪杭走廊为余杭。

以有效可达面积为可达条件的主要分类依据（15 $km^2$ 以下、15—50 $km^2$、50—100 $km^2$、100 $km^2$ 以上），结合站城关系特征，站点可达条件类型可分为四类，沪宁走廊的 20 个车站的可达条件分类详见表 4.4.1。

表 4.4.1　沪宁走廊站点可达条件分类

| 地区 | 有效可达面积 100 km$^2$ 以上(可达条件类型一) | 有效可达面积 50—100 km$^2$(可达条件类型二) | 有效可达面积 15—50 km$^2$(可达条件类型三) | 有效可达面积 15 km$^2$ 以下(可达条件类型四) |
|---|---|---|---|---|
| 核心/一级地区或独立二级地区 | 上海、苏州、无锡、常州、镇江、南京 | 昆山、丹阳 | — | — |
| 近郊型二级地区 | — | — | 苏州园区、无锡新区、惠山、戚墅堰、南翔、苏州新区 | 仙林 |
| 远郊型二级地区 | — | — | 安亭 | 宝华山、花桥、阳澄湖、丹徒 |

沪杭走廊的 9 个车站分类详见表 4.4.2。沪宁走廊核心/一级或独立二级地区车站比例不高，为 20%，而沪杭走廊此类车站的比例很高，达到将近 80%，但是沪杭走廊的这类车站，却远远不如沪宁走廊发展得好。

表 4.4.2　沪杭走廊站点可达条件分类

| 地区 | 有效可达面积 100 km$^2$ 以上(可达条件类型一) | 有效可达面积 50—100 km$^2$(可达条件类型二) | 有效可达面积 15—50 km$^2$(可达条件类型三) | 有效可达面积 15 km$^2$ 以下(可达条件类型四) |
|---|---|---|---|---|
| 核心/一级地区或独立二级地区 | — | 上海、杭州 | — | 金山、嘉兴、嘉善、桐乡、海宁 |
| 近郊型二级地区 | — | — | 松江 | — |
| 远郊型二级地区 | — | — | — | 余杭 |

## 4.4.2　可达条件分类结果

### 1. 可达条件类型一

沪宁走廊的第一类车站为核心/一级地区，有效可达面积达 100 km$^2$ 以上，车站位于城市中心区或中心区边缘，已经十分接近主要客源地，与商业中心或主要行政机关所在地的距离为 1—4 km。

与公路相比，上海和南京沪宁城际铁路的平均可达性较好，基本可达范围能覆盖大部分建成区，包括城市中心区。但是这两个站点是与京沪高铁相比，沪宁城际铁路完全没有出行时间优势的站点。沪宁城际铁路相对京沪高铁的可达性优势微弱(图 4. 4. 1、表 4. 4. 3)。

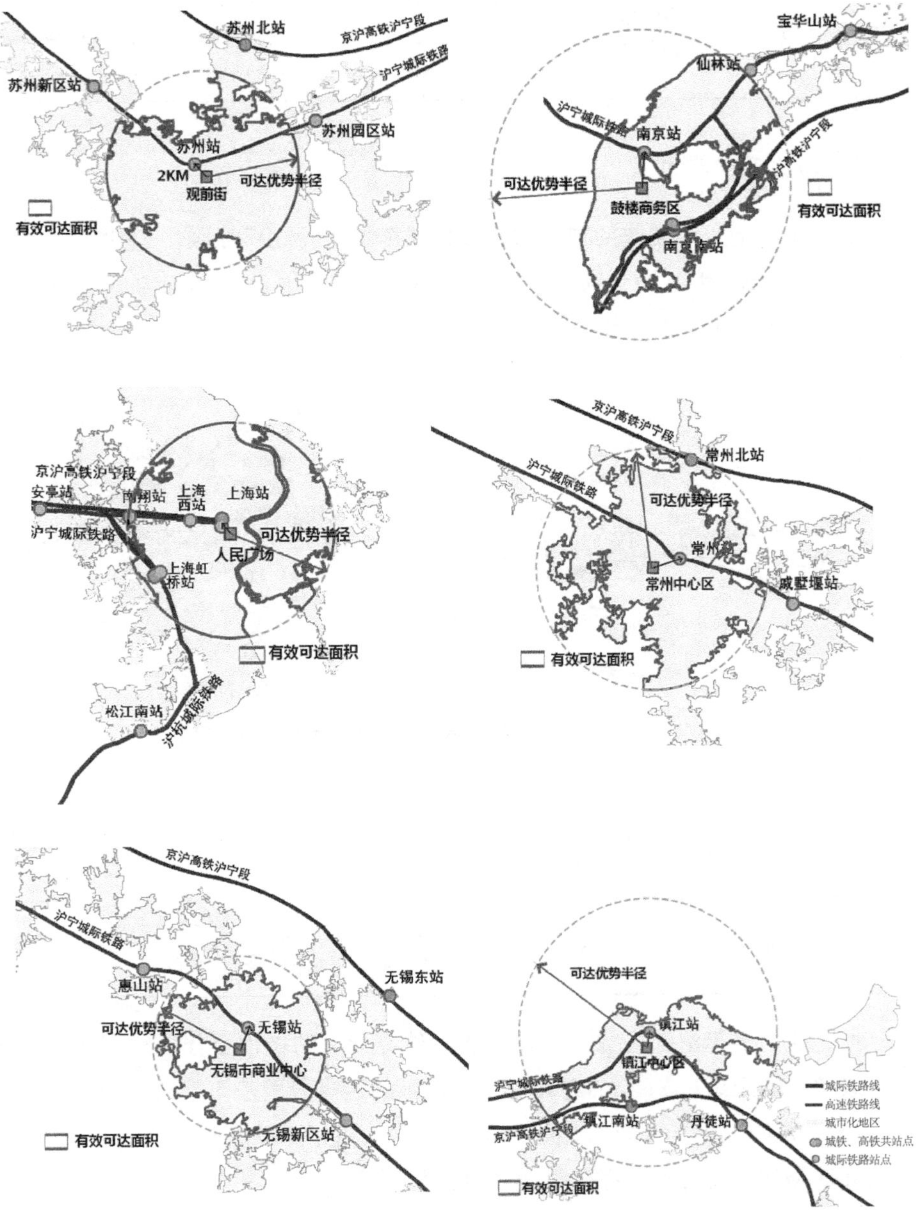


**图 4. 4. 1　可达条件类型一有效可达面积示意(沪宁走廊)**

表 4.4.3 可达条件类型一车站特征分析(沪宁走廊)

| 有效可达面积 | 车站 | 车站环境及区位特征 |
| --- | --- | --- |
| 100 $km^2$ 以上 | 上海、苏州、无锡、常州、镇江、南京 | 城市规模大,建成区半径 7—11 km,车站距离核心地段 3—4 km;车站位于城市中心区或边缘,与核心地段距离 1—4 km,城市半径 5—9 km |

## 2. 可达条件类型二

沪宁走廊的第二类包括独立的二级地区车站,为昆山和丹阳。基本可达半径较大,但是建成区形状不规则或者自身规模不大的原因,计算得出的有效可达面积在 50—100 $km^2$ 范围(图 4.4.2、表 4.4.4)。

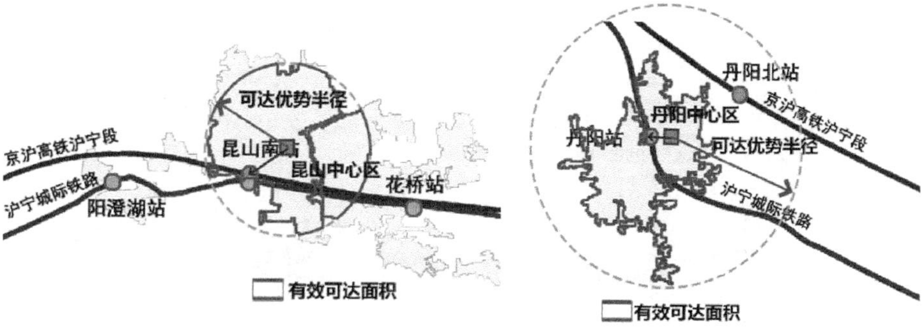


图 4.4.2 可达条件类型二有效可达面积示意(沪宁走廊)

表 4.4.4 可达条件类型二车站特征分析(沪宁走廊)

| 有效可达面积 | 车站 | 车站环境及区位特征 |
| --- | --- | --- |
| 50—100 $km^2$ | 昆山、丹阳 | 相对独立的二级地区建成区,规模较小,核心区半径 3 km,车站位于城市中心区 |

但是这两个车站的站城关系较可达条件类型一的城市更佳。丹阳与行政隶属一级地区的距离是 27 km,与相邻一级地区的距离分别是 50 km、90 km。丹阳的京沪高铁占总班次的 1/6,但是与沪宁城际铁路相比没有时间优势,虽然对沪宁城际铁路站点运营有一部分影响,但是较为有限。

昆山与行政隶属一级地区的距离为 34 km,与相邻核心一级地区的距离是 50 km、76 km。昆山的京沪高铁占总班次的 1/6,但是与沪宁城际铁路相比,没有基本可达范围,特别是早高峰期间昆山乘客去往上海只能乘坐沪宁城际铁路,因此京沪高铁对昆山的影响十分有限。

沪杭走廊没有第一类车站，只有第二类，包括上海和杭州。这两个车站的站城关系在走廊上最佳，且基本可达半径和建成区基本叠合，但是由于半径本身不大，因此计算得出的有效面积不如沪宁城际铁路的核心/一级地区车站。这两站的沪杭城际铁路车站的班次也与沪宁城际铁路的第一类车站相当(图 4.4.3、表 4.4.5)。

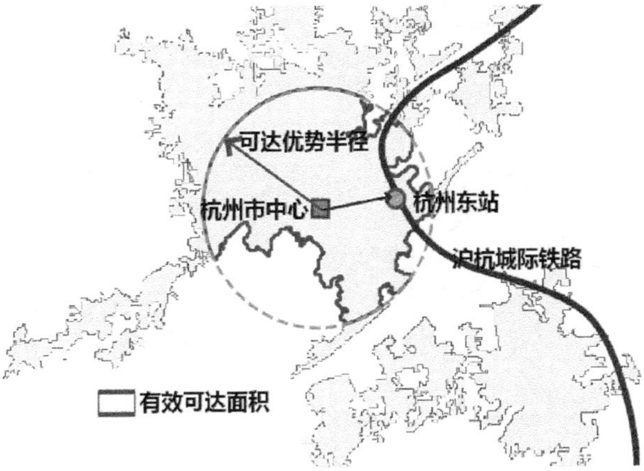


图 4.4.3　可达条件类型二有效可达面积示意(沪杭走廊)

表 4.4.5　　可达条件类型二车站特征分析(沪杭走廊)

| 有效可达面积 | 车站 | 车站环境及区位特征 |
|---|---|---|
| 50—100 $km^2$ | 上海、杭州 | 城市规模大，建成区半径 7—11 km，车站距离核心地段 3—4 km，基本可达半径不大 |

### 3. 可达条件类型三

沪宁走廊的第三类城市共有 7 个，为苏州园区、无锡新区、惠山、戚墅堰、南翔、苏州新区、安亭。该类城市大多为位于大城市近郊的二级地区，其城市用地与一级地区部分相连；也有个别远郊二级地区。由此带来的问题是该车站的基本可达范围会被行政隶属核心/一级地区的基本可达范围所抢夺，虽然与高速公路相比，有明显的可达性优势，但是核心/一级地区的抢夺会造成一些面积损失(图 4.4.4、表 4.4.6)。

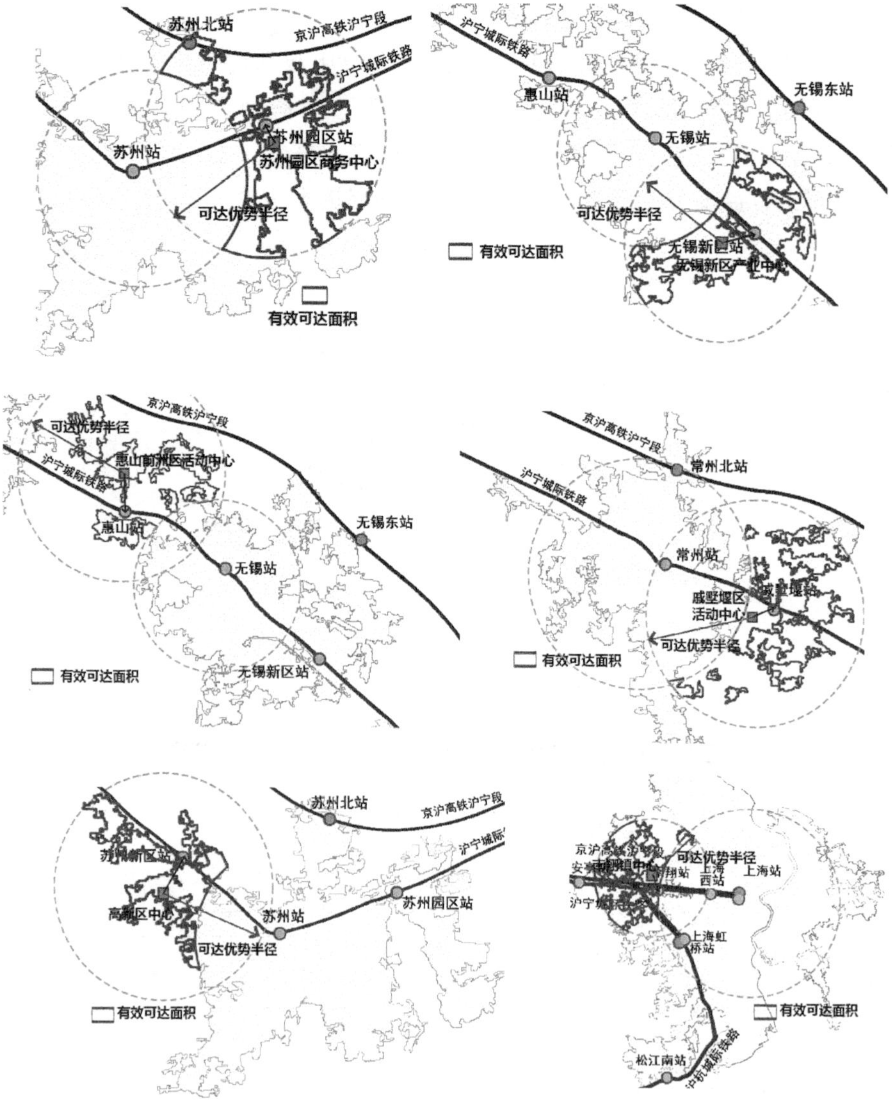


图 4.4.4 可达条件类型三有效可达面积示意(沪宁走廊)

表 4.4.6 可达条件类型三车站特征分析(沪宁走廊)

| 有效可达面积 | 车站 | 车站环境及区位特征 |
|---|---|---|
| 15—50 $km^2$ | 苏州园区、无锡新区、惠山、戚墅堰、南翔、苏州新区 | 近郊区,建成区规模不大,车站位于建成区内,距离城市中心不到 3 km |
| | 安亭 | 远郊区,建成区规模不大,车站位于建成区边缘甚至以外 |

苏州新区和无锡新区，车站距离中心区 1.6—3 km，无锡新区距离国家软件园仅 1.6 km，无锡市政府从一级地区向南搬迁，距离无锡新区沪宁城际铁路站仅 8 km，到无锡站将近 13 km，城市整体向南发展，该站与城市发展方向一致。苏州园区距离金鸡湖 3 km。

惠山和戚墅堰与一级地区在空间形态上连续的部分不多，车站周边的建设密度较低，其中惠山站距离本行政区核心地段达 9 km，车站周边没有建设。而戚墅堰则位于建设区和农田的边缘地带。

安亭站位于远郊区，与核心地区的距离为 29 km。

沪杭走廊的第三类车站为松江。虽然相对公路的有效可达面积较大，但是松江到上海有地铁 9 号线，能够直达上海市中心区，而松江站虽然位于松江建成区，但是要去往上海市中心区，还需要到上海南站换乘，不如地铁便利(图 4.4.5、表 4.4.7)。

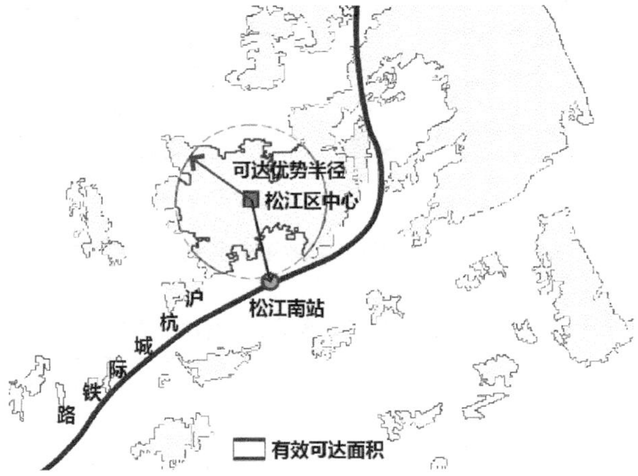


**图 4.4.5　可达条件类型三有效可达面积示意(沪杭走廊)**

**表 4.4.7　可达条件类型三车站特征分析(沪杭走廊)**

| 有效可达面积 | 车站 | 车站环境及区位特征 |
| --- | --- | --- |
| 15—50 $km^2$ | 松江 | 核心地区近郊区，建成区规模不大，车站位于建成区内，距离城市中心较近 |

### 4. 可达条件类型四

第四种类型的车站，可达条件最差，是核心/一级地区的近郊区或者一级地区的远郊区，由于班次最少，每天都只有 1—2 班，被包围在核心/一级地区基本可达范围内，其有效可达面积明显减小，在 15 $km^2$ 以下。

沪宁走廊包括仙林、阳澄湖、花桥、宝华山、丹徒共 5 个站点。近郊二级地区的建成区与核心/一级地区在空间形态上呈连续布局，但是车站位于建成区的边缘，附近都有较大的未开发土地，与其核心地段在空间上不重合，有 2—9 km 的距离，乘客出行并不便利。远郊车站所在建成区与一级地区在空间形态上不连续，车站不是位于建成区边缘，与核心地段有 2—5 km 的距离，就是远离建成区，车站设在空旷的未开发土地上，周边围绕着一些零散的已开发地块，与核心地段的距离可达 8—23 km(图 4.4.6、表 4.4.8)。

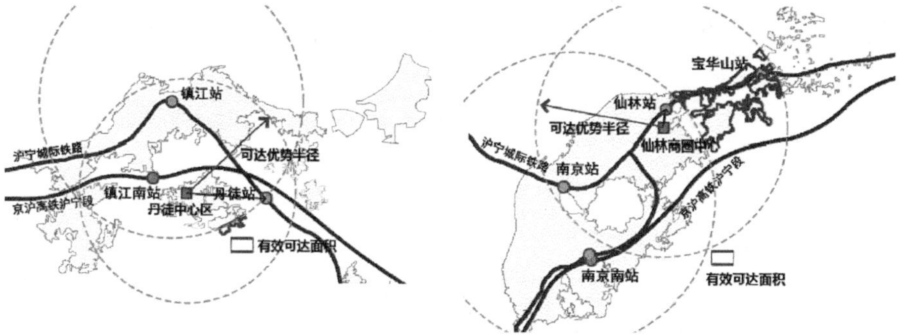


**图 4.4.6　可达条件类型四有效可达面积示意(沪宁走廊)**

**表 4.4.8　可达条件类型四车站特征分析(沪宁走廊)**

| 有效可达面积 | 车站 | 车站环境及区位特征 |
| --- | --- | --- |
| 小于 15 $km^2$ | 仙林 | 核心地区近郊区，城市用地规模不大，车站位于建成区边缘，距离城市中心 2—9 km |
| | 宝华山、花桥、阳澄湖、丹徒 | 一级地区远郊区，城市用地规模较小，车站位于建成区边缘或远离建成区，与中心区的距离可达 8—23 km |

阳澄湖站、花桥站、宝华山站、丹徒站分别位于苏州、苏州、镇江句容、镇江的远郊区，与一级地区的距离分别为 35 km、40 km、23 km、13 km。

沪杭走廊的第四类车站共有 6 个，其中嘉兴站的基本可达范围面积不大，甚至比嘉善站还小(图 4.4.7、表 4.4.9)。

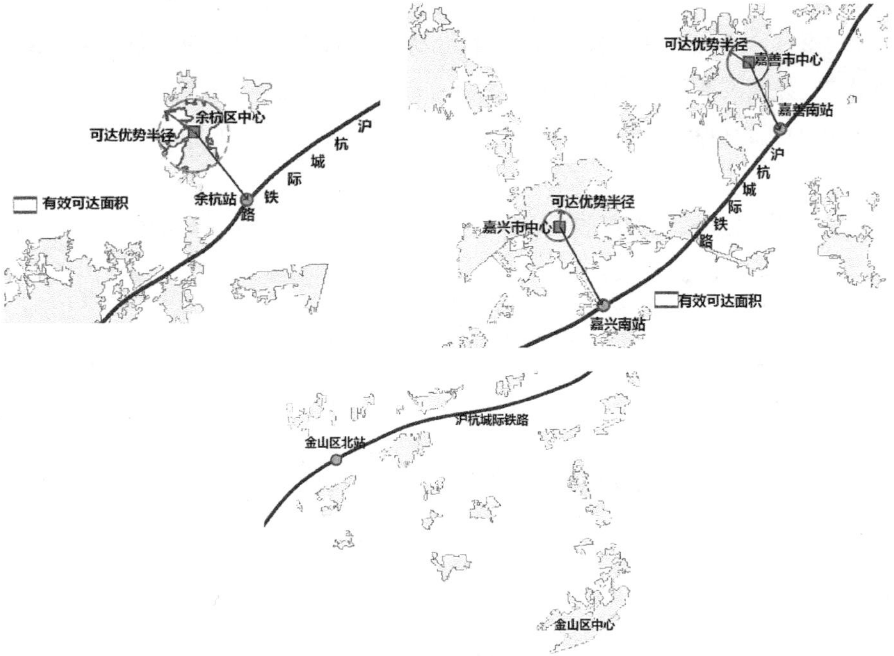


图 4.4.7　可达条件类型四有效可达面积示意(沪杭走廊)

表 4.4.9　　可达条件类型四车站特征分析(沪杭走廊)

| 有效可达面积 | 车站 | 车站环境及区位特征 |
|---|---|---|
| 小于 15 $km^2$ | 金山、嘉善、嘉兴、桐乡、海宁 | 独立的二级地区,规模不大,车站距离建成区较远 |
|  | 余杭 | 一级地区远郊区,规模较小,车站位于建成区内,距离中心区较近 |

# 4.5　沪宁、沪杭走廊可达性及其变化对比

总结以上分析,发现无论哪条走廊,同一类型交通网络在两个时间节点上的可达性基本没有变化;因此比较的重点落在不同交通网络(沪宁走廊 2010 年公路网络与 2010 年城际铁路综合网络、沪宁走廊 2015 年公路网络与 2015 年高铁综合网络、沪宁走廊 2015 年城际铁路综合网络与 2015 年高铁综合网络、沪杭走廊 2010 年公路网络与 2010 年城际铁路综合网络)的比较。

沪宁走廊和沪杭走廊形成了鲜明对比:沪宁走廊沿线城市的城际铁路相对公

路可达性普遍性改善，而且变化均衡，沿线各二级地区的变化幅度一致。相比之下，高铁相对公路可达性的变化较为极化，大部分沿线城市达可达性改善达不到平均水平，甚至没有任何变化。通过对 8 个沪宁城际铁路和京沪高铁都设站的城市进一步的比较分析表明，大部分乘客乘坐城际铁路出行更节省“门到门”出行时间。

沪杭走廊沿线城市城际铁路的可达性相对公路并没有明显的改善。具体比较结果如表 4.5.1、表 4.5.2。

**表 4.5.1a　　沪宁走廊可达性的比较：不同时间节点**

| 交通方式 | 2010 年 | 2015 年 | 2010 年与 2015 年的比较结果 |
|---|---|---|---|
| 公路网络 | 平均可达性、到核心地区的可达性 | 平均可达性、到核心地区的可达性 | 几乎没有变化 |
| 城际铁路综合网络 | 平均可达性、到核心地区的可达性 | 平均可达性、到核心地区的可达性 | 没有变化 |
| 高铁综合网络 | — | 平均可达性、到核心地区的可达性 | — |

**表 4.5.1b　　沪宁走廊可达性的比较：不同交通方式**

<table>
<tr><th>时间</th><th>公路网络</th><th>城际铁路综合网络</th><th>高铁综合网络</th></tr>
<tr><td>2010 年</td><td colspan="2">城际铁路可达性大幅改善，各节点改善幅度相对均衡</td><td>—</td></tr>
<tr><td rowspan="3">2015 年</td><td colspan="2">城际铁路可达性大幅改善，各节点改善幅度相对均衡</td><td>—</td></tr>
<tr><td>—</td><td colspan="2">高铁可达性提升的均值低于城际铁路</td></tr>
<tr><td>高铁可达性改善不均衡</td><td>—</td><td>高铁可达性改善不均衡</td></tr>
</table>

**表 4.5.2a　　沪杭走廊可达性的比较：不同时间节点**

| 交通方式 | 2010 年 | 2012 年 | 2010 年与 2012 年的比较结果 |
|---|---|---|---|
| 公路网络 | 平均可达性、到核心地区的可达性 | 平均可达性、到核心地区的可达性 | 几乎没有变化 |
| 城际铁路综合网络 | 平均可达性、到核心地区的可达性 | 平均可达性、到核心地区的可达性 | 没有变化 |

表 4.5.2b　　沪杭走廊可达性的比较:不同交通方式

| 时间 | 公路网络 | 城际铁路综合网络 |
| --- | --- | --- |
| 2010 年 | 城际铁路相对公路可达性提升不明显,而且分布不均衡,核心地区的可达性更占优势 | |
| 2012 年 | 等同于 2010 年两类方式的比较 | |

根据城际铁路比其他交通方式节省的“门到门”出行时间,得出基本可达范围,并在此基础上计算有效可达面积,最后将城际铁路沿线的各节点分为四种可达类型。计算结果表明,沪宁走廊各节点的有效可达面积明显大于沪杭走廊的节点,也是前者可达性优于后者的表现。以上计算结果将在后文进行综合分析。

比较沪宁、沪杭两条线路的可达性,沪宁城际铁路选线为老沪宁铁路通道,城际铁路设站靠近城市中心区,节省了出发地到车站的接驳时间,城际铁路较公路更具有出行优势,沪宁城际铁路站点所在城市的可达性得到了普遍性提升,特别是对沿线二级地区的提升幅度甚至比核心/一级地区更多。京沪高铁并没有提升该走廊的二级地区可达性,而且考虑服务频率因素后,大部分同时设有沪宁城际铁路和京沪高铁的城市,沪宁城际铁路可达性更优。沪杭走廊上的节点,二级地区的城际铁路可达性没有明显提升甚至还出现下降,原因是沪杭城际铁路的选线为原计划中的磁悬浮通道,距离建成区很远,大大增加了接驳时间。

# 第 5 章　基于“流”的空间网络

“流空间”的结构和形态是对空间网络最直观的描述。形态表达了网络中各元素的空间布局特征，描述节点、节点间联系的规模和空间位置。将节点和联系分类之后，不同层级的节点和不同类型节点间联系及其相互关系共同反映了城市群内的城市间关系，即空间网络结构，可整理归类为垂直型和水平型两大类。本章采用沪宁、沪杭城际铁路开通时及开通数年后的客流矩阵，分别进行纵向时间对比和横向的线路对比，作为描述空间网络变化的研究案例。将城市群中的城市与空间网络中的节点相对应，核心地区即核心节点，一级地区即一级节点，二级地区即二级节点，核心和一级节点为高位序节点。沪宁走廊的核心地区（核心节点）包括上海、南京，一级地区（一级节点）包括苏州、无锡、常州、镇江，二级地区（二级节点）包括仙林、宝华山、丹徒、丹阳、戚墅堰、惠山、无锡新区、苏州新区、苏州园区、阳澄湖、昆山、花桥、安亭、南翔。沪杭走廊的核心地区（核心节点）包括上海、杭州，一级地区（一级节点）为嘉兴，二级地区（二级节点）为松江、金山、嘉善、桐乡、海宁、余杭。

## 5.1　空间网络的计算方法

获得 2010 年 11 月和 2015 年 11 月的沪宁城际铁路 22 个站点的到发客流总量和各站之间的 OD 客流量（11 月的客流数据最为稳定，不受节假日、寒暑假等因素的影响）。将上海市区的上海站、上海西站、上海虹桥站三个停站合并为一个大站，得到两个 20×20 的 OD 客流矩阵。将以上矩阵生成期望线，分别得到 2010 年和 2015 年的 190 对节点联系（图 5.1.1）。

获得 2010 年 11 月和 2012 年 11 月沪杭城际铁路 9 个站点的到发客流总量和各站之间的 OD 客流量，得到两个 9×9 的 OD 客流矩阵。上海市区只有上海虹桥站一个停站，所以不需要进行合并处理。

虽然描述空间网络特征可以从不同的研究视角出发，也可以运用多种模型和计算公式，但是以上方式都是将现有的关系型数据库转换为空间网络特征的描述

图 5.1.1　沪宁城际铁路 20 站客流期望线

性指标，这些指标重点关注节点和节点之间的关系。例如，在连锁模型中，彼德·泰勒（Taylor，2009）将商务网络中的分支办公室的重要性作为城市服务价值，将服务业价值作为城市间关系的定量标准。重力模型也可以用于模拟一系列的联系强度，如客流、经济流和通信流（Bruinsma、Rietveld，1993；Chen、Hall，2011；Krings 等，2009）。以服务班次频率作为基础数据时，采用城市间的火车和航班频率作为联系强度，城市的节点重要性以总发车班次为指标（Derudder、Witlox，2005；Wang 等，2014；罗震东等，2015）。因此，节点规模和节点间的联系强度是最常用的指标。类似地，城际铁路客流本身没有节点等级关系，但是客流相关指标能够反映空间网络特征。本书选取节点联系强度反映节点间联系规模的大小、选取节点聚集规模反映节点规模、选取节点联系紧密度反映节点间最重要的联系方向，以节点联系强度、节点聚集规模、节点联系紧密度这三个参量为本书的基础指标。

节点联系强度——将两个车站之间的双向 OD 客流作为指标，计算方法为：

$$P_{ij} = P_{i-j} + P_{j-i} \tag{8}$$

其中 $P_{ij}$ 为 $i$ 节点与 $j$ 节点的联系强度，$P_{i-j}$ 是 $i$ 城市到 $j$ 城市的城际铁路客流总量，$P_{j-i}$ 是 $j$ 城市到 i 城市的城际铁路客流总量。两个节点间的双向客流越多，则联系强度越大。

节点聚集规模——将每个车站到其他车站的到发客流之和，作为节点聚集规模的指标，计算方法为：

$$Q_i = \sum P_{ij} \tag{9}$$

其中 $Q_i$ 为 $i$ 节点的聚集规模，$P_{ij}$ 为 $i$ 城市到 $j$ 城市（共 19 个）的城际铁路客流总量。节点的到发客流量越高，节点规模越大，在空间网络中的地位越高。

节点联系紧密度——将两个车站之间的客流量占各自总客流的比例，作为节点联系紧密度的指标，计算方法为：

$$H_{ij}=P_{ij}/Q_i+P_{ij}/Q_j \tag{10}$$

其中 $H_{ij}$ 为城市 $i$ 与城市 $j$ 之间联系紧密度。两个城市的紧密度越高，则到发另一个城市的客流在这个城市总客流的比例越高。如果仅计算一个城市的对外联系紧密度，则另一个城市的节点规模 $Q_j$ 取值为零。

在本章的后续分析中，从节点间联系的“流”和节点“场所”两方面进行。节点方面，分为核心、一级和二级三个等级，分别对应上文所述的直辖市、地级市行政中心所在建成区和区/县级行政区。在基础分析中，将核心节点和一级节点合并为同类进行分析；将计算得出的节点间联系（强度和紧密度）分为 5 种类型：核心/一级地区之间（类型 1）、核心/一级地区与行政隶属二级地区之间（类型 2）、核心/一级地区与非行政隶属二级地区之间（类型 3）、同行政区划范围的二级地区之间（类型 4）、跨行政区划范围的二级地区之间（类型 5），代表不同空间层面所产生的“流”，如图 5.1.2 所示，它们构成了城市群的空间网络结构。其中类型 2 为垂直联系，其余 4 类均为水平联系。

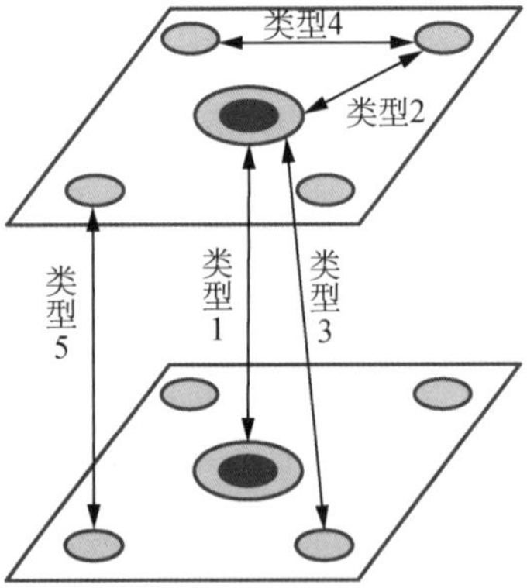


**图 5.1.2 两种节点和五种联系类型示意**

在我国的行政体制中，核心/一级地区是二级地区的高位序地区，二者是控制与被控制、服务与被服务的垂直型关系（图 5.1.3），是“中心流”理论中所述的邻近性网络（town-ness）。核心/一级地区之间也是竞争性关系，各自控制自己的二级地区。通常来说，每个核心/一级地区的下属二级地区只有在城镇密集地带，才会产生显著的跨越行政边界与相邻甚至更远的核心/一级地区水平联系。

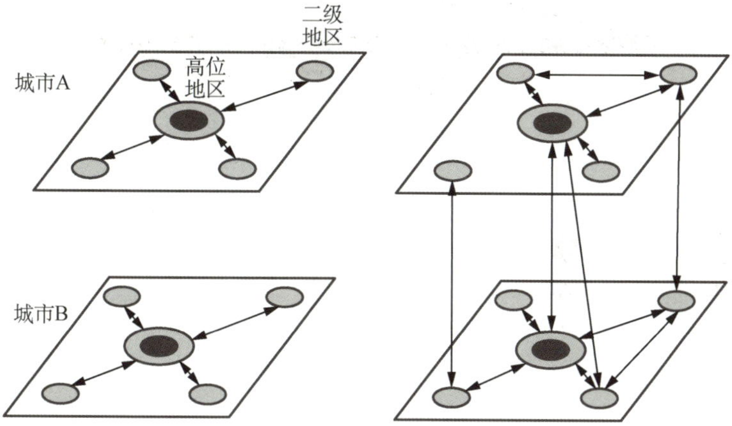


**图 5.1.3　城际铁路引导的城市间联系转变**

在垂直型的联系格局下，空间网络具有极化特征，即资源集中在核心/一级地区，而二级地区由于对外联系受到交通条件的限制，对外联系范围和活跃度较低，两类城市对外联系条件的差异很大(图 5.1.4a)。高铁的开通，更加增强了这样的趋势(图 5.1.4b)，也是文献研究所得出的结论。

根据本书的假设，城际铁路的开通可能减缓或者改变这种情况(图 5.1.4c)，它可能促进嵌套性网络，扩大二级地区的对外联系范围，促进跨越行政边界的联系，形成嵌套性网络，从而实现城市群空间网络的均衡发展。联系紧密的城市并不一定在空间上连绵或邻近，而是在“流空间”的作用下，而产生飞地型联系，使城际铁路带来的均衡化，与公路影响下的邻近型联系相比，是不同的空间模式。

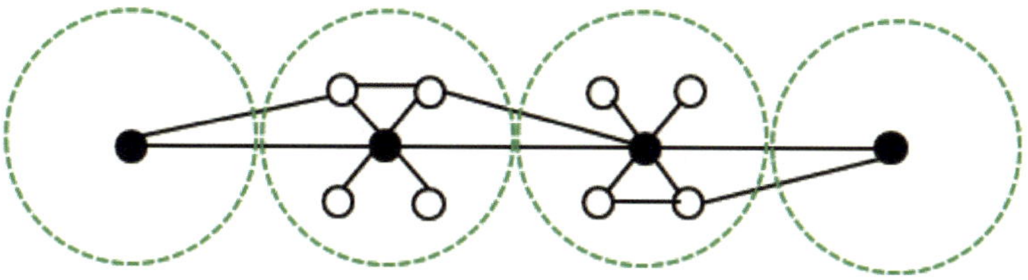

(a) 高速公路在城市群中的服务特征

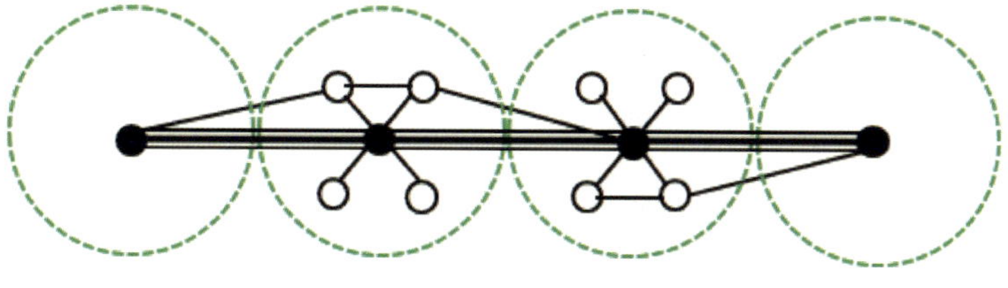

(b) 高铁在城市群中的服务特征

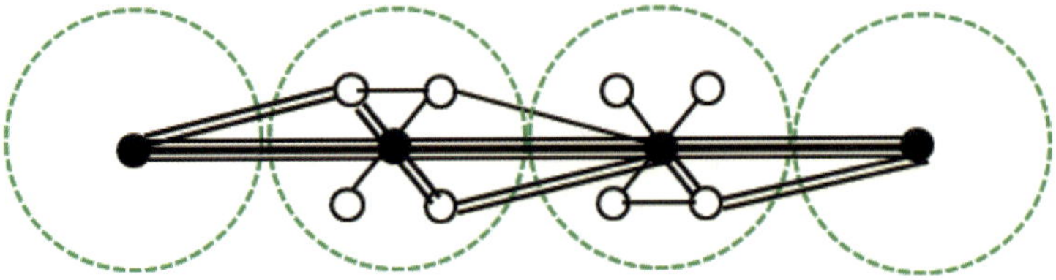

(c) 城际铁路在城市群中的服务特征

**图 5.1.4　不同交通设施在城市群中的服务特征——高速公路、高铁、城际铁路**

## 5.2　2010 年“流空间”特征

### 5.2.1　沪宁走廊

#### 1. 联系强度

将计算得出的城市联系强度按照数值大小量排序，分为高强度（每个月 200 000 人次以上）、中高强度（20 000—200 000 人次）、中低强度（2 000—20 000 人次）、低强度(2 000 人次以下)共四类。将 2010 年沪宁城际铁路客流矩阵计算得出的 190 对节点联系进行联系强度排序、归类整理后，如图 5.2.1、表 5.2.1 所示。

**表 5.2.1　　　　2010 年沪宁走廊联系强度分类**

| 联系强度 | 核心/一级地区之间联系(对) | 核心/一级地区与行政隶属二级地区联系(对) | 核心/一级地区与非行政隶属二级地区联系(对) | 同行政区划范围的二级地区之间联系(对) | 跨行政区划范围的二级地区之间联系(对) | 总计联系(对) |
|---|---|---|---|---|---|---|
| 0—2 000 人次 | 0 | 11 | 49 | 14 | 75 | 149 |
| 2 000—20 000 人次 | 0 | 1 | 13 | 1 | 1 | 16 |
| 20 000—200 000 人次 | 7 | 1 | 8 | 0 | 0 | 16 |
| 200 000 人次以上 | 8 | 0 | 1 | 0 | 0 | 9 |

2010 年沪宁城际铁路沿线城市平均联系强度为 24 241 人次。从图中的 4 个联系强度层级分布来看，非均衡化特征较明显。高强度的节点联系最少，只有

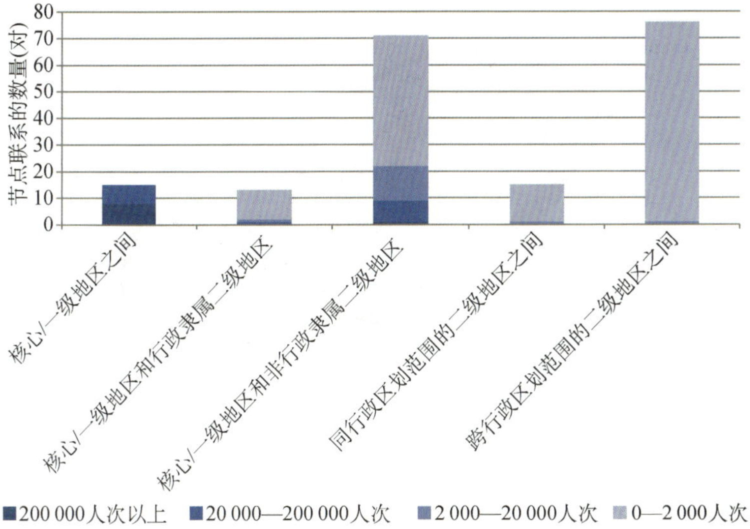


**图 5.2.1　2010 年沪宁走廊联系强度分类**

9 对，而低强度的节点联系最多，达到 149 对，另外中高强度、中低强度的节点联系均为 16 对，说明网络中各城市间联系指向是较为明确的，集中在几对主要的节点联系上。

高强度的 9 对节点联系依次分别为上海—南京、上海—苏州、上海—无锡、上海—昆山、上海—常州、苏州—南京、无锡—南京、常州—南京、镇江—南京。上述联系强度最大的 9 对节点联系中，有 8 对都是核心/一级地区之间的客流联系，另有 1 对是核心/一级地区与非行政隶属二级地区。计算得出，高强度的节点联系平均空间尺度为 156 km。

中高强度的 16 对节点联系依次分别为苏州—无锡、无锡—常州、上海—镇江、苏州—常州、昆山—苏州、上海—苏州园区、昆山—南京、丹阳—南京、常州—镇江、昆山—无锡、上海—丹阳、无锡—镇江、苏州—镇江、昆山—常州、常州—丹阳、无锡—丹阳。其中 8 对为核心/一级地区与非行政隶属二级地区，占该等级的一半数量；另外 7 对为一级地区之间的联系，1 对为核心/一级地区与行政隶属二级地区。计算得出，中高强度的节点联系平均空间尺度为 100 km。

结合联系类型，分析联系强度的空间分布特征(图 5.2.2—图 5.2.4)，发现核心/一级地区与行政隶属二级地区的联系强度不大，只有 1 对节点联系为中高强度，低强度的达到 10 对；相比之下，核心/一级地区与非行政隶属二级地区的联系更强，有 8 对节点联系为中高强度，还有 1 对达到高强度。二级地区之间，无论是同行政区划范围还是跨行政区划范围，联系都比较弱，几乎都为低强度。

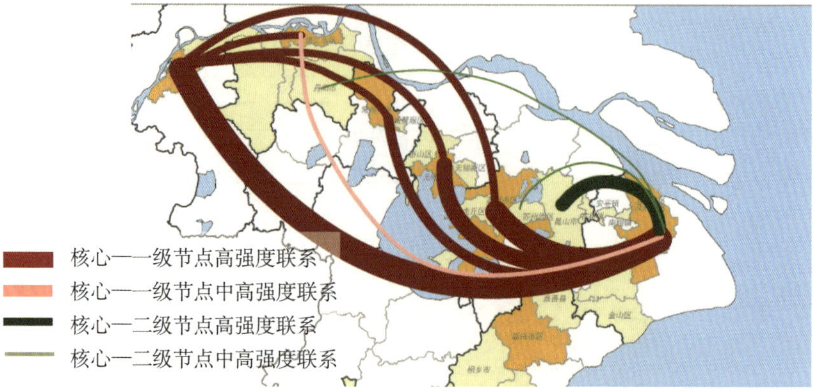


**图 5.2.2　2010 年沪宁走廊核心地区对外联系强度分布**

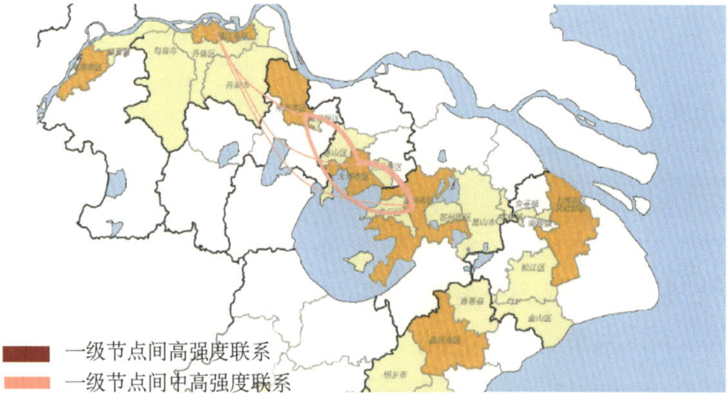


**图 5.2.3　2010 年沪宁走廊一级地区对外联系强度分布**

**图 5.2.4　2010 年沪宁走廊二级地区对外联系强度分布**

## 2. 联系紧密度

将计算得出的城市间联系紧密度按照数值大小排序，分为高于 0.5、0.4—0.5、0.3—0.4、0.2—0.3、低于 0.2 共五类，数值越小则说明这条对外联系在一个城市的所有对外联系越不重要。和联系强度相同，将联系紧密度按照类型区分为五类。将 2010 年沪宁城际铁路客流矩阵计算得出的 190 对节点联系的联系紧密度进行排序、归类整理后，如图 5.2.5、表 5.2.2 所示。

表 5.2.2　　2010 年沪宁走廊联系紧密度分类

| 紧密度 | 核心/一级地区之间联系(对) | 核心/一级地区与行政隶属二级地区联系(对) | 核心/一级地区与非行政隶属二级地区联系(对) | 同行政区划范围的二级地区之间联系(对) | 跨行政区划范围的二级地区之间联系(对) |
|---|---|---|---|---|---|
| >0.5 | 4 | 0 | 5 | 0 | 0 |
| 0.4—0.5 | 1 | 0 | 3 | 0 | 0 |
| 0.3—0.4 | 4 | 0 | 3 | 0 | 0 |
| 0.2—0.3 | 3 | 3 | 12 | 0 | 0 |
| <0.2 | 3 | 11 | 47 | 14 | 77 |

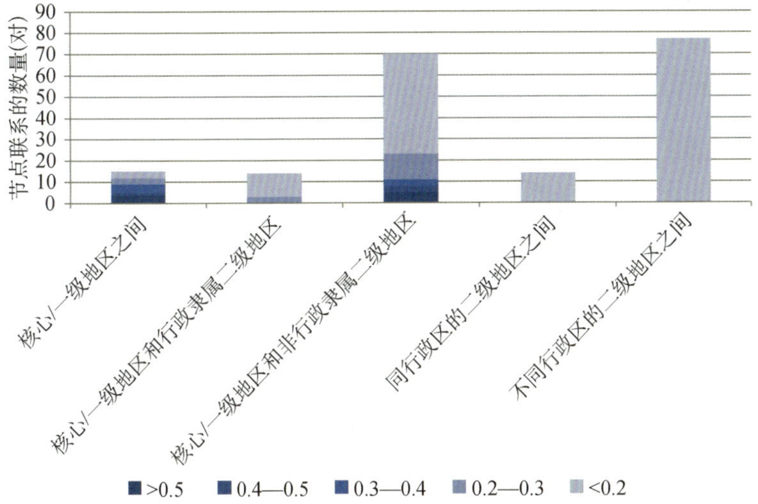


图 5.2.5　2010 年沪宁走廊联系紧密度分类

从图中的联系紧密度分级来看，非均衡化特征较明显。紧密度高于 0.5 的节点联系最少，只有 9 对，而低于 0.2 的节点联系最多，达到 152 对，另外 0.4—0.5、0.3—0.4、0.2—0.3 的节点联系分别为 4、7、18 对，说明网络中各节点的对外联系虽然数量多，但是方向较为集中。

联系紧密度高于 0.5 的 9 对节点联系依次分别为上海—阳澄湖、上海—昆山、上海—苏州、上海—苏州园区、上海—南京、上海—无锡新区、上海—苏州新区、上海—无锡、镇江—南京。上述联系强度最大的 9 对节点联系中，有 5 对都是核心/一级地区与非行政隶属二级地区的客流联系，另有 4 对是核心/一级地区之间的联系。

联系紧密度 0.4—0.5 的 4 对节点联系依次分别为安亭—南京、上海—常州、上海—惠山、南翔—无锡。其中 3 对为核心/一级地区与非行政隶属二级地区，另外 1 对为核心/一级地区之间的联系。

联系紧密度高于 0.4(最高和次高)的节点联系中，有 61%是核心/一级地区与非行政隶属二级地区的联系；联系紧密度高于 0.5 的节点联系，即紧密度最高的节点联系中，核心/一级地区与非行政隶属二级地区的联系也占了 55%以上。将联系强度与联系紧密度的分布相比较，发现强度最高的节点联系中，核心/一级地区与非行政隶属二级地区的联系只占 11%，强度最高和次高的节点联系中，核心/一级地区与非行政隶属二级地区的联系也只占 36%(图 5.2.6)。相比之下，紧密度最高和次高的节点联系中，核心/一级地区与非行政隶属二级地区是核心/一级地区之间联系的 1.6 倍，这进一步说明了，虽然核心/一级地区与非行政隶属二级地区的联系强度尚达不到核心/一级地区之间的规模，但是核心/一级地区与非行政隶属二级地区的联系，在二级地区的对外联系总量中占了较高的比例。

**图 5.2.6a　2010 年沪宁走廊高等级联系紧密度分布(紧密度>0.4)**

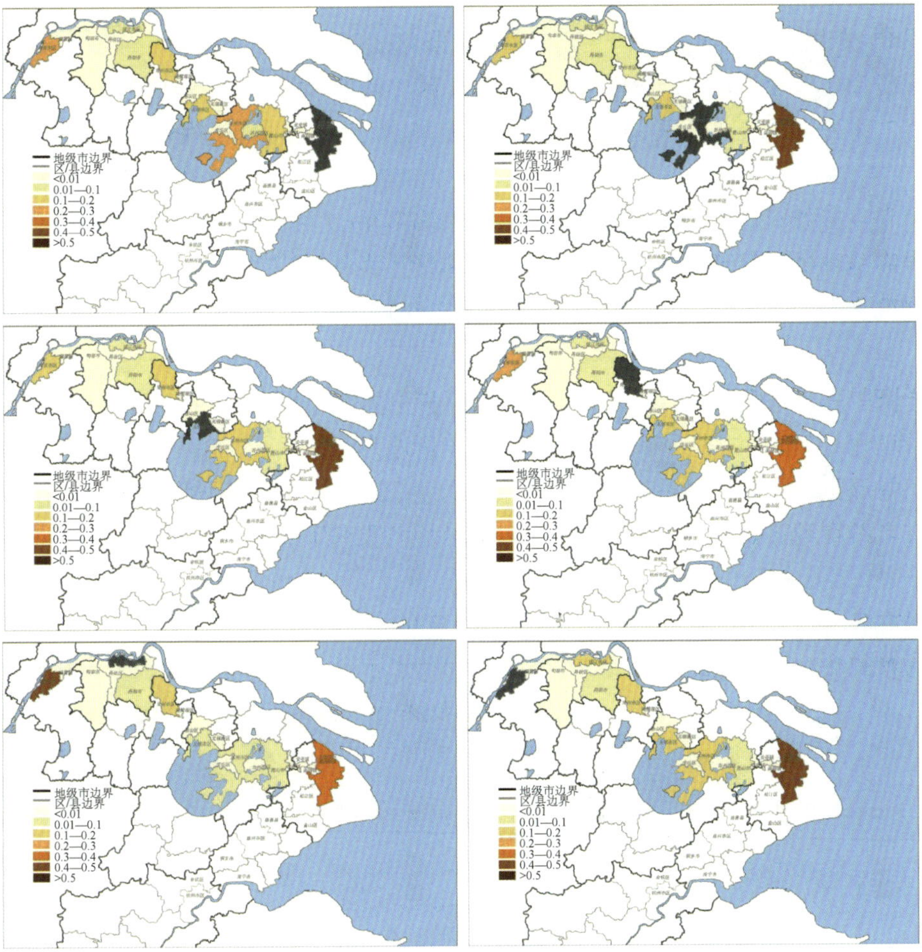


**图 5.2.6b　2010 年沪宁走廊核心/一级地区联系紧密度总体分布**
**(依次为上海、苏州、无锡、常州、镇江、南京)**

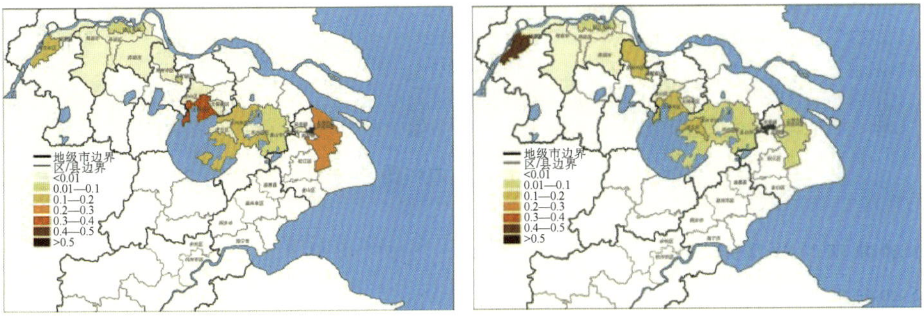

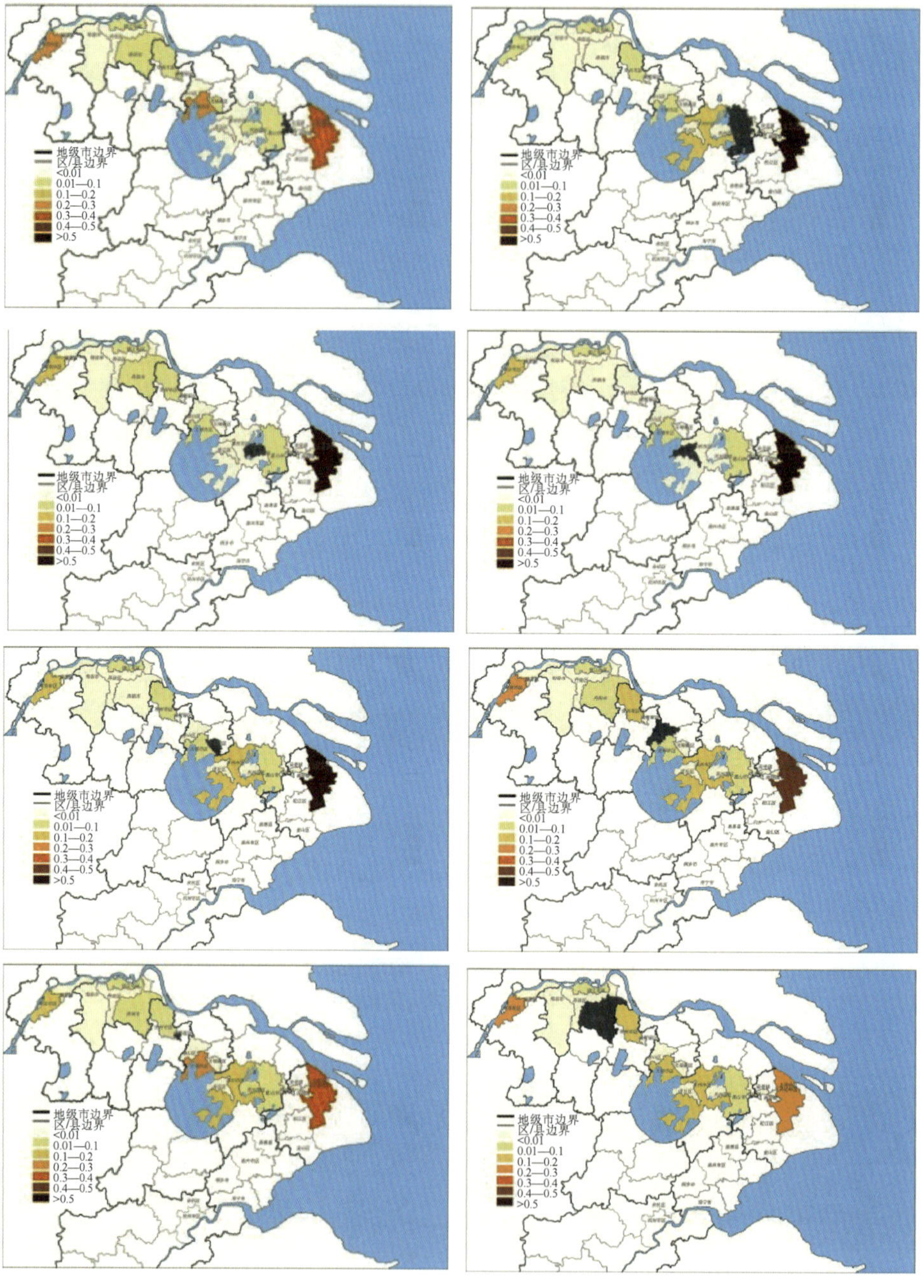
地级市边界
区/县边界
<0.01
0.01—0.1
0.1—0.2
0.2—0.3
0.3—0.4
0.4—0.5
>0.5

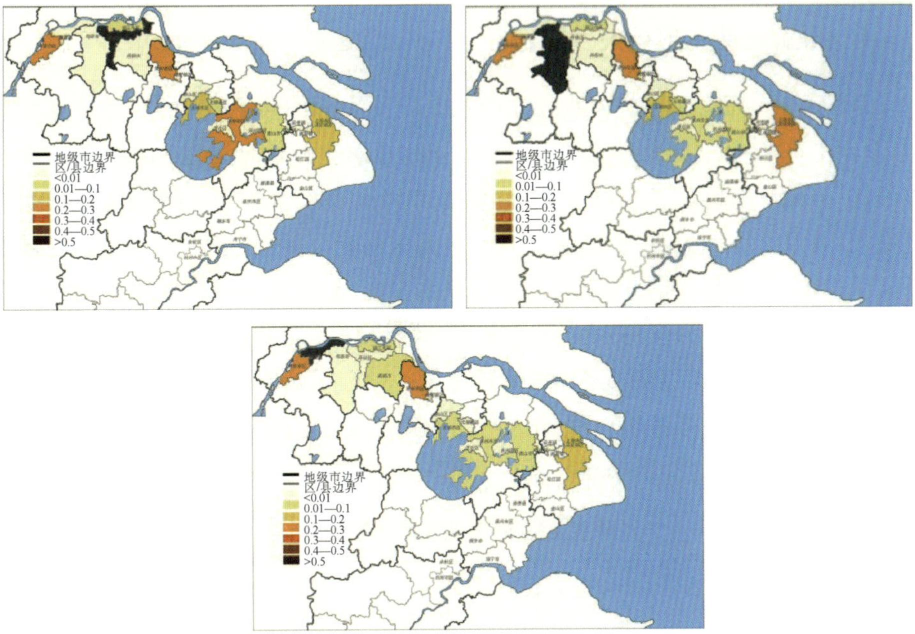


图 5.2.6c 2010 年沪宁走廊二级地区联系紧密度总体分布

## 3. 聚集规模

从节点聚集规模来看，核心/一级地区明显较二级地区更高，其中上海、南京、苏州、无锡的聚集规模在 100 万人次以上；常州、昆山、镇江的聚集规模在 40 万—100 万人次；丹阳、苏州园区的聚集规模在 8 万—20 万人次；其余二级地区的聚集规模均在 2 万人次以下(图 5.2.7)。

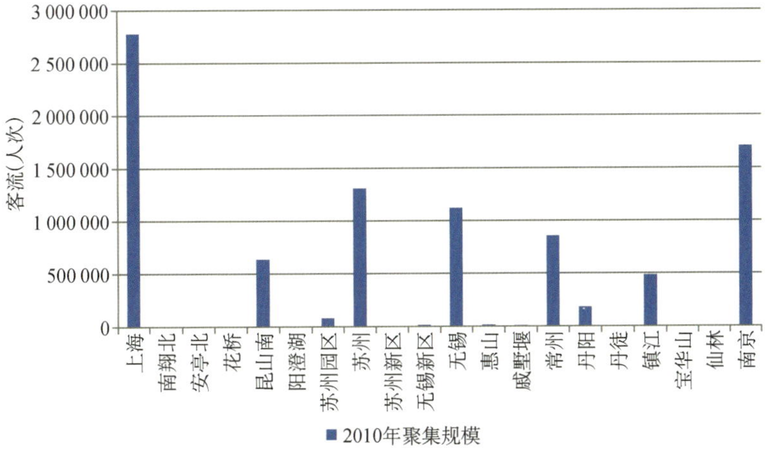


图 5.2.7 2010 年沪宁走廊各站点聚集规模分布

### 4. 核心/一级地区“流空间”特征

对核心/一级地区和二级地区分别分析。联系强度等级最高的 9 对节点联系中，全部是与核心地区相联系的，其中最强的是两个核心地区之间的联系。8 对核心/一级地区之间的节点联系显示，上海市区比南京市区与一级地区的联系强度更大，并遵循距离衰减规律，随着各一级地区与南京距离的接近，与上海的联系呈递减趋势。上海—苏州是南京—苏州联系强度的 3 倍，上海—无锡是南京—无锡联系强度的 2.3 倍，上海—常州是南京—常州联系强度的 1.3 倍，上海—镇江是南京—镇江联系强度的 0.6 倍(虽然上海—镇江联系强度没有达到高强度等级)。基于节点联系强度的一级地区网络联系特征如表 5.2.3 所示，联系强度等级最高的一级地区之间的节点联系的平均尺度为 170 km。

**表 5.2.3　　联系强度 20 万人次以上的联系**

| 排序 | 起讫点 A | 起讫点 B | 起讫点 AB 之间的联系强度 |
|---|---|---|---|
| 9 | 镇江 | 南京 | 202 000 |
| 8 | 常州 | 南京 | 210 000 |
| 7 | 无锡 | 南京 | 223 000 |
| 6 | 苏州 | 南京 | 227 000 |
| 5 | 上海 | 常州 | 295 000 |
| 4 | 上海 | 昆山 | 381 000 |
| 3 | 上海 | 无锡 | 474 000 |
| 2 | 上海 | 苏州 | 649 000 |
| 1 | 上海 | 南京 | 717 000 |

### 5. 二级地区“流空间”特征

14 个二级地区中，聚集规模最大的是昆山，超过 60 万人次，远远大于其他二级地区站点的聚集规模；排名第二和第三的分别是丹阳和苏州园区，聚集规模分别为超过 18 万人次和 8 万人次；聚集规模达到 2 000 人次的是惠山、无锡新区、戚墅堰、安亭、阳澄湖、苏州新区；聚集规模在 2 000 人次以下的是南翔、宝华山、仙林、丹徒、花桥(图 5.2.8)。

14 个二级地区的节点联系紧密度，该值最大的联系方向为 6 个核心/一级地区，然而与行政隶属核心/一级地区的联系紧密度远远小于与非行政隶属一级地

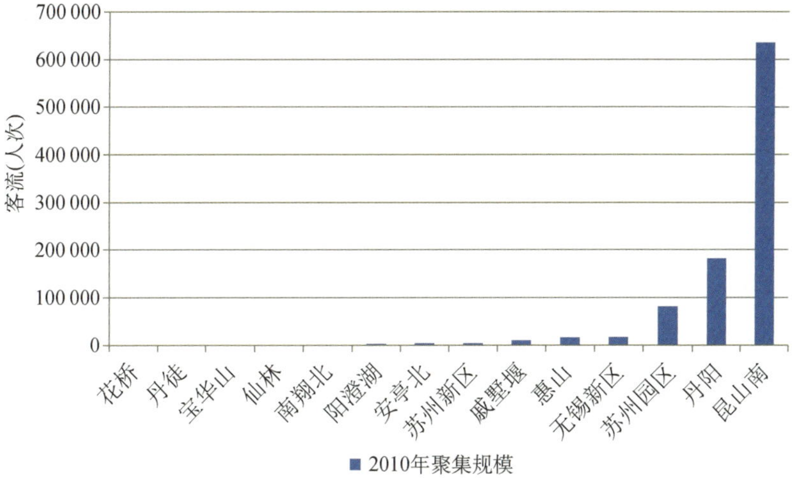


**图 5.2.8　2010 年沪宁走廊二级地区聚集规模分布**

区的紧密度，表现为跨行政区划范围的城市水平联系较强的特征。例如，与上海的联系紧密度最高的二级地区主要分布于苏州市域、无锡市域东部，上海市域内的南翔和安亭站以及南京市域内的仙林站与上海的联系紧密度较低。与苏州的联系紧密度最高的二级地区主要分布于无锡市域、常州市域，市域范围内的苏州园区、苏州新区、阳澄湖等二级地区与苏州的联系紧密度很低。与无锡的联系紧密度最高的二级地区分布于上海市域、常州市域，镇江市域的二级地区与无锡的联系紧密度下降，苏州、无锡市域的二级地区与无锡的联系紧密度很低。与常州的联系紧密度最高的二级地区分布于镇江市域、南京市域。与南京的联系紧密度最高的二级地区主要分布于上海市域、镇江市域。

从每个二级地区的对外联系紧密度排序来看，14 个节点中有 8 个节点的联系紧密度最高的是上海，5 个节点的联系紧密度最高的是南京市，1 个节点的联系紧密度最高的是无锡市。大部分二级地区与上海的联系紧密度最高，说明大部分二级地区的主要客流都去往上海(表 5.2.4)。

**表 5.2.4　　　　二级地区对外联系紧密度排序**

| 地区 | 上海 | 南京 | 苏州 | 无锡 | 常州 | 镇江 |
|---|---|---|---|---|---|---|
| 南翔 | 0.20 | 0.15 | 0.15 | 0.40 | 0 | 0.05 |
| 安亭 | 0.07 | 0.46 | 0.10 | 0.13 | 0.12 | 0.04 |
| 花桥 | 0.34 | 0.25 | 0 | 0.20 | 0.04 | 0.04 |

（续表）

| 地区 | 上海 | 南京 | 苏州 | 无锡 | 常州 | 镇江 |
|---|---|---|---|---|---|---|
| 昆山 | 0.74 | 0.12 | 0.22 | 0.12 | 0.08 | 0.05 |
| 阳澄湖 | 0.80 | 0.03 | 0.05 | 0.06 | 0.03 | 0.01 |
| 苏州园区 | 0.71 | 0.12 | 0 | 0.11 | 0.04 | 0.01 |
| 苏州新区 | 0.60 | 0.14 | 0.01 | 0.02 | 0.10 | 0.04 |
| 无锡新区 | 0.60 | 0.12 | 0.10 | 0.12 | 0.07 | 0.02 |
| 惠山 | 0.45 | 0.22 | 0.11 | 0.02 | 0.11 | 0.04 |
| 戚墅堰 | 0.37 | 0.19 | 0.13 | 0.22 | 0.02 | 0.04 |
| 丹徒 | 0.18 | 0.28 | 0.21 | 0.09 | 0.21 | 0.02 |
| 丹阳 | 0.27 | 0.32 | 0.11 | 0.13 | 0.17 | 0.09 |
| 宝华山 | 0.21 | 0.27 | 0.08 | 0.10 | 0.24 | 0.03 |
| 仙林 | 0.10 | 0.29 | 0.08 | 0.04 | 0.25 | 0.09 |

分析聚集规模较大的二级地区包括昆山、丹阳、苏州园区三站的联系紧密度。

昆山与上海的联系紧密度最高，达到0.62，远远大于与行政隶属一级地区苏州的紧密度(0.13)，节点联系强度较大的还有与终点站南京、邻近一级地区无锡的联系。与其他二级地区的联系强度都不大，它们的紧密度之和仅为0.01(图5.2.9)。

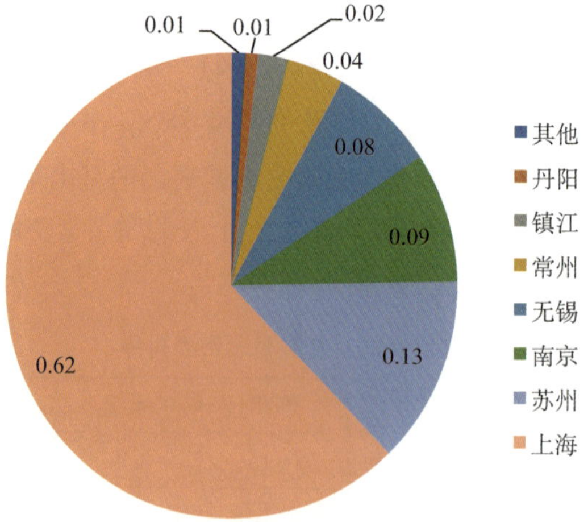


图5.2.9　2010年昆山联系紧密度分布

丹阳对外客流联系紧密度最高的是南京和上海，分别达到 0.28 和 0.26，二者相加占了一半以上。与行政隶属一级地区镇江的紧密度不到 0.06，低于常州、无锡、苏州等一级地区。在二级地区中，紧密度最高的是昆山，约为 0.03，其他的相加仅为 0.01(图 5.2.10)。

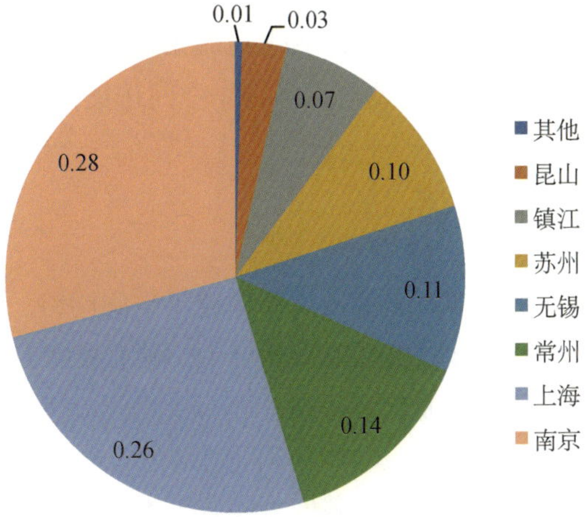


**图 5.2.10　2010 年丹阳联系紧密度分布**

苏州园区对外联系紧密度最高的是上海，达 0.69。与另一个核心地区南京、相邻的一级地区无锡的紧密度仅为 0.1 和 0.09。它与二级地区的联系紧密度最高的是昆山和丹阳，二者均为 0.04。相比之下，苏州园区与行政隶属一级地区苏州的联系紧密度很弱，不到 0.01(图 5.2.11)。

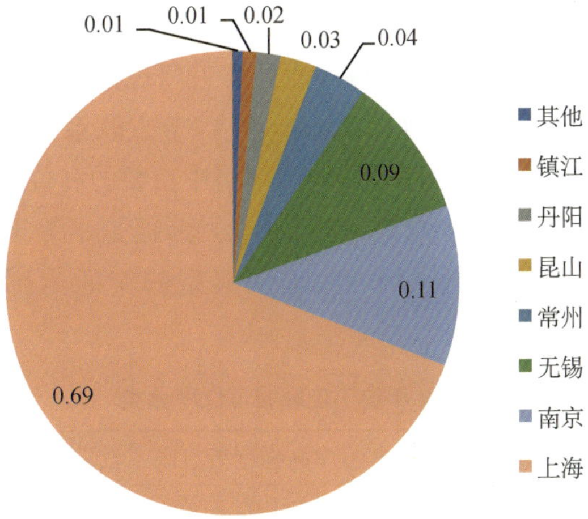


**图 5.2.11　2010 年苏州园区联系紧密度分布**

分析其他二级地区对外联系紧密度，大多都是与南京、上海两个核心地区及相邻的一级地区联系的紧密度最高，与行政隶属一级地区的联系紧密度不高，与其他二级地区的联系紧密度中，只有丹阳、昆山较高。

从上述二级地区的联系格局可以看出，基于城际铁路的“流空间”中，二级地区与行政隶属核心/一级地区的联系紧密度较低，与非行政隶属核心/一级地区联系强度和紧密度较高。因而形成了扁平化的城市网络特征，即突破地域行政限制、寻求横向联系的城市关系，区域空间区别于空间传染扩散，显现出“场所空间”之间跳跃关联的趋势。

### 6. 空间网络形态与结构

联系线的强度、紧密度和节点聚集规模构成了空间网络。

选择联系强度大、紧密度高的联系线为干线，联系强度大而紧密度相对低的联系线为强度支线，紧密度大而联系强度小的联系线为紧密度支线，辨析出网络中的节点联系和节点。2010 年沪宁走廊空间网络的干线为核心地区之间的联系以及部分核心与一级地区的联系，紧密度支线为上海与苏州市域内部分节点的联系，强度支线为部分核心与一级地区的联系。干线为上海—南京、上海—苏州、上海—无锡、上海—昆山、镇江—南京；强度支线为上海—常州、苏州—南京、无锡—南京、常州—南京；紧密度支线为上海—阳澄湖、上海—苏州园区、上海—苏州新区、上海—无锡新区。

按照聚集规模指标辨析重要的网络节点。2010 年上海、南京的高强度节点联系数量最多、聚集规模最大，在空间网络中的位序最高；无锡、苏州、常州为第二位序节点，聚集规模低于南京和上海，高强度联系相对较少，中高强度联系较多，这三个城市位于整体走廊的空间中心，也是长三角规划中常提及的“苏锡常城市交流圈”；镇江、丹阳、昆山聚集规模次于前两者，节点联系强度中高，为第三位序节点。以上第一、第二、第三位序阶段均为网络中重要的高位序节点。

2010 年上海、南京位于走廊地区的空间边缘，但是不等于在空间网络边缘，反而为空间网络中第一位序的节点，呈现典型的交通走廊“两端强”的特征（表 5.2.5、图 5.2.12）。

**表 5.2.5　　2010 年沪宁走廊城市位序分类**

| 位序 | 节点 | 高强度节点联系数量(对) | 中高强度节点联系数量(对) | 聚集规模(人次/月) |
|---|---|---|---|---|
| 第一 | 上海 | 5 | 3 | 2 778 000 |
| | 南京 | 5 | 2 | 1 709 000 |

（续表）

| 位序 | 节点 | 高强度节点联系数量(对) | 中高强度节点联系数量(对) | 聚集规模(人次/月) |
|---|---|---|---|---|
| 第二 | 苏州 | 2 | 1 | 1 308 000 |
| | 无锡 | 2 | 2 | 1 123 000 |
| | 常州 | 2 | 2 | 855 000 |
| 第三 | 镇江 | 1 | 4 | 485 000 |
| | 昆山 | 1 | 4 | 634 000 |

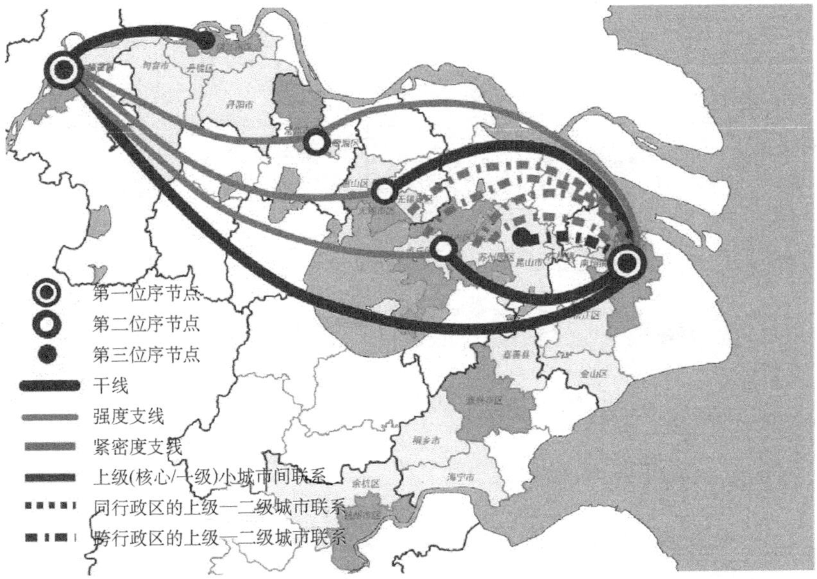


图 5.2.12　2010 年沪宁走廊空间网络结构

## 5.2.2　沪杭走廊

### 1. 联系强度

将计算得出的城市联系强度按照数值大小量排序，与沪宁城际铁路类似，共分为四类。将 2010 年沪杭城际铁路客流矩阵计算得出的 36 对节点联系进行联系强度排序、归类整理后，结果如表 5.2.6、图 5.2.13 所示。

**表 5.2.6　　　　　　2010 年沪杭走廊联系强度分类对照**

| 联系强度 | 核心/一级地区之间联系(对) | 核心/一级地区与行政隶属二级地区联系(对) | 核心/一级地区与非行政隶属二级地区联系(对) | 同行政区划范围的二级地区之间联系(对) | 跨行政区划范围的二级地区之间联系(对) | 联系总计(对) |
|---|---|---|---|---|---|---|
| 0—2 000 人次 | 0 | 3 | 2 | 4 | 11 | 20 |
| 2 000—20 000 人次 | 0 | 3 | 5 | 0 | 0 | 8 |
| 20 000—200 000 人次 | 2 | 0 | 5 | 0 | 0 | 7 |
| 200 000 人次以上 | 1 | 0 | 0 | 0 | 0 | 1 |

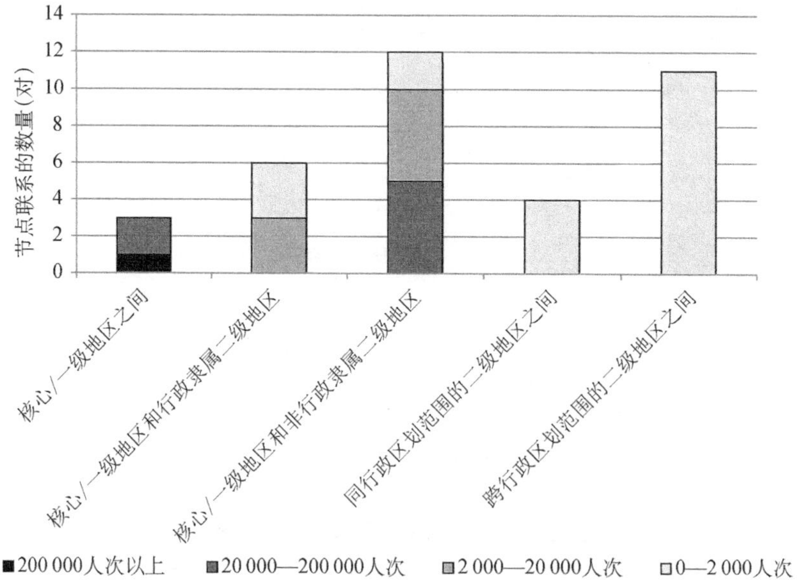


**图 5.2.13　2010 年沪杭走廊地区联系强度分类**

2010 年沪杭城际铁路平均联系强度为 33 526。最高等级联系强度的节点联系只有 1 对,为上海—杭州;联系强度等级最低的节点联系最多,达到 20 对;联系中低的节点联系为 8 对;强度中高的节点联系 7 对。

从联系类型来看,核心/一级地区之间的联系最强,二级地区与核心/一级地区间的联系次强,二级地区之间的联系强度均很弱(图 5.2.14—图 5.2.16)。

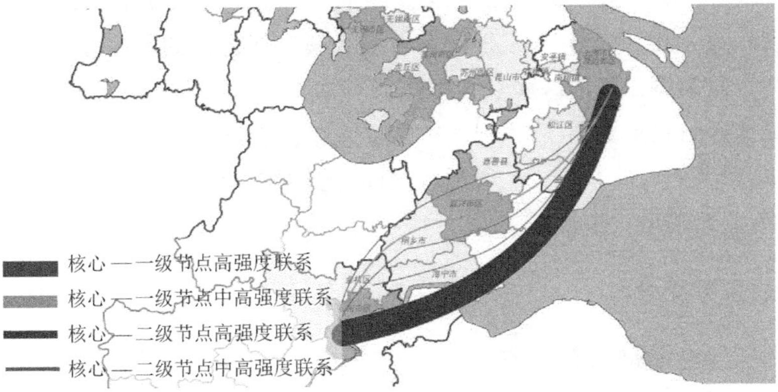


**图 5.2.14　2010 年沪杭走廊核心地区对外联系强度分布**

**图 5.2.15　2010 年沪杭走廊一级地区对外联系强度分布**

**图 5.2.16　2010 年沪杭走廊二级地区对外联系强度分布**

三个核心/一级地区之间的联系强度位居前三。2010 年嘉兴与上海、杭州的联系强度相差无几。核心/一级地区与行政隶属二级地区的联系强度不大，特别是嘉兴与行政隶属二级地区联系强度很低。相比之下，核心/一级地区与非行政隶属二级地区的联系更强，联系强度中高的节点联系分别为桐乡、嘉善与上海、杭州的联系，以及上海—余杭。二级地区之间，无论是同行政区划范围还是跨行政区划范围，联系强度水平最低。

## 2. 联系紧密度

将计算得出的城市联系紧密度共分为五类，与沪宁走廊的标准相同。将 2010 年沪杭城际铁路客流矩阵计算得出的 36 对节点联系的联系紧密度进行排序、归类整理后，得表 5.2.7、图 5.2.17。

**表 5.2.7　　2010 年沪杭走廊联系紧密度分类**

| 紧密度 | 核心/一级地区之间联系(对) | 核心/一级地区与行政隶属二级地区之间联系(对) | 核心/一级地区与非行政隶属二级地区之间联系(对) | 同行政区划范围的二级地区之间联系(对) | 跨行政区划范围的二级地区之间联系(对) |
|---|---|---|---|---|---|
| >0.5 | 3 | 0 | 6 | 0 | 0 |
| 0.4—0.5 | 0 | 1 | 2 | 0 | 0 |
| 0.3—0.4 | 0 | 1 | 1 | 0 | 0 |
| 0.2—0.3 | 0 | 0 | 0 | 0 | 0 |
| <0.2 | 0 | 4 | 3 | 4 | 11 |

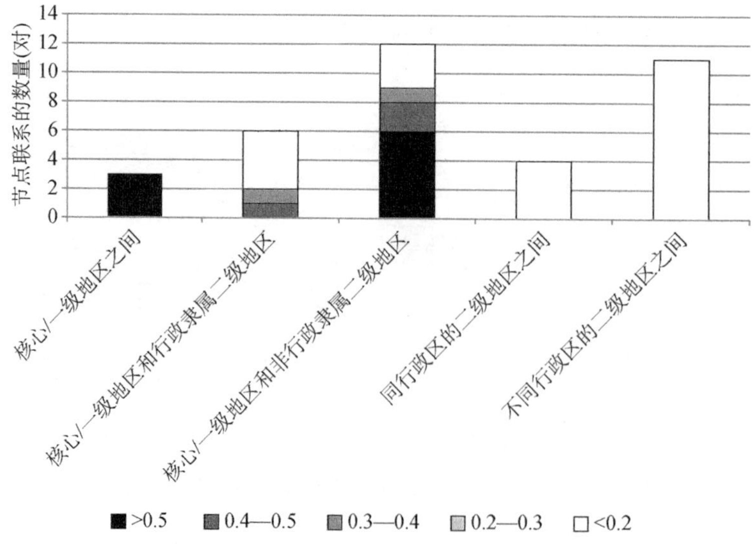


**图 5.2.17　2010 年沪杭走廊联系紧密度分类**

紧密度高于 0.5 的节点联系为三个核心/一级地区之间的节点联系，而且杭州—上海的紧密度值十分高，达到 1.65。

核心/一级地区与行政隶属二级地区的紧密度不高，没有高于 0.5 的节点联系。相比之下，核心/一级地区与非行政隶属二级地区的紧密度更高，有 6 对高于 0.5 的联系。

二级地区之间的联系紧密度，无论是否处于同一行政区划范围，都处于低于 0.2 的最低等级(图 5.2.18)。

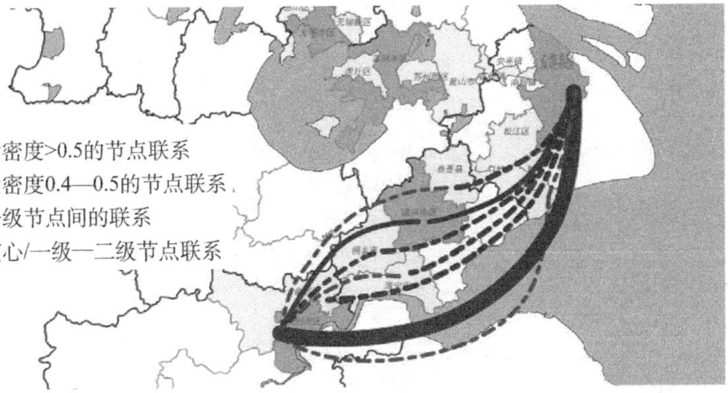


**图 5.2.18a　2010 年沪杭走廊高等级联系紧密度分布(紧密度>0.4)**

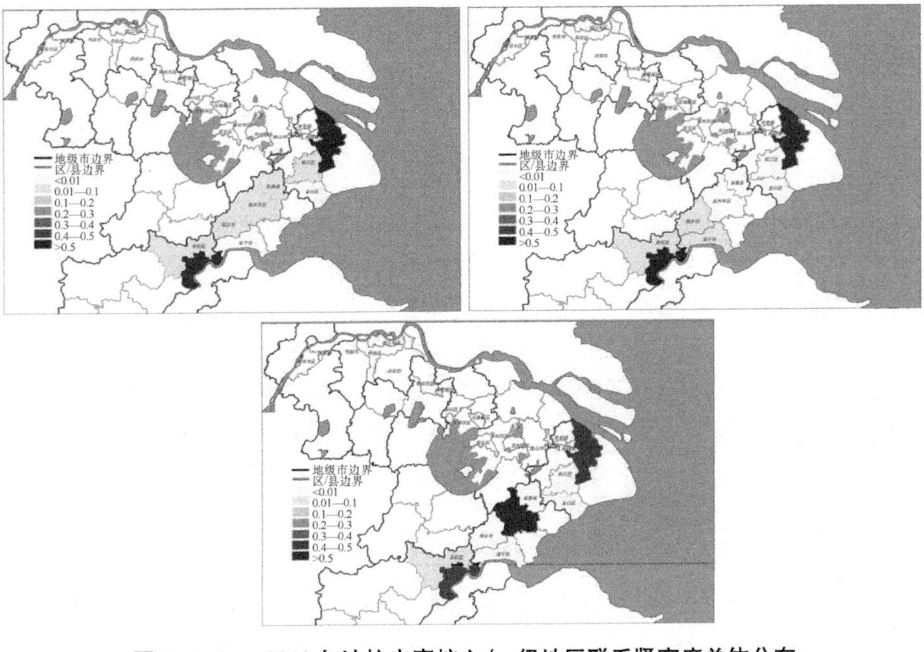


**图 5.2.18b　2010 年沪杭走廊核心/一级地区联系紧密度总体分布**

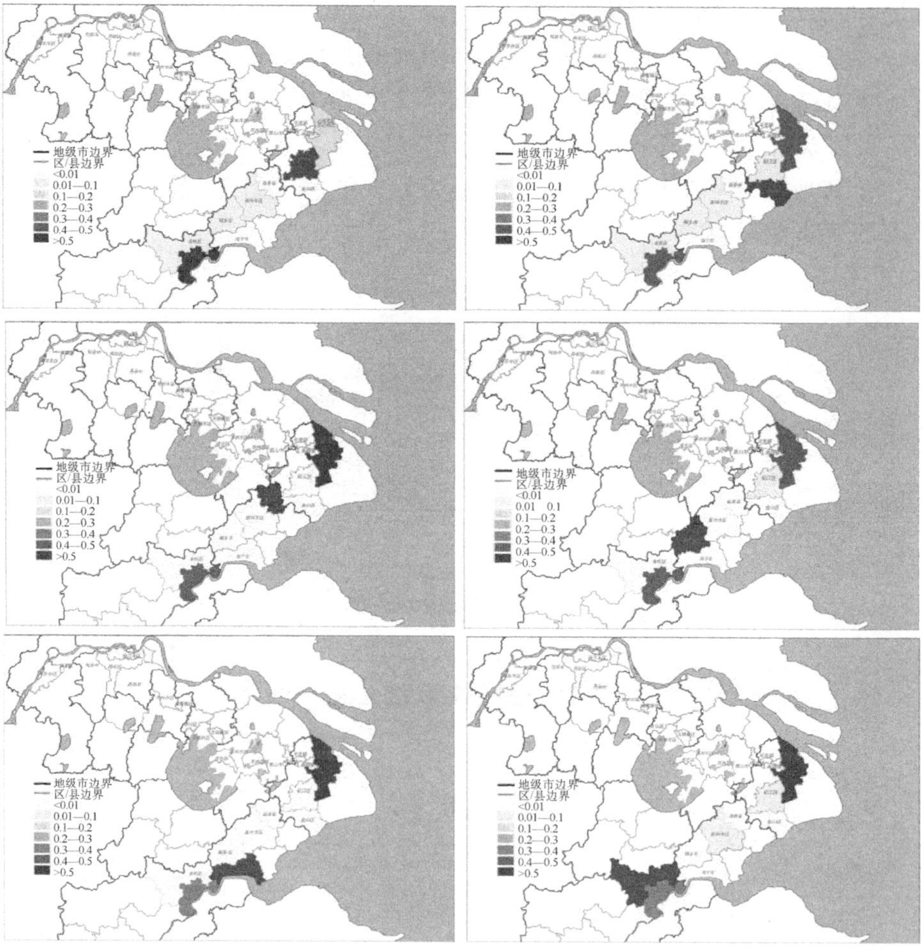


**图 5.2.18c　2010 年沪杭走廊二级地联系紧密度总体分布**

### 3. 聚集规模

从各地区的聚集规模来看，核心地区明显高于其他节点，上海、杭州的聚集规模在 100 万人次以上；嘉兴的聚集规模达到 10 万人次；其余中间站的聚集规模均在 10 万人次以下。最少的为金山，只有 5 000 多人次(图 5.2.19)。

### 4. 核心/一级地区“流空间”特征

对核心/一级地区和二级地区分别分析。联系强度等级最高的节点联系(超过 200 000 人次)只有 1 对，是两个核心节点之间的联系，达到平均联系强度的

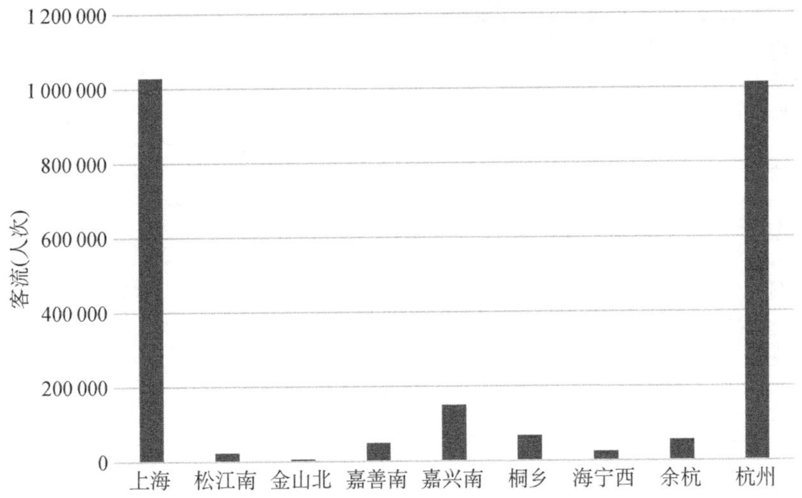


**图 5.2.19　2010 年沪杭走廊各站点聚集规模分布**

25 倍。而嘉兴—上海、嘉兴—杭州的联系只有上海—杭州的 1/13—1/12，仅为平均联系强度的 2 倍。

### 5. 二级地区“流空间”特征

对 6 个二级地区的聚集规模进行排序，聚集规模最大的是桐乡，超过 6 万人次，仅为沪宁沿线聚集规模最大的二级地区的 1/10；余杭和嘉善，聚集规模在 5 万人次上下；与沪宁走廊相比，沪杭走廊聚集规模最小的二级地区的聚集规模达到了 2 000 人次。相对沪宁走廊，沪杭走廊二级地区之间的聚集规模差异更小。

分析 6 个二级地区的节点联系紧密度，发现大部分客流都去往上海和杭州，与沪宁城际铁路类似，与行政隶属一级地区的联系紧密度远远小于与非行政隶属一级地区的紧密度，表现为水平联系特征。例如，与上海联系紧密度最高的二级地区主要分布于嘉兴市域、杭州市域，上海市域内的二级地区松江则联系紧密度较低。

从每个二级地区的对外联系紧密度构成来看，6 个中有 5 个二级地区联系紧密度最高的是上海市，1 个城市的联系紧密度最高的是杭州市。上海与大部分二级地区的联系紧密度最高，说明大部分二级地区的主要客流都去往上海市区（表 5.2.8）。

表 5.2.8　　二级地区对外联系紧密度排序

| 地区 | 上海 | 嘉兴 | 杭州 |
|---|---|---|---|
| 松江 | 0.10 | 0.06 | 0.78 |
| 金山 | 0.44 | 0 | 0.44 |
| 嘉善 | 0.57 | 0.01 | 0.41 |
| 桐乡 | 0.49 | 0.01 | 0.48 |
| 海宁 | 0.57 | 0.03 | 0.39 |
| 余杭 | 0.60 | 0.06 | 0.31 |

## 6. 空间网络形态与结构

沪杭走廊的网络特征的判定标准与沪宁走廊相同。

网络干线为上海—杭州。

网络支线方面，由于节点联系强度都很低，因此没有强度支线；紧密度支线包括上海—嘉兴、嘉兴—杭州、上海—桐乡、桐乡—杭州、松江—杭州、上海—余杭、上海—嘉善、上海—海宁。

网络节点方面，上海、杭州作为第一位序的节点，高强度节点联系的数量最多、聚集规模最大；从聚集规模和联系强度来看，沪杭走廊没有第二位序的节点；嘉兴作为第三位序节点，聚集规模和节点联系最少，且大部分联系强度不大。

总体来说，沪杭走廊2010年形成了“走廊”型的形态，两端的核心节点极强，中间节点很弱(表5.2.9、图5.2.20)。

表 5.2.9　　2010 年沪杭走廊城市位序分类

| 位序 | 节点 | 高强度节点联系 | 中高强度节点联系 | 聚集规模(人次/月) |
|---|---|---|---|---|
| 第一 | 上海 | 1 | 4 | 1 028 000 |
| | 杭州 | 1 | 3 | 1 014 000 |
| 第三 | 嘉兴 | 0 | 2 | 150 000 |

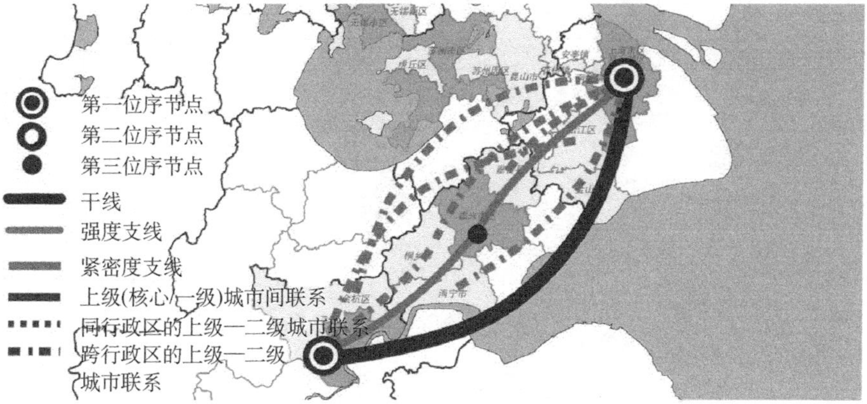


图 5.2.20　2010 年沪杭走廊空间网络结构

# 5.3　2015/2012 年“流空间”特征

## 5.3.1　沪宁走廊

### 1. 联系强度

与 2010 年的数据处理方法相同，将 2015 年沪宁城际铁路客流矩阵计算得出的 190 对节点联系进行联系强度排序、归类整理后，如表 5.3.1。

表 5.3.1　　2015 年沪宁走廊联系强度分类

| 联系强度 | 核心/一级地区之间联系(对) | 核心/一级地区与行政隶属二级地区联系(对) | 核心/一级地区与非行政隶属二级地区联系(对) | 同行政区划范围的二级地区之间联系(对) | 跨行政区划范围的二级地区之间联系(对) | 联系总计(对) |
|---|---|---|---|---|---|---|
| 0—2 000 人次 | 0 | 8 | 39 | 14 | 74 | 135 |
| 2 000—20 000 人次 | 0 | 3 | 18 | 1 | 3 | 25 |
| 20 000—200 000 人次 | 9 | 1 | 16 | 1 | 0 | 27 |
| 200 000 人次以上 | 6 | 1 | 1 | 0 | 0 | 8 |

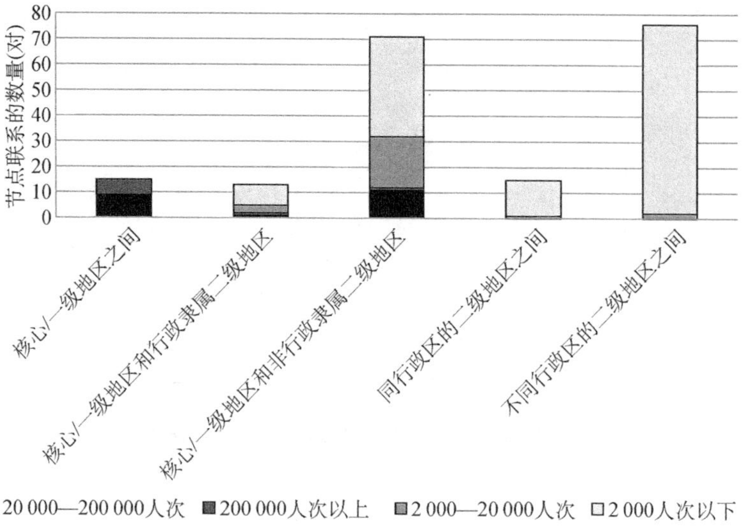


**图 5.3.1 2015 年沪宁走廊联系强度分类**

分析图 5.3.1 中显示的空间网络中的联系强度分布，发现高强度的节点联系数量最少，只有 8 对，而低强度的节点联系数量最多，达到 130 对。中低、中高强度的节点联系分别为 25、27 对。

高强度(200 000 人次以上)的节点联系依次分别为：上海—苏州、上海—无锡、上海—昆山、上海—南京、上海—常州、苏州—无锡、苏州—南京、昆山—苏州。上述联系强度最大的 8 对节点联系中，有 6 对是一级地区之间的客流联系，另有 1 对是核心/一级地区与非行政隶属二级地区，1 对是核心/一级地区与行政隶属二级地区。计算得出，高强度的节点联系平均空间尺度为 121 km。

中高强度(20 000—200 000 人次)的 26 对节点联系依次分别为无锡—南京、无锡—常州、常州—南京、苏州—常州、上海—苏州园区、镇江—南京、丹阳—南京、上海—宝华山、上海—镇江、上海—丹阳、昆山—无锡、常州—丹阳、昆山—南京、昆山—常州、上海—无锡新区、丹阳—宝华山、苏州—丹阳、苏州—宝华山、丹阳—镇江、苏州—镇江、常州—宝华山、无锡—丹阳、常州—镇江、苏州—无锡新区、无锡—宝华山、无锡—镇江。上述联系中核心/一级地区与非行政隶属二级地区之间的联系达到 16 对；一级地区之间的联系为 9 对；一级地区与行政隶属二级地区之间依然为 1 对。计算得出，中高强度等级的联系空间距离为 111 km。

从联系类型角度分析，核心/一级地区与行政隶属二级地区的联系依然强度不大，有 1 对节点联系为高强度，即苏州—昆山；1 对节点联系为中高强度，即丹阳—镇江；3 对节点联系为中低强度，分别为苏州园区—苏州、上海—安亭、无锡—惠山；8 对为低强度。

相比之下，核心/一级地区与非行政隶属二级地区的联系更强，有 16 对节点联系为中高强度，分别为上海—苏州园区、宝华山—南京、丹阳—南京、上海—宝华山、上海—丹阳、昆山—无锡、常州—丹阳、昆山—南京、昆山—常州、上海—无锡新区、苏州—丹阳、苏州—宝华山、常州—宝华山、无锡—丹阳、苏州—无锡新区、无锡—宝华山；还有 1 对达到高强度，为上海—昆山；低强度的节点联系为 36 对。

二级地区之间，无论是同行政区划范围还是跨行政区划范围，联系依然相对比较弱。同行政区划范围的二级地区之间的节点联系，仅有 1 对达到中低强度，为昆山—苏州园区。跨行政区划范围的二级地区之间的节点联系，仅有 3 对达到中低强度，分别为昆山—宝华山、昆山—丹阳、昆山—无锡新区。其他几乎均为低强度联系（图 5.3.2—图 5.3.4）。

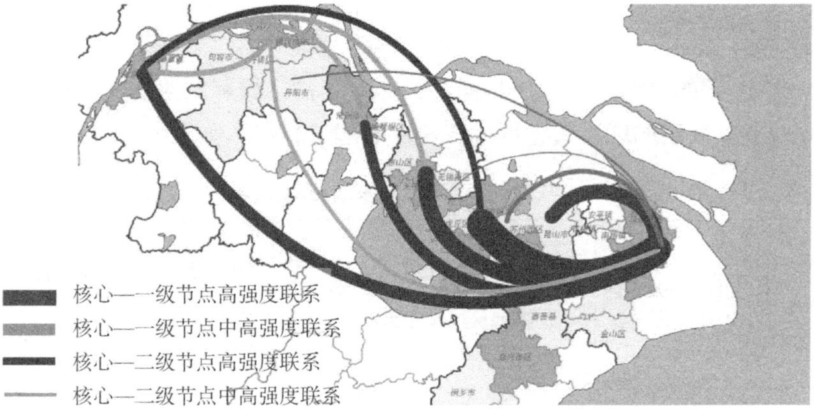


**图 5.3.2　2015 年沪宁走廊核心地区对外联系强度分布**

**图 5.3.3　2015 年沪宁走廊一级地区对外联系强度分布**

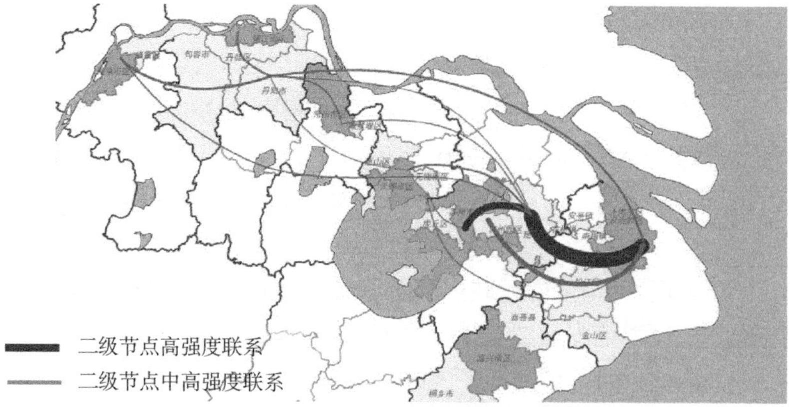


**图 5.3.4　2015 年沪宁走廊二级地区对外联系强度分布**

## 2. 联系紧密度

与 2010 年的数据处理方法相同，将 2015 年沪宁城际铁路客流矩阵计算得出的 190 对节点联系的联系紧密度进行排序、归类整理后，如表 5.3.2 所示。

**表 5.3.2　2015 年沪宁走廊联系紧密度分类**

| 紧密度 | 核心/一级地区之间联系(对) | 核心/一级地区与行政隶属二级地区之间联系(对) | 核心/一级地区与非行政隶属二级地区之间联系(对) | 同行政区划范围的二级地区之间联系(对) | 跨行政区划范围的二级地区之间联系(对) |
|---|---|---|---|---|---|
| ＞0.5 | 2 | 0 | 3 | 0 | 0 |
| 0.4—0.5 | 3 | 0 | 1 | 0 | 0 |
| 0.3—0.4 | 2 | 3 | 6 | 0 | 0 |
| 0.2—0.3 | 5 | 0 | 8 | 0 | 0 |
| ＜0.2 | 3 | 11 | 52 | 14 | 77 |

联系紧密度计算结果(图 5.3.5)显示，紧密度高于 0.5 的节点联系最少，只有 5 对，而低于 0.2 的节点联系最多，达到 157 对，另外 0.4—0.5、0.3—0.4、0.2—0.3 的节点联系分别为 4、11、13 对，说明空间网络中各节点间的重要联系集中在数个联系方向上。其他方向虽然数量多，但是占一个节点的对外联系比例很低。

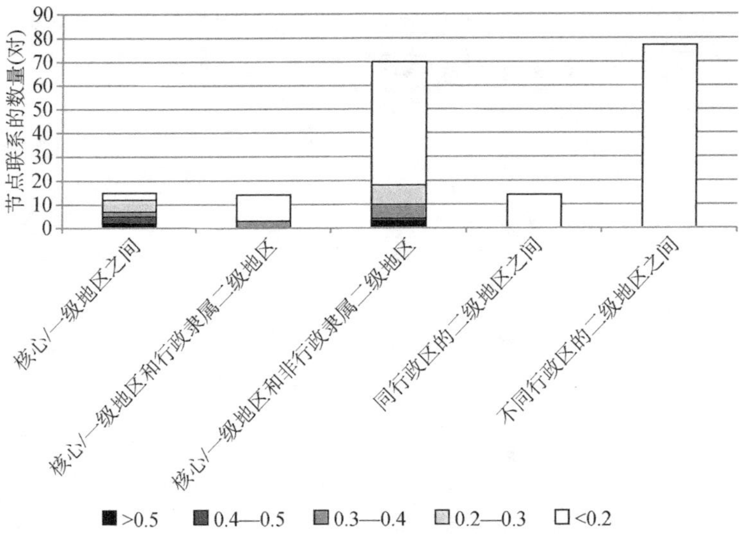


**图 5.3.5　2015 年沪宁走廊联系紧密度分类**

联系紧密度高于 0.5 的 5 对节点联系依次分别为上海—苏州、上海—苏州园区、上海—昆山、上海—阳澄湖、上海—无锡。上述联系强度最大的 5 对节点联系中，有 3 对都是核心/一级地区与非行政隶属二级地区的联系，另有 2 对是核心/一级地区之间的联系。

联系紧密度 0.4—0.5 的 4 对节点联系依次分别为镇江—南京、上海—南京、上海—常州、上海—无锡新区。其中 1 对为核心/一级地区与非行政隶属二级地区，另外 3 对为一级地区之间的联系(图 5.3.6)。

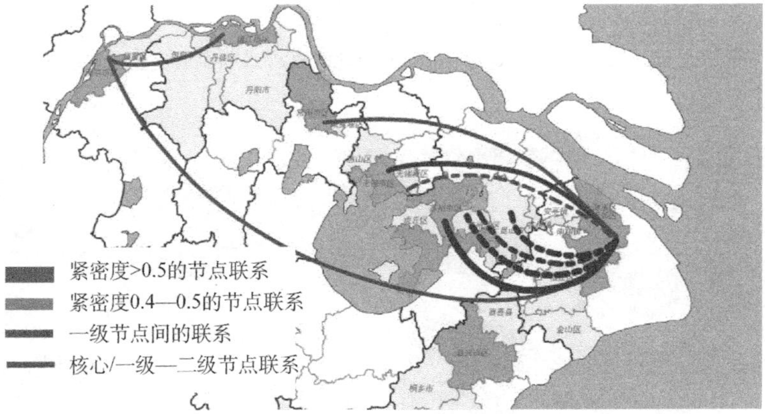


**图 5.3.6a　2015 年沪宁走廊高等级联系紧密度分布(紧密度>0.4)**

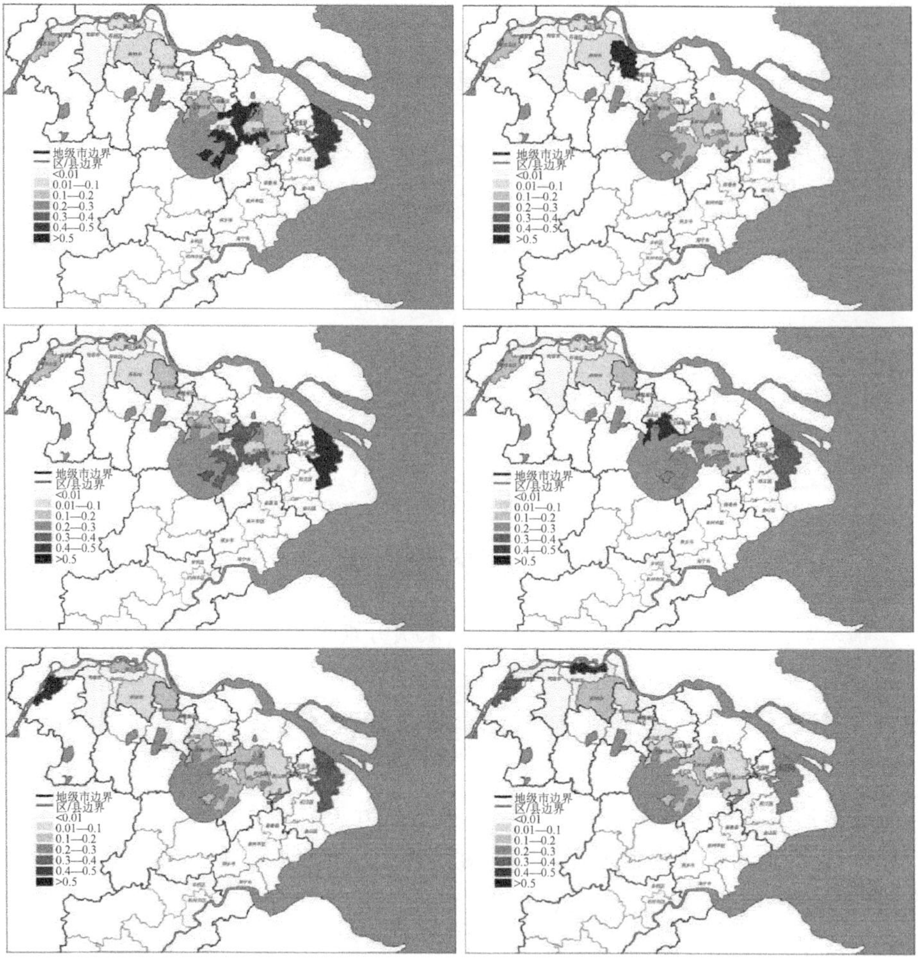


**图 5.3.6b　2015 年沪宁走廊核心/一级地区高等级联系紧密度总体分布**

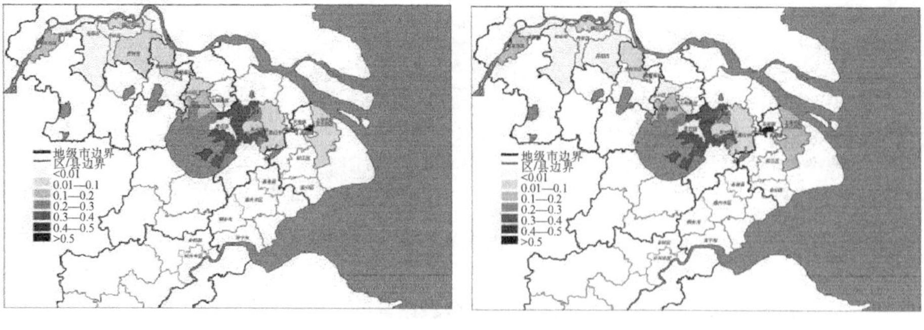

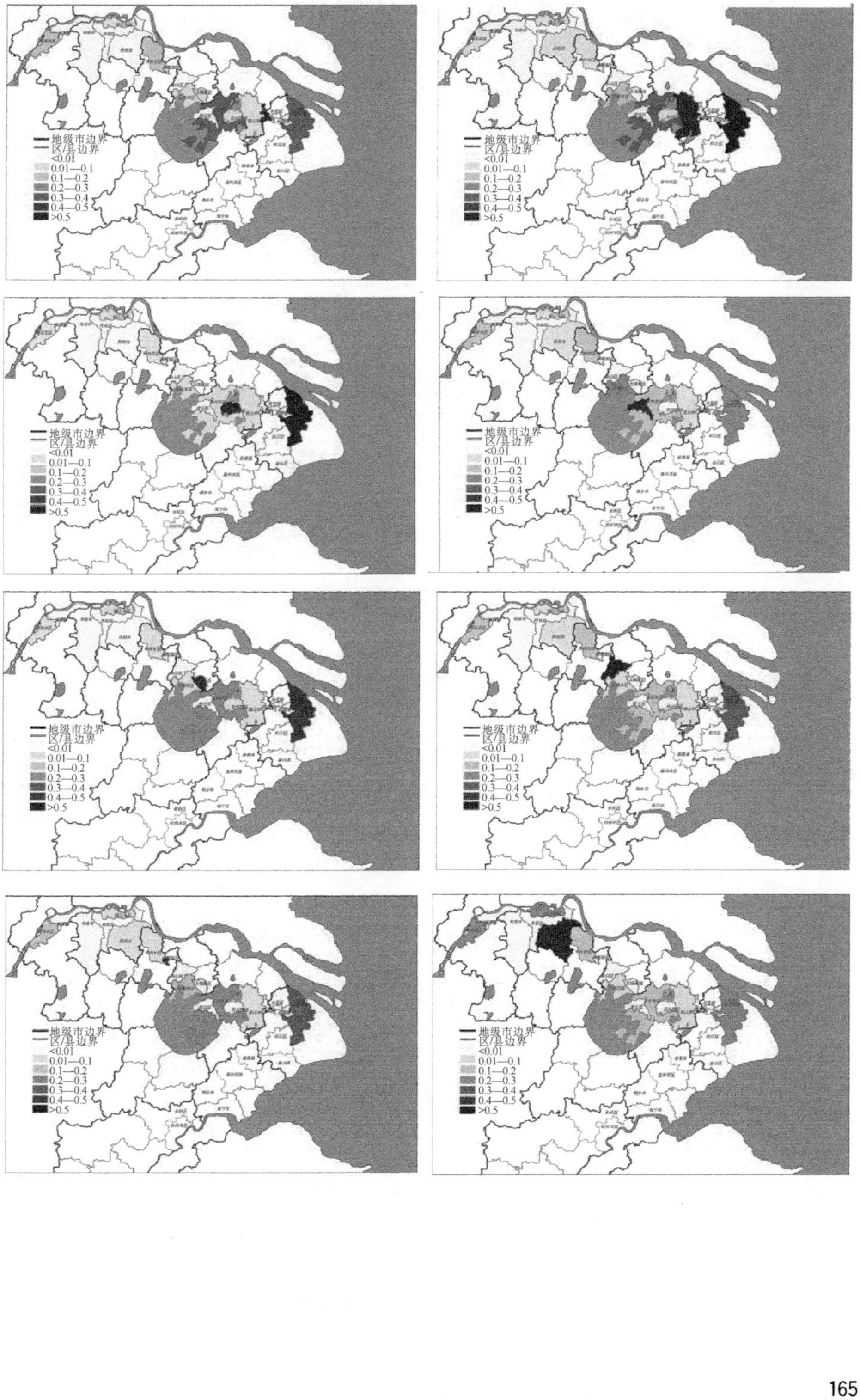
地级市边界
区/县边界
<0.01
0.01—0.1
0.1—0.2
0.2—0.3
0.3—0.4
0.4—0.5
>0.5

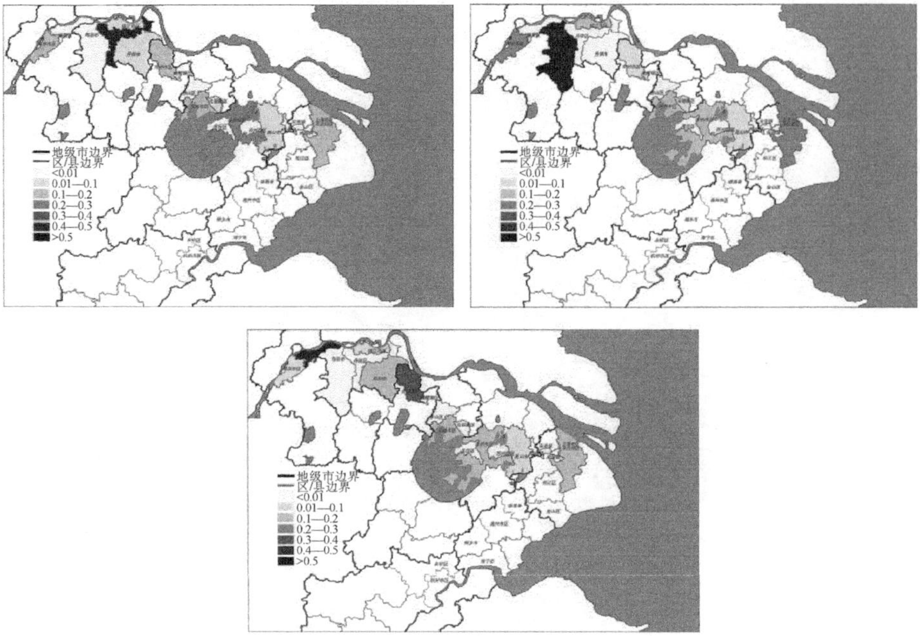


**图 5.3.6c　2015 年沪宁走廊二级地区联系紧密度总体分布**

## 3. 聚集规模

从各节点的聚集规模来看(图 5.3.7),核心/一级地区明显较二级地区更高,其中上海、苏州、南京、无锡、常州的聚集规模超过 100 万人次;昆山、镇江的聚集

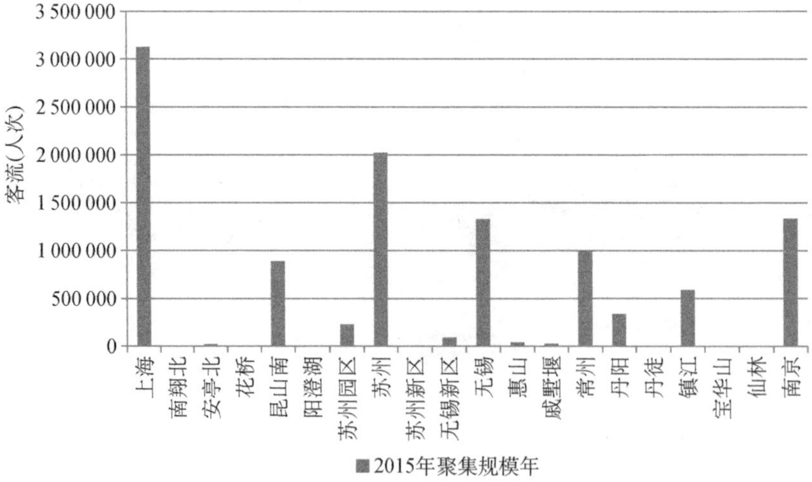


**图 5.3.7　2015 年沪宁走廊各站点聚集规模分布**

规模在 50 万—100 万人次；丹阳、苏州园区、无锡新区的聚集规模在 8 万—50 万人次；其余二级地区的聚集规模均在 2 万人次以下。

#### 4. 核心/一级地区“流空间”特征

联系强度等级最高的 8 对节点联系中，全部是与上海和苏州相联系的，其中最强的是上海和苏州之间的节点联系。6 个核心/一级地区之间的节点联系显示，上海比苏州与其他城市的联系强度更大，上海—无锡是无锡—苏州联系强度的 1.7 倍，上海—南京是南京—苏州联系强度的 1.8 倍，上海—常州是苏州—常州的 2 倍，上海—镇江是苏州—镇江的 2.2 倍，上海—镇江、苏州—镇江的联系强度没有达到高强度等级。

进一步计算各一级地区分别与核心地区的联系强度比值，各一级地区和两个核心地区的联系强度依然遵循距离规律，即一级地区与上海的距离越近，联系强度越高，越远则与南京的联系强度越高。联系强度等级最高的核心/一级地区之间的节点联系平均空间尺度为 140 km（表 5.3.3）。

**表 5.3.3　2015 年沪宁走廊联系强度 20 万人次以上的联系强度**

| 排序 | 起讫点 A | 起讫点 B | 起讫点 AB 之间的联系强度 |
|---|---|---|---|
| 8 | 昆山南 | 苏州 | 224 000 |
| 7 | 苏州 | 南京 | 231 000 |
| 6 | 苏州 | 无锡 | 296 000 |
| 5 | 上海市区 | 常州 | 335 000 |
| 4 | 上海市区 | 南京 | 412 000 |
| 3 | 上海市区 | 昆山南 | 473 000 |
| 2 | 上海市区 | 无锡 | 512 000 |
| 1 | 上海市区 | 苏州 | 964 000 |

#### 5. 二级地区“流空间”特征

14 个二级地区中，聚集规模 200 000 人次以上的有昆山、丹阳、苏州园区，其中昆山超过 80 万人，远远大于其他二级地区的客流量；20 000—200 000 人次是无锡新区、惠山、戚墅堰、安亭；聚集规模 2 000—20 000 人次的是阳澄湖、苏州新区、南翔、仙林；总客流 2 000 人次以下的是丹徒、宝华山、花桥（图 5.3.8）。

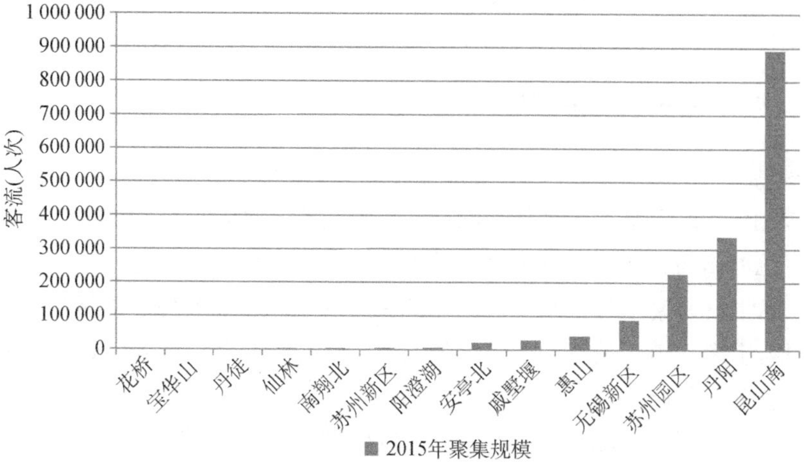


**图 5.3.8　2015 年沪宁走廊二级地区聚集规模**

分析 14 个二级地区的联系紧密度最高的是 6 个核心/一级地区，与行政隶属核心/一级地区的联系远远小于其他核心/一级地区。与上海联系紧密度最高的二级地区大多分布于苏州市域，在无锡和常州市域的二级地区与上海联系紧密度减弱，在上海市域内和南京市域内的二级地区与上海的联系紧密度较低。与苏州的联系紧密度最高的二级地区分布于上海市域、无锡市域东部和苏州市域的东部，与苏州站距离很近的苏州园区、苏州新区和苏州的联系紧密度很低。二级地区与常州市和镇江市的联系紧密度普遍较低，只有丹阳与这两个一级地区的紧密度稍高。与南京联系紧密度较高的二级地区分布于上海市域、镇江市域、常州市域。

从每个二级地区的联系紧密度分布来看，8 个二级地区的联系紧密度最大的是上海市，3 个二级地区联系紧密度最大的是苏州，1 个是南京，1 个是镇江，1 个是常州。其中，苏州市域的二级地区和上海的联系紧密度最高（表 5.3.4）。

**表 5.3.4　　2015 年沪宁走廊二级地区对外联系紧密度排序**

| 地区 | 上海 | 南京 | 苏州 | 无锡 | 常州 | 镇江 |
|---|---|---|---|---|---|---|
| 南翔 | 0.09 | 0.17 | 0.37 | 0.13 | 0.06 | 0.05 |
| 安亭 | 0.13 | 0.19 | 0.35 | 0.14 | 0.06 | 0.09 |
| 花桥 | 0.30 | 0.12 | 0.30 | 0.04 | 0.10 | 0.02 |
| 昆山 | 0.68 | 0.08 | 0.36 | 0.12 | 0.08 | 0.05 |
| 阳澄湖 | 0.61 | 0.09 | 0.15 | 0.06 | 0.04 | 0.02 |
| 苏州园区 | 0.73 | 0.08 | 0.01 | 0.09 | 0.06 | 0.02 |

（续表）

| 地区 | 上海 | 南京 | 苏州 | 无锡 | 常州 | 镇江 |
|---|---|---|---|---|---|---|
| 苏州新区 | 0.30 | 0.11 | 0.05 | 0.23 | 0.16 | 0.04 |
| 无锡新区 | 0.43 | 0.09 | 0.30 | 0.01 | 0.08 | 0.03 |
| 惠山 | 0.36 | 0.14 | 0.18 | 0.06 | 0.15 | 0.04 |
| 戚墅堰 | 0.35 | 0.14 | 0.22 | 0.17 | 0.02 | 0.05 |
| 丹徒 | 0.15 | 0.15 | 0.29 | 0.13 | 0.13 | 0.05 |
| 丹阳 | 0.22 | 0.29 | 0.12 | 0.10 | 0.19 | 0.31 |
| 宝华山 | 0.25 | 0.25 | 0.19 | 0.13 | 0.03 | 0.11 |
| 仙林 | 0.10 | 0.03 | 0.15 | 0.16 | 0.35 | 0.04 |

分析聚集规模较大的二级地区昆山、丹阳、苏州园的联系紧密度。

昆山与上海的联系紧密度最高，达 0.53，是与行政隶属一级地区苏州联系紧密度的 2 倍。2010 年上海是苏州联系强度 4.8 倍，二者相比，2015 年差异明显缩小。与昆山联系紧密度较大的还有核心地区南京、邻近一级地区无锡，但是与 2010 年相比都有所下降。与其他二级地区的联系强度都不大，但是较 2010 年有所提升，与丹阳、苏州园区等地的联系紧密度分别在 0.01—0.02 之间(图 5.3.9)。

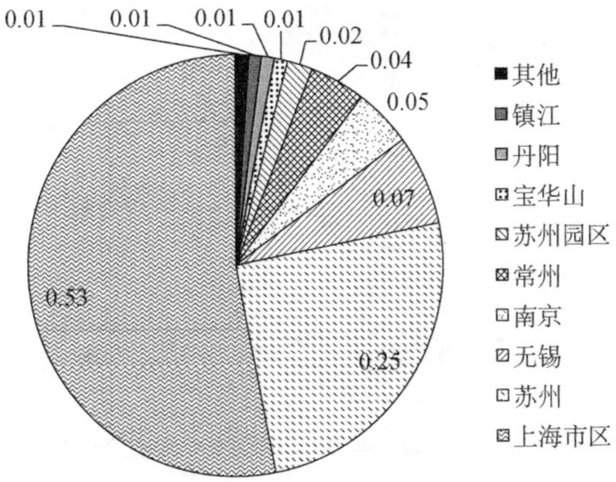


**图 5.3.9　2015 年昆山联系紧密度分布**

丹阳与其他节点的联系中，与南京、上海的紧密度最大，二者相加为 0.42，较 2010 年有所下降。与行政隶属一级地区镇江的紧密度明显上升，为 0.2，与上海等同。在二级地区中，联系紧密度最大的是昆山，约为 0.03，其他二级地区的紧密度相加仅为 0.01(图 5.3.10)。

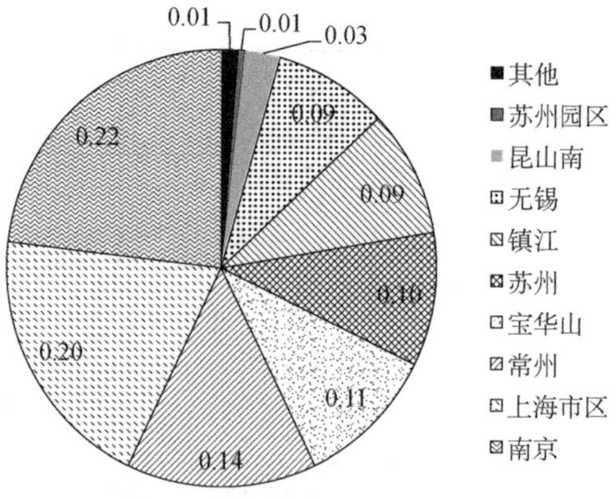


**图 5.3.10　2015 年丹阳联系紧密度分布**

苏州园区与上海的联系紧密度最大，达到 0.68，该值较 2010 年略有下降。与核心地区南京、邻近的一级地区无锡的紧密度分别为 0.06 和 0.08。与二级地区的联系紧密度中，昆山最大，较 2010 年增长了一倍，甚至超过核心地区南京。苏州园区与行政隶属一级地区苏州的联系强度依然较弱，但是从 2010 年的几乎可以忽略不计，上升为 0.01（图 5.3.11）。

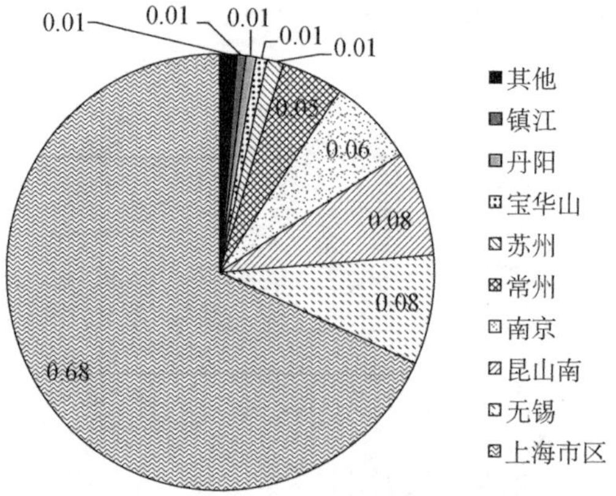


**图 5.3.11　2015 年苏州园区联系紧密度分布**

## 6. 空间网络形态与结构

2015 年空间网络干线有 3 条，包括上海—苏州、上海—无锡、上海—昆山，其中南京—上海下降为强度支线；强度支线有五条，包括苏州—昆山、苏州—无锡、苏州—南京、上海—南京、上海—常州；紧密度支线为上海—阳澄湖、上海—苏州园区两条。

2015 年空间网络中的最高等级的节点为上海、苏州，其高强度联系数量最多、聚集规模最大；第二位序为无锡、南京、常州、昆山，聚集规模低于上海、苏州，但是高强度、中高强度联系数量较多；第三位序为镇江、丹阳，以中高、中低强度联系为主。

2015 年的沪宁走廊空间网络结构中，干线构成了上海—苏州—无锡、上海—昆山—苏州紧密联系地带，呈现出“苏锡沪”三角强联系的特征。网络干线集中于走廊的东部，强度支线多为核心/一级地区之间的联系，紧密度支线为上海和苏州市域二级地区之间的联系。说明上海和苏州、苏州市域联系既强又密，嵌套特征十分明显，具有均衡发展的趋势(表 5.3.5、图 5.3.12)。

**表 5.3.5　　2015 年沪宁走廊城市位序分类**

| 位序 | 节点 | 高强度节点联系 | 中高强度节点联系 | 聚集规模(人次/月) |
| --- | --- | --- | --- | --- |
| 第一 | 上海 | 5 | 4 | 3 130 000 |
| | 苏州 | 4 | 4 | 2 020 000 |
| 第二 | 无锡 | 2 | 5 | 1 330 000 |
| | 南京 | 2 | 6 | 1 330 000 |
| | 常州 | 1 | 6 | 1 000 000 |
| | 昆山 | 2 | 3 | 891 000 |
| 第三 | 镇江 | 0 | 6 | 592 000 |
| | 丹阳 | 0 | 7 | 337 000 |
| | 苏州园区 | 0 | 1 | 226 000 |

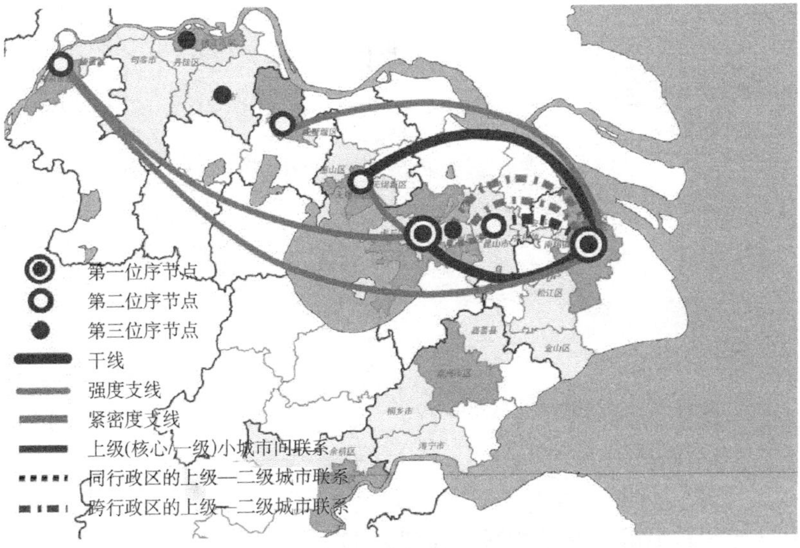


**图 5.3.12　2015 年沪宁走廊空间网络结构**

## 5.3.2 沪杭走廊

### 1. 联系强度

与2010年相同，将2012年沪杭城际铁路客流矩阵计算得出的36对节点联系进行联系强度排序、归类整理后，如表5.3.6、图5.3.13。

表5.3.6　　2012年沪杭走廊联系强度分类

| 联系强度 | 核心/一级地区之间联系(对) | 核心/一级地区与行政隶属二级地区之间联系(对) | 核心/一级地区与非行政隶属二级地区之间联系(对) | 同行政区划范围的二级地区之间联系(对) | 跨行政区划范围的二级地区之间联系(对) | 联系总计(对) |
|---|---|---|---|---|---|---|
| 0—2 000人次 | 0 | 2 | 2 | 4 | 11 | 19 |
| 2 000—20 000人次 | 0 | 3 | 5 | 0 | 0 | 8 |
| 20 000—200 000人次 | 2 | 1 | 5 | 0 | 0 | 8 |
| 200 000人次以上 | 1 | 0 | 0 | 0 | 0 | 1 |

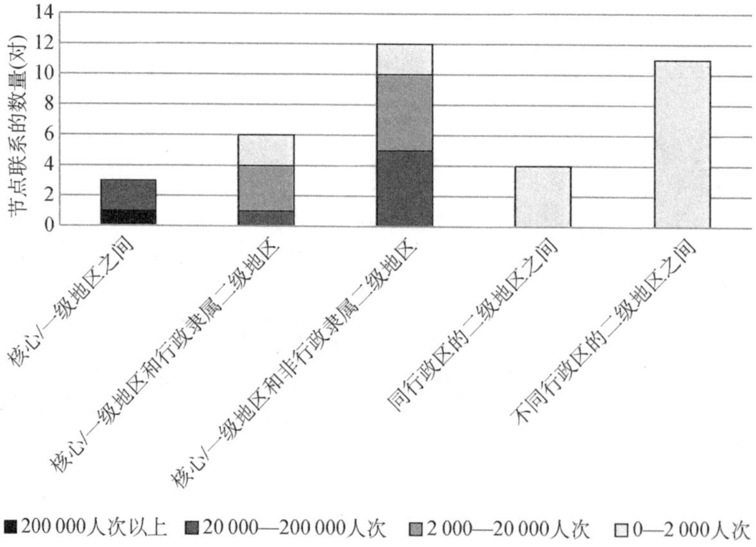


图5.3.13　2012年沪杭走廊联系强度分类

2012年沪杭城际铁路平均联系强度为41 114。

高强度的节点间联系只有 1 对，为上海—杭州；低联系强度的节点间联系最多，达到 19 对；中低强度、中高强度的节点间联系均为 8 对。

从联系类型来看，核心/一级地区之间的联系最强，二级地区与核心/一级地区间的联系次强，二级地区之间的联系强度一直很弱。

三个核心/一级地区之间的联系位居前三。2012 年嘉兴—上海的联系强度较嘉兴—杭州更高。

核心/一级地区与行政隶属二级地区的联系强度不大，只有杭州—余杭联系强度为中高等级(图 5.3.14)。

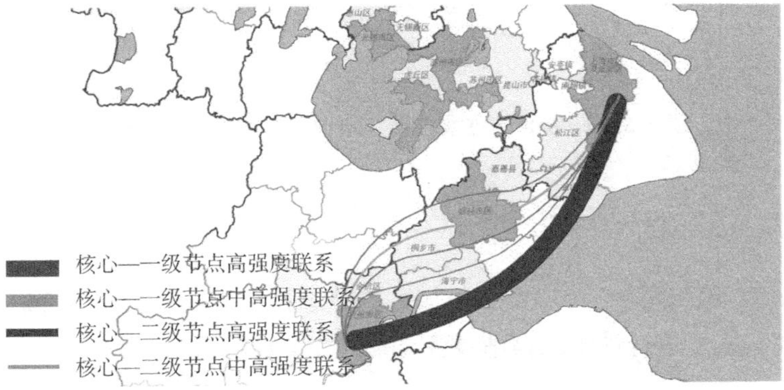


**图 5.3.14　2012 年沪杭走廊核心地区对外联系强度分布**

相比之下，核心/一级地区与非行政隶属二级地区的联系更强，联系强度中高的节点联系分别为桐乡、嘉善与上海、杭州的联系，以及上海—余杭(图 5.3.15)。

**图 5.3.15　2012 年沪杭走廊一级地区对外联系强度分布**

二级地区之间，无论是同行政区划范围还是跨行政区划范围，联系强度水平都很低(图 5.3.16)。

**图 5.3.16　2012 年沪杭走廊二级地区对外联系强度分布**

## 2. 联系紧密度

与 2010 年相同，将 2012 年沪杭城际铁路客流矩阵计算得出的 36 对节点联系的联系紧密度进行排序、归类整理后，得表 5.3.7、图 5.3.17。

**表 5.3.7　　2012 年沪杭走廊联系紧密度分类**

| 紧密度 | 核心/一级地区之间联系(对) | 核心/一级地区与行政隶属二级地区之间联系(对) | 核心/一级地区与非行政隶属二级地区之间联系(对) | 同行政区划范围的二级地区之间联系(对) | 跨行政区划范围的二级地区之间联系(对) |
|---|---|---|---|---|---|
| ＞0.5 | 3 | 1 | 6 | 0 | 0 |
| 0.4—0.5 | 0 | 0 | 1 | 0 | 0 |
| 0.3—0.4 | 0 | 1 | 1 | 0 | 0 |
| 0.2—0.3 | 0 | 1 | 1 | 0 | 0 |
| ＜0.2 | 0 | 3 | 3 | 4 | 11 |

紧密度高于 0.5 的核心/一级地区节点联系为三个核心/一级地区之间的节点联系，而且杭州—上海的紧密度值最高，达到 1.53。

核心/一级地区与行政隶属二级地区的只有 1 对高于 0.5 的联系，为上海—金山。相比之下，核心/一级地区与非行政隶属二级地区的紧密度略高，有 3 对高于 0.5 的联系。

二级地区之间的联系紧密度，无论是否处于同一行政区划范围，都处于低于 0.2 的最低等级(图 5.3.18)。

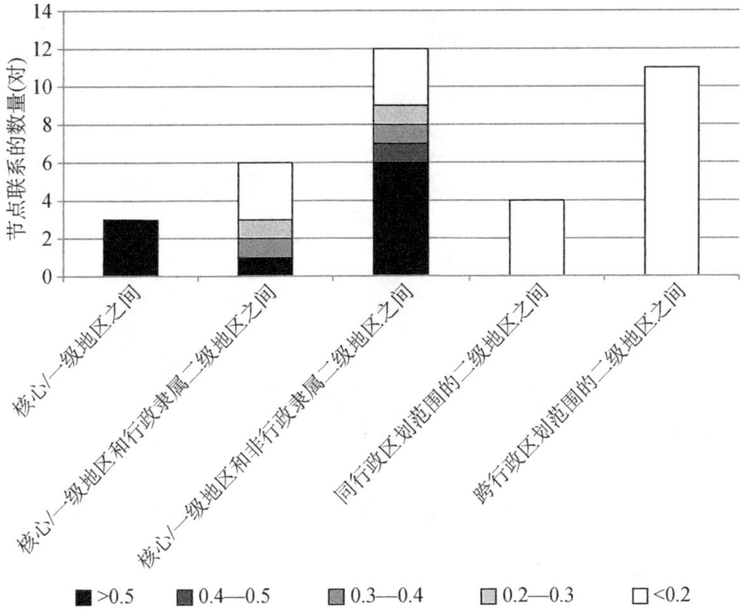


图 5.3.17　2012 年沪杭走廊联系紧密度分类

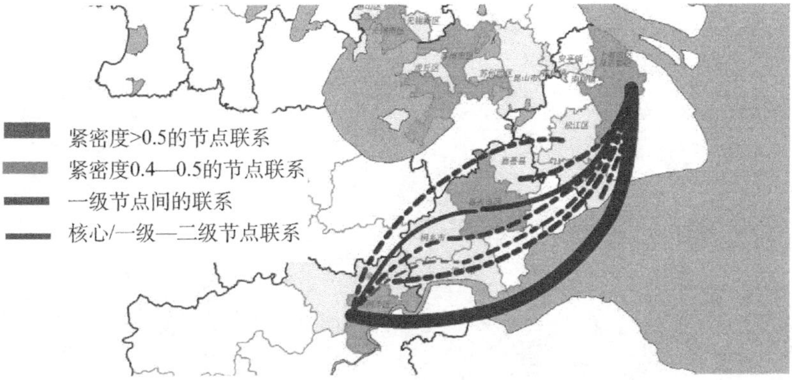


图 5.3.18a　2012 年沪杭走廊高等级联系紧密度分布(紧密度>0.4)

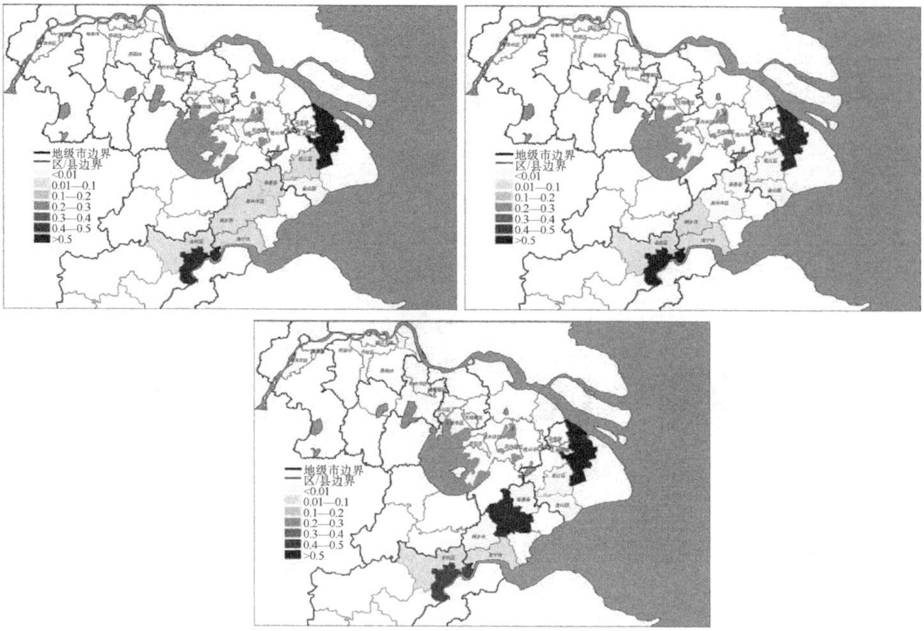


图 5.3.18b　2012 年沪杭走廊核心/一级地区联系紧密度总体分布

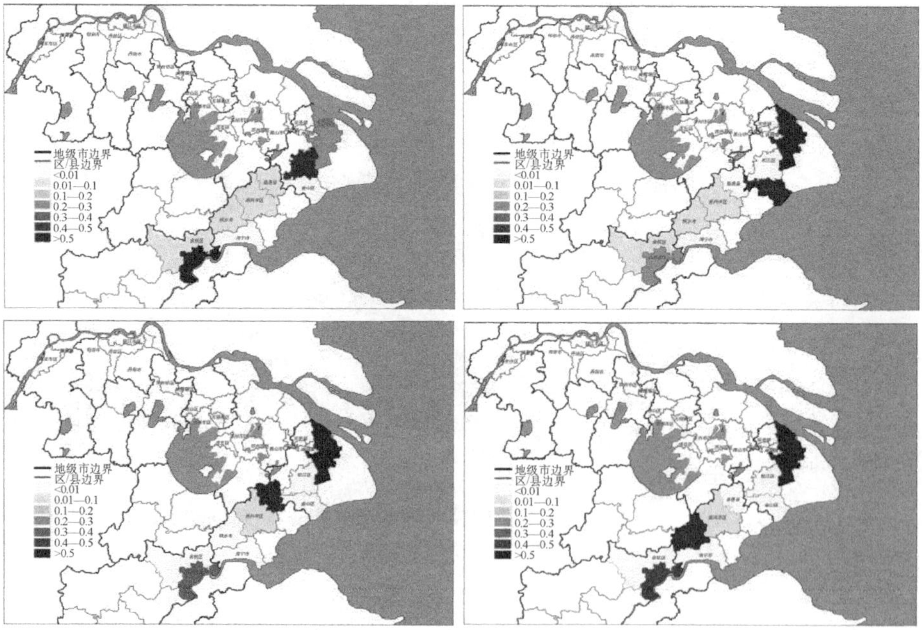

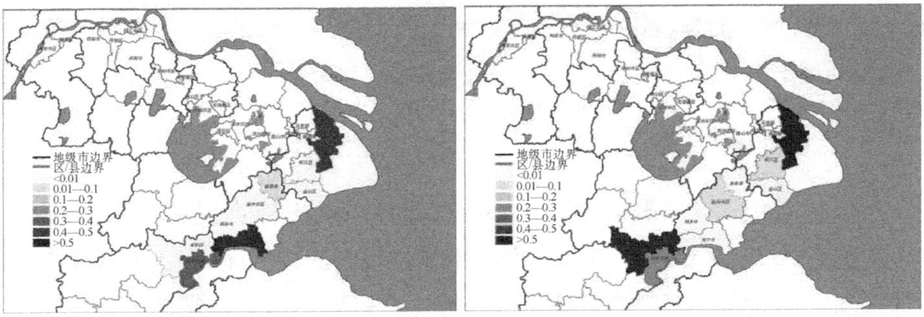


**图 5.3.18c　2012 年沪杭走廊二级地区联系紧密度总体分布**

## 3. 聚集规模

从各节点的聚集规模来看，核心地区明显较一级、二级地区更高，上海、杭州的聚集规模在 100 万人次以上；嘉兴的聚集规模超过 20 万人次；除了桐乡以外，其余中间站的聚集规模均在 10 万人次以下，最少的为金山，只有 1 万多人次（图 5.3.19）。

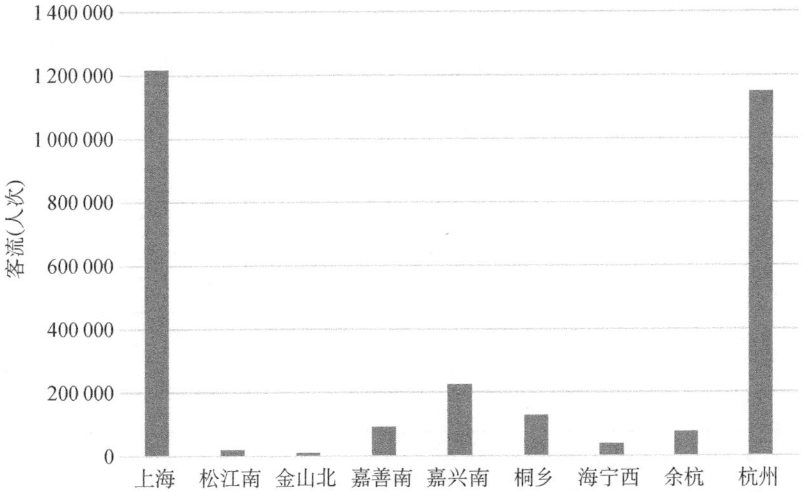


**图 5.3.19　2012 年沪杭走廊各站点聚集规模分布**

## 4. 核心/一级地区“流空间”特征

对核心/一级地区和二级地区分别分析。联系强度等级最高的节点联系（超过 200 000 人次)只有 1 对,在两个核心地区之间产生,达到平均联系强度的 22 倍。而嘉兴—上海、嘉兴—杭州的联系只有上海—杭州的 1/13—1/10,仅为平均联系强度的 2 倍多。

### 5. 二级地区“流空间”特征

对 6 个二级地区的聚集规模进行排序,聚集规模最大的是桐乡,约为 10 万人次,但是比沪宁走廊沿线二级地区中的聚集规模最大者相比,仅为其 1/10;但是沪杭走廊二级地区中聚集规模最小的也达到了 1 万人次,其差异相比沪宁走廊二级地区更小。

分析 6 个二级地区的 OD 客流紧密度,发现大部分客流都去往上海和杭州,与沪宁城际铁路类似,与行政隶属一级地区的联系紧密度远远小于与非行政隶属一级地区的紧密度。

从每个二级地区车站的对外联系紧密度排序来看,6 个车站中有 5 个车站的联系紧密度最高的是上海市,1 个车站的联系紧密度最高的是杭州市。上海与大部分二级地区的联系紧密度最高(表 5.3.8)。

**表 5.3.8　　二级地区对外联系紧密度排序**

| 地区 | 上海 | 嘉兴 | 杭州 |
|---|---|---|---|
| 松江 | 0.22 | 0.02 | 0.56 |
| 金山 | 0.54 | 0.09 | 0.29 |
| 嘉善 | 0.51 | 0.01 | 0.43 |
| 桐乡 | 0.50 | 0.01 | 0.46 |
| 海宁 | 0.49 | 0.09 | 0.39 |
| 余杭 | 0.60 | 0.06 | 0.30 |

### 6. 空间网络形态特征

网络特征的判定标准与沪宁城际铁路相同。

2012 年网络干线与 2010 年相同,为上海—杭州。

网络支线方面,依然没有强度支线;紧密度支线为嘉兴—上海、杭州—嘉兴、上海—金山、上海—嘉善、上海—桐乡、上海—余杭、桐乡—杭州、松江—杭州。

上海、杭州为空间网络第一位序的节点，聚集规模最大，节点联系强度最高；嘉兴和桐乡作为第三位序的节点，聚集规模仅为上海、杭州的 1/6，中高强度的节点联系分别只有 2 对(表 5.3.9、图 5.3.20)。

**表 5.3.9　　2012 年沪杭走廊城市位序分类**

| 位序 | 节点 | 高强度节点联系 | 中高强度节点联系 | 聚集规模(人次/月) |
|---|---|---|---|---|
| 第一 | 上海 | 1 | 4 | 1 218 000 |
|  | 杭州 | 1 | 4 | 1 148 000 |
| 第三 | 嘉兴 | 0 | 2 | 226 000 |
|  | 桐乡 | 0 | 2 | 129 000 |

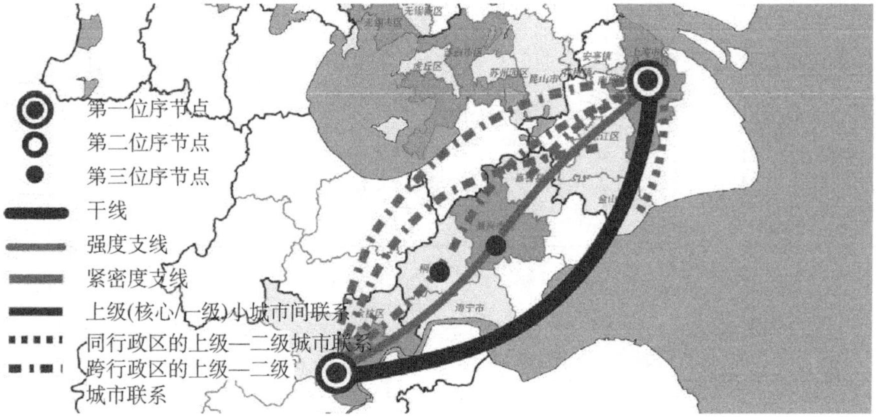


**图 5.3.20　2012 年沪杭走廊空间网络结构**

沪杭走廊 2012 年依然是“走廊”型的形态，保持了极化特征。

# 5.4　沪宁、沪杭走廊“流空间”对比

## 5.4.1　2010 年和 2015 年沪宁走廊“流空间”对比

### 1. 联系强度的变化

与 2010 年相比，2015 年沪宁城际铁路的平均联系强度增幅为 20%，达到 29 119 人次。比较 2010 年和 2015 年的城际铁路客流联系强度分类变化特征，如表 5.4.1、图 5.4.1。

**表 5.4.1　　2010 年和 2015 年沪宁走廊地区联系强度分类变化**

| 联系强度 | 核心/一级地区之间联系(对) | | 核心/一级地区与行政隶属二级地区联系(对) | | 核心/一级地区与非行政隶属二级地区联系(对) | | 同行政区划范围的二级地区之间联系(对) | | 跨行政区划范围的二级地区之间联系(对) | | 联系总计(对) | |
|---|---|---|---|---|---|---|---|---|---|---|---|---|
| | 2010 年 | 2015 年 | 2010 年 | 2015 年 | 2010 年 | 2015 年 | 2010 年 | 2015 年 | 2010 年 | 2015 年 | 2010 年 | 2015 年 |
| 2 000 人次以下 | 0 | 0 | 12 | 8 | 48 | 36 | 13 | 12 | 76 | 74 | 149 | 130 |
| 2 000—20 000 人次 | 0 | 0 | 0 | 3 | 14 | 18 | 1 | 1 | 1 | 3 | 16 | 25 |
| 20 000—200 000 人次 | 7 | 9 | 1 | 1 | 8 | 16 | 0 | 1 | 0 | 0 | 16 | 27 |
| 200 000 人次以上 | 8 | 6 | 0 | 1 | 1 | 1 | 0 | 0 | 0 | 0 | 9 | 8 |

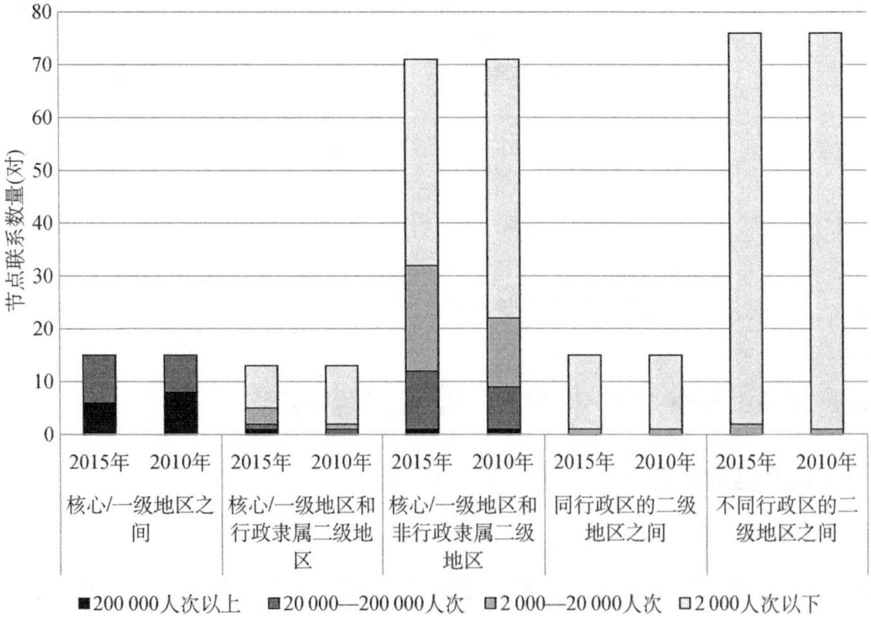


**图 5.4.1　2010 年和 2015 年沪宁走廊联系强度分类变化**

对比 5 年间 190 对节点联系的强度等级变化，发现联系强度的差异在缩小，有均衡发展的趋势。

最高强度的节点联系数量最少，2010 年有 9 对，2015 年减少为 8 对；最低强度等级的节点联系最多，但是 5 年间也明显下降，2010 年达到 149 对，2015 年减少为 130 对，减少幅度为 10%；另外强度中高、中低强度的节点联系 2010 年均为 16 对，2015 年分别增加 9 对、11 对，增幅分别为 56%和 69%。一方面，说明空间网络中各城市间联系指向是较为明确的，集中在几条主要的联络线上，具有非均衡化特征。另一方面，在城际铁路的作用下，节点间联系强度的差异在缩小，联系强度最高和最低的节点联系减少了，中等强度的节点联系增多了。

高强度的节点联系(200 000 人次以上)中，上海—苏州、上海—无锡、上海—昆山的排名都提高一位，上海—南京下降三位；上海—常州排名不变；南京的联系强度明显下降，相比之下，苏州的联系强度上升。一级地区镇江甚至没有节点联系为高强度。可以看出，南京、镇江与其他城市的联系强度都降低了。昆山的对外联系强度上升，比 2010 年它与苏州的联系跻入联系强度最大的分组中。高强度的联系空间距离为 121 km，较 2010 年减少 35 km。中高强度(20 000—200 000 人次)的节点联系的空间距离为 111 km，较 2010 年增长 11 km。

从联系类型角度分析，核心/一级地区与行政隶属二级地区的联系强度依然不大，但是与 2010 年相比有所上升，有 1 对节点联系为高强度，上升了一个等级，为苏州—昆山；有 1 对节点联系为中高强度，保持不变，为丹阳—镇江；3 对节点联系为中低强度，分别为苏州园区—苏州、上海—安亭、无锡—惠山；8 对节点联系是低强度，较 2010 年减少 4 对，减少幅度达 33%。

相比之下，核心/一级地区与非行政隶属二级地区的联系强度更高，增幅更明显，有 16 对节点联系为中高强度，较 2010 年增加了 100%，分别为上海—苏州园区、镇江—南京、丹阳—南京、上海—镇江、上海—丹阳、昆山—无锡、常州—丹阳、昆山—南京、昆山—常州、上海—无锡新区、苏州—丹阳、苏州—镇江、常州—镇江、无锡—丹阳、苏州—无锡新区、无锡—镇江；还有 1 对高强度的节点联系，为上海—昆山；低强度的节点联系则从 2010 年的 48 对减少到 36 对，下降幅度为 25%。

从联系类型来看，核心/一级地区之间的联系在减弱，二级地区与核心/一级地区间的联系在加强，二级地区之间的联系强度一直很弱。

核心/一级地区之间的联系强度在 5 年间呈下降趋势。其中高强度的节点联系减少了 2 条，其中无锡—南京、镇江—南京和常州—南京下降为中高强度，苏州—无锡从中高强度上升为高强度。2010 年联系强度最大的 9 对节点联系中，有 8 对都是核心/一级地区之间的节点联系，占 89%；2015 年联系强度最大的 8 对节点联系中，核心/一级地区之间的节点联系下降到 6 对，占 75%。

核心/一级地区与行政隶属二级地区的联系强度在 5 年间有所上升，2010 年联系强度最高(200 000 人次以上)的 9 对节点联系中，没有核心/一级地区与行政隶属二级地区的联系，2015 年有 1 对，为昆山—苏州。2010 年和 2015 年联系强度中高(20 000—200 000 人次)的节点联系均为 1 对，从苏州—昆山转变为丹阳—镇江；2015 年联系强度中低(2 000—20 000 人次)的节点联系有 3 对，分别为苏州园区—苏州、上海—安亭、无锡—惠山，较 2010 年增加 2 对；2015 年联系强度最低(2 000 人次以下)的节点联系有 8 对，较 2010 年减少 4 对，减少幅度达 33%。

核心/一级地区与非行政隶属二级地区的联系强度在 5 年间明显上升，2010 年联系强度最高(200 000 人次以上)的 9 对节点联系中，有 1 对是核心/一级地区与非行政隶属二级地区，为昆山—上海，2015 年保持不变。2015 年核心/一级地区与非行政隶属二级地区之间的中高强度(20 000—200 000 人次)的节点联系联系达到 11 对，较 2010 年增加 3 对，增幅达 37.5%，增加的 3 对为苏州—无锡新区、苏州—丹阳、上海—无锡新区。其中苏州园区与上海市区的联系强度大于上海市区和镇江的联系强度。

二级地区之间，无论是同行政区划范围还是跨行政区划范围，联系强度一直较弱。2015 年同行政区划范围的二级地区之间，有 1 对节点联系的强度为中低(2 000—20 000 人次)等级，为昆山—苏州园区，与 2010 年相同。2015 年跨行政区划范围的二级地区之间的节点联系强度为中低等级的有 2 对，分别为昆山—丹阳、昆山—无锡新区，后者为 2015 年新增。其他二级地区联系几乎都为低强度。

对比 2010 和 2015 年，可以得出，基于城际铁路客流的核心/一级地区之间联系强度相对核心/一级与二级地区联系强度有所下降，二级地区能借助城际铁路可达性，与核心/一级地区之间的联系更便利，由此产生“流”，起到了促进二级地区跨行政区划范围的对外联系。

### 2. 联系紧密度的变化

分别将 2010 年和 2015 年 190 对节点联系的联系紧密度进行对比，如图 5.4.2 所示。

对比结果显示，从 2010 年到 2015 年，城市间的联系紧密度有所下降，特别是核心/一级地区间的联系紧密度下降明显。2015 年紧密度高于 0.5 的一级地区之间的联系较 2010 年减少了一半，上海—苏州和上海—无锡保持紧密度等级不变，上海—南京和镇江—南京都下降一个等级到 0.4—0.5。紧密度为 0.3—0.4

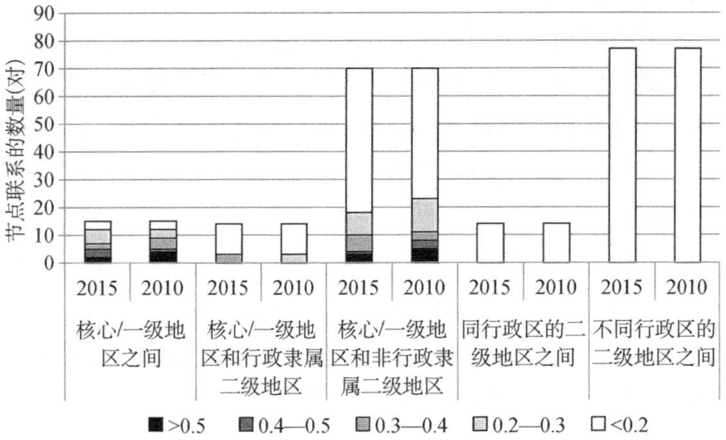


**图 5.4.2　2010 年和 2015 年沪宁走廊联系紧密度分类变化**

的一级地区联系有 3 对下降为 0.2—0.3，分别为苏州—南京、无锡—南京、上海—镇江。苏州—无锡则从 2010 年的 0.2—0.3 紧密度提升为 2015 年的 0.3—0.4。紧密度低于 0.2 的一级地区不变，为无锡—镇江、苏州—镇江、常州—镇江。

核心/一级地区与行政隶属二级地区的紧密度略有上升，2015 年有 3 对节点联系的紧密度为 0.3—0.4，分别为昆山—苏州、丹阳—镇江、花桥—苏州。2010 年紧密度最高的 3 对节点为 0.2—0.3，分别为昆山—苏州、上海—南翔、仙林—南京。

核心/一级地区与非行政隶属二级地区的紧密度下降，2010 年紧密度高于 0.5 的为上海—阳澄湖、上海—昆山、上海—苏州园区、上海—无锡新区、上海—苏州新区，后两者的紧密度在 2015 年下降为 0.4—0.5 和 0.3—0.4 等级。紧密度为 0.4—0.5 的节点联系从 2010 年的 3 对下降到 2015 年的 1 对。紧密度为 0.2—0.3 和低于 0.2 的节点联系，均在 5 年间增加了 50%和 10%。

二级地区之间的联系紧密度，无论是否处于同一行政区划范围，都没有变化，2010 年和 2015 年均处于低于 0.2 的最低等级。

从以上结果得出，核心/一级地区之间、核心/一级地区与非行政隶属二级地区之间的联系下降了，也可以认为核心/一级地区在区域中的极化程度下降，使人的活动更为平均和分散。

从上述二级地区的联系紧密度格局可以看出，基于城际铁路的“流空间”中，2010 年二级地区与行政隶属核心/一级地区的联系较弱，反而与非行政隶属的高位序地区的联系强度较大。2015 年与 2010 年相比，它们与行政隶属与非行政隶属的高位序地区的联系有所上升。

总体来说，节点间联系的紧密度在5年间下降了，乘客的活动变得分散了，核心/一级地区在城市群中的极化发展趋势也减弱了。因而具有扁平化的空间网络变化趋势，即突破地域行政限制、寻求横向联系的城市联系。区别于遵循距离衰减规律的邻近型联系，依托城际铁路的节点联系变化具有“空间不连续”的特征，显现出跳跃关联的趋势。

### 3. 聚集规模的变化

对比2010年和2015年沪宁城际铁路总聚集规模，发现规模明显扩大。2010年总聚集规模为460万人次，2015年总聚集规模为553万人次，5年间总聚集规模共增长20%(图5.4.3)。

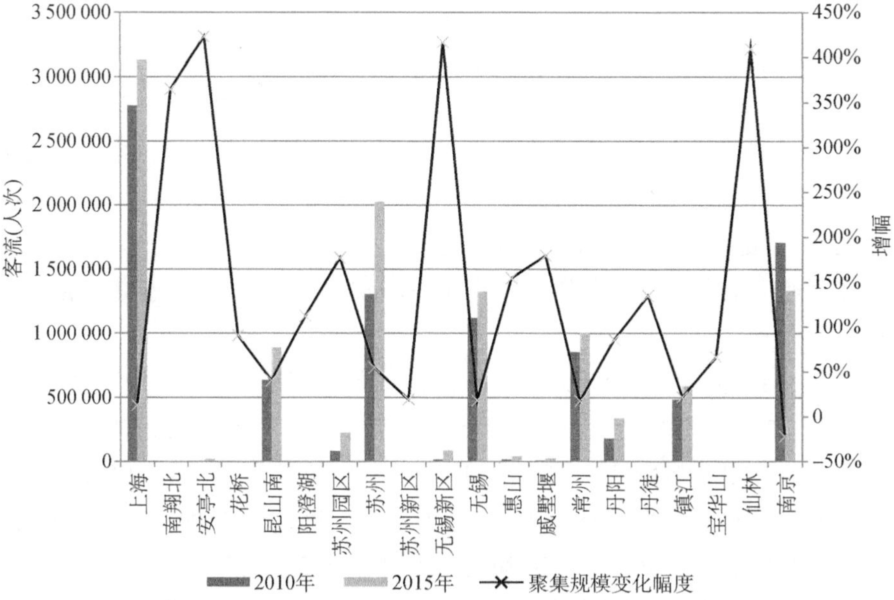


**图5.4.3 2010年和2015年沪宁走廊聚集规模变化**

5年间各节点的聚集规模除了南京以外，都有不同幅度的上升。2010年聚集规模最大的是核心/一级地区，超过200 000人次/月的依次为上海、南京、苏州、无锡、常州、昆山、镇江；2015年依次为上海、苏州、无锡、南京、常州、昆山、镇江、丹阳、苏州园区。2010年和2015年核心/一级地区的聚集规模平均值为1 377 000和1 569 000，二级地区分别为68 000和118 000，核心/一级地区明显大于二级地区。

虽然聚集规模绝对数值是一级地区高于二级地区，然而后者的聚集规模增长速度远远超出前者。二级地区的聚集规模平均增长幅度为 191%，核心/一级地区为 17%，二级地区显著大于核心/一级地区。聚集规模增长幅度最大的依次是安亭、无锡新区、仙林、南翔，都达到了 360%以上，增长幅度最小的依次是南京、上海、常州、镇江、苏州新区，都在 22%以下。

该指标代表了网络中城市的节点性，它是由“流”的分布决定的。“流”的变化决定了各节点在区域中的排序。

### 4. 核心/一级地区“流空间”变化

2015 年联系强度最高的核心/一级地区的联系格局与 2010 年相比发生了很大变化，最强的节点联系从“上海—南京”的廊道型形态，转变成“上海—苏州—无锡”的三角形形态，联系密集地区向东侧移动，主要联系通道的距离明显缩短。

2015 年与 2010 年相比，核心/一级地区空间网络中，首位联系城市不变，次位联系城市从南京转变为苏州。2010 年，上海和南京分别是空间网络中的首位和次位联系城市，联系强度等级最高的 8 对核心/一级地区之间的节点联系均与以上两个城市相关，其中最强的是上海和南京之间的节点联系。2015 年上海和苏州分别是空间网络中的首位和次位联系城市，联系强度等级最高的 8 对节点联系中，全部是与上海和苏州相关，其中最强的是上海和苏州之间的节点联系。

在两个时间节点上，一级地区与核心地区的联系强度变化趋势一致，但是上海的影响强于南京，且有扩大趋势。一级地区与上海和南京的联系强度比值结果显示，上海比南京与一级地区的联系强度更大，随着城市与南京的距离减小，与上海联系呈递减趋势。与 2010 年相比，2015 年 4 个一级地区无论远近，与上海的联系强度均有所上升。其中上升幅度最大的是常州，幅度最小的是镇江(表 5.4.2)。

**表 5.4.2　2010 年和 2015 年沪宁走廊核心与一级地区联系强度比值对照**

| 地区 | 2010 年 | 2015 年 |
|---|---|---|
| 上海—苏州/南京—苏州 | 3.0 | 4.2 |
| 上海—无锡/南京—无锡 | 2.3 | 2.8 |
| 上海—常州/南京—常州 | 1.3 | 2.0 |
| 上海—镇江/南京—镇江 | 0.6 | 0.7 |

2015 年和 2010 年相比，核心/一级地区的联系紧密度总体呈下降趋势，其中南京、上海、镇江与其他一级地区的联系紧密度几乎都有不同程度的下降，苏州除了和南京的联系紧密度下降，和其他一级地区的紧密度都有所上升，其中苏州和

无锡的紧密上升最明显。无锡、常州与其他 2 个一级地区的联系紧密度均上升（表 5.4.3、图 5.4.4）。

**表 5.4.3　2010 年和 2015 年沪宁走廊核心/一级地区联系紧密度变化**

| 地区 | 上海 | 苏州 | 无锡 | 常州 | 镇江 | 南京 |
|---|---|---|---|---|---|---|
| 上海 | 0 | +0.05 | −0.04 | −0.01 | −0.02 | −0.24 |
| 苏州 | +0.05 | 0 | +0.09 | +0.04 | +0.04 | −0.02 |
| 无锡 | −0.04 | +0.09 | 0 | +0.01 | −0.05 | −0.06 |
| 常州 | −0.01 | +0.04 | +0.01 | 0 | −0.01 | −0.07 |
| 镇江 | −0.02 | +0.04 | −0.05 | −0.01 | 0 | −0.08 |
| 南京 | −0.24 | −0.02 | −0.06 | −0.07 | −0.08 | 0 |

注：+表示上升，−表示下降

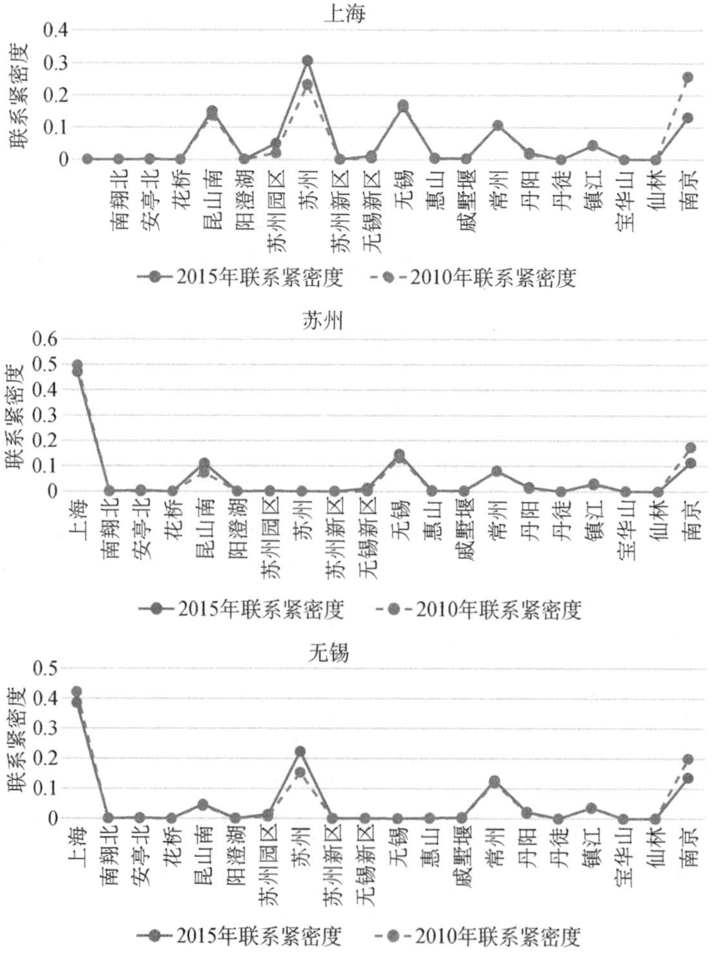

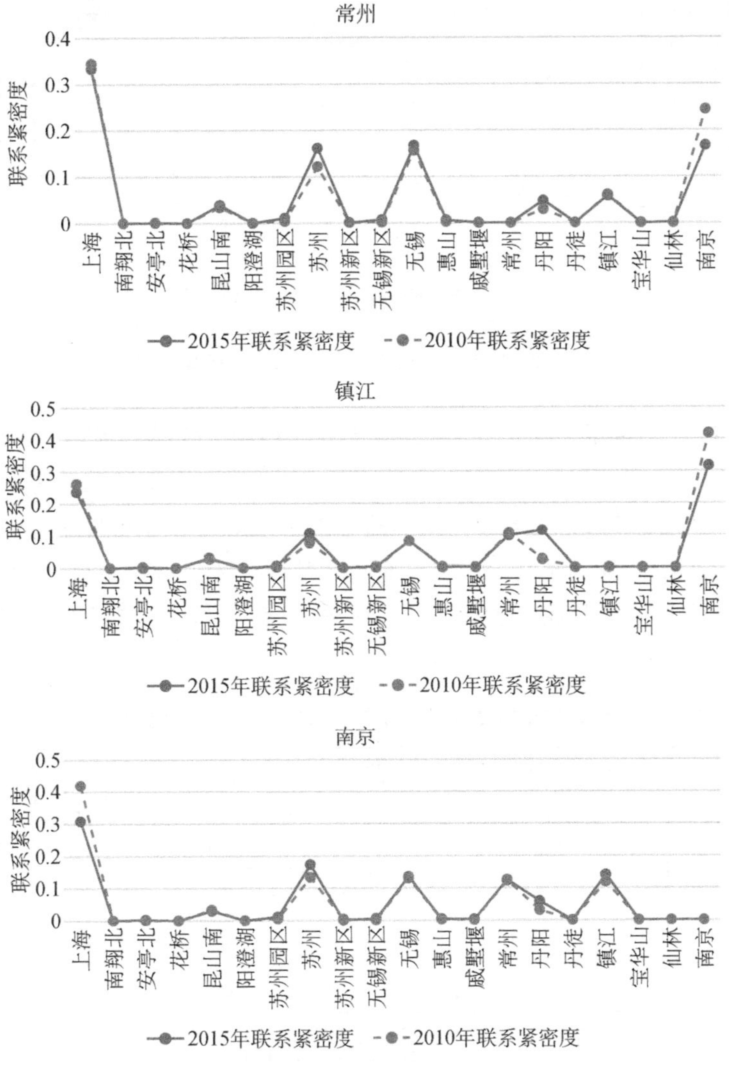


**图 5.4.4　2010 年和 2015 沪宁走廊核心/一级地区联系构成变化**

## 5. 二级地区“流空间”变化

从 14 个二级地区的聚集规模来看，2010 年和 2015 年的排序变化不大，聚集规模排在第一位的是昆山，远远大于其他二级地区；然而丹阳和苏州园区在 5 年间的变化速度很快，聚集规模提升了一个等级；聚集规模一直小于 2 000 人次的是阳澄湖、苏州新区、南翔、宝华山、仙林、丹徒、宝华山、花桥(图 5.4.5)。

从二级地区对外联系的紧密度分析，上海、南京与各二级地区的联系紧密度

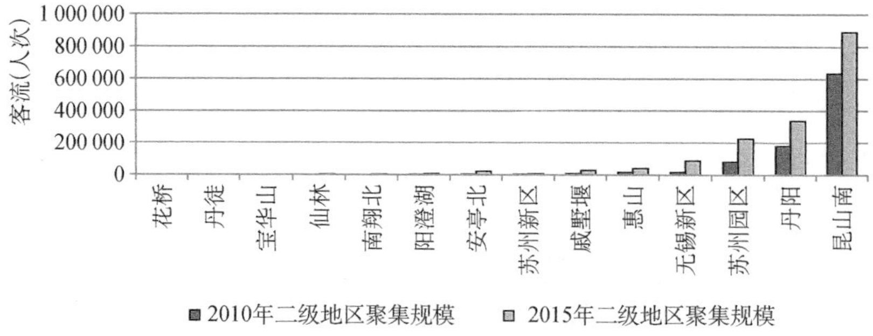


**图 5.4.5　2010 年和 2015 沪宁走廊二级地区聚集规模变化**

一直排在最高、次高两位,但是 5 年间有下降趋势,苏州市与二级地区的联系紧密度明显上升。2010 年 14 个车站中有 8 个车站与上海市的联系紧密度最高,2015 年依然是 8 个;2010 年有 5 个车站与南京市的联系紧密度最高,2015 年下降为 1 个;2010 年无锡市与 1 个二级地区联系紧密最高,2015 年转变为 3 个二级地区与苏州市联系紧密最高,1 个与常州市、1 个与镇江市联系紧密度最高(表 5.4.4、图 5.4.6、图 5.4.7)。

**表 5.4.4　2010 年和 2015 年沪宁走廊二级地区联系紧密度变化**

| 地区 | 上海 | | 南京 | | 苏州 | | 无锡 | | 常州 | | 镇江 | |
|---|---|---|---|---|---|---|---|---|---|---|---|---|
| | 2010年 | 2015年 | 2010年 | 2015年 | 2010年 | 2015年 | 2010年 | 2015年 | 2010年 | 2015年 | 2010年 | 2015年 |
| 南翔 | 0.20 | 0.09 | 0.15 | 0.17 | 0.15 | 0.37 | 0.40 | 0.13 | 0 | 0.06 | 0.05 | 0.05 |
| 安亭 | 0.07 | 0.13 | 0.46 | 0.19 | 0.10 | 0.35 | 0.13 | 0.14 | 0.12 | 0.06 | 0.04 | 0.09 |
| 花桥 | 0.34 | 0.30 | 0.25 | 0.12 | 0 | 0.30 | 0.20 | 0.04 | 0.04 | 0.10 | 0.04 | 0.02 |
| 昆山 | 0.74 | 0.68 | 0.12 | 0.08 | 0.22 | 0.36 | 0.12 | 0.12 | 0.08 | 0.08 | 0.05 | 0.05 |
| 阳澄湖 | 0.80 | 0.61 | 0.03 | 0.09 | 0.05 | 0.15 | 0.06 | 0.06 | 0.03 | 0.04 | 0.01 | 0.02 |
| 苏州园区 | 0.71 | 0.73 | 0.12 | 0.08 | 0 | 0.01 | 0.11 | 0.09 | 0.04 | 0.06 | 0.01 | 0.02 |
| 苏州新区 | 0.60 | 0.30 | 0.14 | 0.11 | 0.01 | 0.05 | 0.02 | 0.23 | 0.10 | 0.16 | 0.04 | 0.04 |
| 无锡新区 | 0.60 | 0.43 | 0.12 | 0.09 | 0.10 | 0.30 | 0.01 | 0.01 | 0.07 | 0.08 | 0.02 | 0.03 |
| 惠山 | 0.45 | 0.36 | 0.22 | 0.14 | 0.11 | 0.18 | 0.02 | 0.06 | 0.11 | 0.15 | 0.04 | 0.04 |
| 戚墅堰 | 0.37 | 0.35 | 0.19 | 0.14 | 0.13 | 0.22 | 0.22 | 0.17 | 0.02 | 0.02 | 0.04 | 0.05 |

（续表）

| 地区 | 上海 | | 南京 | | 苏州 | | 无锡 | | 常州 | | 镇江 | |
|---|---|---|---|---|---|---|---|---|---|---|---|---|
| | 2010 年 | 2015 年 | 2010 年 | 2015 年 | 2010 年 | 2015 年 | 2010 年 | 2015 年 | 2010 年 | 2015 年 | 2010 年 | 2015 年 |
| 丹徒 | 0.18 | 0.15 | 0.28 | 0.15 | 0.21 | 0.29 | 0.09 | 0.13 | 0.21 | 0.13 | 0.02 | 0.05 |
| 丹阳 | 0.27 | 0.22 | 0.32 | 0.29 | 0.11 | 0.12 | 0.13 | 0.10 | 0.17 | 0.19 | 0.09 | 0.31 |
| 宝华山 | 0.21 | 0.25 | 0.27 | 0.25 | 0.08 | 0.19 | 0.10 | 0.13 | 0.24 | 0.03 | 0.03 | 0.11 |
| 仙林 | 0.10 | 0.10 | 0.29 | 0.03 | 0.08 | 0.15 | 0.04 | 0.16 | 0.25 | 0.35 | 0.09 | 0.04 |

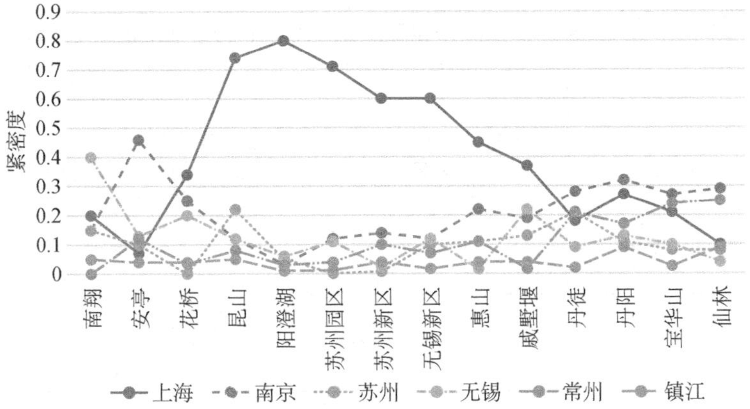


**图 5.4.6　2010 年沪宁走廊核心/一级地区与二级地区联系紧密度构成**

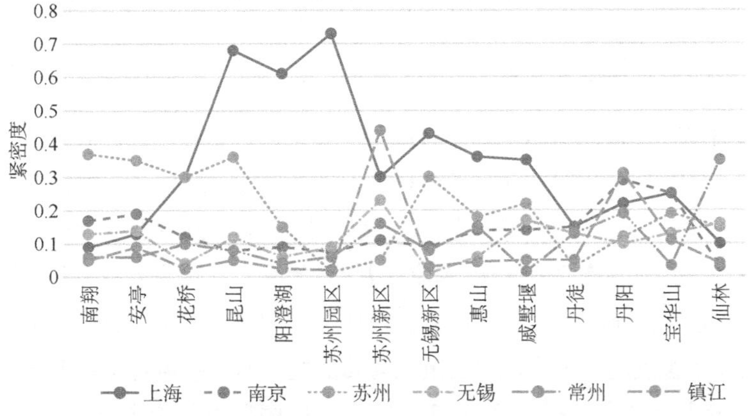


**图 5.4.7　2015 年沪宁走廊核心/一级地区与二级地区联系紧密度构成**

虽然 2015 年大部分二级地区联系紧密度最高的核心/一级地区依然是上海，然而集中程度开始降低；2010 年跨行政区划范围的联系最活跃，2015 年在此基础上，行政区划范围内部的联系也逐渐增多。二级地区与核心/一级地区的联系具有均衡化趋势，不仅与某一个核心/一级地区联系特别紧密。较紧密的节点联系空间尺度具有明显的变短趋势。

将联系紧密度的空间对象分为行政隶属与非行政隶属两类，对比5年间的变化，发现苏州、镇江与行政隶属二级地区的联系紧密度上升，常州、南京与行政隶属二级地区的联系紧密度下降；上海、南京与非行政隶属二级地区的联系紧密度普遍下降，苏州、常州、镇江与非行政隶属二级地区的联系紧密度呈上升趋势。

二级地区和核心/一级地区之间的紧密度变化显示了均衡的趋势，原因在于区域中乘客出行的分散化而产生的去中心化的"流"(表5.4.5)。

**表5.4.5　2010年和2015年沪宁走廊核心/一级地区与二级地区联系紧密度分类对照**

| 地区 | 行政隶属 | | 非行政隶属 | |
|---|---|---|---|---|
| | 紧密度上升的二级地区数量(个) | 紧密度下降的二级地区数量(个) | 紧密度上升的二级地区数量(个) | 紧密度下降的二级地区数量(个) |
| 上海 | 1 | 1 | 2 | 9 |
| 苏州 | 5 | 0 | 8 | 1 |
| 无锡 | 1 | 1 | 5 | 5 |
| 常州 | 0 | 1 | 9 | 3 |
| 镇江 | 3 | 0 | 7 | 1 |
| 南京 | 0 | 1 | 2 | 11 |

### 6. 空间网络形态的变化

2015年与2010年相比，网络干线减少为3条，包括上海—苏州、上海—无锡、上海—昆山，其中南京—上海下降为强度支线；强度支线增加1条，包括苏州—昆山、苏州—无锡、苏州—南京、上海—南京、上海—常州，其中新增苏州—昆山、苏州—无锡、南京—上海，减少南京—无锡、南京—常州；紧密度支线为上海—阳澄湖、上海—苏州园区，较2010年减少2条。从节点联系来看，上海、苏州、无锡、昆山、丹阳与其他城市的联系强度均有上升，南京、镇江与其他城市的联系强度均有下降。

2015年与2010年相比，第一、第二、第三位序节点均有差异。2010年上海、南京为第一位序节点，2015年上海保持等级地位不变，而南京与其他城市的联系强度下降，降低为第二位序节点；2010年无锡、苏州、常州为第二位序节点，2015年无锡、常州普通节点地位不变，苏州上升为第一位序节点；2010年镇江、丹阳、昆山为第三位序节点，2015年镇江、丹阳等级不变，昆山上升为第二位序，苏州园区上升为第三位序。

从以上变化可以看出，行政地位在“流空间”中，已经越来越不重要，二级地区在网络中的聚集规模在数量和层级上都有明显上升，2010 年第一和第二位序节点均为核心/一级地区，只有第三位序节点中包括 1 个二级地区；2015 年第二位序包括 1 个二级地区，而第三位序节点则是二级地区多于一级地区。在核心/一级地区中，苏州的节点等级也超越行政地位更高的南京。在我国，行政边界向来在城市的功能布局规划中起着重要作用，导致二级地区通常与一级地区有较密切的垂直联系。然而，空间网络的变化表明，城际铁路带来的出行条件，行政边界对人们的活动的控制作用已经越来越弱。

网络形态方面，2010 年呈现典型的交通走廊“两端强”的特征；2015 年南京的地位被苏州代替，呈现出“苏锡沪”三角强的特征。2010 年沪宁走廊城市网络的干轴线为端点之间，以及端点与中间城市的联系，紧密度支线为上海与苏州市域的联系，强度支线为一级地区与核心地区的联系。2015 年的网络干线集中于东部，强度支线多为一级/核心地区之间的联系，紧密度支线为上海和苏州市域之间的联系。说明上海和苏州、苏州市域联系既强又密(表 5.4.6)。

**表 5.4.6　　2010 年和 2015 年沪宁走廊网络节点分类对照**

| 位序 | 节点<br>(等级变化) | 高强度节点联系<br>(与 2010 年的差异) | 中高强度节点联系<br>(与 2010 年的差异) | 聚集规模(人次/月)<br>(与 2010 年的差异) |
|---|---|---|---|---|
| 第一 | 上海 | 5(—) | 4(+1) | 3 130 000<br>(+352 000) |
| | 苏州<br>(等级上升) | 4(+2) | 4(+3) | 2 020 000<br>(+712 000) |
| 第二 | 无锡 | 2(—) | 5(+3) | 1 330 000<br>(+207 000) |
| | 南京<br>(等级下降) | 2(−3) | 6(+4) | 1 330 000<br>(−397 000) |
| | 常州 | 1(−1) | 6(+4) | 1 000 000<br>(+145 000) |
| | 昆山<br>(等级上升) | 2(+1) | 3(−1) | 891 000<br>(+257 000) |
| 第三 | 镇江 | 0(−1) | 6(+2) | 592 000<br>(+107 000) |
| | 丹阳 | 0(—) | 7(+3) | 337 000<br>(+156 000) |
| | 苏州园区<br>(等级上升) | 0(—) | 1(+1) | 226 000<br>(+145 000) |

该案例显示了城际铁路重塑空间网络的催化剂作用，也证明了“流”对“场所”的影响。苏州对省会南京的节点地位替代以及核心/一级地区与非行政隶属二级地区的紧密联系都说明了在新的交通条件下，行政体制对城市发展的影响在减弱。

## 5.4.2 2010年和2012年沪杭走廊“流空间”对比

### 1. 联系强度的变化

对比沪杭走廊3年间36对节点联系的联系强度变化，平均联系强度从33 526提升为41 114，提升幅度为22.6%。但是，联系强度等级分布几乎没有变化。

最高等级联系强度的节点联系最少，只有1对，为上海—杭州；联系强度等级最低的节点联系最多，2010年达到20对，2012年减少为19对；联系中低的节点联系为8对不变；强度中高的节点联系增加1对。一方面，说明网络中各城市间联系指向是较为明确的，集中在几条主要的联络线上。另一方面，联系强度的差异略有缩小，且联系强度最高的节点联系强度增幅低于平均增幅。

从联系类型来看，核心/一级地区之间的联系最强，二级地区与核心/一级地区间的联系在加强，二级地区之间的联系强度一直很弱。

开通3年以来，三个核心/一级地区之间的联系位居前三。嘉兴受上海的影响更大，2012年嘉兴—上海的联系强度和增幅高于嘉兴—杭州，2010年嘉兴与二者的联系强度相差无几，而3年后嘉兴—上海联系强度增幅达到64%，嘉兴—杭州联系强度增幅为32.7%。

核心/一级地区与行政隶属二级地区的联系依然强度不大，但是与2010年相比有所上升，有1对节点联系联系强度上升了一个等级到中高强度，为杭州—余杭；上海—松江、上海—金山联系强度为中低；嘉兴与行政隶属城市联系强度很低。

相比之下，核心/一级地区与非行政隶属二级地区的联系更强，但是变化不显著，强度为中高等级的节点联系分别为桐乡、嘉善与上海、杭州的联系，以及上海—余杭。

二级地区之间，无论是同行政区划范围还是跨行政区划范围，联系强度一直较弱（图5.4.8）。

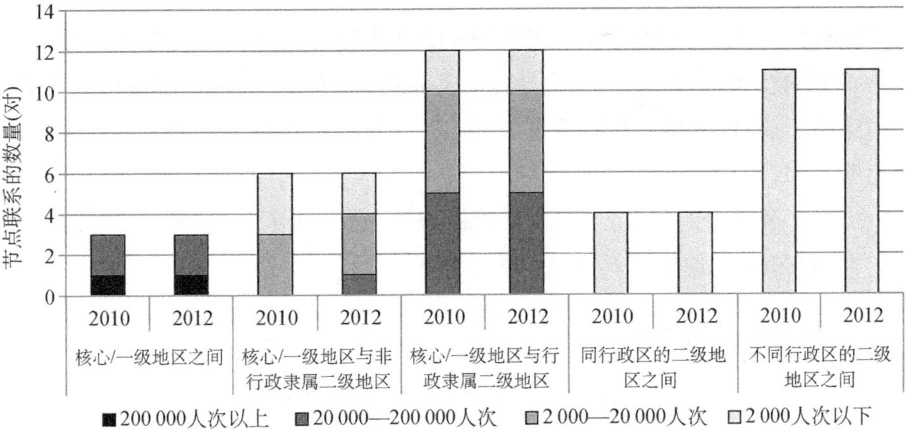


**图 5.4.8　2010 年和 2012 年沪杭走廊地区 OD 客流联系强度分类变化**

## 2. 联系紧密度的变化

分别将 2010 年和 2012 年 36 对节点联系的联系紧密度进行对比，如图 5.4.9 所示。

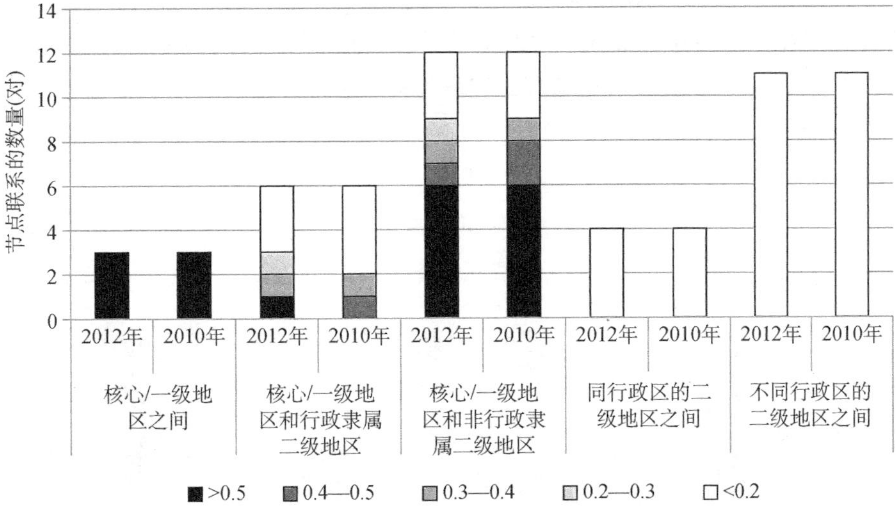


**图 5.4.9　2010 年和 2012 年沪杭走廊地区联系紧密度分类变化**

对比结果显示，节点联系趋于分散。从 2010 年到 2012 年，城市间的联系紧密度略有下降，特别是二级地区。

紧密度高于 0.5 的核心/一级地区节点联系不变，但是杭州—上海的紧密度值从 1.65 降低为 1.53。

核心/一级地区与行政隶属二级地区的紧密度略有上升,2010 年没有高于 0.5 的联系,2012 年上海—金山紧密度上升高于 0.5;但是也有 1 对联系下降到 0.2—0.3。

核心/一级地区与非行政隶属二级地区的紧密度略有下降,2012 年有 1 对下降为 0.2—0.3。

二级地区之间的联系紧密度,无论是否处于同一行政区划范围,都没有变化,2010 年和 2015 年均处于低于 0.2 的最低等级。

### 3. 聚集规模的变化

对比 2010 年和 2012 年城际铁路整条线路的总聚集规模,发现明显的规模扩大趋势。2010 年总聚集规模为 242 万人次,2012 年总聚集规模为 296 万人次,三年间总聚集规模共增长 22%,年均增长率达 6.8%。

各车站的聚集规模除了松江以外,都有不同幅度的上升。聚集规模最大的是核心/一级地区,2010 和 2012 年超过 100 000 人次/月的均为上海、杭州。2010 年和 2012 年核心/一级地区的聚集规模平均值为 730 484 和 863 840,二级地区分别为 37 748 和 61 723,高位序地区明显大于二级地区。

虽然聚集规模是高位序地区大于二级地区,然而后者的聚集规模增长幅度远远超出前者。二级地区的聚集规模平均增长幅度为 59%,核心/一级地区为 27%,二级地区显著大于一级地区。聚集规模增长幅度最大的依次是桐乡、嘉善、金山,都达到了 80%以上,增长幅度最小的依次是松江、杭州、上海,都在 18%以下(图 5.4.10)。

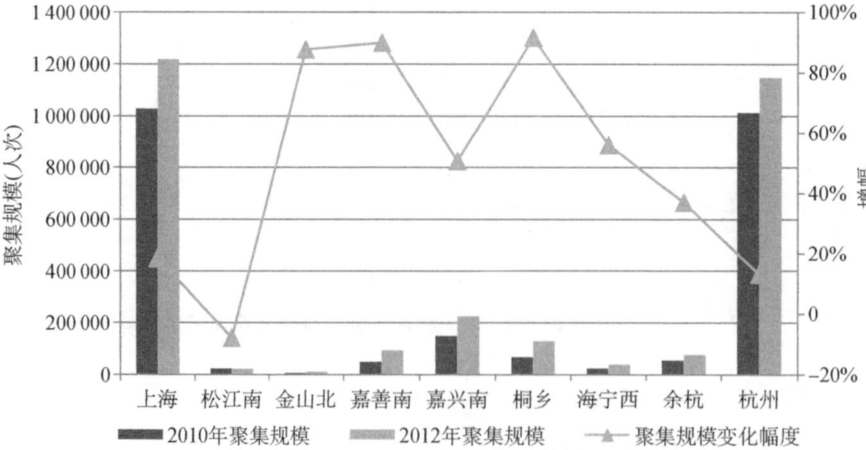


**图 5.4.10　2010 年和 2012 年沪杭走廊各站点聚集规模变化**

### 4. 核心/一级地区“流空间”变化

上海—杭州为走廊上最重要的节点联系。从两个核心地区与嘉兴的联系来看，嘉兴—上海的联系较嘉兴—杭州的联系强度增幅更大(表 5.4.7)。

**表 5.4.7　2010 年和 2012 年沪杭走廊一级地区与首末站城市联系强度比值对照**

| 地区 | 2010 年 | 2012 年 |
|---|---|---|
| 上海—嘉兴/杭州—嘉兴 | 0.97 | 1.20 |

2012 年和 2010 年相比，核心/一级地区的联系紧密度总体呈下降趋势，杭州与上海、嘉兴的紧密度都有不同程度的下降，上海—嘉兴的紧密度都有所上升。从空间上看，这 3 年表现出杭州单级减弱的变化态势(表 5.4.8)。

**表 5.4.8　2010 年和 2012 年沪杭走廊一级地区联系紧密度变化**

| 地区 | 上海 | 嘉兴 | 杭州 |
|---|---|---|---|
| 上海 | 0 | 0.06 | −0.12 |
| 嘉兴 | 0.06 | 0 | −0.05 |
| 杭州 | −0.12 | −0.05 | 0 |

### 5. 二级地区“流空间”变化

从 6 个二级地区的聚集规模来看，2010 年和 2012 年的排序有所变化，余杭聚集规模位次下降，桐乡上升；聚集规模一直较小的是海宁、松江、金山(图 5.4.11)。

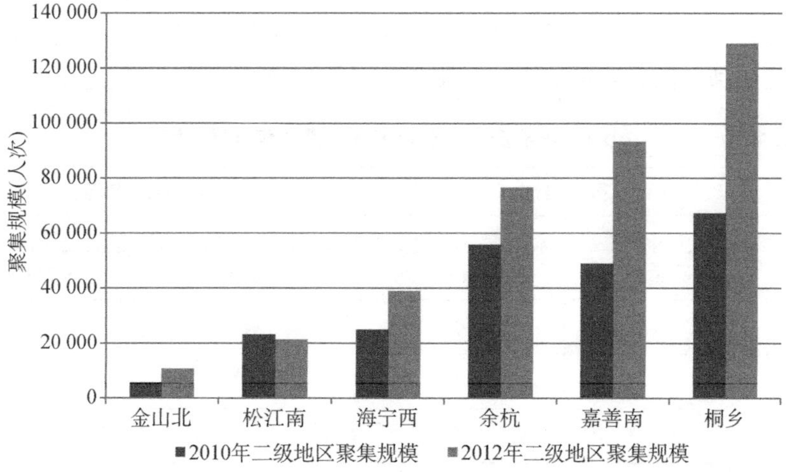


**图 5.4.11　2010 年和 2012 年沪杭走廊二级地区所在的车站聚集规模变化**

从二级地区对外联系的紧密度分析，2010年上海、杭州与各二级地区的联系紧密度一直排在最高、次高，远远大于嘉兴。上海、杭州的联系紧密度与距离成正比，即距离越远，越紧密。3年的变化趋势为，上海与各二级地区的联系紧密度明显上升，特别是嘉兴市域范围的二级地区；相比之下，杭州则减弱。嘉兴变化不大。

虽然2012年大部分二级地区联系紧密度最高的高位序地区是上海，而集中程度开始上升。说明上海的极化作用增强，杭州在空间网络中的吸引力变弱（表5.4.9）。

**表5.4.9　　2010年和2012年沪杭走廊二级地区联系对外联系紧密度对照**

| 地区 | 上海 | | 嘉兴 | | 杭州 | |
|---|---|---|---|---|---|---|
| | 2010年 | 2012年 | 2010年 | 2012年 | 2010年 | 2012年 |
| 松江 | 0.11 | 0.23 | 0.07 | 0.07 | 0.79 | 0.57 |
| 金山 | 0.44 | 0.55 | 0.04 | 0.10 | 0.44 | 0.29 |
| 嘉善 | 0.59 | 0.63 | 0.01 | 0.03 | 0.43 | 0.39 |
| 桐乡 | 0.52 | 0.55 | 0.01 | 0.02 | 0.51 | 0.51 |
| 海宁 | 0.58 | 0.49 | 0.04 | 0.11 | 0.40 | 0.40 |
| 余杭 | 0.63 | 0.64＋ | 0.09 | 0.07 | 0.33 | 0.31 |

将二级地区分为行政隶属与非行政隶属两类，对比3年间的变化，发现上海、嘉兴与行政隶属二级地区的联系紧密度上升，杭州与行政隶属二级地区的联系紧密度下降；上海、嘉兴与非行政隶属二级地区的联系紧密度普遍上升，杭州与非行政隶属二级地区的联系紧密度呈下降趋势（表5.4.10、图5.4.12、图5.4.13）。

**表5.4.10　　2010年沪杭走廊二级地区联系紧密度分类对照**

| 地区 | 行政隶属 | | 非行政隶属 | |
|---|---|---|---|---|
| | 紧密度上升的二级地区数量（个） | 紧密度下降的二级地区数量（个） | 紧密度上升的二级地区数量（个） | 紧密度下降的二级地区数量（个） |
| 上海 | 2 | 0 | 4 | 1 |
| 嘉兴 | 3 | 0 | 2 | 1 |
| 杭州 | 0 | 1 | 0 | 3 |

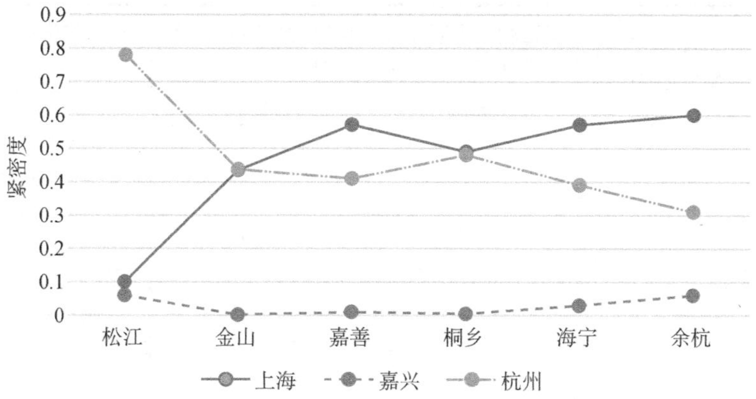


**图 5.4.12　2010 年沪杭走廊二级地区对外联系紧密度构成**

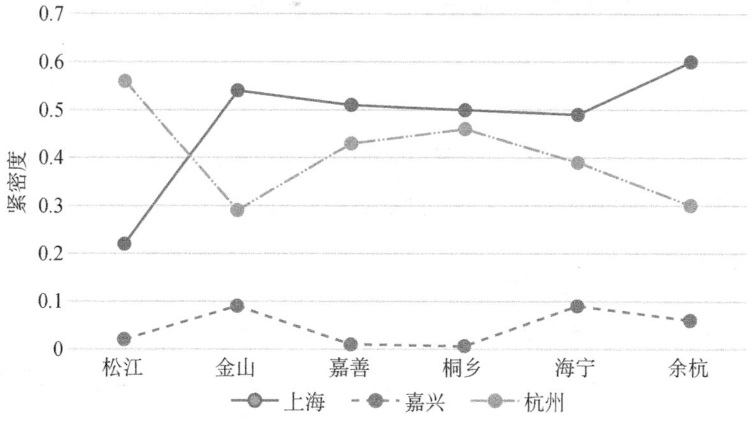


**图 5.4.13　2012 年沪杭走廊二级地区对外联系紧密度构成**

## 6. 空间网络形态的变化

2010 年和 2012 年沪杭走廊的空间网络干线没有变化。

网络支线方面，2010 年强度支线为杭州—嘉善，2012 年强度支线增加余杭—杭州 1 条；2010 年紧密度支线为松江—杭州、上海—海宁，2012 年紧密度支线增加上海—金山 1 条。增加的支线均为同一行政区划范围的核心/一级地区与二级地区的联系。

网络节点方面，与 2010 年相比，2012 年的第一位序节点不变，为上海、杭州。2012 年较 2010 年增加第三位序节点桐乡(表 5.4.11)。

表 5.4.11　　2010 年和 2012 年沪杭走廊网络节点分类对照

| 位序 | 节点（等级变化） | 高强度节点联系（2012 年与 2010 年的差异） | 中高强度节点联系（2012 年与 2010 年的差异） | 聚集规模(人次/月)（2012 年与 2010 年的差异） |
|---|---|---|---|---|
| 第一 | 上海 | 1(—) | 4(—) | 1 218 000（+190 000） |
| | 杭州 | 1(—) | 4(+1) | 1 148 000（+134 000） |
| 第三 | 嘉兴 | 0(—) | 2(—) | 226 000（+76 000） |
| | 桐乡（2012 年新增） | 0(—) | 2(—) | 129 000（+156 000） |

## 5.5　沪宁、沪杭走廊“流空间”及其变化对比

### 5.5.1　差异点

沪杭走廊与沪宁走廊相比，差异体现在“流空间”的分布特征、走廊地带的网络形态、上海在空间网络中的地位、站城关系四个方面。

#### 1. “流空间”的分布特征

沪宁、沪杭城际铁路二者空间网络的极化和均衡状态体现在以下三点。

(1) 从核心节点和其他（一级和二级）节点的对比来看，沪杭走廊的其他节点都很弱，沪宁走廊其他节点较强。2010 年沪杭城际铁路开通以来，联系强度最大的一直是核心节点之间的联系、聚集规模最大的节点是核心节点，两个核心节点的聚集规模占总聚集规模的 80%以上，其他节点不到 20%；相比之下，沪宁走廊核心节点聚集规模占总聚集规模不到 50%，其他节点在一半以上，而且其他节点的聚集规模比例有增加的趋势。从绝对数量来看，沪宁走廊其他节点的聚集规模是沪杭走廊中间站的 11—12 倍，而且有逐年上升的趋势(图 5.5.1、图 5.5.2)。

(2) 沪杭走廊比沪宁走廊更为极化的第二个方面体现在沪杭走廊节点的聚集规模均低于沪宁走廊，但是核心节点之间的联系强度和平均联系强度却高于沪宁走廊。2010 年沪杭走廊平均联系强度达到沪宁走廊的 1.4 倍，而且强度最高的节点联系也是沪宁走廊的 1.2 倍，即上海—杭州联系强度大于上海—南京联系强度。因为节点联系数少，最强联系很强，所以平均值较高，2010 年联系强度的标准差达到沪宁走廊的 1.5 倍，开通后三年的增幅达 8%，更说明“流”的分布十分集中(表 5.5.1)。

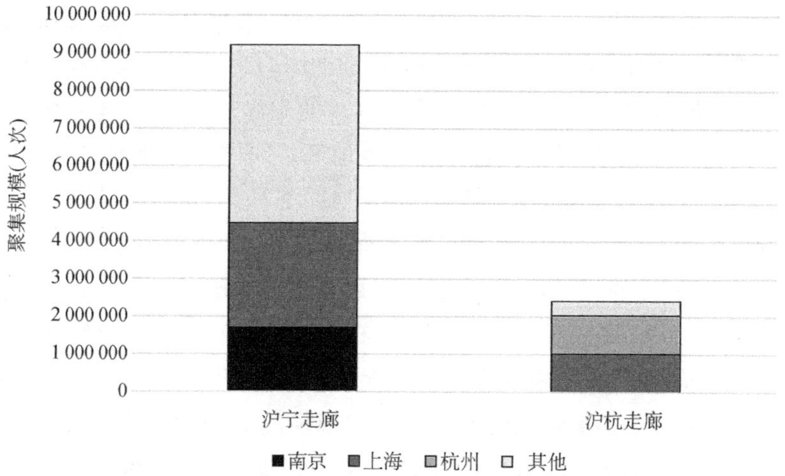


图 5.5.1 2010 年沪宁、沪杭走廊节点聚集规模对比

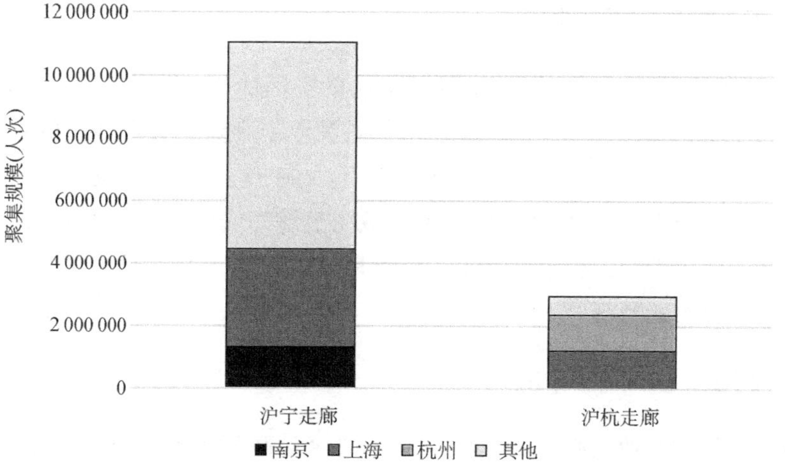


图 5.5.2 2015 年沪宁走廊、2012 年沪杭走廊节点聚集规模对比

表 5.5.1 沪宁、沪杭走廊的节点联系强度对比

| 联系强度 | 沪杭城际铁路 | | 沪宁城际铁路 | |
|---|---|---|---|---|
| | 2010 年 | 2012 年 | 2010 年 | 2015 年 |
| 平均值 | 33 526 | 41 114 | 24 246 | 29 118 |
| 最大值 | 840 303 | 904 653 | 717 376 | 964 173 |
| 最小值 | 15 | 0 | 0 | 0 |
| 标准差 | 139 517 | 150 781 | 91 270 | 101 837 |

(3) 沪杭走廊和沪宁走廊与上海的距离相同的其他节点的聚集规模形成强烈反差。同样为地级市的一级地区,嘉兴站和上海的距离与苏州站和上海的距离一致,均为 84 km,但是苏州的聚集规模是嘉兴的 8.8—8.9 倍。嘉兴作为一级地区,其聚集规模约等于苏州园区这样的二级地区。同样作为邻沪的二级地区,金山站和上海的距离与昆山站和上海的距离一致,都是 50 km,但是昆山的聚集规模是金山的 82—110 倍。同样作为邻沪的非行政隶属二级地区,嘉善和上海的距离与苏州园区和上海的距离一致,都是 70 km,但是苏州园区的聚集规模是嘉善聚集规模的 1.66—2.43 倍。唯有桐乡能与无锡新区相比较,均为隔了一个地级市的非行政隶属二级地区,桐乡和上海的距离与无锡新区和上海的距离一致,均为 113 km,无锡新区的聚集规模是桐乡聚集规模的 0.26—0.7 倍。由于桐乡站同时服务两个二级地区——桐乡和海宁,其服务范围的扩大导致聚集规模也相应上升。

### 2. 走廊地带的网络形态

由于"流空间"分布的差异,使两条走廊的空间网络形态也有明显不同的特征。虽然 2010 年两个网络均为走廊型,但是沪宁走廊除了核心地区的强联系以外,还有核心与一级地区的强联系,既有主干,又有旁枝,但是沪杭走廊则是仅有一根主干。2015 年沪宁走廊的强联系区域明显缩短,转为三角形,而 2012 年沪杭依然为一根主干的走廊型。上海—杭州联系强度的"一枝独秀",成为沪杭走廊空间网络最显著的特征。

### 3. 上海在空间网络中的地位

分析上海与其他核心/一级地区与二级地区的联系变化,在沪宁走廊上,上海的极化作用下降。虽然 2015 年大部分沪宁走廊二级地区联系紧密度最高的核心/一级地区依然是上海,然而紧密度降低;上海与核心/一级地区的联系强度除了上海—苏州以外,其他的联系强度与平均联系强度的比例,都在 5 年内下降。

相比之下,上海在沪杭走廊上的极化程度上升。沪杭城际铁路开通 3 年后,上海与各二级地区的联系紧密度明显上升,特别是嘉兴市域范围的二级地区,相比之下,它们与杭州的紧密度减弱;沪杭城际铁路开通 3 年内一级地区联系的变化也体现在嘉兴—上海的联系较嘉兴—杭州的联系强度增幅变大。说明上海在走廊地区的中的地位逐渐高于杭州。

### 4. 站城关系

从站城关系来看，二者的差异性也十分明显。沪宁城际铁路的通道采用了老沪宁铁路，车站基本都在沿线各城市建成区的中央活动地区。因此，城际铁路开通后带来的可达性变化十分明显。在很多中间站都优于高铁可达性。

沪杭城际铁路与老沪杭铁路不并线，与京沪高铁沪宁段的设站方式类型，中间站点车站位置不佳，车站与城市建成区距离较远，而且接驳不佳。

因此，计算所得的沪杭城际铁路基于网络的平均可达性，低于公路平均可达性；沪杭城际铁路的客流比例加权可达性，才高于公路平均可达性。究其原因，是“站到门”和“门到站”时间过长，即两头时间达到铁路时间的 2—3 倍。

## 5.5.2　相同点

### 1. 核心/一级地区与二级地区的联系十分显著

无论沪宁走廊还是沪杭走廊，核心/一级地区与二级地区间的联系都得到了强化。首先，跨越行政边界的核心/一级地区与二级地区联系强度较高，如沪杭走廊上，桐乡—上海的联系强度达到嘉兴—上海联系强度的 56%，桐乡—杭州的联系强度达到嘉兴—杭州联系强度的 62%；类似地，昆山—上海的联系强度达到苏州—上海联系强度的 50%，昆山—南京的联系强度为苏州—南京联系强度的 17%。

另外，在合适的空间和距离条件下，城际铁路具有市域铁路的特征，如苏州—昆山 34 km，丹阳—镇江 27 km，杭州—余杭 25 km，都是联系强度较高的市域内部联系。

### 2. 二级地区之间的联系较弱

两条走廊二级地区之间的联系，无论是否跨市域，联系强度和紧密度都很弱。受到社会经济条件的限制，这种类型的联系在短期之内很难得到提升。

### 3. 中间站的逐步培养

两条线路在开通时和开通一段时间后相比，核心地区聚集程度增幅均低于其他城市，且核心地区的聚集规模的比例在总规模的比例有所减小。二级地区中间站聚集规模增长率较高。从 2010 年到 2015 年，沪宁走廊的核心地区聚集规模的比例从 49%下降到 40%，沪杭走廊也从 84%下降到 80%。另外，二级地区中间站聚集规模增长率明显较核心/一级地区更高，沪杭走廊二级地区平均增长率为59%，是核心/一级地区增幅的2倍多；沪宁走廊二级地区平均增长率更是达到191%，为核心/一级地区增幅的11倍多。

沪宁走廊的一级地区聚集规模增幅不高，是因为京沪高铁抢夺了部分客流，但是沪杭走廊只有一条客运铁路线，二级地区车站的聚集规模增幅也明显高于核心/一级地区，说明城际铁路的优势服务对象或者潜力地区为二级地区。

#### 4. 相邻站点的服务竞争

由于两条线路的平均站距较小，都在30 km上下，最小的站距仅为10 km，因此相邻站点具有竞争性，部分乘客可以在两个站点之间进行选择，“用脚投票”，服务条件不佳的站点几乎没有客流。如沪杭走廊的海宁站和沪宁走廊的丹徒站的失败原因类似，都是设置服务于本地区的站点距离建成区过远，乘客反而到相邻的镇江站、桐乡站坐车更为便利，自身的站点客流寥寥。

## 5.6 沪宁、沪杭走廊对比总结

本章以沪宁、沪杭城际铁路的客流矩阵为基础，通过联系强度、联系紧密度和聚集规模三个定量指标描述了两个时间节点的沪宁、沪杭走廊空间网络的特征并对比分析了不同时间节点空间网络的结构和形态变化。二者相比，沪宁走廊体现城际铁路的均衡效用显著，而沪杭走廊则很微弱，依然保持极化状态。

空间网络形态方面，沪宁走廊从2010年的上海—南京“走廊型”转变为2015年的上海—苏州—无锡“三角型”，表现为“中间渐强，两头减弱”，核心地区之间的联系强度和紧密度明显下降，核心/一级地区与二级地区的联系强度和紧密度提升，位于中间的苏州与其他城市联系强度上升，昆山、苏州园区等二级地区在空间网络中的地位提高；节点联系的平均空间尺度明显缩短。沪杭走廊的空间网络形态一直是“走廊型”，即上海—杭州联系强度和紧密度远远大于其他城市，不仅二级地区，甚至一级地区嘉兴的对外联系强度也较低，虽然节点联系的平均空间尺度有所缩短，但是趋势并不显著。

空间网络结构方面，沪宁走廊形成多级联系的扁平化网络格局，二级地区对外联系方向增多，强度提升，范围扩大。2010年的空间网络表现出不同联系类型的非均衡性，联系强度最高的是核心/一级地区之间的联系；2015年，核心/一级地区与二级地区的联系强度明显上升，核心/一级地区之间联系强度明显下降。从聚集规模分析，虽然核心/一级地区依然高于二级地区，但是后者聚集规模的增长幅度明显大于前者。沪杭走廊的联系强度最高的一直是核心/一级地区之间的联系，核心/一级地区与非行政隶属二级地区的联系有所上升但是依然不强，虽然二级地区聚集规模的增长幅度明显大于核心/一级地区，但是对比不如沪宁走廊幅度大。

两条走廊的共同点是核心/一级地区与非行政隶属二级地区的联系增强，说明依托城际铁路而形成的“流空间”使得“在不连续的空间上同时进行社会活动”成为可能，为二级地区提供对外联系机会。此外，本章计算结果还显示了上海在城市群中的强大吸引力，即大部分城市特别是二级地区对外联系紧密度最高的是上海；但是沪宁走廊上的苏州并没有过于依赖上海而失去发展的机会，而是与其他城市的联系也增强了，甚至部分节点对外联系紧密度最高的是苏州，并取代南京成为走廊地区的第一位序节点。

# 第 6 章　可达性对空间网络的影响

本章从三个方面分析可达性对空间网络的影响：节点聚集规模、节点联系空间尺度、节点联系活动，并分析非可达性要素的影响作用。

## 6.1　节点聚集规模

### 6.1.1　节点聚集规模影响的总体分析

首先，对沪宁、沪杭走廊上各车站所在地区的“流空间”特征（聚集规模①、聚集规模增幅）、可达性（包括基本可达范围、有效可达面积、可达条件类型）、城际铁路站点所在城市自身的发展条件（如常住人口、GDP、人均 GDP、人均有效 GDP②、车站所在地区的国家级产业园区数量、城市类型）等要素进行筛选，选择具有代表性的要素，去除相互重复或相关性较高的要素。其次，结合各节点可达性条件说明其对节点聚集规模的影响。分别计算 2015 年沪宁城际铁路和 2012 年沪杭城际铁路的聚集规模回归模型。

#### 1. 沪宁城际铁路(2015 年)

将沪宁城际铁路各站的要素输入 SPSS 进行聚类分析，第一步合并相关性较高的要素，筛选出 6 个具有代表性的要素：有效可达面积、聚集规模、行政区划范围内产业园区数量、基本可达范围、人均 GDP、可达条件类型。以上要素互相之间相关性较弱（图 6.1.1）。

从这 6 个代表性要素来看，除了聚集规模以外，另外 5 个要素有 3 个与可达性相关（有效可达面积、基本可达范围、可达条件类型），2 个与社会经济属性相关（人均 GDP、行政区划范围内产业园区数量）。

---

① 聚集规模是衡量节点发展状况的重要指标。

② 人均有效 GDP 为有效可达面积与人均 GDP 的乘积，表达城际铁路可达性优势范围内的经济发展水平。

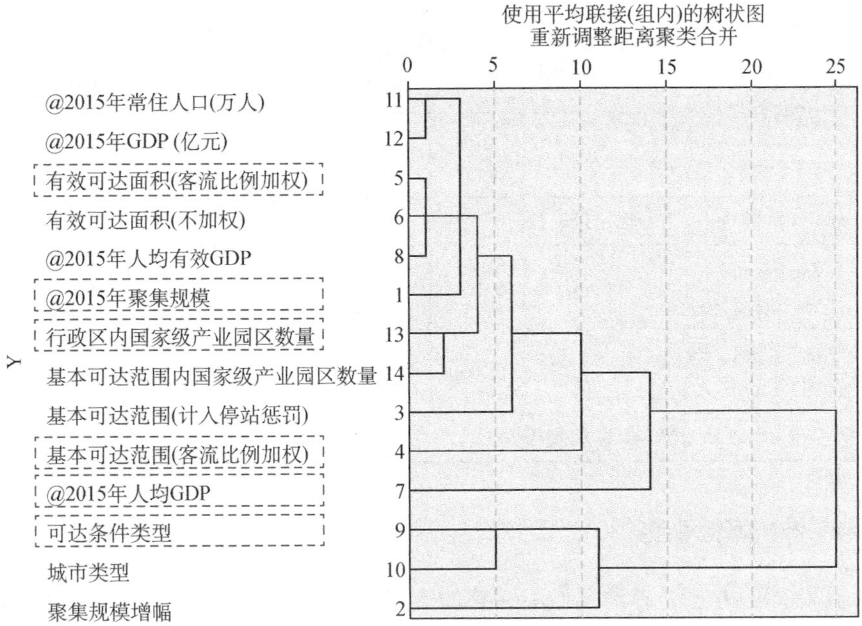


**图 6.1.1　2015 年沪宁城际铁路要素聚类结果**

其中有效可达面积、基本可达范围、人均 GDP、行政区划范围内产业园区数量为连续变量，数值与变量为正向关系，即数值越大，变量的条件越好。可达条件的四种类型分别对应 1—4，数字越小表示可达性越好。将所有数值进行标准化，计算为 Zscore，然后将以上 5 个要素作为自变量，聚集规模作为因变量，代入回归模型进行计算。

经过数次模型调试，找到拟合度最好的模型结果，城市的 GDP 和可达类型对节点聚集规模的影响最显著，$R^2$ 为 0.897，模型 Sig 为 0.000。其中前者为正相关，后者为负相关，前者的影响略大于后者。模型结果符合预期，可以解释为城市的 GDP 越大，节点聚集规模越大；节点可达条件越差，节点聚集规模越小。模型结果如表 6.1.1。

**表 6.1.1　　　　2015 年沪宁城际铁路回归模型统计结果**

| 模型汇总 | | | | |
|---|---|---|---|---|
| 模型 | $R$ | $R^2$ | 调整 $R^2$ | 标准估计的误差 |
| 1 | 0.947[a] | 0.897 | 0.884 | 0.340 035 02 |

a. 预测变量：（常量），Zscore：2015 年人均 GDP（亿元），Zscore（可达条件类型）

| 系数[a] | | | | | | | | |
|---|---|---|---|---|---|---|---|---|
| 模型 | | 非标准化系数 | | 标准系数 | $t$ | Sig. | B 的 95.0% 置信区间 | |
| | | B | 标准误差 | 试用版 | | | 下限 | 上限 |
| 1 | （常量） | −2.193E−17 | 0.076 | — | 0.000 | 1.000 | −0.160 | 0.160 |
| | Zscore(可达条件类型) | −0.481 | 0.090 | −0.481 | −5.337 | 0.000 | −0.671 | −0.291 |
| | Zscore:2015 年人均 GDP(亿元) | 0.610 | 0.090 | 0.610 | 6.777 | 0.000 | 0.420 | 0.800 |

a. 因变量：Zscore:2015 年聚集规模

2. 沪杭城际铁路(2012 年)

用相同的方法处理沪杭城际铁路的数据，发现聚集规模、常住人口、聚集规模增幅、人均有效 GDP、可达条件类型五个代表性变量(图 6.1.2)。代入回归方程计算。经过数次模型调试，找到拟合度最好的模型结果，得出聚集规模增幅和可

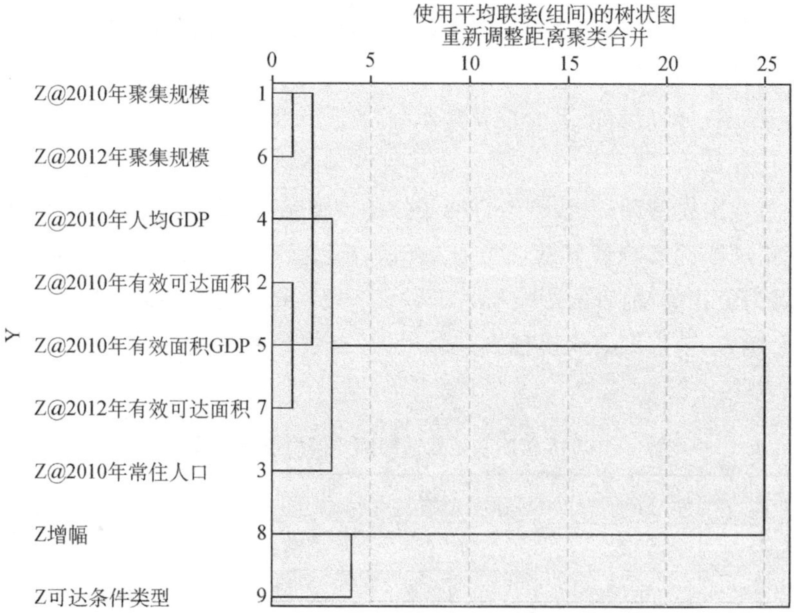


图 6.1.2　2012 年沪杭城际铁路要素聚类结果

达条件类型对节点聚集规模的影响最显著，$R^2$ 为 0.955，模型 Sig 为 0.000。其中前者为正相关，后者为负相关，后者的影响略大于前者。模型结果符合预期，可以解释为节点可达条件越差，节点聚集规模越小(表 6.1.2)。该模型的计算结果还发现了一个现象：沪杭走廊上的马太效应，即节点聚集规模增幅与节点聚集规模呈正相关关系，说明沪杭走廊的节点规模分布呈极化发展状态。

**表 6.1.2　　2012 年沪杭城际铁路回归模型统计结果**

| 模型汇总 | | | | |
|---|---|---|---|---|
| 模型 | $R$ | $R^2$ | 调整 $R^2$ | 标准估计的误差 |
| 1 | 0.977[a] | 0.955 | 0.940 | 0.244 641 20 |
| a. 预测变量：(常量)，Zscore：2012 年人均 GDP(亿元)，Zscore(可达条件类型) | | | | |

| 系数[a] | | | | | | | | |
|---|---|---|---|---|---|---|---|---|
| 模型 | | 非标准化系数 | | 标准系数 | $t$ | Sig. | B 的 95.0% 置信区间 | |
| | | B | 标准误差 | 试用版 | | | 下限 | 上限 |
| 1 | (常量) | −1.460E−16 | 0.082 | — | 0.000 | 1.000 | −0.200 | 0.200 |
| | Zscore：聚集规模增幅 | 0.435 | 0.127 | 0.435 | 3.424 | 0.014 | 0.124 | 0.747 |
| | Zscore：可达条件类型 | −1.251 | 0.127 | −1.251 | −9.834 | 0.000 | −1.562 | −0.939 |
| a. 因变量：Zscore：2012 年聚集规模 | | | | | | | | |

## 6.1.2　可达性对节点聚集规模的影响

从以上各站点的回归分析结果来看，两条线路的可达性(可达条件类型)均与节点聚集规模表现为正相关关系，即可达性越好，节点聚集规模越高。

根据各站点的可达条件类型，比较各类节点聚集规模的大小。对比结果显示 2015 年沪宁城际铁路沿线城市的可达条件与节点聚集规模具有相关性，有效可达面积 15 $km^2$ 以下的城市，其聚集规模都在 0.3 万人次以下；有效可达面积 15—50 $km^2$ 的城市，聚集规模多在 2 万—22 万人次区间内；有效可达面积 50—100 $km^2$ 的城市，聚集规模为 30 万—90 万人次；有效可达面积 100 $km^2$ 以上的城市，聚集规模多在 100 万人次以上(表 6.1.3)。

表 6.1.3　　2015 年沪宁城际铁路站点可达条件明细

| 地区 | 有效可达面积<br>100 km² 以上<br>(可达条件类型一) | 有效可达面积<br>50—100 km²<br>(可达条件类型二) | 有效可达面积<br>15—50 km²<br>(可达条件类型三) | 有效可达面积<br>15 km² 以下<br>(可达条件类型四) |
|---|---|---|---|---|
| 核心/一级地区或独立二级地区 | 313 万、133 万、202 万、132 万、59 万、100 万 | 89 万、34 万 | — | — |
| 近郊型二级地区 | — | — | 22 万、8.9 万、4.2 万,2.9 万、0.36 万、0.55 万 | 0.27 万 |
| 远郊型二级地区 | — | — | 2 万 | 0.3 万、0.05 万、0.08 万、0.08 万 |

2012 年沪杭城际铁路沿线城市的有效可达面积在 50—100 $km^2$ 的城市,聚集规模在 110 万人次以上(表 6.1.4)。

表 6.1.4　　2012 年沪杭城际铁路可达条件分类

| 地区 | 有效可达面积<br>100 km² 以上<br>(可达条件类型一) | 有效可达面积<br>50—100 km²<br>(可达条件类型二) | 有效可达面积<br>15—50 km²<br>(可达条件类型三) | 有效可达面积<br>15 km² 以下<br>(可达条件类型四) |
|---|---|---|---|---|
| 核心/一级地区或独立二级地区 | — | 123 万、115 万 | 13 万 | 1 万、22 万、9 万、4 万 |
| 近郊型二级地区 | — | — | 2 万 | — |
| 远郊型二级地区 | — | — | 8 万 | — |

总体看来,城际铁路对各地区平均出行时间的改变,在一定程度上影响了地区的乘客出行;核心/一级地区的情况比较一致,而二级地区的内部和外部要素千差万别,还受到其他要素的影响。

对于近郊型车站,如果邻近的核心/一级地区的城际铁路站基本可达范围很大,则可能吞噬该站的城际铁路吸引范围,造成本站的吸引力下降。从苏州园区站和昆山站两站的乘客出发地来看,苏州园区站 84%的乘客从本行政区出发,而昆山站从高新区和经开区出发的乘客比例下降为 69%,另有相当一部分从周边乡镇如陆家、张浦、周市、巴城等镇出发，后者的服务范围更广，车站吸引范围的扩大，直接导致该节点的聚集规模上升。

宝华山站位于句容市的北部宝华山景区附近，距离句容市区过远，距离约为 30 km，决定了大部分乘客到达车站的时间成本较高，如果没有到达建成区的公交服务，使得接驳十分不便利，必须依靠小汽车等单体交通模式，失去了城际铁路自身的优势，虽然靠近宝华山镇，但是经济规模有限，没有产业园区，缺乏对外交通需求，聚集规模很小。

又如丹徒，虽然自身规模不小，但是距离行政隶属一级地区镇江市区的核心地段只有 6 km，距离镇江城际铁路站 7 km，距离京沪高铁线的镇江南站仅 2 km 多，而与丹徒城际铁路站却有 8 km 多，使得大部分乘客到达镇江城际铁路站和丹徒站的交通成本相近，到达镇江高铁站的时间明显小于到达丹徒站，同时丹徒站的停站频率仅为每天一班，远远小于另两个站点，其中镇江南站每天 25 班，镇江站每天 51 班。再者，该站附近没有其他设施，没有任何吸引客流的条件，客源将被分流到镇江的车站，因此该站的设置较为失败。沪杭走廊的海宁站的情况十分类似，海宁建成区虽然规模不小，但是距离桐乡站更近，使得大部分海宁乘客到桐乡坐车更便利，造成桐乡站的聚集规模较大。

沪杭走廊的独立二级地区站点比例明显高于沪宁走廊，从与周边城镇的关系来看，基本不受到核心/一级地区车站的可达范围抢夺，是十分优势的条件，但是沪杭沿线站点除了上海、杭州以外，聚集规模都偏小，原因主要是距离二级地区建成区过远，与公路相比出行时间更长，有效可达面积太小，可达性较差造成的。在该范围以外的乘客都是使用公路方式出行更节省时间，因此对发挥城际铁路的聚集作用造成了负面影响。

城际铁路带来的乘客城际出行时间缩短，使各站点基本可达范围内的出行条件与原有公路出行方式相比提升了，是“流”产生的物质依托。通过四种可达条件类型的站点之间的对比，发现可达条件是网络中“流空间”的节点产生变化的外部动因，表现为节点聚集规模与基于有效可达面积的可达类型相关。

## 6.2　节点联系空间尺度

### 6.2.1　节点联系空间尺度的总体分析

节点联系的空间尺度以城际铁路的服务距离——运距为指标来表达。节点的空间尺度决定了城际铁路发挥作用的空间范围和服务层次，本节将统计沪宁、沪杭城际铁路的平均运距，以及每个站点不同运距的乘客比例，归纳沪宁、沪杭走廊节点联系空间尺度的特征。

### 1. 沪宁走廊的节点联系平均空间尺度和分类分析

分别计算 2010 年和 2015 年沪宁城际铁路的平均运距、四类联系强度 OD 线的平均运距，结果如表 6.2.1 所示。从 2010 年和 2015 年联系强度最高、次高的节点联系平均空间尺度 5 年的变化表现出聚拢的趋势，其中联系强度等级最高的节点联系空间尺度从 156 km 减少到 121 km。中高强度的节点联系空间尺度从 100 km 增加到 110 km。高强度的节点联系空间尺度和中高强度的节点联系空间尺度距升高，使节点联系空间尺度有聚拢的趋势。2010 年节点联系平均空间尺度在 100—156 km，2015 年的各强度等级的节点联系平均空间尺度在 100—120 km(图 6.2.1)。

**表 6.2.1　　2010 年和 2015 年沪宁走廊节点联系空间尺度分级对比**

| 联系空间尺度 | 2010 年 | 2015 年 |
|---|---|---|
| 平均运距(km) | 142 | 117 |
| 高联系强度(km) | 156 | 121 |
| 中高联系强度(km) | 101 | 110 |
| 中低联系强度(km) | 123 | 110 |
| 低联系强度(km) | 100 | 101 |

**图 6.2.1　2010 年和 2015 年沪宁走廊节点联系空间尺度分析**

从所有节点联系的强度分布来看，联系强度较低的节点联系空间尺度在 0—300 km 范围内均有分布，而联系强度较高节点联系空间尺度主要分布在 50—

220 km 范围内(图 6.2.2)。

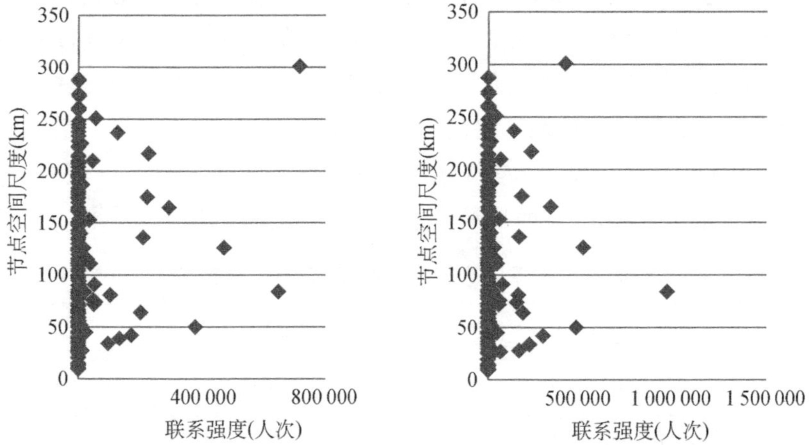


**图 6.2.2 2010 年(左)和 2015 年(右)沪宁走廊节点联系强度和空间尺度分布**

从节点联系空间尺度分析来看,75%的高联系强度节点联系空间尺度集中在 159 km 以下,这些节点联系的空间尺度对节点联系的平均空间尺度起到了决定性影响。各联系类型的平均空间尺度分布也说明了越来越多的乘客是乘坐城际铁路其中的一个区段,而不是全程。

从 20 个站点占站点自身总强度比例最高的前三个的节点联系空间尺度来看,以 100 km 以下为多,占 58%;200 km 以下占 82%;200—300 km 不到 20%。核心/一级地区和二级地区差异不大(图 6.2.3)。

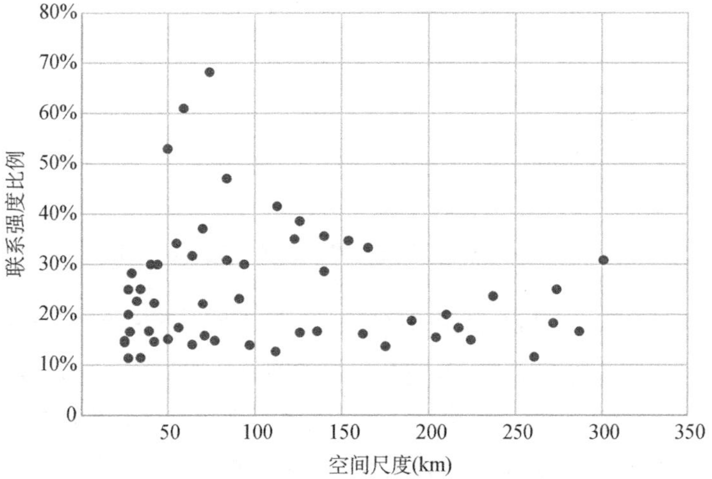


**图 6.2.3 2015 年沪宁走廊各节点最大联系的空间尺度分布**

平均运距适用于节点联系空间尺度的总体状况分析，再分别从联系类型和节点类型两个角度，对两条走廊地区的节点联系空间尺度进行分类分析。

进一步将 2010 年和 2015 年沪宁城际铁路的节点联系空间尺度按照联系类型分类计算，结果如表 6.2.2。从 5 年间的变化发现，各类型的节点联系空间尺度都有下降趋势，核心/一级地区之间的联系为 133 km，对比同样联系强度较大的核心/一级地区与非行政隶属二级地区之间的平均运距在 90 km 左右，说明乘客并不是全程乘坐城际铁路，而是乘坐整条线路长度的 1/3 到 2/5(图 6.2.4)。

**表 6.2.2　　2010 年和 2015 年沪宁走廊节点联系空间尺度对比**

| 联系空间尺度 | 2010 年 | 2015 年 |
|---|---|---|
| 平均运距(km) | 142 | 117 |
| 核心/一级地区之间(km) | 156 | 133 |
| 核心/一级地区与行政隶属二级地区(km) | 33 | 32 |
| 核心/一级地区与非行政隶属二级地区(km) | 92 | 88 |
| 同行政区划范围的二级地区之间(km) | 27 | 24 |
| 跨行政区划范围的二级地区之间(km) | 129 | 104 |

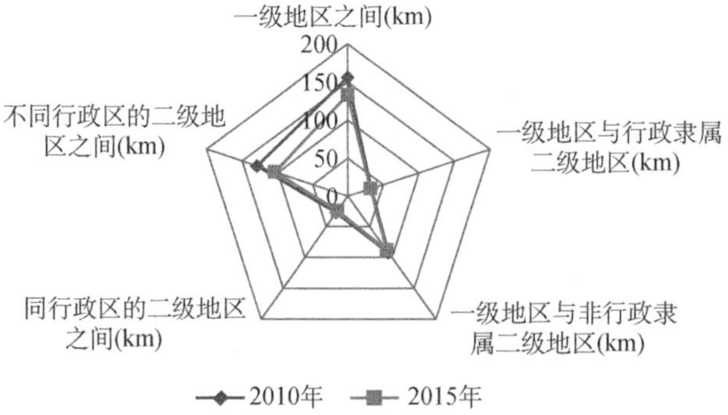


**图 6.2.4　2010 年和 2015 年沪宁走廊节点联系空间尺度**

类型一——核心/一级节点联系的空间尺度变化。总体来看，虽然强度最大的节点联系的强度有显著提升，但是有相当一部分节点联系的强度降低了，这类节点联系强度的内部差距开始拉大。由于强度最大的节点联系从南京—上海转变为苏州—上海，空间尺度显著缩短的同时，与其他节点联系强度差异扩大，使节点联系的平均空间尺度下降(图 6.2.5)。

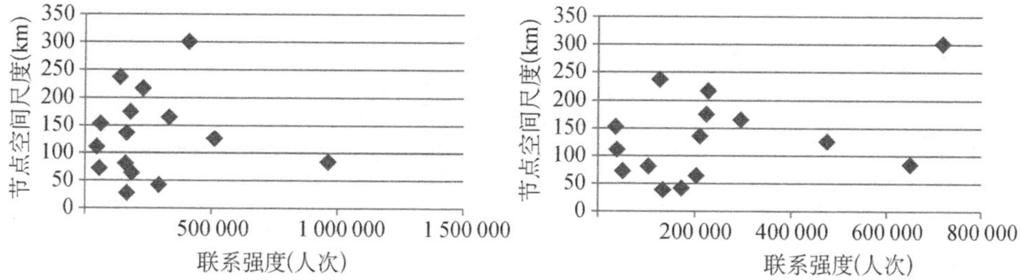


**图 6.2.5　2010 年(左)和 2015 年(右)沪宁走廊核心/一级节点间联系强度和空间尺度分布**

类型二——核心/一级节点与行政隶属二级节点间联系的空间尺度变化，2010 年强度最大的节点联系空间尺度在 2015 年也没有改变，依然是昆山—苏州和丹阳—镇江，但是联系的强度都有明显提升。5 年间的节点联系平均空间尺度几乎没有变化。因此，二级节点与行政隶属一级节点较为合适的空间尺度为 30 km 左右(图 6.2.6)。

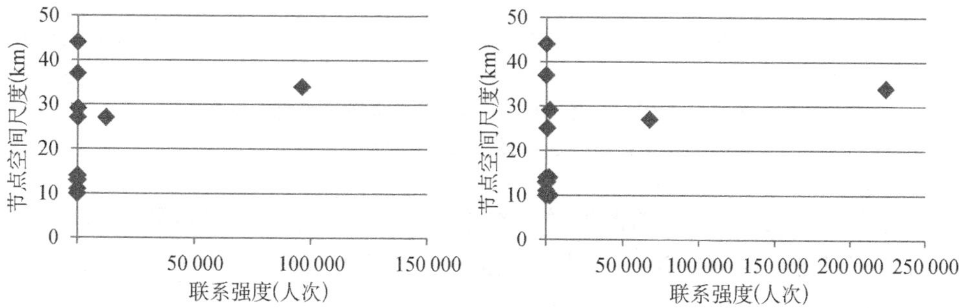


**图 6.2.6　2010 年(左)和 2015 年(右)沪宁走廊核心/一级节点与行政隶属二级节点间联系强度和空间尺度分布**

类型三——核心/一级节点与非行政隶属二级节点。与 2010 年相比，2015 年的核心/一级节点与非行政隶属二级节点联系在 50—100 km 空间尺度的优势更为明显。其中强度最高、次高的节点联系都在此范围内，而且有 3—4 条此范围内的节点联系的强度具有上升趋势(图 6.2.7)。

类型四——同行政区划范围的二级节点之间。5 年间此类节点联系的平均空间尺度略微下降，原因是 2010 年和 2015 年此类联系的重要节点联系均为昆山—苏州园区和昆山—苏州新区，二者的距离分别为 24 km 和 44 km，2015 年前者的联系强度更大，因此平均空间尺度下降。由此看出，苏州市域不仅对外联系强度高，其内部的联系也很紧密，包括苏州—昆山、昆山—苏州园区(图 6.2.8)。

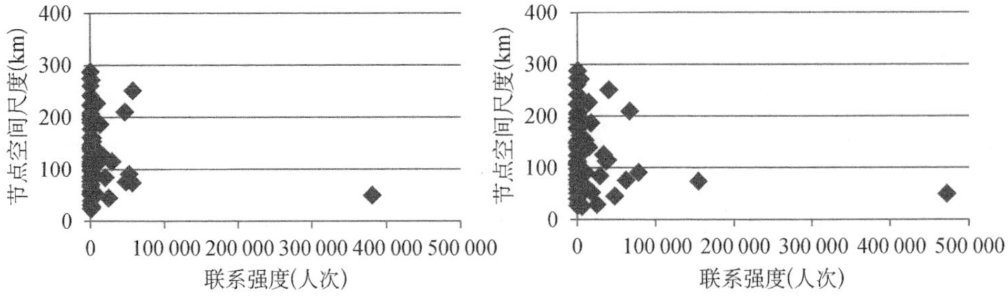


**图 6.2.7　2010 年(左)和 2015 年(右)沪宁走廊核心/一级节点与非行政隶属二级节点间联系强度和空间尺度分布**

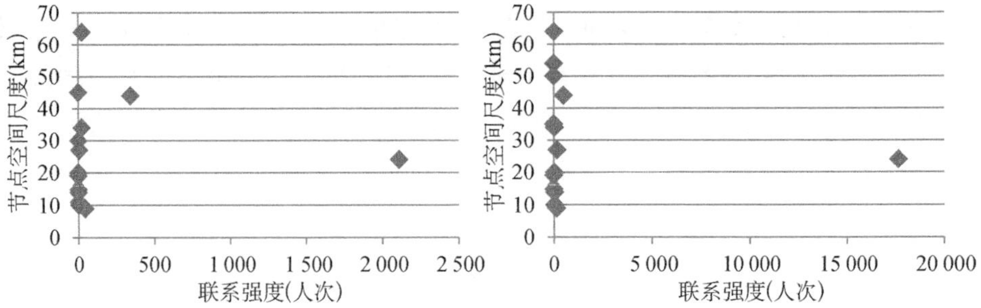


**图 6.2.8　2010 年(左)和 2015 年(右)沪宁走廊同行政区划范围的二级节点间联系强度和空间尺度分布**

类型五——跨行政区划范围的二级节点之间。5 年间平均运距有所下降。2010 年以昆山—丹阳为主，2015 年苏州园区—丹阳的联系强度明显上升，缩短了平均运距(图 6.2.9)。

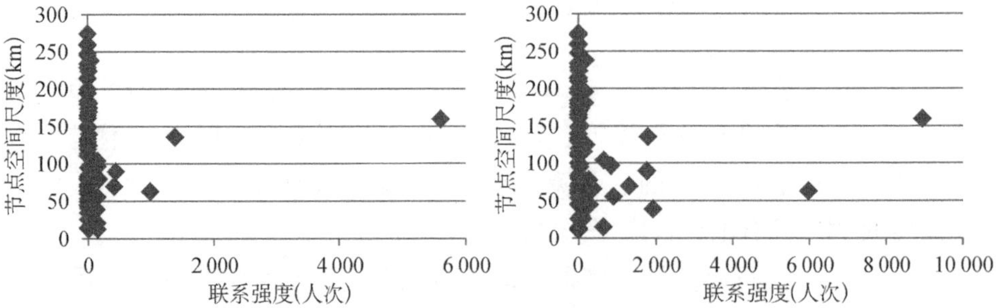


**图 6.2.9　2010 年(左)和 2015 年(右)沪宁走廊跨行政区划范围的二级节点间联系强度和空间尺度分布**

再从节点角度对核心、一级和二级节点的联系空间尺度对比，从核心节点来看，平均联系空间尺度在 130—200 km 范围内。2015 年上海与其他节点的平均联系空间尺度为 132 km，较 2010 年下降 28 km。2015 年较大强度的节点联系分布在 84 km、50 km、126 km、301 km。2015 年南京与其他节点的平均联系空间尺度为 199 km，较 2010 年下降 17 km，比上海的联系空间尺度长 1/3。2015 年较大强度的节点联系分布在 301 km、217 km、64 km、136 km(图 6.2.10)。

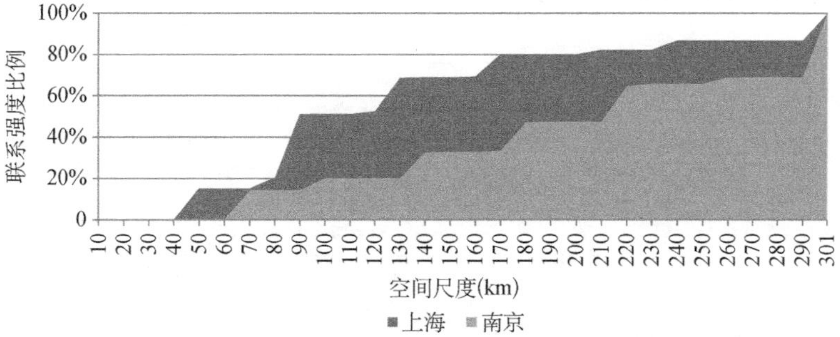


**图 6.2.10　2015 年沪宁走廊核心节点联系强度分布**

从一级节点(苏州、无锡、常州、镇江)来看，由于空间位置居中，平均联系空间尺度分布在 88—120 km 范围内，低于两个核心节点。2015 年苏州与其他节点的平均联系空间尺度为 88 km，较 2010 年下降 12 km，它最大强度的节点联系为 84 km，较大强度的节点联系分布在 42 km 和 217 km。2015 年无锡与其他节点的平均联系空间尺度为 97 km，较 2010 年下降 11 km，它最大强度的节点联系为 126 km，较大强度的节点联系分布在 42 km、175 km。2015 年常州与其他节点的平均联系空间尺度为 110 km，较 2010 年下降 6 km，它最大强度的节点联系为 165 km，较大强度的节点联系分布在 39 km、81 km、136 km。2015 年镇江与其他节点的平均联系空间尺度为 120 km，较 2010 年下降 3 km，它最大强度的节点联系分布在 64 km、237 km，较大强度的节点联系分布在 27 km、111 km、153 km(图 6.2.11)。

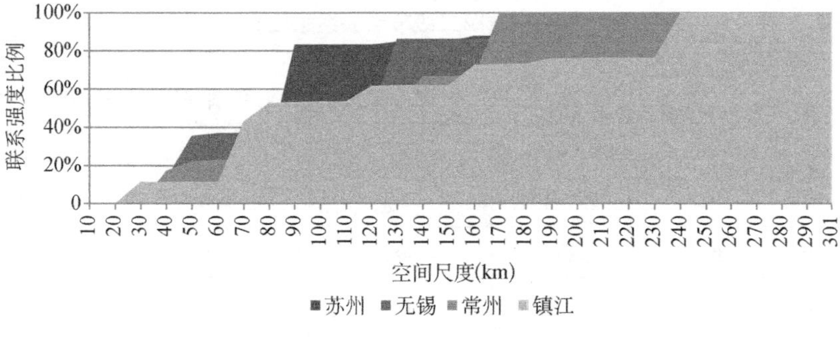


**图 6.2.11　2015 年沪宁走廊一级节点联系强度分布**

从二级节点来看，平均联系空间尺度分布在 63—155 km 范围内，其分布区间较一级节点更宽。从较大强度的节点联系空间尺度的分布来看，也是数值分布区间较宽，为 27—261 km。原因在于二级地区既可以与行政隶属一级地区联系，也可以和非行政隶属核心/一级地区联系，这几类联系的空间尺度的范围跨度较大（图 6.2.12、表 6.2.3、表 6.2.4）。

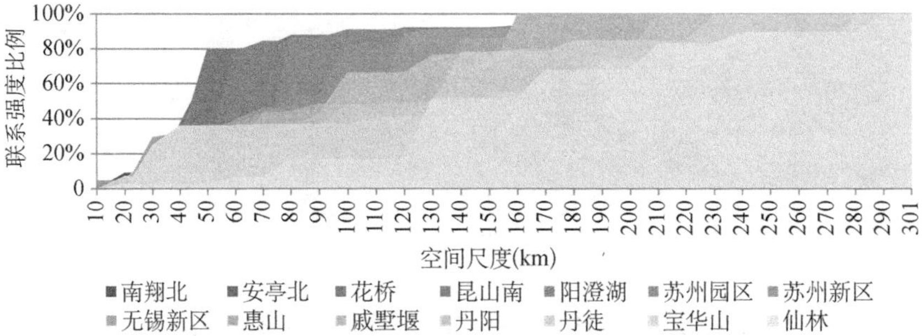


**图 6.2.12　2015 年沪宁走廊二级节点联系强度分布**

**表 6.2.3　　2015 年沪宁走廊核心和一级节点联系强度分布**

| 站点 | 平均联系空间尺度(km) | 高紧密度节点联系的空间尺度(km) | 50%联系强度的空间尺度(km) | 70%联系强度的空间尺度(km) | 90%联系强度的空间尺度(km) |
|---|---|---|---|---|---|
| 上海 | 132 | 84/50/126 | 90 | 140 | 301 |
| 南京 | 199 | 301/217/64 | 190 | 280 | 301 |
| 苏州 | 88 | 84/42/34 | 90 | 90 | 210 |
| 无锡 | 97 | 126/42/175 | 120 | 130 | 180 |
| 镇江 | 120 | 64/237/27 | 80 | 160 | 240 |
| 常州 | 110 | 165/39/136 | 120 | 170 | 170 |

**表 6.2.4　　2015 年沪宁走廊二级节点联系强度分布**

| 类型 | 站点 | 平均联系空间尺度(km) | 高紧密度节点联系的空间尺度(km) | 50%联系强度的空间尺度(km) | 70%联系强度的空间尺度(km) | 90%联系强度的空间尺度(km) |
|---|---|---|---|---|---|---|
| 近郊型二级地区 | 南翔 | 124 | 70/287/112 | 70 | 160 | 301 |
| | 苏州园区 | 80 | 74 | 80 | 80 | 100 |
| | 苏州新区 | 83 | 94/32/71 | 80 | 100 | 150 |
| | 无锡新区 | 85 | 113/29 | 120 | 120 | 130 |

（续表）

| 类型 | 站点 | 平均联系空间尺度（km） | 高紧密度节点联系的空间尺度（km） | 50%联系强度的空间尺度（km） | 70%联系强度的空间尺度（km） | 90%联系强度的空间尺度（km） |
| --- | --- | --- | --- | --- | --- | --- |
| 近郊型二级地区 | 戚墅堰 | 103 | 154/70/28 | 110 | 140 | 170 |
| | 仙林 | 155 | 123/162/204 | 130 | 210 | 240 |
| 远郊型二级地区 | 安亭 | 116 | 55/272/97/29 | 60 | 140 | 280 |
| | 花桥 | 82 | 44/40/261 | 50 | 80 | 200 |
| | 阳澄湖 | 74 | 59/25 | 60 | 60 | 160 |
| | 惠山 | 97 | 140/56/25 | 100 | 140 | 170 |
| | 丹徒 | 120 | 140/224/77 | 120 | 140 | 220 |
| | 宝华山 | 144 | 27/274/190 | 150 | 190 | 280 |
| 独立二级地区 | 昆山 | 63 | 50/34 | 50 | 50 | 120 |
| | 丹阳 | 100 | 91/210/27 | 100 | 130 | 210 |

分析各节点的联系强度集中区间，上海 70%的节点联系强度在 140 km 范围内，南京 70%的节点联系强度分布在 270 km 范围内。4 个一级节点 70%的节点联系强度分别分布在 90 km、130 km、170 km、160 km 范围内。二级节点 70%的节点联系强度分布在 40—210 km 范围内（图 6.2.13、图 6.4.14）。

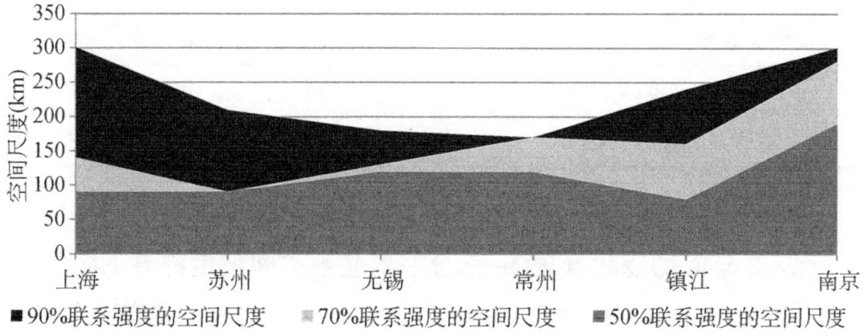


**图 6.2.13　2015 年沪宁走廊核心和一级节点联系强度集中区间**

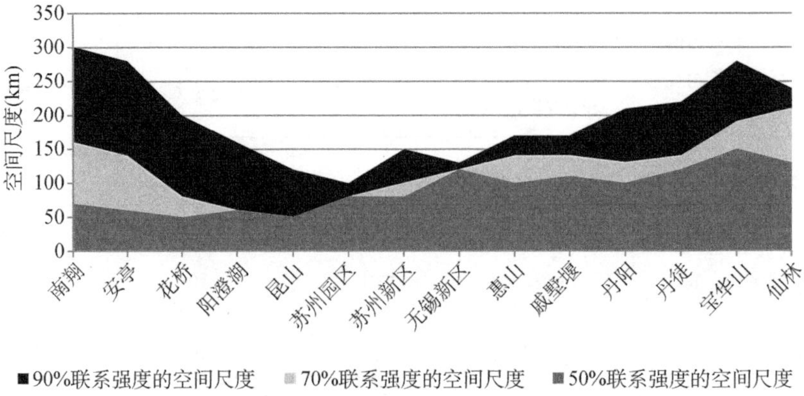


**图 6.2.14　2015 年沪宁走廊二级节点联系强度集中区间**

## 2. 沪杭走廊的节点联系平均空间尺度和分类分析

分别计算 2010 年和 2012 年沪杭城际铁路的节点联系平均空间尺度、四类联系强度的节点联系平均空间尺度,结果如表 6.2.5 所示。从 2010 年和 2012 年的变化对比发现,节点联系的平均空间尺度从 145 km 减少到 137 km。联系强度最高的节点联系空间尺度不变,中高强度的节点联系空间尺度从 88 km 下降到 83 km。中高强度的节点联系空间尺度降低和中低强度的节点联系空间尺度升高,使节点联系的平均空间尺度在总体上略有聚拢趋势(图 6.2.15)。

**表 6.2.5　　2010 年和 2012 年沪杭走廊节点联系空间尺度对比**

| 联系空间尺度 | 2010 年 | 2012 年 |
|---|---|---|
| 平均运距(km) | 136 | 129 |
| 高联系强度(km) | 159 | 159 |
| 中高联系强度(km) | 88 | 83 |
| 中低联系强度(km) | 77 | 84 |
| 低联系强度(km) | 53 | 54 |

2010 年和 2012 年沪杭走廊的节点联系尺度按照联系类型分类计算,结果如表 6.2.6。从 3 年间的变化发现,一部分节点联系空间尺度都有下降趋势,一级节点间联系的平均空间尺度为 144 km,一级与非行政隶属二级节点间联系的平均空间尺度为 91 km,沪宁走廊的这两类节点联系平均空间尺度分别为 133 km 和 88 km,两条走廊十分接近(图 6.2.16)。

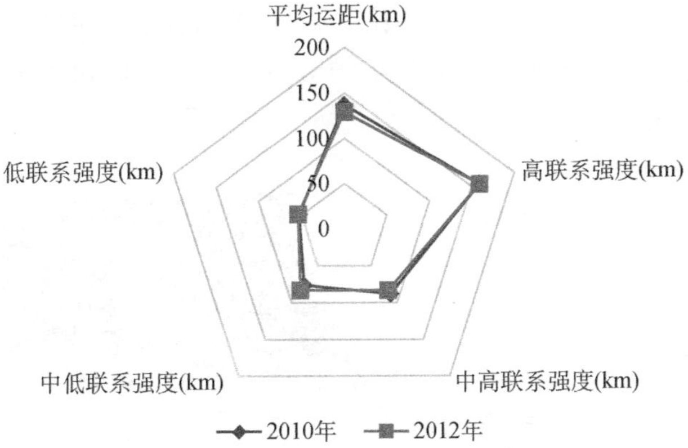


**图 6.2.15　2010 年和 2012 年沪杭走廊总体运距分析**

**表 6.2.6　2010 年和 2012 年沪杭走廊节点联系空间尺度对比**

| 联系空间尺度 | 2010 年 | 2012 年 |
| --- | --- | --- |
| 平均运距(km) | 136 | 129 |
| 核心/一级地区之间(km) | 147 | 144 |
| 核心/一级地区与行政隶属二级地区(km) | 21 | 25 |
| 核心/一级地区与非行政隶属二级地区(km) | 97 | 91 |
| 同行政区划范围的二级地区之间(km) | 39 | 54 |
| 跨行政区划范围的二级地区之间(km) | 71 | 77 |

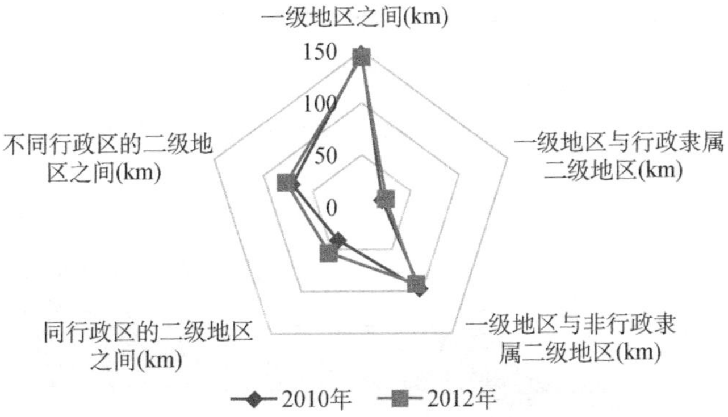


**图 6.2.16　2010 年和 2012 年沪杭走廊分类运距分布**

再从节点角度对核心、一级和二级节点的空间尺度对比，从核心节点来看，平均联系空间尺度在 140 km 左右。2012 年上海的平均联系空间尺度为 142 km，较大强度的节点联系分布在 159 km、84 km。2012 年杭州的平均联系空间尺度为 139 km，较大强度的节点联系分布在 159 km。

从一级节点来看，嘉兴由于空间位置居中，平均联系空间尺度为 78 km，低于两个核心节点。2012 年嘉兴最大强度的节点联系的空间尺度为 84 km、75 km（图 6.2.17、表 6.2.7）。

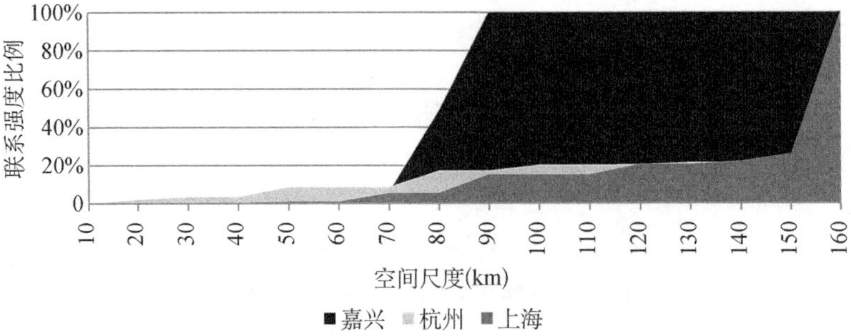


**图 6.2.17　2012 年沪杭走廊核心和一级节点联系强度分布**

**表 6.2.7　　2012 年沪杭走廊核心和一级节点联系强度分布**

| 站点 | 平均联系空间尺度(km) | 高紧密度节点联系的空间尺度(km) | 50%联系强度的空间尺度(km) | 70%联系强度的空间尺度(km) | 90%联系强度的空间尺度(km) |
|---|---|---|---|---|---|
| 上海 | 142 | 159/84 | 160 | 160 | 160 |
| 杭州 | 139 | 159 | 160 | 160 | 160 |
| 嘉兴 | 78 | 84/75 | 90 | 90 | 90 |

从二级节点来看，平均联系空间尺度分布在 75—99 km 范围内。从较大强度的节点联系空间尺度的分布来看，也是数值分布区间较大，为 15—144 km。以上节点联系的空间尺度分布与沪宁走廊的节点联系空间尺度具有很高的一致性（图 6.2.18、表 6.2.8）。

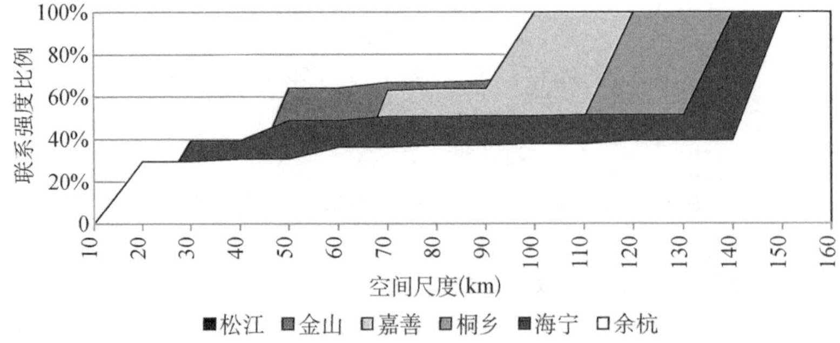


**图 6.2.18　2012 年沪杭走廊二级节点联系强度分布**

表 6.2.8　　2012 年沪杭走廊二级节点联系强度分布

| 站点 | 平均联系空间尺度(km) | 高紧密度节点联系的空间尺度(km) | 50%联系强度的空间尺度(km) | 70%联系强度的空间尺度(km) | 90%联系强度的空间尺度(km) |
|---|---|---|---|---|---|
| 松江 | 96 | 128/31 | 130 | 130 | 130 |
| 金山 | 68 | 48/111/36 | 50 | 120 | 120 |
| 嘉善 | 75 | 67.92 | 70 | 100 | 100 |
| 桐乡 | 80 | 47/112 | 50 | 110 | 110 |
| 海宁 | 81 | 26/133 | 110 | 140 | 140 |
| 余杭 | 99 | 15/144 | 150 | 150 | 150 |

分析各节点的联系强度集中区间，核心和一级节点 50%、70%、90%的节点联系规模强度都不变，杭州、上海为 160 km，嘉兴为 80 km。二级节点的聚集规模分布也是在某个空间尺度有明显梯度变化，说明沪杭走廊的节点联系强度布局十分集中(图 6.2.19、图 6.2.20)。

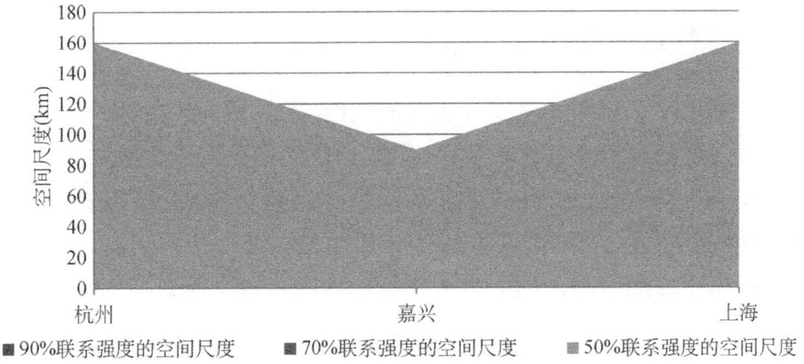


图 6.2.19　2012 年沪杭走廊核心和一级节点联系强度集中区间

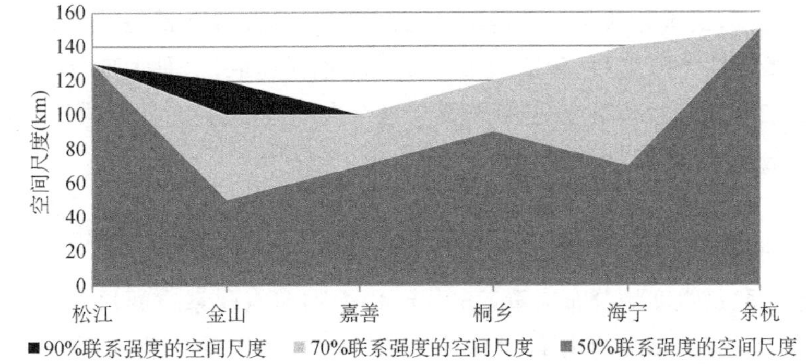


图 6.2.20　2012 年沪杭走廊二级节点联系强度集中区间

### 3. 沪宁、沪杭走廊的节点联系平均空间尺度比较

虽然两条线路长度有明显差异，沪宁城际铁路几乎是沪杭城际铁路的2倍，但是沪宁、沪杭走廊2010年的节点联系平均空间尺度均在140 km左右。2015年沪宁走廊和2012年沪杭走廊，平均空间尺度都有所减小，均在120 km上下，但是沪宁走廊的节点联系平均空间尺度下降幅度更大，聚拢趋势也更为明显(表6.2.9)。

**表6.2.9　　沪宁、沪杭走廊节点联系空间尺度对比**

| 联系空间尺度 | 2010年 | 2010年 | 2015年 | 2012年 |
|---|---|---|---|---|
| | 沪宁 | 沪杭 | 沪宁 | 沪杭 |
| 平均运距(km) | 142 | 136 | 117 | 129 |
| 高联系强度(km) | 156 | 159 | 121 | 159 |
| 中高联系强度(km) | 101 | 88 | 110 | 83 |
| 中低联系强度(km) | 123 | 77 | 110 | 84 |
| 低联系强度(km) | 100 | 53 | 101 | 54 |

## 6.2.2　可达性对节点联系空间尺度的影响

节点联系尺度是城际铁路发挥优势的关键，因为其表达指标——运距取决于不同交通方式之间的竞争与合作关系，与城际铁路相对其他交通方式的出行时间节省密切相关。30 km以上的尺度是沪宁城际铁路明显快于公路而且不受城市轨道交通的影响，150 km以下的尺度是沪宁城际铁路快于京沪高铁。

城际铁路引导的空间网络中节点联系的空间尺度平均在120 km左右，原因是乘客在城际出行活动时，对时间消耗是有忍耐上限的，一般加上两头接驳的总时间在1.5—2 h，时间转化为空间限度，120 km符合这个要求。并不是说高于或低于这个限度，就没有节点间的联系，而是在这个区间之外，就不再是城际铁路的客运优势范围，当城际铁路与其他交通方式竞争，选择城际铁路的乘客比例将明显降低。低于这个限度，将会被城市公交或轨道交通取代，是大部分一级地区与行政隶属二级地区的联系空间范围；高于这个限度，将会被高铁所取代，是中长距离的跨越数个中心的联系范围。

将节点联系空间尺度按照10 km的区段进行分类合并分析，发现城际铁路所主导的空间网络中，节点联系的空间尺度在30—150 km区间最为合理。

从节点联系强度的分布来看，150 km以上的节点联系空间尺度所对应的累计联系强度只有占总量的1/4，而30 km以下的累计联系强度不到0.1%。30—150 km区段占总联系强度的比例约为3/4，因此强度较高的节点联系空间尺度

集中在 30—150 km 范围。从可达性角度分析，30 km 以上的尺度是沪宁城际铁路明显快于公路而且不受城市轨道交通的影响，150 km 以下的尺度是沪宁城际铁路快于京沪高铁，与之对应，节点间的强联系，均在可达性优势范围内。与核心/一级地区 30 km 左右的二级地区，对外发展空间更大（图 6.2.21—图 6.2.24）。

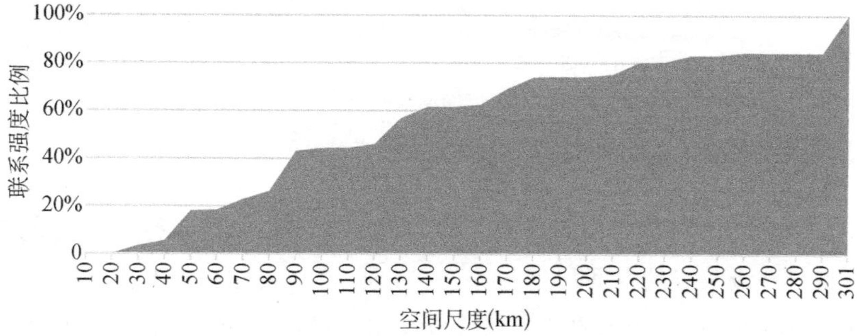


**图 6.2.21 2010 年沪宁走廊节点联系强度分段统计**

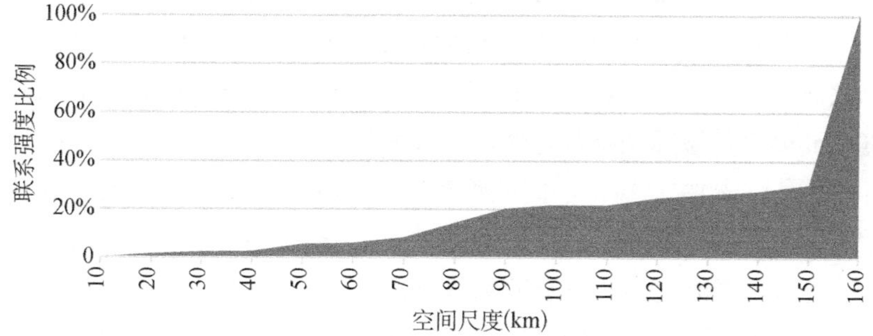


**图 6.2.22 2015 年沪宁走廊节点联系强度分段统计**

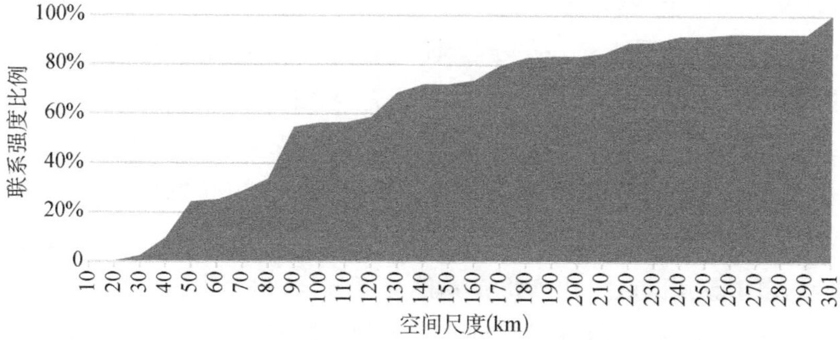


**图 6.2.23 2010 年沪杭走廊节点联系强度分段统计**

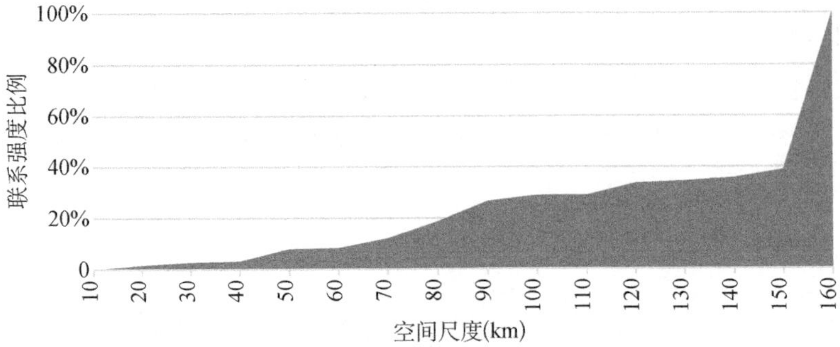


**图 6.2.24　2012 年沪杭走廊节点联系强度分段统计**

30 km 是城际铁路发挥可达性优势的最小距离。如果同行政区划范围内的二级节点与一级节点的空间尺度过小，一方面，该站去往一级节点的乘客将会被其他交通方式所吸引，如市内公交快线或地铁等；另一方面，考虑到发车频率的差异，该站去往其他方向的乘客将会选择频率较高的一级节点乘坐城际铁路，而不在本站乘坐，这两个因素都会造成城际铁路车站的相对可达性降低，节点联系强度变小。相关研究表明，城际铁路开通后，苏州的公路平均运距从 50 km 下降为 35 km(蔡润林，2019)，客运市场被城际铁路抢夺，与本书的结论相符，进一步证明了 30 km 以上是城际铁路可达性优于公路的空间范围。

与行政隶属核心/一级地区间的距离达到 30 km 的 4 个车站为昆山、丹阳、安亭、宝华山，其中昆山、丹阳的客流量位居前二，安亭虽然 2010 年聚集规模不大，但是 5 年间的增幅很大。在沪宁城际铁路的 14 个车站中，有一半二级节点与行政隶属核心/一级地区的距离小于 20 km，空间形态与一级地区连片。其中南翔、仙林、苏州新区 3 站的聚集规模很小，而苏州园区、无锡新区、惠山、戚墅堰虽然聚集规模达到中等以上，然而与行政隶属核心/一级地区的联系强度很低。安亭的主要联系方向有一个是上海，安亭到上海设有地铁 11 号线，城际铁路班次无法与地铁的班次相比，但是相对地铁的可达性上有很大优势，若增加班次，也有可能吸引更多上海市区的客流。

与核心/一级地区形成连绵空间的二级地区，可以以快速公交系统甚至城市地铁相连，而对城际铁路的客运需求降低。以苏州园区和昆山两站的乘客目的地对比来看，由于苏州园区去往苏州有其他交通方式，包括地铁和公交。从星湖街乘坐地铁 1 号线 8 站可到达观前街，11 站可到达苏州市政府，时间在 0.5 h 左右，而且地铁发车频率高，十分便利，因此苏州园区去往苏州的样本比例为 0，反而有 8%的乘客去往昆山。苏州园区位于上海和苏州之间，去往苏州以西的出行时间将远远大于去往上海的时间，同时上海又是全国范围内的重要城市，各类资源丰富，因此除了去往昆山的乘客，其余绝大部分都去往上海。而昆山去往苏州则是城际铁路可达性较其他交通方式更好，昆山去往上海的乘客占总量的比例最高，为 20%，而去往苏州的乘客比例达 14%，位居第二。

情况类似的二级地区还有仙林、南翔，它们去往南京和上海的客流极少，原因是有市内交通，如地铁和大站公交车，乘坐更为便利，频率更高且无须换乘，不需要乘坐城际铁路。如南翔和仙林站都有上海地铁 11 号线和南京 2 号线到达核心地区，而且服务频率明显提高，与南翔和仙林每天仅 1 班城际铁路列车相比，地铁成为更具有优势的交通方式。

花桥虽然与上海的联系紧密度不低，但是聚集规模很小，花桥城际铁路站点与镇区距离 10 km，花桥的居住片区到上海地铁 11 号线的可达性更高，使得花桥地区的通勤客流被 11 号线抢夺，该城际铁路站的聚集规模是所有站点中最低的。

节点联系空间尺度大于 30 km 的另一个原因是城际铁路的出行时间较公路更长，30 km 以上的出行距离，城际铁路的可达性较公路更有优势。观察每个城市，发现去往上海方向城际铁路和公路的可达性相比，昆山是第一个城际铁路出行时间低于公路的站点，在其之前的南翔、安亭、花桥三站，城际铁路都不具有可达性优势，出行时间比公路长；去往南京方向，城际铁路可达优势范围为镇江—丹阳段，镇江是所有到达南京的站点中第一个城际铁路出行时间低于公路的站点，在其之前的仙林、宝华山两站，城际铁路都不具有可达性优势，出行时间比公路长。

150 km 的空间尺度是城际铁路发挥可达性优势的距离上限，150 km 处正是沪宁城际铁路和京沪高铁可达性的分界点，在 150 km 以外乘坐高铁更节省时间，150 km 以内乘坐城际铁路更节省时间。例如沪宁城际铁路从常州到南京区段的城市，与上海的出行距离超出了 150 km，城际铁路客流规模在此段明显下降，从戚墅堰开始，沿线城市与上海的联系紧密度明显苏州—无锡下降。沪宁走廊同时，该距离符合沪宁、沪杭走廊沿线地区三个地级市建成区之间的空间距离。也解释了上海—苏州—无锡和上海—杭州形成强联系联系活动空间形态的距离原因。

同时，城际铁路可达性使总出行时间可以控制在 2 h 左右，满足一日往返的条件，符合商务活动的要求。与西班牙高铁商务出行 200 km(Ureña 等，2012)的经验相比，长三角地区的紧密商务联系距离由于接驳时间较长而有所缩短，减去两头的接驳时间，花费在城际铁路的时间为 0.9—1 h。

可达性对节点联系空间尺度的影响，决定了走廊地区能够产生紧密联系节点的空间尺度范围。也就是节点在网络中的位置或者与其他节点的空间关系，如果在城际铁路主导网络下的空间尺度范围内，则节点间联系强度能得到大幅提高。

### 6.2.3 可达性影响下的节点联系空间圈层

结合"流"的空间布局、"流"的空间尺度和"流"的类型，可以得出：在长度约300 km的沪宁走廊上，基于城际铁路的城际活动可划分为三个空间圈层：30—80 km、80—150 km、150 km以上。

(1) 30—80 km范围（近圈层）是"门到门"出行时耗在1 h以内，是高频度城际活动比例较高的圈层。该范围有时处于市域交界地带，部分节点间联系由市内交通系统承担，城际铁路客流往往呈现"近少远多"的规律。

(2) 80—150 km范围（中圈层）的"门到门"出行时耗在2 h以内，该范围的城际联系紧密，尤其是二级节点跨行政区划范围的联系增加。与高铁相比，节点间强联系的空间尺度缩小，出现了"趋近型"的节点联系分布特征。这体现了二级节点城际可达性提高和社会经济活跃度提高的结果。

(3) 150 km以上范围（远圈层）的"门到门"出行时耗在2 h以上，低频度的非通勤活动比例增加。

在沪杭走廊上，节点联系的空间尺度较小，基于城际铁路的城际活动仅能形成近、中两个圈层。

## 6.3 节点联系活动类型

上文采用的描述空间网络的三个指标——联系强度、聚集规模、联系紧密度，都是基于集计的客流数据，主要表现了"流空间"的宏观分布，证明了"流空间"作用下的多层次嵌套网络特征。但是"流空间"构成的空间网络中各节点联系的具体活动，例如节点联系的目的、总时间构成、发生频率等细节内容，依然是不明确的。通过乘客调查收集与之密切相关的个体出行的属性信息，能够从微观层面分析"流空间"的产生及其原因，解析可达性对节点联系活动类型的影响作用，弥补集计数据的缺陷。

工作步骤如下：①将"流空间"的目的和发生频率分类，归纳为四种节点联系活动；②选择典型的节点为具体案例，对每种联系活动进行特征描述；③运用MNL模型定量化描述每种类型联系活动类型的差异原因；④解析可达性对节点联系活动类型的影响。

### 6.3.1　节点联系活动的总体分析

将“流空间”构成的空间网络中各节点的联系活动分为工作和生活两大类，工作包括学习、上班、办理业务、经商；生活包括旅游、探亲访友、生活购物。将联系活动的发生频率分为高频度和低频度两大类，高频度包括每周 5 次及以上、每周 1—4 次；低频度为每月 1—4 次及偶尔。频率和目的组合后，得出以下四个出行类型：A 高频度工作、B 低频度工作、C 高频度生活、D 低频度生活，详见表 6.3.1。

表 6.3.1　　联系活动分类

| 频率 | 目的 | |
| --- | --- | --- |
| | 工作 | 生活 |
| 高 | A 每日通勤，频繁业务往来 | C 经常休闲购物 |
| 低 | B 出差、办事 | D 探亲、旅游 |

A 类联系活动包括每日通勤出行及频繁的业务往来，反映出发地和目的地之间的职住联系或企业间紧密的产业关联。B 类联系活动包括不经常的出差、经商和办事，反映出发地和目的地之间紧密度较低的业务往来。C 类联系活动包括经常发生的娱乐休闲购物，反映出发地和目的地之间居住、娱乐休闲活动之间的紧密联系。D 类联系活动包括发生不经常的探亲和旅游，反映出发地和目的地之间紧密度较低的生活往来。

#### 1. 节点选择

选择位于沪宁城际铁路东段，沪苏之间的两个典型的二级地区——昆山站和苏州园区站作为联系活动类型的研究对象。选择这两个节点考虑了几方面因素：根据上文的分析结果，发现上海—苏州地区是沪宁走廊的重点，分布有数条高强度、高紧密度的节点联系和数个空间网络第一和第二位序节点，选择位于重点地区的发展态势较好的二级地区，有助于理解网络中的中心—边缘关系重构过程及影响要素；这两个站点的相互对比具有理论意义，它们分别是老沪宁铁路的老火车站和城际铁路建设后的新设站点，分别是有高铁通过和没有高铁通过的城际铁路站点，对二者差异的分析，有助于形成车站分类对比的理论框架。基于上述考虑，这两个站点既重要又具有代表性，而且相互之间的比较，能够形成对照并反映出不同类型车站的特征。

进一步详细比较两个发生地的相同和差异——所处的行政区划范围分别为昆山和苏州园区。其中昆山是县级市，苏州园区是市辖区，二者行政地位等同，均归属苏州市管辖。两个地区设置的沪宁城际铁路站点与起点站上海的城际铁路里程分别为 50 km 和 74 km，距离行政中心苏州的铁路里程分别为 34 km 和 10 km，两个站点之间的铁路里程为 24 km，中间仅隔着阳澄湖站。两个行政区划范围相比，昆山更为独立，一方面下辖数个建制镇，行政面积大，达到 927.7 $km^2$，昆山经济开发区和高新区的户籍人口规模为 36 万，推算常住人口规模达到 116 万(2015 年年底)，在空间形态上，不与任何一级地区的建成区连绵，建设发展历史也很长，秦朝已设县。苏州园区则与苏州市的一级地区姑苏区连片发展，是疏解古城人口的新建开发区，发展历程较短，2000 年才开始大规模建设，目前苏州市政府行政面积小，仅为 288 $km^2$，常住人口 80 万，然而苏州大学的独墅湖校区、西交利物浦大学、金鸡湖景区、新加坡工业园区等重要建设用地均位于苏州园区。在沪宁城际铁路开通前，昆山就有老沪宁铁路线设站，而且车次较为频繁，苏州园区则较少有班次停靠。2010 年沪宁城际铁路开通后两站每日到发班次分别为 46 班和 7 班，昆山的班次明显多于苏州园区。2015 年，两站的班次分别增加到 56 班和 9 班，增幅分别为 21%和 28%。两站对比如表 6.3.2。

**表 6.3.2　　昆山与苏州园区的发展条件对比**

| 条件 | 昆山 | 苏州园区 |
| --- | --- | --- |
| 行政等级 | 县级市 | 市辖区 |
| 归属地级市 | 苏州市 | 苏州市 |
| 与主城区的关系 | 空间独立 | 空间连片 |
| 与苏州市区的城市轨道交通 | 无 | 坐 1 号线 7 站到达中心区 |
| 设立时间 | 秦朝 | 2000 年 |
| 行政面积($km^2$) | 927.7 | 288 |
| 常住人口规模(万人) | 116 | 80 |
| 与苏州市区的城际铁路里程(km) | 34 | 10 |
| 与上海市区的城际铁路里程(km) | 50 | 74 |
| 铁路车站 | 除了城际铁路还有少量高铁班次停靠 | 仅有城际铁路 |
| 城际铁路班次 | 56 | 9 |
| 城际铁路车站的位置 | 距离主要活动区 3 km | 距离主要活动区 2 km |

为了全面补充以上两站“流空间”的属性信息，调查涉及出行特征、方式转变、个人属性三方面内容，出行特征包括乘客的出发地、目的地、出行频率、出行目的、接驳方式、“门到站”和“站到门”的接驳时间、原有城际出行方式，个人属性包括乘客职业和收入等具体问题，详见附录 A 的问卷样本。

2017 年 7 月中旬选取周一和周二两个工作日上午，分别在昆山南站和苏州园区站行了城际铁路乘客调查。本调查为 SP 调查，调查方式采用问卷形式。与 RP 调查相比，SP 调查中的对象选择结果是实际发生的行为，而非假设情景中的虚拟选择，不存在偏差。最终获得有效样本共 468 份，其中昆山南站 230 份，苏州园区站 238 份。

## 2. 节点联系活动类型的构成和特征

四种节点联系活动类型在有效样本中，比例构成十分接近。低频度联系与高频度联系，二者比例为 7∶3；联系活动的发生目的是工作和生活各占一半。在高频度联系更偏向工作目的，是生活的 2—3 倍；低频度联系中，二者比例差异不大。两站差异表现为苏州园区站的高频工作联系更多，它和低频工作联系所占的比例相差不大，而昆山站的低频工作联系比例明显高于高频工作联系（图 6.3.1）。

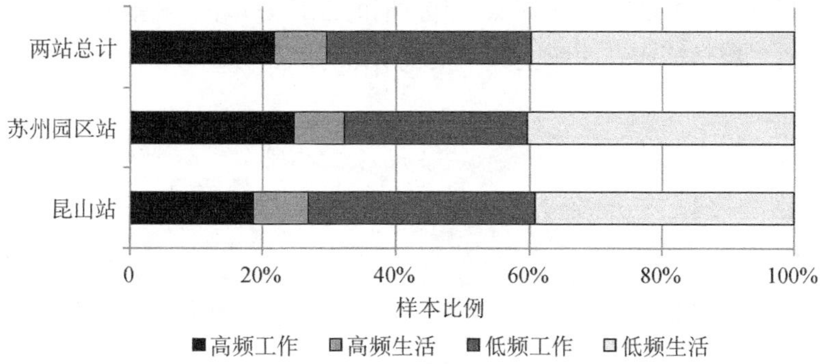


**图 6.3.1　昆山站、苏州园区站联系活动类型构成**

为了明确各节点联系活动类型的属性特征，对联系活动发生的空间范围和时间阈值、联系活动的目的、联系活动产生的频率、联系活动的社会经济属性进行统计分析，分析结果显示，联系活动的发生具有规律性，所对应的人群是属性范围明确而固定的。

昆山站和苏州园区站的节点联系所反映的空间范围表现出二级地区与非行政隶属一级地区多层次、多功能的联系状态，既有每日通勤、紧密的业务往来、经常性休闲购物等高频度联系，也有偶尔工作联系、旅游探亲等低频度联系（图 6.3.2）。

高频度联系的邻近性十分明显。两站的 A 类联系活动比例分别为 19％和 25％，而且两站调查中都发现了每日去往上海通勤的乘客，虽然占总客流量的比例不高，但是表明城际铁路设站的二级地区与沿线区域核心地区已经开始出现了长距离、跨市域的职住关系，即区域核心地区的边缘范围扩张，重塑了中心—边缘

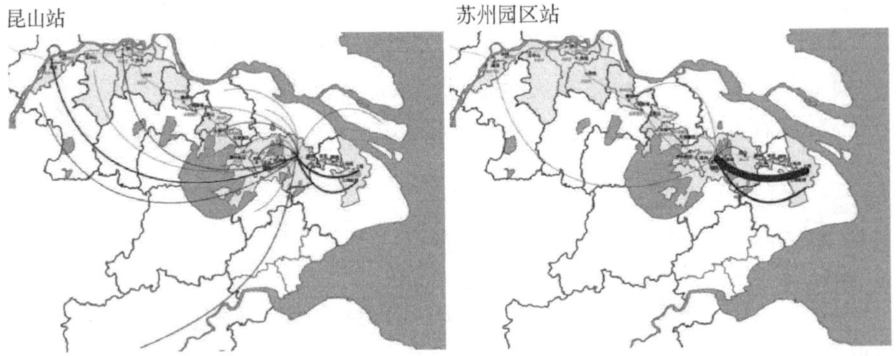


**图 6.3.2　昆山、苏州园区高频度工作出行目的地分布**

空间关系。A 类联系活动显示，苏州园区和上海市区具有密切的联系，和昆山及沪宁城际铁路沿线的其他一级地区、二级地区也有少量商务联系。昆山和上海的业务联系紧密度明显较苏州园区低，与苏州市区、南京市区、戚墅堰等一级地区市区和设站的二级地区也产生了高频率的商务联系(图 6.3.3)。

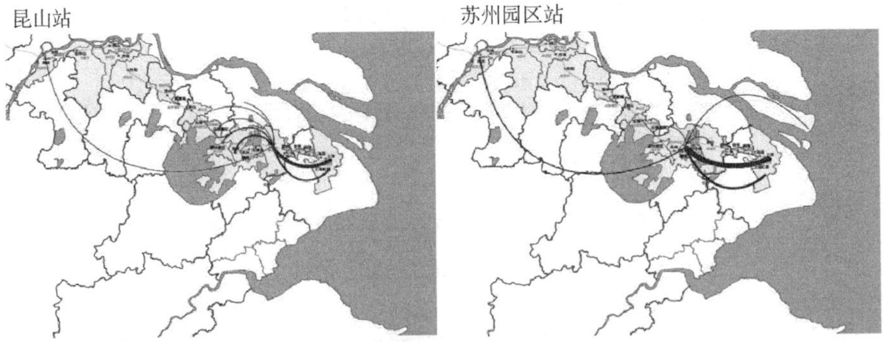


**图 6.3.3　昆山站、苏州园区站高频度生活出行目的地分布**

C 类联系活动显示，苏州园区与上海市区主要建成区(上海外环以内)的联系最紧密，也有少量的南京、无锡等一级地区市区的联系。昆山与上海市区的联系紧密度最强，达一半以上，其次是去往苏州市区，也有一部分去往南京市区。

从以上高频度联系活动的目的地范围来看，二级地区的对外联系已经跨出了行政边界，与区域核心地区特别是上海市区的工作和生活联系的紧密度远远大于行政隶属一级地区。这一现象说明上海的影响范围出现跨行政区划范围的扩张，反映出城际铁路有助于增强核心地区的区域影响力，为邻近的二级地区增加发展机会，也同时削弱了邻近的一级地区对行政隶属二级地区的影响。

与空间相对应，从联系活动的时间构成来看，“门到站”和“站到门”环节耗时较多且后者比例更高，前者为 19.3 min，后者则为 31.2 min，二者相加为 50.5 min。其中苏州园区更为明显，“门到站”约为“站到门”的一半；昆山则为 1.36 倍。这一统计结果一方面反映了城际铁路车站对联系活动的空间吸引范围，另一方面反映了联系活动的目的地特征。通常“站到门”时间越长，车站对联系活动的吸引范围也越大；昆山大于苏州园区的“站到门”，说明昆山站所吸引的联系活动覆盖面积更大。“站到门”和“门到站”时间差异，说明出发站和到达站的吸引范围差异，两站都是到达站的吸引范围明显大于出发站，也进一步证明了二级地区的车站上午的客流方向都是从当地去往规模更大的城市，通常是一级地区（图 6.3.4）。

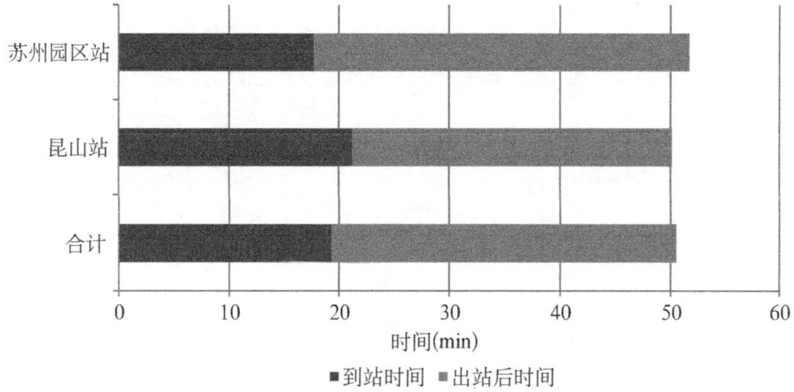


**图 6.3.4　昆山站、苏州园区站联系活动的时间构成**

在所有的样本中，上班和办理业务的两类占 43%，旅游和探亲访友占 37%。昆山和苏州园区两站联系活动的目的构成大致相同，有几项存在差异：苏州园区工作联系活动比例较昆山高 10%，探亲访友联系活动比例较昆山高 4.5%；昆山外出学习、外出经商和外出旅游联系活动比例分别较苏州园区高 4%、7%和 2%（图 6.3.5）。

从联系活动发生的频率来看，总体水平并不高，随着频率降低，联系活动发生量变多，二者负相关。其中每周 5 天出行和每周 1—4 次的高频率联系活动合计占 30%，剩余 70%的联系活动发生频率低于每周 1 次，其中随机的联系活动（说不定或偶尔）占四成。两站的联系活动频率构成也大致相当（图 6.3.6）。

乘客社会属性的职业方面，集中在企事业管理人员、服务业职员和工人，这三类合计共占样本总量的 58%，其中企事业管理人员占 30%。离退休人员、待业和其他职业则占了约 12%。与联系活动的目的相对，上班和办理业务，其社会属性的职业可以对应为企事业管理人员、服务业职员和工人。苏州园区与昆山相比，企事业管理人员的比例更高，是后者的 1.75 倍；工人的比例较昆山更低，是后者的 60%。两站的比较发现，苏州园区的乘客社会地位更高（图 6.3.7）。

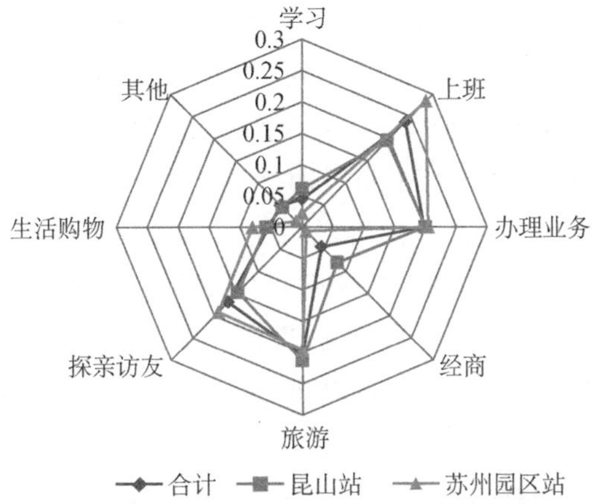


**图 6.3.5　昆山站、苏州园区站联系活动产生目的构成分布**

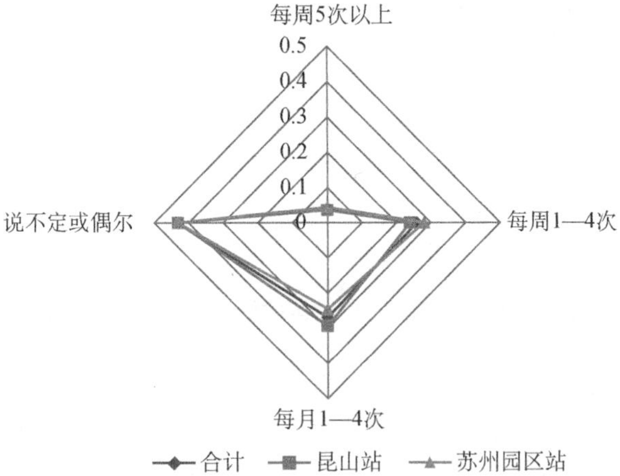


**图 6.3.6　昆山站、苏州园区站联系活动发生频率分布**

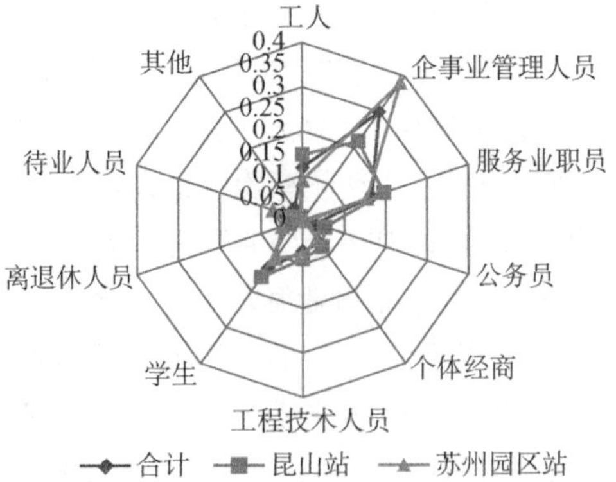


**图 6.3.7　昆山站、苏州园区站联系活动属性的职业分布**

乘客社会属性的月收入方面，大部分低于 10 000 元，占样本总量的 80%，其中 5 000—10 000 元区间的比例为 45%。两站相比，苏州园区较昆山活动者的月收入稍高，其中 20 000 元以上的比例是昆山的 3.4 倍。5 000 元以下的比例，也较昆山略少。将收入的差异与职业构成的差异相对比，可以看出职业的社会地位越高，收入也越高(图 6.3.8)。

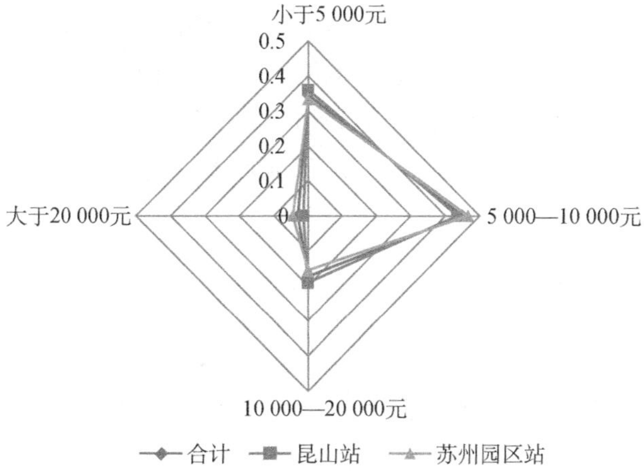


**图 6.3.8　昆山站、苏州园区站联系活动属性的收入分布**

总体来看，两站节点联系活动的乘客属性差异不大，各指标的分类构成比例都较为接近。二者的差异在于，苏州园区的联系活动的构成的主体较为明确，对应的社会属性（职业地位和月收入）都略高于昆山，联系活动的目的中工作的比例也更高。联系活动的目的地范围十分明确，十分偏向于去往上海市区，而去往苏州的样本比例为 0。从联系活动的发生地范围来看，苏州园区站的联系活动多从本行政区产生，极少有来自苏州主城区或相邻行政区，联系活动的“门到站”很短，约为 17 min。相比之下，昆山的联系活动产生地和目的地更为分散，去往上海的比例为 20%，而去往苏州的比例达 14%，位居第二。

## 6.3.2　可达性对节点联系活动的影响

分析以上四种节点联系活动与可达性的关系。选取总出行时间、与其他方式的时间差、接驳时间（上车前和下车后时间）三项与城际铁路可达性密切相关的指标。其中下车后时间和方式转变通过调查直接获得。根据调查已经获得每位乘客的到站时间和下车后时间，再按照每位乘客的出发站点和目的站点计算城际铁路乘坐时间，最后得出每位乘客“门到门”总出行时间。

重点分析四种节点联系活动中的高频度工作联系活动和工作联系活动。在四种联系活动类型中，高频度工作活动反映出的节点间关系最紧密。从样本统计来看，与其他联系活动相比，高频度工作联系的规律性最强，一方面是客流方向较为集中，苏州园区A类联系活动有85%都去往上海一级地区和近郊区；另一方面是从小汽车转化为城际铁路出行的乘客较多。A类联系活动中，有3/4从小汽车转化，苏州园区达到79%，说明对于出行规律、要求准时的通勤出行，城际铁路十分具有吸引力，能够使他们进行方式转变。除了转化以外，两站均有新激发的联系活动，昆山为9%，苏州园区为17%，说明城际铁路设站有可能催生出新的二级地区相邻核心地区的工作联系。高频度工作活动概念模型如图6.3.9所示。

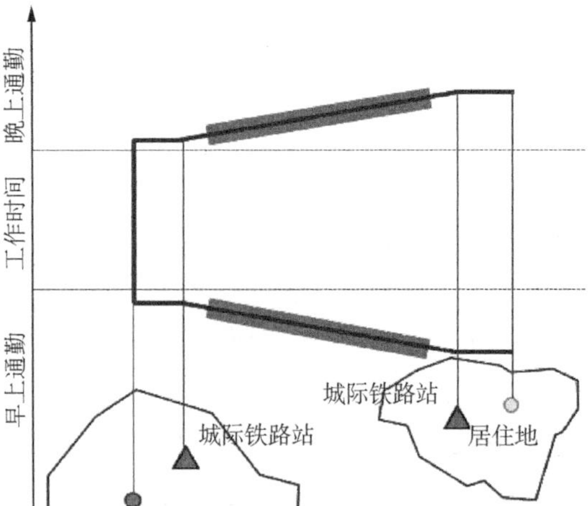


**图6.3.9　高频度工作联系概念模型**

工作联系活动虽然有一部分发生的频率较低，但是相比生活联系而言，代表了城市之间的产业经济关系，此类活动的发生规律对核心地区的产业空间布局与对外交通设施的关系具有重大启发作用，因此也进行单独分析。

运用MNL模型对高频度工作联系和工作联系（高频度、低频度合并）分别进行离散分析，结果显示可达性是这两类联系活动的形成的必要条件，包括总出行时间和方式转变（表6.3.3、表6.3.4）。

**表 6.3.3　　　　　　　高频度工作联系的影响要素分析**

| 方程中的变量 | | | | | | | | | |
|---|---|---|---|---|---|---|---|---|---|
| 影响要素 | | B | S. E, | Wals | df | Sig. | Exp(B) | EXP(B)的95%C. I. | |
| | | | | | | | | 下限 | 上限 |
| 步骤 1[a] | 总出行时间 | −0.017 | 0.005 | 11.250 | 1 | 0.001 | 0.983 | 0.973 | 0.993 |
| | 到站时间 | −0.003 | 0.016 | 0.033 | 1 | 0.855 | 0.997 | 0.966 | 1.029 |
| | 下车后时间 | 0.010 | 0.009 | 1.156 | 1 | 0.282 | 1.010 | 0.992 | 1.029 |
| | 方式转变 | — | — | 2.715 | 4 | 0.607 | — | — | — |
| | 方式转变(1) | −0.762 | 0.501 | 2.310 | 1 | 0.129 | 0.467 | 0.175 | 1.247 |
| | 方式转变(2) | −0.315 | 0.405 | 0.602 | 1 | 0.438 | 0.730 | 0.330 | 1.616 |
| | 方式转变(3) | −0.589 | 0.556 | 1.121 | 1 | 0.290 | 0.555 | 0.187 | 1.651 |
| | 方式转变(4) | −0.266 | 0.779 | 0.116 | 1 | 0.733 | 0.767 | 0.167 | 3.529 |
| | 收入 20 000 以上(1) | 1.086 | 0.428 | 6.431 | 1 | 0.011 | 2.964 | 1.280 | 6.863 |
| | 职业分类 | — | — | 30.879 | 2 | 0.000 | — | — | — |
| | 职业分类(1) | 3.419 | 0.740 | 21.361 | 1 | 0.000 | 30.551 | 7.166 | 130.251 |
| | 职业分类(2) | 2.355 | 0.750 | 9.856 | 1 | 0.002 | 10.538 | 2.422 | 45.846 |
| | 常量 | −3.370 | 0.976 | 11.926 | 1 | 0.001 | 0.034 | — | — |

a. 在步骤 1 中输入的变量：总出行时间，到站时间，下车后时间，方式转变，收入 15 000 元以上，职业分类

**表 6.3.4　　　　　　工作联系(高低频度合并)的影响要素分析**

| 方程中的变量 | | | | | | | | | |
|---|---|---|---|---|---|---|---|---|---|
| 影响要素 | | B | S. E, | Wals | df | Sig. | Exp(B) | EXP(B)的95%C. I. | |
| | | | | | | | | 下限 | 上限 |
| 步骤 1[a] | 总出行时间 | −0.004 | 0.002 | 5.013 | 1 | 0.025 | 0.996 | 0.993 | 1.000 |
| | 到站时间 | 0.015 | 0.011 | 1.936 | 1 | 0.164 | 1.015 | 0.994 | 1.038 |
| | 下车后时间 | −0.008 | 0.006 | 1.700 | 1 | 0.192 | 0.992 | 0.980 | 1.004 |
| | 方式转变 | — | — | 10.506 | 4 | 0.033 | — | — | — |
| | 方式转变(1) | −0.967 | 0.424 | 5.196 | 1 | 0.023 | 0.380 | 0.166 | 0.873 |
| | 方式转变(2) | −0.067 | 0.385 | 0.030 | 1 | 0.862 | 0.936 | 0.440 | 1.989 |

（续表）

| 方程中的变量 | | | | | | | | | |
|---|---|---|---|---|---|---|---|---|---|
| 步骤 1[a] | 方式转变(3) | −0.443 | 0.456 | 0.942 | 1 | 0.332 | 0.642 | 0.263 | 1.570 |
| | 方式转变(4) | −0.042 | 0.604 | 0.005 | 1 | 0.945 | 0.959 | 0.294 | 3.134 |
| | 收入 20 000 以上(1) | −2.397 | 0.622 | 14.833 | 1 | 0.000 | 0.091 | 0.027 | 0.308 |
| | 职业分类 | — | — | 50.191 | 2 | 0.000 | — | — | — |
| | 职业分类(1) | 2.196 | 0.313 | 49.333 | 1 | 0.000 | 8.985 | 4.869 | 16.581 |
| | 职业分类(2) | 1.239 | 0.305 | 16.456 | 1 | 0.000 | 3.452 | 1.897 | 6.281 |
| | 常量 | 1.602 | 0.800 | 4.012 | 1 | 0.045 | 4.965 | — | — |

a. 在步骤 1 中输入的变量：总出行时间，到站时间，下车后时间，方式转变，收入 15 000 元以上，职业分类

### 1. 总出行时间

总出行时间是可达性的指标之一，它对高频度工作联系活动的影响表现为时间阈值的限制，即超出了总出行时间的阈值，则出现高频度工作联系活动的概率很低。通常来说，总出行时间 1 h（Verma 等，2013；Guirao 等，2017）或 1.5 h（Moyano，2016）是合理的出行时间的阈值。分析昆山和苏州园区两站高频度工作乘客的总出行时间，苏州园区的每日通勤联系活动全部去往上海市区或近郊区。苏州园区到上海市区的城际铁路运行时间为 22 min，两头接驳时间（调查结果统计所得的平均值）加上铁路运行时间的每日工作的总出行时间为 63 min，几乎和上海市内的通勤时间相等。昆山的每日通勤联系活动有一部分去往上海市区、一部分去往苏州市区，也有个别去往南京市区，昆山到上海市区、苏州市区、南京市区的铁路出行时间为 20 min、12 min、100 min，加上两头接驳时间的每日工作出行类型的总出行时间分别 58 min、50 min、138 min。去往上海和苏州两市的通勤时间和以上两市的市内通勤时间差异不大。在昆山和苏州园区的案例分析中，1.1 h 是通勤活动的时间范围，与 1—1.5 h 相符（图 6.3.10）。

离散分析结果显示，对于选择高频度工作活动的乘客，总出行时间的影响十分明显，Sig 为 0.00，与选择该类活动呈负相关关系。

总出行时间对所有工作联系活动的影响相关度，计算得出的 Sig 为 0.025，高于高频度工作出行，而且敏感度也明显低于高频度工作出行，B 值仅为−0.004，敏感程度为高频度工作出行的 1/4。二者的对比说明，高频度工作出行对总时间

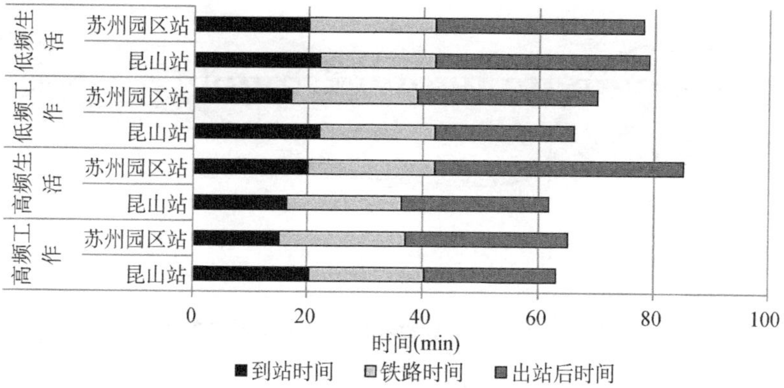


**图 6.3.10　昆山站、苏州园区站到达上海市的出行时间链构成**

的敏感程度十分高。

2017 年在滴滴平台上，城际通勤日益普遍①。京津冀、长三角和珠三角三个地区的城际通勤增长了 186%。在跨城通勤排行榜上，“上海—苏州”排在第六位，与本书所得出的苏州行政区划范围内的二级地区与上海产生通勤联系相符。我国大城市的市内通勤时间将近 1 h，上海的出行半径达 31 km，排名第二，仅次于北京。上海平均通勤距离为 15 km，平均通勤时间为 42 min，外围郊县相当一部分大于 60 min。从昆山、苏州园区乘坐城际铁路到上海的“门到门”通勤时间约 60 min，与上海外围郊县的通勤时间相近。因此，为城际通勤提供了空间条件。

将以上时间阈值对应到空间距离，大约在 50—70 km，符合上海—昆山、上海—苏州园区的距离。当尺度在 30 km 以内，乘坐公路（或者市内轨道交通）更为便捷（图 6.3.11），而 30—50 km 是城际铁路相对公路发挥出时间节省优势的空间距离门槛值。30—50 km 的城际铁路里程将总时间控制在 1 h，符合通勤的时间要求。

与国际案例对比，铁路通勤的空间距离与日本快速铁路的通勤距离相符（20—50 km），与大城市的铁路距离在此范围内的住宅价格比 100 km 范围的住宅价格涨幅更大（Kanasugi、Ushijima，2018），因为符合通勤活动的距离阈值。但是本案例表现出的通勤空间范围与西班牙高铁 100 km 的通勤范围（Ureña 等，2012）有一定差距。合理的跨市通勤距离在很大程度上取决于“门到站”和“站到门”的接驳时间。沪宁沿线城市规模大，造成接驳时间长，只有 1/3 时间花在铁路上，约 20 min。正是花费在铁路上的出行时间制约了铁路出行距离，是沪宁通勤活动范围比西班牙的铁路通勤服务距离更短的原因。

---

① 引自滴滴出行发布的《2017 年度城市交通出行报告》。详见 http://www.199it.com/archives/684474.html。

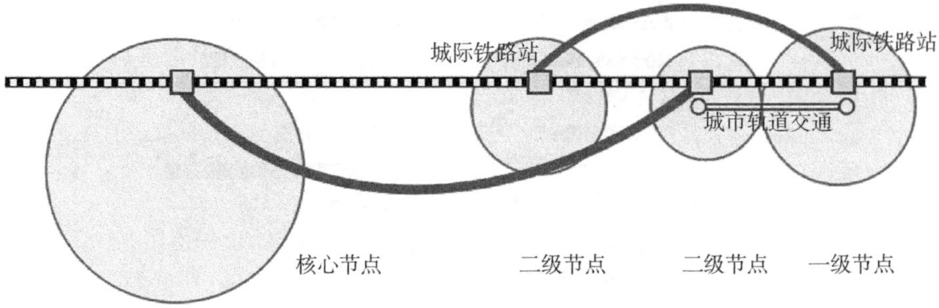


**图 6.3.11　城际铁路和城市轨道交通的关系**

总出行时间的影响也体现联系活动产生频率和联系活动的总出行时间的负相关关系上，随着频度降低，总出行时间围呈增加趋势，特别是低频生活联系活动，其出行的总时间明显高于其他类型的联系活动。

高频度联系活动几乎没有沪宁走廊以外的目的地，相比之下，低频度联系活动目的地已经延伸到沪宁走廊以外，去往不设城际铁路站的一级地区郊区的比例也略高。去往市区和设站郊区最节省下车后的接驳时间，去往不设站郊区次之，去往沪宁以外地区需要花费更长的时间(图 6.3.12)。

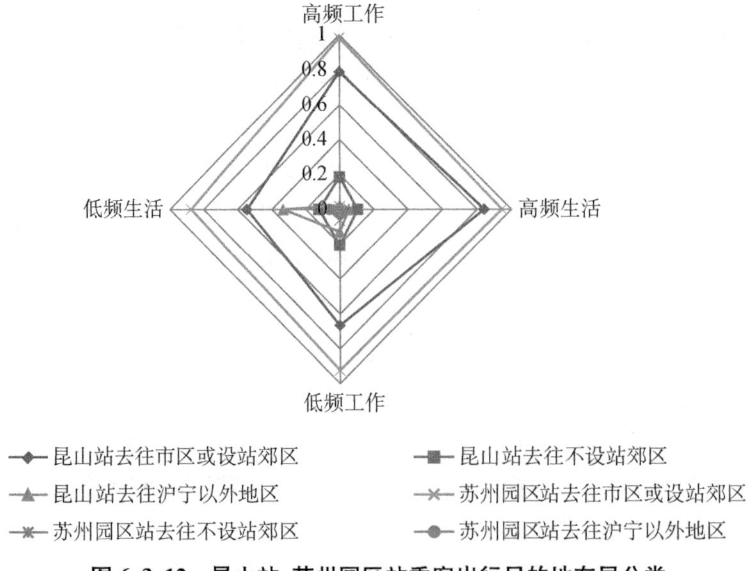


**图 6.3.12　昆山站、苏州园区站乘客出行目的地布局分类**

## 2. 与其他方式的时间差

可达性的第二个影响为城际铁路与小汽车相比的总出行时间差对出行方式

转变的影响。低频度工作活动虽然出行的频率不如高频度工作活动密集而有规律，但是二者表现出了相似的交通方式选择规律。将高频度工作和低频度工作活动合并为一类分析，与生活联系活动相比，他们在城际铁路开通前更偏向使用小汽车，也可以理解为，工作出行的乘客更容易从选择小汽车转为选择城际铁路，在沪宁城际铁路沿线的城市，都是乘坐城际铁路比使用小汽车更节省出行时间。在昆山和苏州园区乘坐城际铁路去往上海，比使用小汽车去往上海分别节省 13 和 27 min（不考虑高速公路堵车）。

国际案例表明，西班牙的塞戈维亚高铁站与其他交通设施相比，具有明显的出行时间优势。该站距离马德里约为 60 km，乘坐普通火车到马德里需要 2 h，考虑到堵车情况，小汽车需要 1.5 h，而高铁只要 25 min。该站距离塞戈维亚中心约 4 km（Garmendia 等，2012），该站所在城市乘客规模大，通勤比例高，融入了马德里大都市区。

与其相比，沪宁城际铁路的昆山和苏州园区两站的工作联系活动，具有十分相似的特征。相对小汽车的出行时间节省，是促使工作出行乘客进行方式转变的重要因素之一。总体而言，工作联系活动相对生活联系活动对时间的准确度要求高，对总时间的敏感度高，城际铁路对沿线二级地区可达性的提升，正符合此类联系活动的要求，对走廊地区工作出行的乘客具有吸引力。调查中还发现，城际铁路除了对走廊地区的影响，还将影响扩展到了与走廊相邻的城市，如一名低频度工作出行的乘客在调查中表示，他此次从昆山去扬州出差，乘坐城际铁路到达镇江后再转公路去扬州，即使要换乘一次，也比从昆山直接乘坐公路大巴去扬州方便。虽然这样的案例不多，但是表明城际铁路的潜在影响范围正在扩大，如果增强交通接驳配套，提升可达性，则乘客不限于走廊本身。

### 3. 接驳时间

除了总出行时间以外，接驳时间对工作出行具有明显的负面影响。将乘客的总出行时间分为上车前、城际铁路、下车后时间分别作为自变量，离散模型计算结果显示相关性并不强，三者的 Sig 都高于 0.05，这一现象说明如果单独分析上车前、下车后的时间与高频度工作或工作联系活动的相关性，都得不出独立结论，但是只要将三者组合在一起的总时间符合阈值要求，就是形成工作联系的可达性条件。

总出行时间分上车前、车上、下车后独立分析的意义在于划定城际铁路车站的影响范围。将四类联系活动分别分析，发现低频生活的下车后时间平均值和最大值明显高于其他三类联系活动。工作活动无论是高频还是低频，下车后时间的平均值在 22—30 min，标准差在 15 min 以内，相对生活出行的下车后时间较短，且分布更为平均，如图 6.3.13 所示。

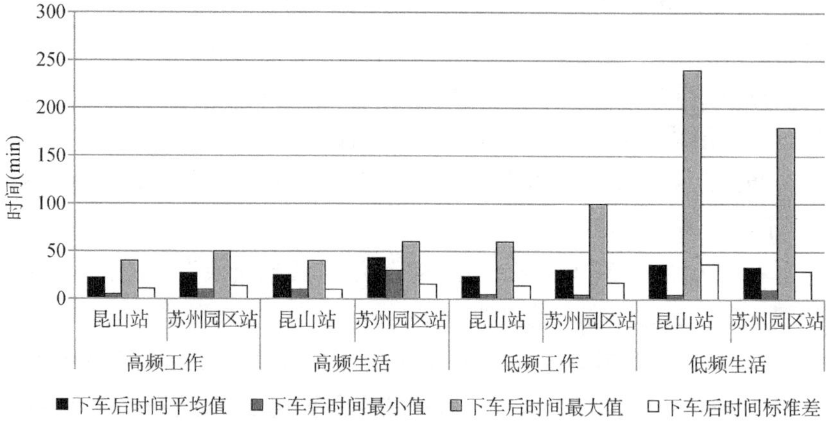


**图 6.3.13　昆山站、苏州园区站乘客下车后时间分布**

如果按照小汽车或出租车为接驳方式，将出站后的速度为 20 km/h，将时间对应为空间范围，则城际铁路车站的吸引半径为 7.3—10 km。

与下车后时间相比，乘客上车前时间的分布相对集中，平均值都在 15—20 min，标准差也在 10 min 以内，如图 6.3.14 所示。同样将接驳速度设定为 20 km/h，城际铁路车站的吸引半径为 5—6.7 km，与计算得出的基本可达范围十分一致。分析上车前和下车后的时间和城际铁路吸引范围差异的原因，苏州园区和昆山两站乘客的目的地都是一级和核心地区，建成区规模大，城际铁路到站后，"站到门"的时间较长；两站乘客的出发地在二级地区车站所在的行政区，规模较小(图 6.3.15)。

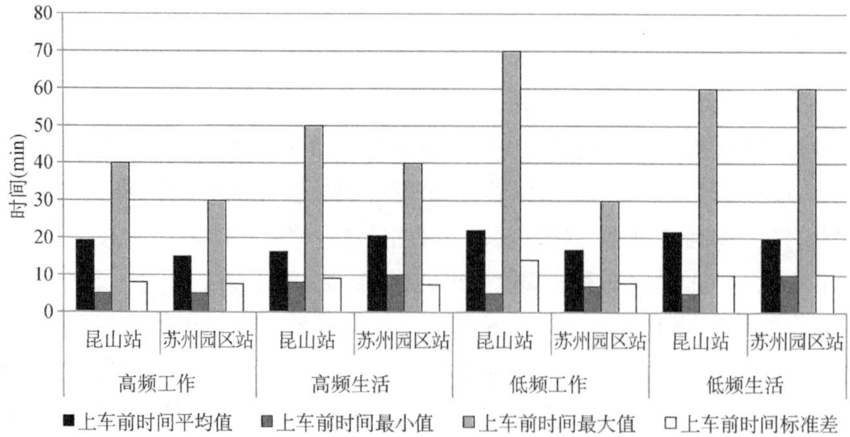


**图 6.3.14　昆山站、苏州园区站乘客上车前时间分布**

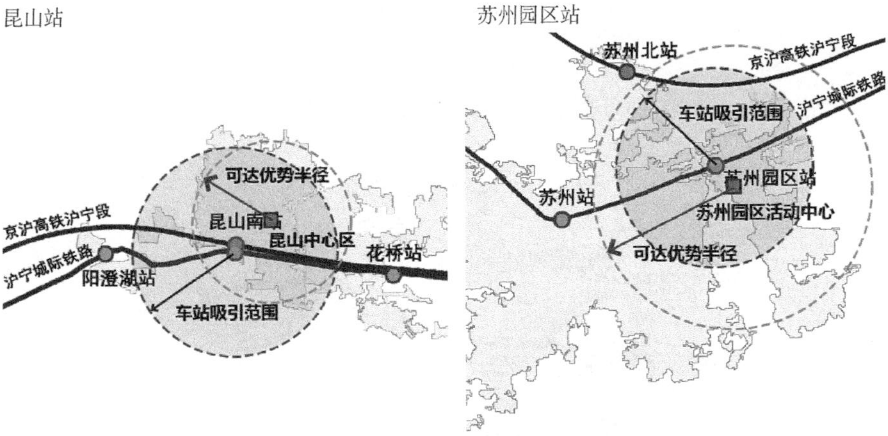


**图 6.3.15　昆山站、苏州园区站吸引范围**

以上分析发现，上海大都市圈范围内的二级地区城际铁路车站的吸引范围在 5—6.7 km，应以城际铁路站位核心组织当地配套交通，加强此范围内居住区、商务区的接驳服务，更有利于其融入上海大都市圈。一级和核心城市核心地区城际铁路站周边 7.3—10 km 的用地宜规划为商务用地，便于产业的对外联系(图 6.3.16)。

以上研究内容分析联系活动的属性，收集了目的、频率、方式转换、接驳交通及社会经济等多种信息，采用离散模型分析了高频度工作、高频度生活、低频度工作、低频度生活共四种出行类型的总体乘客属性和偏好以及苏州园区和昆山两站出发地和目的地的空间分布的特征。

分析结果显示，占调查样本总量一半的乘客为工作出行类型，而且高频度出行中，工作出行是生活出行的近 3 倍；工作出行中职业为企事业管理人员的比例较高，超过 44%，而生活出行中职业为企事业工作人员的比例仅为 16%，约为工作出行的 1/3；出行频率越高，对下车后到达目的地的时间变化越敏感；有相当一部分乘客从小汽车出行转变而来，其中所有样本中小汽车转变的乘客为 50%，工作出行中小汽车转变的乘客为 59%，高频工作出行中小汽车转变的乘客为 64%。

两站相比，苏州园区站无论企事业人员比例、收入水平、小汽车转变为城际铁路的比例，都较昆山站更高。结合城市用地布局和功能分析，苏州园区与新加坡有产业合作关系，依托金鸡湖的新建环境品质高，承接了苏州姑苏区的一部分高端人口转移，而苏州园区站的影响范围较小，乘客的出发地和目的地较为集中，大多是从苏州园区去往上海市区外环以内，因此出行人群的职业地位和收入较高；相比之下，昆山站的服务范围更广，辐射到周边的建制镇，乘客的构成类型较杂，

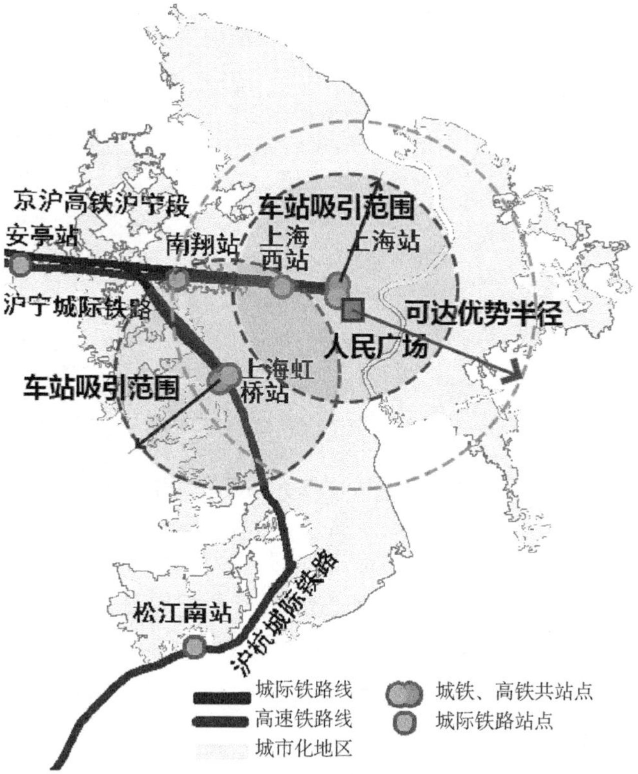


**图 6.3.16　上海站、上海虹桥站吸引范围**

无论出行目的还是出行目的地，都更具有多样性和分散。

将联系活动反映为区域城市关系，表现为县(区)级行政区与非行政隶属一级地区多层次、多功能的联系状态。其中，高频度联系活动显示了上海作为特大城市的区域影响正在增强，表现为影响范围向西拓展，将跨行政区划范围的二级地区纳入自身的通勤、商务、娱乐活动的影响范围内。

城际铁路可达性分别从总出行时间、与其他方式的时间差、接驳时间等三方面表现出对节点联系活动的类型和频率的影响。总出行时间对高频度工作活动乘客的负面影响十分明显，其阈值为 1.1 h，超出该范围则高频度工作活动急剧减少。与其他方式的时间差对工作活动从小汽车转变为城际铁路方式具有正面影响，城际铁路对沿线二级地区可达性的提升，正符合此类联系活动的要求，对走廊地区工作出行的乘客具有吸引力。接驳时间与工作活动的负相关性较强，工作活动下车后时间的平均值相对生活出行的下车后时间较短，且分布更为平均。

正是由于城际铁路带来的出行时间变化即可达性变化，才产生了不同类型的节点联系活动，部分联系活动的产生如通勤和高频度商务，转变了空间网络结构，二级地区具有日益增强的对外联系需求，与比行政隶属一级地区的资源更集中的区域核心地区之间形成高频度的联系活动，获得更多的发展机会。

## 6.4　非可达性要素的影响

除可达性因素以外，城际铁路沿线城市的总体经济发展水平、产业集聚度、主导产业条件，对城际铁路“流”的空间网络分布特征均具有不同程度的作用。

从某一节点或地区来看，其空间网络特征主要由聚集规模体现。对于有效可达面积相近的节点，其客流聚集规模差异主要受到非可达性要素的影响。有的节点虽然有效可达面积明显大于另一个节点，但是聚集规模相近，如常州和昆山；有的节点有效可达面积相近，但聚集规模差异明显，如镇江和无锡（图 6.4.1）。以上现象是节点自身的对外联系需求差异造成的，即非可达性要素，包括城市总体经济条件（如 GDP）、产业园区集聚度和主导产业类型三方面。

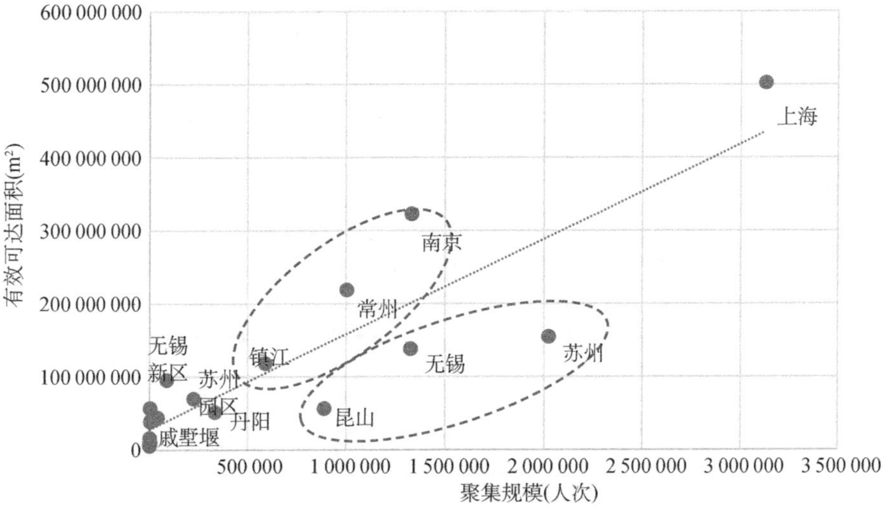


**图 6.4.1　2015 年沪宁走廊节点聚集规模和有效可达面积分布**

### 6.4.1　城市总体经济条件的作用

一般认为，城市对外客流规模受到城市的常住人口规模的正面影响，常住人口规模越大，则对外出行需求越大，客流规模越大。然而，在沪宁走廊上，一部分地区特别是二级地区在城市常住人口规模相差无几的情况下，聚集规模表现出明显差异，如花桥和戚墅堰，人口规模都在 10 万左右，而聚集规模相差 44 倍；也有节点聚集规模较为相似的站点所在地区的人口规模差别较大，如丹徒和仙林，两节点聚集规模相当，而后者的人口规模是前者的 2 倍。再如丹阳的人口规模是丹徒的 3 倍，而节点聚集规模却相差了 480 倍。造成以上差异的部分原因是各节点的经济和产业发展状况，城市经济和产业发展是节点聚集规模以及节点在空间网络中地位的影响要素。如昆山的人口规模是丹阳的 1.7 倍，而聚集规模是后者的 3.4 倍，原因在于丹阳 2010 年 GDP 为 607 亿元，昆山达 2 100 亿元，昆山达到丹阳的 3 倍多。苏州的聚集规模是嘉兴的 8.8—8.9 倍，前者人口为后者的 2.8 倍。昆山的人口是嘉善的 2.9 倍，GDP 是嘉善的 7.6 倍，聚集规模达到嘉善的 12.9 倍。

分析各节点的聚集规模和人均有效 GDP（在有效可达面积范围内的 GDP），二者呈正相关关系，如图 6.4.2 所示。

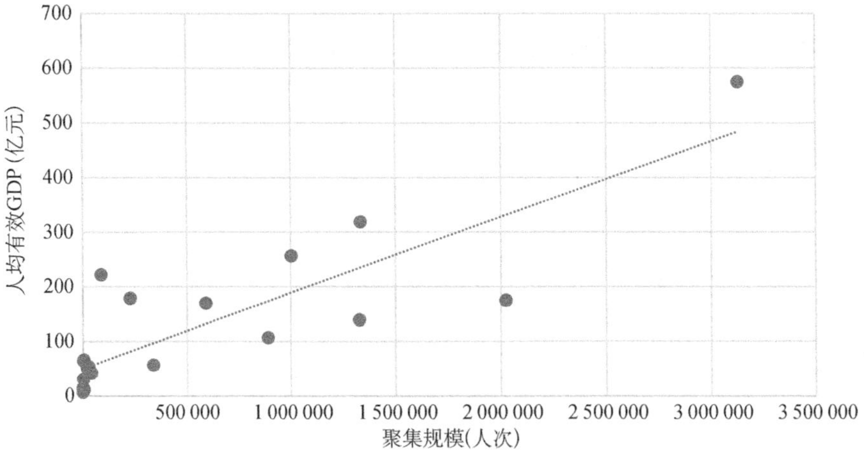


**图 6.4.2a　沪宁走廊人均有效 GDP 和节点聚集规模分布**

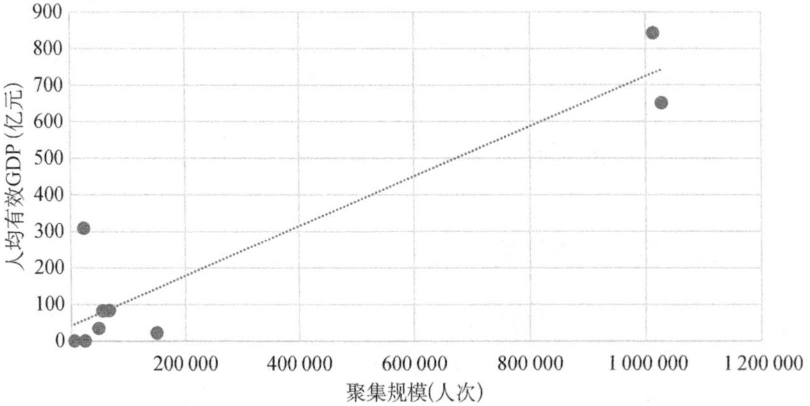


**图 6.4.2b　沪杭走廊人均有效 GDP 和节点聚集规模分布**

### 6.4.2　产业园区集聚度的影响

除了人均有效 GDP 以外，产业园区的高度集聚也具有积极影响。比较沪宁和沪杭走廊的国家级、省级产业园区布局，二者在产业园区数量、产业园区在二级地区的布局、产业园区与基本可达范围的空间关系三个方面都具有明显差异。

如果不计上海，沪宁沿线的 5 个地级市域范围内拥有 14 个国家级经济技术开发区、8 个国家级高新技术产业区，占江苏省的 54%和 50%（江苏省境内共有 26 个国家级经济技术开发区、17 个国家级高新技术产业开发区），同时还设有多个省级经济技术开发区和省级高新技术产业开发区。再加上上海市的 6 个国家级经济技术开发区、2 个国家级高新技术产业开发区，沪宁走廊共有 20 个国家级经济技术开发区、10 个国家级高新技术产业开发区、9 个省级经济技术开发区、2 个省级高新技术产业开发区[①]（图 6.4.3、表 6.4.1）。

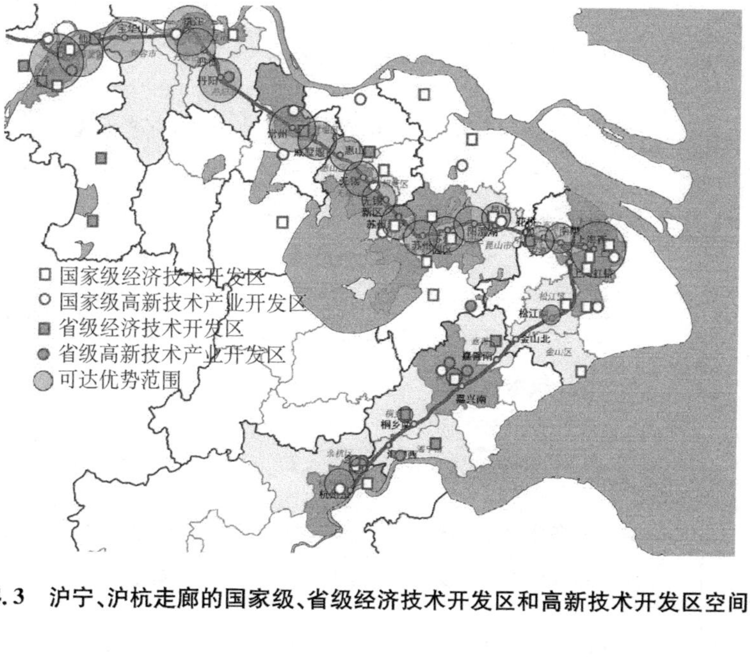


**图 6.4.3　沪宁、沪杭走廊的国家级、省级经济技术开发区和高新技术开发区空间分布**

① 资料来源：商务部网站 http://www.mofcom.gov.cn/xglj/kaifaqu.shtml，科技部网站 http://www.most.gov.cn/gxjscykfq/gxjsgxqml/。

表 6.4.1　沪宁走廊的国家级、省级经济技术开发区和高新技术开发区一览

| 等级 | 序号 | 名称 | 对应的基本可达范围 | 所在行政区 | 成立时间 |
|---|---|---|---|---|---|
| 国家级经济技术开发区 | 1 | 闵行经济技术开发区 | 上海/上海虹桥 | 上海市区 | 1983 年 |
| | 2 | 上海金桥出口加工区 | 上海/上海虹桥 | 上海市区 | 1990 年 |
| | 3 | 虹桥经济技术开发区 | 上海/上海虹桥 | 上海市区 | 1983 年 |
| | 4 | 上海化学工业经济技术开发区 | 无 | 上海奉贤区 | 1996 年 |
| | 5 | 上海漕河泾新兴技术开发区 | 无 | 上海市区 | 1988 年 |
| | 6 | 松江经济技术开发区 | 无 | 上海松江区 | 1992 年 |
| | 7 | 苏州工业园区 | 苏州园区站 | 苏州工业园区 | 1994 年 |
| | 8 | 相城经济技术开发区 | 无 | 苏州市区 | 2001 年初建/2014 年升级 |
| | 9 | 吴中经济技术开发区 | 苏州站 | 苏州市区 | 1993 年初建/2012 年升级 |
| | 10 | 吴江经济技术开发区 | 无 | 苏州吴区 | 1992 年初建/2010 年升级 |
| | 11 | 浒墅关经济技术开发区 | 苏州新区站 | 苏州虎丘区 | 1992 年初建/2013 年升级 |
| | 12 | 昆山经济技术开发区 | 昆山站 | 苏州昆山市 | 1985 年初建/1992 年升级 |
| | 13 | 常熟经济技术开发区 | 无 | 苏州常熟市 | 1992 年初建/2010 年升级 |
| | 14 | 太仓经济技术开发区 | 无 | 苏州太仓市 | 1991 年初建/2011 年升级 |
| | 15 | 张家港经济技术开发区 | 无 | 苏州张家港市 | 1993 年初建/2011 年升级 |
| | 16 | 南京经济技术开发区 | 南京站 | 南京市区 | 1992 年 |
| | 17 | 江宁经济技术开发区 | 南京站 | 南京市区 | 1992 年 |
| | 18 | 镇江经济技术开发区 | 无 | 镇江市区 | 1992 年初建/2010 年升级 |
| | 19 | 锡山经济技术开发区 | 无 | 无锡锡山区 | 1992 年初建/2003 年升级 |
| | 20 | 宜兴经济技术开发区 | 无 | 无锡宜兴市 | 2013 年 |

（续表）

| 等级 | 序号 | 名称 | 对应的基本可达范围 | 所在行政区 | 成立时间 |
|---|---|---|---|---|---|
| 国家级高新技术产业开发区 | 21 | 上海张江高新技术产业开发区 | 上海/上海虹桥 | 上海浦东新区 | 1992 年 |
| | 22 | 上海紫竹高新技术产业开发区 | 无 | 上海市区 | 2001 年 |
| | 23 | 苏州国家高新技术产业开发区 | 苏州新区站 | 苏州新区 | 1992 年初建/2010 年升级 |
| | 24 | 常熟高新技术产业开发区 | 无 | 苏州常熟市 | 1992 年初建/2015 年升级 |
| | 25 | 昆山高新技术产业开发区 | 昆山站 | 苏州昆山市 | 1994 年初建/2010 年升级 |
| | 26 | 南京高新技术产业开发区 | 南京站 | 南京浦口区 | 1988 年 |
| | 27 | 镇江高新技术开发区 | 镇江站 | 镇江市区 | 2012 年 |
| | 28 | 无锡高新技术产业开发区 | 无锡站/无锡新区站 | 无锡新区 | 1992 年 |
| | 29 | 常州高新技术产业开发区 | 常州站 | 常州新北区 | 1992 年 |
| | 30 | 江苏武进高新技术产业园区 | 无 | 常州武进区 | 1996 年 |
| 省级经济技术开发区 | 31 | 江苏丹阳经济开发区 | 丹阳站 | 常州丹阳市 | 1992 年 |
| | 32 | 江苏昆山花桥经济开发区 | 花桥站 | 苏州花桥镇 | 2006 年 |
| | 33 | 江苏常州天宁经济开发区 | 常州站/戚墅堰站 | 常州武进区 | — |
| | 34 | 江苏无锡惠山经济开发区 | 无 | 无锡惠山区 | 2001 年 |
| | 35 | 南京浦口经济开发区 | 无 | 南京浦口区 | 1993 年 |
| | 36 | 溧水经济开发区 | 无 | 南京溧水区 | 1993 年 |
| | 37 | 高淳经济开发区 | 无 | 南京高淳区 | 2001 年 |
| | 38 | 雨花经济开发区 | 南京站 | 南京市区 | 2000 年 |
| | 39 | 栖霞经济开发区 | 仙林站 | 南京栖霞区 | 1992 年 |
| 省级高新技术产业开发区 | 40 | 南京白下高新技术产业园区 | 南京站 | 南京市区 | 2001 年 |
| | 41 | 汾湖高新技术产业开发区 | 无 | 苏州吴江区 | 2012 年 |

沪杭走廊在不计上海的情况下，共有国家级产业园区 5 个，省级 8 个（表 6.4.2）。

表 6.4.2　沪杭走廊的国家级、省级经济技术开发区和高新技术开发区一览

| 等级 | 序号 | 名称 | 对应的基本可达范围 | 所在行政区 | 成立时间 |
|---|---|---|---|---|---|
| 国家级经济技术开发区 | 1 | 杭州经济技术开发区 | 无 | 杭州市区 | 1993 年 |
| | 2 | 嘉兴经济技术开发区 | 嘉兴南 | 嘉兴市区 | 1992 年 |
| | 3 | 杭州余杭经济技术开发区 | 余杭 | 余杭区 | 1993 年初建/2012 年升级 |
| 国家级高新技术产业开发区 | 4 | 杭州高新技术产业开发区 | 杭州 | 杭州市区 | 1991 年 |
| | 5 | 嘉兴秀洲高新技术产业开发区 | 无 | 嘉兴市区 | 1997 年初建/2015 年升级 |
| 省级经济技术开发区 | 6 | 嘉善经济技术开发区 | 无 | 嘉善市 | 1993 年 |
| | 7 | 桐乡经济技术开发区 | 桐乡 | 桐乡市 | 1993 年 |
| | 8 | 海宁经济技术开发区 | 无 | 海宁市 | 1997 年 |
| 省级高新技术产业开发区 | 9 | 嘉兴高新技术产业园区 | 无 | 嘉兴市区 | 1997 年 |
| | 10 | 嘉兴南湖高新技术产业园区 | 无 | 嘉兴市区 | 2015 年 |
| | 11 | 海宁省级高新技术产业园区 | 无 | 海宁市 | 2010 年 |
| | 12 | 余杭高新技术产业开发区 | 余杭 | 余杭区 | 1997 年 |
| | 13 | 余杭生物医药高新技术产业园区 | 余杭 | 余杭区 | 2014 年 |

两条走廊相比，沪宁走廊产业园区的总数量多于沪杭走廊，沪宁走廊的国家级产业园区也明显多于沪杭走廊。位于各节点基本可达范围内的产业园区数量，沪宁走廊是沪杭走廊的 3.5 倍(表 6.4.3)。

表 6.4.3　　沪宁、沪杭走廊的开发区分布对比

| 走廊 | 国家级园区(个) | 省级园区(个) | 总计(个) | 位于车站所在行政区的产业园区(个) | 位于基本可达范围内的园区(个) | 位于二级地区的园区(个) |
|---|---|---|---|---|---|---|
| 沪宁走廊(不计上海) | 22 | 11 | 33 | 25 | 21 | 11 |
| 沪杭走廊(不计上海) | 5 | 8 | 13 | 13 | 6 | 4 |

从产业园区的空间分布来看，沪宁走廊二级地区产业园区的数量大于一级城市，在以上所有的国家级、省级经济技术开发区和高新技术产业开发区中，布局于

沪宁城际铁路车站所在行政区的有 25 个，11 个位于二级地区。苏州的 12 个国家级开发区、2 个省级开发区中，2 个位于一级地区（不包括苏州园区和苏州新区），12 个位于二级地区；无锡的 3 个国家级开发区、1 个省级开发区中，全部位于二级地区或外围郊县；常州的 2 个国家级开发区和 1 个省级开发区中，1 个位于一级地区，2 个位于外围郊县；镇江的 2 个国家级开发区、1 个省级开发区中，2 个位于一级地区，1 个位于二级地区；南京的 3 个国家级开发区、6 个省级开发区中，4 个位于一级地区，5 个位于二级地区或外围郊县。沪杭走廊的产业园区则更多地位于一级地区，杭州的 3 个国家级开发区中，2 个位于一级地区；嘉兴的 2 个国家级产业园区全部位于一级地区。位于沪杭走廊节点的基本可达范围内的园区仅布局于余杭和桐乡。

观察沪宁走廊，11 个位于二级地区的开发区中，集中在昆山、丹阳、苏州园区、无锡新区、惠山、戚墅堰、仙林、苏州新区、花桥这 9 个站点所在的行政区。其中昆山、苏州新区分别设有 2 个国家级开发区。在沪宁城际铁路的 14 个二级地区车站，运营的效果差异大，表现在服务频率较高、聚集规模大、5 年间聚集规模增幅等方面。其中运营较为理想的包括昆山、丹阳、苏州园区、无锡新区、惠山、戚墅堰 6 个站，它们不仅服务频率高、聚集规模大，而且聚集规模增幅都处于中高水平。这 6 个聚集规模较大、5 年聚集规模增幅较高的站点所在的二级地区，相似之处是产业发展水平较高，全部设有国家级或省级的经济技术开发区、高新技术开发区或产业基地，均为高技术等级的现代制造业。

城市化的进程就是城市边界的扩张，一般表现为郊区土地开发建设，一方面由于大城市一级地区人口过度拥挤，提出疏散需求，另一方面郊区的城市化进程较一级地区落后，土地存量较大，也具有开发需求。因此，在常见的城市化过程中，通常在一级地区的郊区规划新城、产业区的主要目的是接受一级地区的人口疏解，拓展一级地区的用地，增加发展空间，新城发展以社区建设为主，交通需求也以主城—卫星城的通勤往返为主。郊区对一级地区具有一定的依赖性，无论是行政关系上，还是用地功能上。

但是上述 6 个二级地区，由于具有国家级、省级产业园区，经过了多年的发展，是较为成功的郊区土地开发。经过 20—30 年的发展，有了规划初衷以外的效果，这些新城、新区变成更为独立，虽然与一级地区依然是行政隶属的关系，但是不仅仅是依附和被依附，而是在更大的空间范围内为其他地区形成服务和被服务的关系。自身有更强的对外联系需求，因此除了有与一级地区的交通需求，跨市域的对外联系需求也日益增长，因此聚集规模明显较其他二级地区更大。这就是中心流理论提出的嵌套性网络城市过程，它超越了邻近性网络市镇过程①。

### 6.4.3 主导产业类型的影响

昆山、丹阳、苏州园区、无锡新区、惠山、戚墅堰 6 个二级地区中产业园区的产业都不是简单的制造加工，而是与研发有着密切的联系，涉及与其他企业或上下游部门的合作，引发对外客流需求；如果仅是重复性生产，则以物流需求为主，客运需求不足。

重点分析昆山和苏州园区两个二级地区。

昆山拥有两个国家级开发区——昆山高新技术开发区、昆山经济技术开发区，昆山是唯一一个拥有两个国家级园区的区县级行政区。昆山高新技术开发区列于中国产业园区百强榜单名列，昆山经济技术开发区连续多年在国家级开发区综合发展水平评价中位居全国前四。两个园区的业态都以先进制造和高新技术为主，包括电子信息、光电显示、精密机械、装备制造、民生轻工。其中经济技术开发区创建最早，已有 30 余年历史，目前已经引进 50 个国家和地区的外资项目。该区形成了电子信息、光电显示、精密机械、装备制造、民生轻工等主导产业。高新区中设有昆山工业技术研究院，为制造产业提供技术支持，园中的精密机械产业集群企业产值超过全国 11%，模具产业基地为第三批全国科技兴茂创新基地（装备制造）。2015 年两园 GDP 为 1 800 亿元，两园人均 GDP 17 万元，是苏州市域平均水平的 1.3 倍②。

苏州园区是全国首个开展开放创新综合试验区域，同时享受国家级高新技术产业开发区的政策。产业类型以先进制造和高新技术为主，2015 年全园区 GDP 2 059 亿元，人均 GDP 为 25 万元，是苏州市域平均水平的 2 倍。园区主导产业包括电子信息、机械制造、生物医药、云计算等高端制造和新兴产业。2016 年高新技术产业产值占规上工业产值比重达到 66.2%。区内以金融和研发作为制造业的坚实基础。区内累计集聚金融类机构超 800 家，区域股权投资基金规模超 1 200 亿元。2015 年园区服务业增加值占 GDP 比重达 43.8%。区内拥有 20 多个国家级创新基地，拥有 480 个研发机构，国家级科研院所 10 家，国家级高新技术企业 829 家。其中独墅湖科教创新区是全国唯一的国家高等教育国际化示

---

① 邻近性网络是垂直的、非对称的地方性过程，强调核心/一级节点对二级节点的控制；嵌套性网络是对称的、互补的，跨行政区划范围的节点联系。

② 详见 http://www.ks.gov.cn/zrgk? id=1724 和 http://jsksysz.360500.com/introduction-8030-8-359.aspx，http://www.chinaacc.com/new/403_425/2010_1_25_xi32684856561521010228768.shtml。

范区①。

上述两个二级地区的产业园区的产业等级较高，为研发型产业园区，如生物医药、云计算。即使制造业，也是包括具有研发需求的产业园区，如昆山工业技术研究院，为制造产业提供技术支持。以上产业的人员对出行活动需求，即“面对面”的信息交流和讨论等，高于普通装备制造型产业园区，且对时间的准确性要求较高，因此乘客倾向于选择城际铁路出行。后者则是以根据标准或固定的流程进行重复性的生产活动为主，人员出行需求远小于货物运输需求。

虽然以上二级地区与一级地区苏州是行政隶属的关系，但是不仅仅是依附和被依附，而是出现更多的对外联系，在更大的空间范围内为其他地区形成服务和被服务的关系，因此除了有与一级地区的交通需求，跨市域的对外联系需求也日益增长。城际铁路服务的出现，正是适应于它们频繁的对外活动。形成中心流理论提出的嵌套性网络。

产业发展的差异，是造成沪杭走廊中间站发展状态不如沪宁走廊，以及沪宁走廊二级地区产生差异的原因之一。二级地区的产业发展阶段较高，能够形成独立的产业园区，是具有对外联系需求的基础。

本章从节点聚集规模、节点联系的空间尺度、节点联系类型和非可达性要素出发，分析了可达性对空间网络的影响。分析结果表明，节点聚集规模与基于有效可达面积的可达类型相关；节点联系空间尺度与城际铁路相对其他交通方式的出行时间节省相关；节点联系类型与城际铁路的“门到门”绝对出行时间、与其他方式的时间差、接驳时间相关。除了可达性以外，经济和产业发展也是十分重要的节点发展影响要素。

城市规模变化背后的真正动力是“空间移动外部经济性”，从单一的空间中得到释放的效应。一方面，借助城际铁路这一现代快速交通设施，人口的空间移动在很大程度上摆脱了地理空间的既有限制，从而在更大的空间范围内进行交流和传播。然而，交通设施本身只是一个媒介，它既可以增强城市发展，也可以削弱城市发展(Blonk，1979)。另一方面，需要考虑城市自身的基础条件和对外联系需求，可达性作为外因条件，对各节点提供服务，而各节点城市因为内因的差异，会出现不同的发展效果。如果二者相匹配，则是产生乘数效应，如果二者互为抵触，则对站点的发展产生消极作用。

例如，沪宁走廊为可达性与产业发展对空间网络平衡发展的积极影响案例，沪杭走廊则相反。沪杭走廊社会经济资源要素的布局不均衡，几乎都集中在核心

---

① 详见 http://www.sipac.gov.cn/。

地区，而一级和二级地区的对外联系需求较弱，使城际联系类型单一，保持了极化的空间网络；相比之下，沪宁走廊经济要素的布局相对均衡，沿线一级和一部分二级地区也具有对外联系需求，城际铁路可达性的提升适应于这种需求，形成了多层级嵌套的空间网络。

# 第7章　结论与展望

## 7.1　研究结论

在传统的城镇体系结构中，城市群的空间网络关系是基于城市社会经济规模和位序的描述，是静态的考察视角；“流空间”则以城市间实际产生的“流”反映空间网络的特征，转变为动态的研究视角。

本书基于“流空间”理论，以城市间实际产生的客流为基础，研究城际铁路这一交通方式对城市群空间网络的影响。研究发现在二级地区的城际铁路可达性提升的条件下，城市群空间网络呈现均衡化的总体趋势，并能够激发跨行政区的“流”，实现“在不连续的地理空间上同时进行社会实践活动”的结果。

通常，对于城际铁路可达性改善较大的地区，其网络地位提升的可能性越大。二级地区多层级的外部联系（包括同行政区划范围和跨行政区划范围）增强，使城市群节点间的联系方向多样化，包括核心地区与二级地区之间、一级地区与二级地区之间，甚至二级地区之间的联系，形成多层级嵌套式的空间结构，有利于区域的整体扁平化发展。

反之，在二级地区的城际铁路可达性没有明显改善的情况下，因其无法高效地接入区域铁路网络，与核心和一级地区的网络地位差距不仅未能缩小反而可能扩大，致使城际联系仍以核心和一级地区之间的强联系为主，呈现节点间联系层级单一，城镇空间网络均衡效应不明显。

### 7.1.1　城际铁路引导的城市群空间网络模式转变

#### 1. 城际铁路对城市群空间网络具有重塑作用

城际铁路引导的空间网络与公路和高铁支持下的空间网络具有明显差异。公路客运的速度相对较低，由于公路的可达性更容易受到距离约束，虽然在连绵的城镇密集地带，出现了跨行政区划范围的水平联系，但从总体来看，二级地区的对外联系主要发生在核心/一级地区之间。呈现出邻近型、垂直联系为主的空间网络。因此，公路客运方式与基于行政分割的垂直型城镇空间网络相适应。

高铁是城际之间的快速联系通道，线路多且停靠频率高的核心/一级地区可达性明显改善，长距离的水平联系显著增强，由于虹吸作用，以上地区吸引范围扩大，网络地位提升。二级地区不设高铁站或者停站频率低，其客流主要依托核心/一级地区进行集散，最终形成联系方向集中、核心地区增强的极化网络。

城际铁路使设站的二级地区可达性明显改善，促进了二级地区与核心/一级地区之间，乃至各二级地区之间的水平联系。由于高铁主要承担长距离联系，核心地区之间的城际铁路联系强度有所减弱；相比之下，核心/一级地区对二级地区的联系紧密度有所提升。二级地区的城际联系方向从集中转为相对分散，在网络中地位提升。在此基础上形成多层次嵌套的均衡网络，如表 7.1.1 所示。

### 2. 城际铁路引导的空间网络模式存在差异

建有城际铁路的城市群中，在同城化尺度的城际走廊上①，尽管存在均衡化的趋势，但其引导的空间网络模式存在差异，主要有两种模式——模式一为偏均衡模式，表现为沿线城市空间网络的多级嵌套特征，例如沪宁走廊的上海—无锡区段，城际铁路对空间网络转型起到了积极的催化作用。模式二为偏极化模式，层级相对单一，仍以核心/一级地区之间的强联系为主，保持极化的空间网络特征。根据城际走廊地区节点间的联系强度和距离关系，二者城际活动的空间圈层的分布有很大不同，模式一的距离分布曲线上，强联系的峰值出现在走廊的前端，而模式二的峰值出现在走廊后端，如图 7.1.1 所示。

在长度约 300 km 的长走廊上，基于城际铁路的城际活动可划分为三个空间圈层：30—80 km、80—150 km、150 km 以上。

(1) 30—80 km 范围(近圈层)是“门到门”出行时耗在 1 h 以内，是高频度城际活动比例较高的圈层。该范围有时处于市域交界地带，部分节点间联系由市内交通系统承担，城际铁路客流往往呈现“近少远多”的规律。

(2) 80—150 km 范围(中圈层)的“门到门”出行时耗在 2 h 以内，该范围的城际联系紧密，尤其是二级节点跨行政区划范围的联系增加。与高铁相比，节点间强联系的空间尺度缩小，出现了“趋近型”的节点联系分布特征。这体现了二级节点城际可达性提高和社会经济活跃度提高的结果。

① 单程“门到门”约 2.5 h 以内，核心地区位于走廊两端。

**表 7.1.1　　公路、高铁、城际铁路的空间网络特征比较**

| 交通方式 | 空间网络特征 | 站点设置和设施网络布局特征 | “流空间”特征 |
| --- | --- | --- | --- |
| 公路 | 基于行政分割的垂直型城镇空间网络，可达性受到距离约束，二级节点对外联系主要发生在与核心/一级节点之间 | 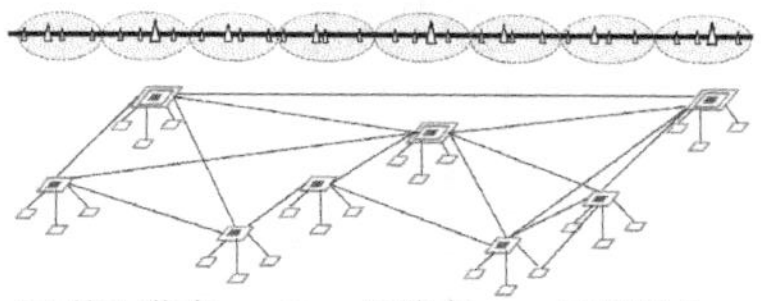  | 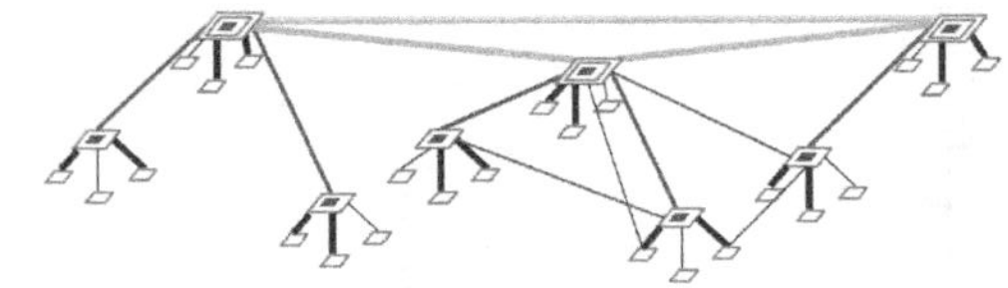  |
| 高铁 | 核心地区增强的极化空间网络，长距离的水平联系显著增强，二级节点主要依托核心/一级节点集散 | 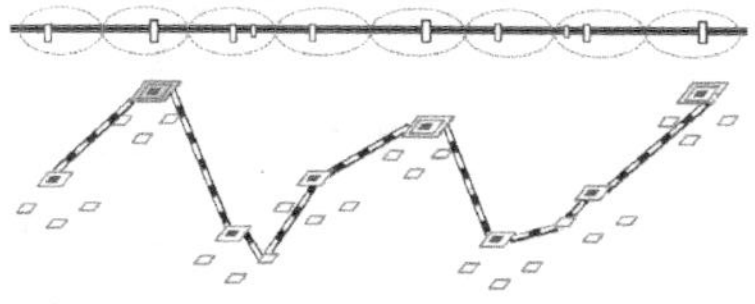  | 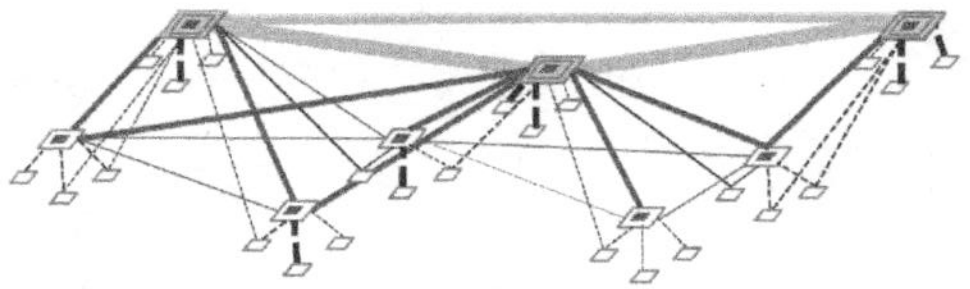  |
| 城际铁路 | 多层次嵌套的均衡网络，二级节点城际联系方向从集中转为相对分散，在网络中地位提升 | 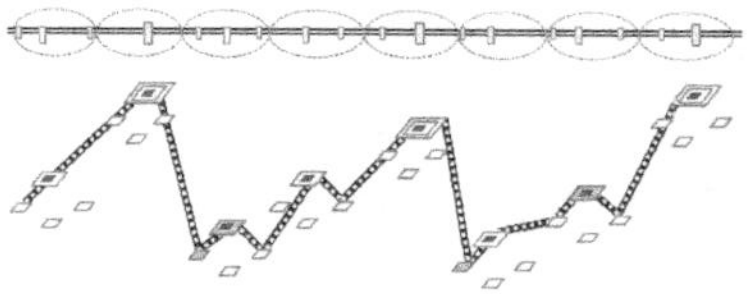  | 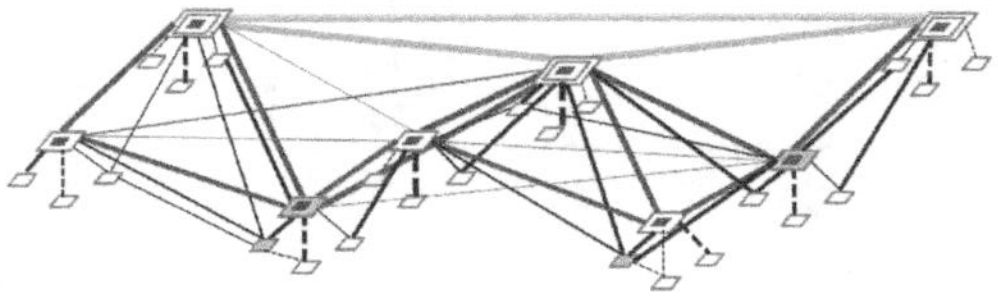  |

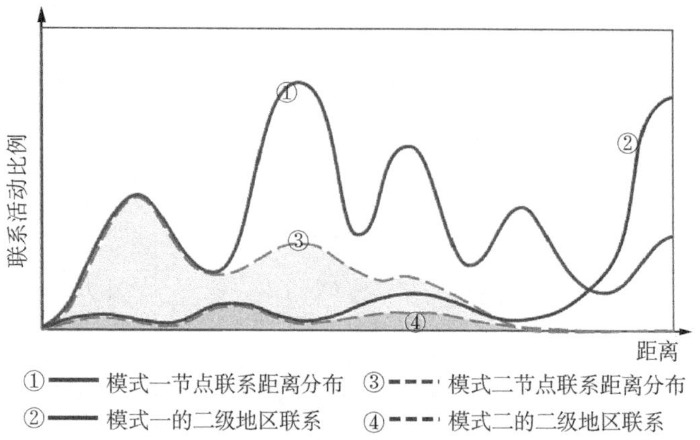


**图 7.1.1　城际铁路两种空间网络模式的节点联系距离分布示意**

(3) 150 km 以上范围(远圈层)的"门到门"出行时耗在 2 h 以上,低频度的非通勤活动比例增加,如图 7.1.2 所示。

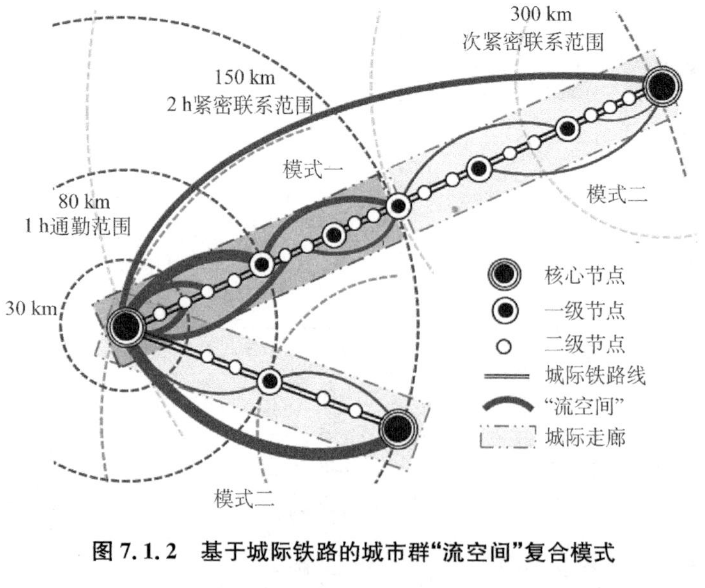


**图 7.1.2　基于城际铁路的城市群"流空间"复合模式**

在短走廊上,空间尺度较小,基于城际铁路的城际活动仅能形成近、中两个圈层,远圈层的非通勤活动会更多并入中圈层。

在城市群中,各不同尺度的城际铁路与沿线城市相互作用,形成"嵌套+极化"并存的复合模式,尤其在长走廊中,各区间的空间模式会有差异,在嵌套区间中，中圈层的城际活动比例最高，并出现了一定的近圈层城际活动，远圈层的城际活动比例相对较低。极化区间中，以远圈层的城际活动为主。短走廊核心/一级地区的联系处于中圈层，很大程度上决定了空间网络，易出现中圈层的比例极高，无法形成嵌套空间网络的情况。因此，模式二的空间网络表现为核心地区间的联系强，其他节点之间的联系强度低的“近少远多”的极化联系特征（图 7.1.3）。

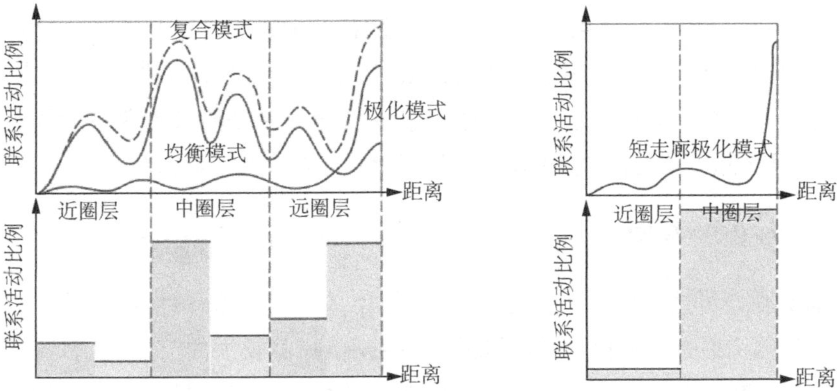


**图 7.1.3　基于城际铁路的三大圈层城际活动比例构成示意**

### 7.1.2　城际铁路可达性对空间网络重构的影响机制

城际铁路可达性变化差异是空间网络模式的主要原因之一。嵌套模式中的二级地区城际铁路可达性改善明显，而极化模式中的二级地区可达性几乎没有变化，甚至还出现了下降。

可达性对空间网络的影响体现在节点联系的空间尺度特征、节点聚集规模、节点联系活动类型三方面。

#### 1. 节点联系的空间尺度特征

城际铁路相对高速公路、高铁的优势空间尺度与节点间城际铁路“流”的空间距离分布具有对应关系，节点联系强度在 30 km 以上和 150 km 处呈现梯度变化，表现为相近若干节点间的跨行政区划范围联系。

在城际铁路通道上，30 km 以上是城际铁路明显快于公路且不与城市轨道交通产生服务重叠的尺度，其出行时间往往在 1 h 左右，相当于紧密都市圈的尺度[①]。二级地区与行政隶属核心/一级地区之间一般相距10—20 km，二者可以依靠市内交通方式联系，对城际铁路的需求较弱。而二级地区与行政隶属核心/一级地区以外的其他城市的出行更加依赖城际铁路，其距离往往超过30 km，因此30 km大致是城际铁路相对公路的断裂点。

150 km正是高铁快于城际铁路的距离临界点，城际铁路主要服务于150 km以下的节点间联系。沪宁走廊(300 km)总体客流强度的距离分布符合此规律。节点间150 km以内的联系更强，150—300 km的节点联系强度明显降低，在走廊上的150 km处形成断裂点，尤其以近沪地区特征最显著。这与既有研究得出的空间尺度相吻合。沪杭走廊没有出现断裂点，表现为核心地区强联系的特征，是由于走廊长度在150 km的空间尺度之内，正符合城际铁路节点联系的优势空间尺度，而且城际铁路与高铁之间没有服务差别，二者没有明显区分。

### 2. 节点聚集规模

基于有效可达面积划分的节点可达类型，对节点客流聚集规模具有重要影响。与其他交通方式相比，城际铁路可达性改善幅度较大的节点，其客流聚集规模呈上升趋势。有效可达面积指标的计算结果取决于三个要素——城际铁路节省的平均出行时间、基本可达范围与城市建设用地的叠合量、服务频率。一部分二级地区虽然设有城际铁路站点，但其有效可达面积明显小于核心/一级地区时，其客流聚集规模依然有限。

城际铁路相对其他交通方式的平均节省时间是计算有效可达面积的基础。一个地区采用城际铁路到达其他所有地区的总节省时间越多，在空间上的基本可达范围越大，则越容易吸引客流；节省的时间越少，基本可达范围越小。城际铁路的速度虽明显快于公路，但若接驳时间太长、“门到门”的时间节省不多，就会大大缩小基本可达范围。

基本可达范围与城市建设用地的空间叠合度越低，所覆盖的城市用地越少，越不利于城际铁路的可达性。反之，当城市主要用地或产业园区位于城际铁路的基本可达范围内时，二者的空间叠合效应将对节点聚集规产生积极影响。例如沪宁走廊上，上海—无锡区间的站点基本可达范围覆盖用地面积大，其节点聚集规模较大，而南京—常州区间内，节点城市的产业园区与城际铁路基本可达范围空间错位，相应范围内国家级产业园区数量只有上海—无锡区间的1/3，其节点聚

① 30 km是沪宁城际铁路的断裂点，在其他城际走廊上，断裂点的梯度取决于沿线二级地区空间布局和城际铁路的速度。

集规模则较小。类似地，沪杭二级地区的产业园区大部分也在城际铁路基本可达范围之外。

如果服务频率低，基本可达范围内的客流越容易被服务频率更高的相邻站点吸引，有效可达面积被频率高的相邻车站吞噬而变小。与核心/一级地区紧邻的二级地区，有效可达面积极易受此影响，如南翔、苏州新区、仙林等。

#### 3. 节点联系活动类型

城际铁路出行的“门到门”出行时间与节点联系活动的类型紧密相关。通常“门到门”出行时间 1 h 是规律性通勤活动的时间阈值。总时耗在 1 h 以上的城际铁路出行中，通勤活动明显下降，而时间约束较低的其余非通勤活动联系强度上升。本书所选择沪宁城际走廊的昆山和苏州园区两个二级节点与上海的城际出行时间符合一小时范围，它们之间产生了 20%的通勤活动。城际铁路服务的省时以及可靠性，使之已代替小汽车成为近沪地区的通勤工具。

根据调查，“门到站”和“站到门”的两端总接驳时间为 40—45 min，因此乘坐城际铁路“站到站”的通勤时间阈值为 20 min，对应到空间距离为 50—80 km，相当于城市群中各大都市圈的范围。

### 7.1.3　非可达性要素对空间网络的影响

除可达性因素以外，城际铁路沿线城市的总体经济发展水平、产业集聚度、主导产业条件，对城际铁路“流”分布的空间特征均具有不同程度的作用。对于有效可达面积相近的节点，其客流聚集规模差异主要受到非可达性要素的影响。

在城际铁路 2 h 紧密联系范围内，部分二级地区由于自身产业集聚度不高，经济规模较小，致使它与周边城市的城际联系需求偏弱。如沪宁走廊南京—镇江区段内部联系偏弱，未能充分利用城际铁路的可达性优势，主要是本地区与邻近地区的产业经济联系较弱所致。

（1）人均 GDP 与节点聚集规模正相关。城市社会经济活跃度较高，对外联系需求规模大，与其他城市的联系强度高。如昆山的节点聚集规模强于同等可达条件的丹阳的节点聚集规模。

（2）城际铁路沿线产业集聚度越高，城市间联系越强。沪宁走廊上二级地区的国家级产业园区是沪杭走廊的数倍，该走廊上网络地位高的二级地区产业园区数量多；相反，沪杭走廊的产业园区不仅数量少，而且二级地区的产业集聚度较低。沪宁走廊上的上海—无锡区间与南京—常州区间相比，前者的国家级产业园区数量是后者的 3.5 倍，城市间的联系是 4.1 倍。后者的国家级产业园区 42%集中分布于南京市域范围内，其余节点的产业集聚度较低，使南京 150 km 范围内的城际联系较弱。

(3) 产业园区的主导产业条件型也十分重要。研发型产业园区和制造业中具有研发需求的产业园区，人员活动需求高于普通装备制造型产业园区，乘客倾向于选择城际铁路出行。例如昆山和苏州园区两个二级地区，国家级产业园区内重点发展高新技术为主的产业，对外客流需求大。戚墅堰站设有以中车集团为中心的轨道交通装备制造类产业基地，客流与昆山、苏州园区相比较少。如果制造业增加研发需求，也将影响"流"空间网络的变化。

总之，二级节点的"流"空间网络与其经济活动联系的分布密切相关，二级地区的经济能级提升对其城际客流增长具有促进作用。城际铁路为二级地区提供了融入城市群的对外联系条件，它们应借此更广泛地参与城市群的产业协作，进一步提升其区域职能。

## 7.2 规划启示

### 7.2.1 发挥城际铁路的空间网络均衡作用

在城市群的发展中，核心地区往往具有较强的资源集聚能力，高铁更加剧了极化的空间网络格局。然而，城市群整体竞争力的增强和可持续发展离不开多级城市的分工协作。依托城际铁路改善二级节点的可达性条件，并与其自身发展要素相互耦合，促进二级地区功能和网络地位提升，有助于改变"流"的空间分布，优化城市群的空间网络格局。

#### 1. 提升二级地区的可达性

基于城际铁路可达性的提升，二级地区的同城联系范围扩大，有助于承接核心和一级地区功能和资源要素的扩散，这样既可缓解核心节点的过度集聚和蔓延的问题，又可以促进二级地区在城市群中的网络地位提升。

因此，在有大量城际联系需求的走廊上，应合理布设城际铁路线路。新建的城际铁路尤其需注重对二级地区的连接，其站点宜靠近二级地区的城区，以提升二级地区可达性。

与核心地区的城际铁路"门到门"总出行时耗在 1 h 以内的二级地区，应纳入都市圈的通勤活动范围，优化其职住空间布局。

### 2. 促进二级地区的产业功能升级

对于站城关系较好、邻近核心地区、人口规模较大、产业基础较好的二级地区应给予重点发展。二级地区不应单纯依赖核心地区发展居住功能而形成产城分离，而应立足自身的产业基础，发展旅游、服务、研发、制造等功能，与周边城市形成产业互补，由此更多地参与城市群的社会经济分工，谋求共同发展，以形成多级、扁平的空间网络。

## 7.2.2 加强城市群的多轨整合

城市群人口高度聚集、经济关联紧密、资源环境约束大，对集约型轨道交通的要求高，在城市群特别是都市圈层面，会同时存在多种客运轨道：高铁、城际铁路、市域快速轨道交通（市域快轨）和城市轨道。由于不同类型的空间活动对轨道交通的需求差异性，规划应基于各种轨道服务的特征和乘客选择偏好，进行多轨整合，集约利用交通设施资源。

在线路布局和站点设置上，应将城际铁路与高铁相区分。高铁主要满足城市群之间、长距离的快速联系，城际铁路更多服务于城市群内部联系。根据客流需求和活动类型的特点，进行城际铁路线网规划。

对于既有远离城区的城际铁路，站城分离设站使设站城市的城际铁路可达性不高，可视条件将经过城区的普通铁路升级为城际铁路，提升城际铁路可达性。或结合市域快轨，建设城际铁路车站与城区之间的联络线。对于同时规划建设城际铁路和市域快轨的城市，应考虑二者的设施共享。在大客流走廊上，可兼设城际铁路和市域快轨；在客流需求不强的情况下，可由城际铁路承担部分市域联系功能，减少重复建设。

在特大型的核心或一级地区中，城市轨道交通的线网可能延伸到市域交界处，会出现城际铁路与城市轨道平行设置的情况。这时应考虑二者差异，在可能的条件下，将城际铁路站点设置在中心区，同时增加城际铁路在高峰期的发车频率，充分发挥城际铁路大站到达中心区的优势，以提高城际铁路“门到门”可达性水平。当城际铁路车站只能设于城区边缘时，必须做好与城市轨道交通的一体化衔接（图 7.2.1）。

城际铁路的运营服务也应与其他轨道相错位，发挥各自优势。根据不同时段的站间客流分布特征，针对性地推进大小交路的区段化、差别化运营，使运营组织与客运需求有效对接，增强服务多样性、时效性的目的。比如，在有通勤需求的城市节点之间增加早晚高峰发车班次，调整周五晚上和周一早上的班次时间，满足城际通勤和其他生活休闲活动的高峰需求。

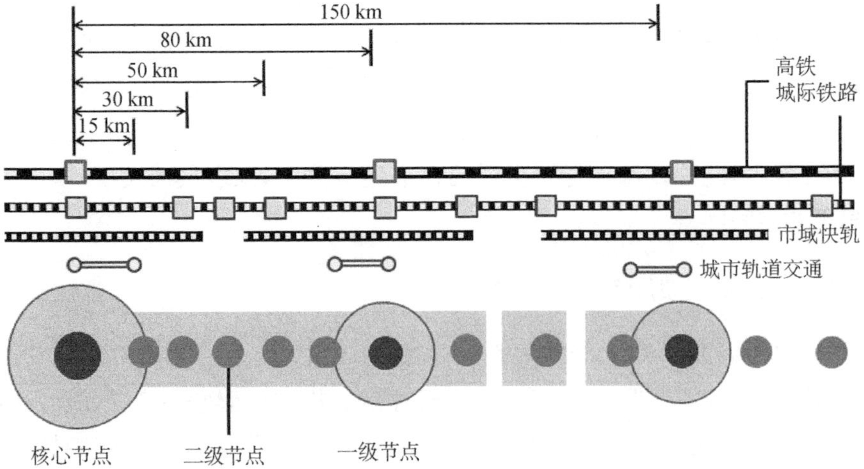


**图 7.2.1　各类轨道设施的服务特征和尺度**

## 7.2.3　城际铁路推进区域 TOD 建设

应大力推行基于城际铁路的区域 TOD 策略，为城际出行提供更大的便利，针对站城关系的两种情况，调整城际铁路可达性涉及的要素，分别制定规划措施，既要建设站城融合的 TOD，优化站点的选址并调整已建车站周边用地功能；也要建设站城分离的 TOD，除了在车站周边开发配套功能，应重点增强城区与城际铁路站点之间的快速交通服务。

站城融合的 TOD。首先应将城际铁路站点结合城区设置，新建的站点尽量避免在飞地上，便于大部分乘客就近到达车站，城市建设用地在基本可达范围内尽量集中布局，以扩大城际铁路的有效可达面积。其次将城际铁路站点周边作为重点开发地区，优先布局区域关联性产业用地，在车站周边形成紧凑的空间布局。这是通过缩减接驳时间提升城际铁路可达性的有效方法之一。

站城分离的 TOD。在城际铁路车站与城区较远的情况下，当务之急是完善接驳交通配套，在车站与客源地之间开设快速公交或以轨道交通衔接，并增加服务频率，以提高“站到门”和“门到站”的接驳效率。站点周边近期不宜盲目扩大建设规模，应以城际旅客服务的配套服务为主，在车站附近集中布局，同时做好用地的预留和控制，待客流形成一定规模后，围绕城际铁路车站规划城市新区（图 7.2.2）。

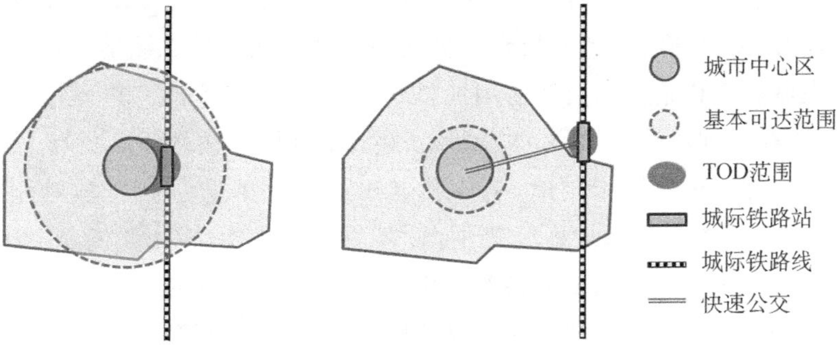


(a) 站城融合TOD　　(b) 站城分离TOD

**图 7.2.2　站城位置关系与 TOD 发展示意**

## 7.2.4　注重基于城际铁路的长三角空间网络优化

中国共产党第十九次全国代表大会报告提出“以城市群为主体构建大中小城市协调发展的格局”，是我国城镇化的发展路径，长三角一体化成为国家战略，正是对此的呼应①。疏解特大城市的功能，释放中小城市的活力，弥补城市发展的“断层”，才能实现合理的城市群空间格局②。本书实证分析的结果显示城际铁路开通后影响了走廊地区的空间网络，呈现扁平化的趋势。因此，在长三角范围内，应充分借鉴已有的发展经验，以城际铁路走廊为多层级城市协同发展的先导地区。依托城际铁路，为二级地区提供跨行政区划范围的对外联系机会，构建不同活动圈层交叠的多级嵌套空间网络，既促进经济要素在城市群内流动畅通，又使空间利用更为高效，实现《长三角地区一体化发展三年行动计划》的目标。

可从空间和交通两个方面利用已建的沪宁、沪杭、宁杭和规划新建的沪通、通苏嘉、沪苏湖城际铁路建设重构城市群空间网络，发挥城际铁路的均衡作用。

空间方面，可以从城市群、上海大都市圈③、邻沪地区三个层面进行结构优化。城际铁路成网后，枢纽节点如苏州(通苏嘉和沪宁城际铁路的换乘站)、湖州(宁杭和沪苏湖城际铁路的换乘站)应视为空间网络的重要节点，考虑沪苏湖城际铁路在长三角一体化示范区这一重要节点设站。应着重扶持和培育在新建城际

---

① 详见 http://finance.ifeng.com/a/20181105/16558157_0.shtml。

② 详见 https://baijiahao.baidu.com/s?id=1638458139446120975 和 wfr=spider 和 for=pc。

③ 上海 2035 中的“上海大都市圈”规划中涉及的城市包括南通、苏州、无锡、常州、湖州、嘉兴、杭州、宁波、绍兴、舟山，有一半以上位于已建的沪宁、沪杭、宁杭城际铁路上，湖州位于规划的沪苏沪城际铁路上，南通位于沪通铁路上。

铁路沿线，处于核心地区紧密活动范围内的二级地区包括太仓、盛泽、德清、句容。在已建城际铁路走廊由于产业集聚度低而对外联系较弱的二级地区如南京—常州区段，在城际铁路站点周边新增用地，以吸纳集中在核心与一级地区的功能转移。对于正在规划建设中的沪苏湖城际铁路和沿江城际铁路沿线城市，结合规划的铁路站点，综合布局城市用地，引导城市开发活动靠近站点，形成站城融合的TOD。上海大都市圈和邻沪地区范围内，在沪宁、沪杭城际铁路的基础上，将规划沪苏湖、沿江城际铁路和沪通铁路。根据上海—昆山，上海—苏州园区的城际通勤经验，位于城际铁路近圈层的二级地区将可能产生盛泽、太仓与上海的通勤联系。将上海对外联系频率较高的产业空间布局于大虹桥地区，提升门户地区功能。

交通方面，改善城际铁路服务，一方面提升城际铁路可达性，另一方面进行交通一体化建设。根据实际需求调整运营班次，节省候车时间，沪宁走廊可以开设上海—无锡、常州—南京区间车。使上海和昆山、苏州园区、苏州之间的班次排布满足双城通勤需求，鼓励城际铁路成为长距离的绿色通勤模式。沪杭走廊上，应建设站点到城区的快速接驳线，以缩短接驳时间，除此以外，还可考虑老沪杭铁路的升级改造，作为城际铁路，主要服务嘉善、海宁、桐乡等城市，现有沪杭城际铁路主要服务上海、嘉兴和杭州的快速联系，二者各司其职。

协调沪宁城际铁路与苏州的市域快轨S1线的关系，目前沪宁城际铁路的客流已经十分饱和，S1线可以承担苏州市域内部的联系（如昆山—苏州），分担一部分沪宁城际铁路的客流，后者更多承担跨行政区划范围的联系（如昆山—上海）。注重城际铁路与上海机场联络线的衔接，一方面通过空铁联运，使城际铁路作为空港的集疏运线路，提升上海空港的服务范围，充分发挥门户功能；另一方面，依托机场联络线作为城际铁路的快速接驳通道，扩大沪宁、沪杭城际铁路在浦东新区的可达性。在规划建设“1 000公里”市域快轨时，在建设初期充分利用城际铁路通道，加强市域内的快速联系，如依托沪宁、沪杭、沪苏湖城际铁路作为上海—安亭、上海—金山、上海—松江的通勤铁路，待客流增长后再视情况同时设置城际铁路和市域快轨。

## 7.3 研究创新点

理论上，按照服务的空间层面和对象，将城际铁路从高铁的大类中细分出来，总结城际铁路的网络布局特征和类型；明确了城际铁路与高速公路、高铁等其他交通方式主导的空间网络的区别，发现了基于城际铁路的城市群“流空间”复合模式。在不同走廊之间、同一条走廊内部，基于城际铁路的空间网络模式具有差异性，在不同的条件下，它可能丰富节点联系的空间层面，促进空间网络均衡发展，也可能作用不显著；明确了城际铁路可达性对空间网络重塑的作用机制，表现为有效可达面积与节点聚集规模的正相关性、城际铁路比其他交通方式节省时间限定了节点联系空间距离为30—150 km、城际铁路“门到门”总出行时间1 h为节点通勤联系活动阈值，同时确定了产业经济的作用，说明了以上要素如何形成了不同走廊之间和走廊内部的空间网络差异；对可达性的计算方法进行了完善，将“门到门”出行时间应用于城际铁路的可达性计算，灵活转换时间和空间，将相对其他交通方式的出行时间节省转化为基本可达范围，考虑频率要素和城市用地布局，计算有效可达面积、人均有效GDP等指标，发现以上指标与节点聚集规模的相关性。

实证上，根据以上理论发现，分别从城市群、都市圈层面提出利用城市铁路建设对城市群空间网络进行均衡化的规划要点，包括城际铁路的选线和设站、站点间的空间尺度控制和站点周边重点发展地区的划定、符合乘客出行需求的城际铁路运营策略，以及依托城际铁路合理布局区域中的生产要素；说明沪宁、沪杭城际铁路在长三角城市群、上海大都市圈和邻沪地区建设中发挥的作用，针对不同空间层面提出对应的规划政策建议。

目前以手机数据为基础的网络联系分析有空间和时间上两方面限制，从空间上，取得跨省的数据较难，通常都是局限在本市，或者本省范围内；从时间上，手机数据研究兴起时间不长，很难追溯到2010年的情况，无法对比分析空间网络特征的变化。此外，手机数据无法细分不同交通方式。城际铁路客流则可以克服以上缺点，且研究对象明确，结果十分具有针对性。

## 7.4 研究不足和今后研究方向

本书尚有几方面局限：

(1) 时间上的局限，城际铁路对出行的影响要快于对人口和用地的影响，客流变化是短期影响，变化迅速而直观。2010—2015年，总聚集规模和平均联系强度均上升了20%，而沿线地区的人口和城市用地规模几乎没有明显变化，影响尚未完全显现。今后可以继续跟踪收集5年甚至10年后的沪宁城际铁路客流数据，并与沿线地区的人口、用地数据进行历史分析，进一步明确长期影响关系。

(2) 乘客调查的样本覆盖空间不够全面，只有两个典型站点；乘客调查的时间覆盖不够全面，只有早高峰。今后可以扩大调查范围，在每类站点中，选取

1—2 个分别进行高峰、平峰时期的调查，发现各类型之间的乘客出行目的、频率、个人属性差异，以及车站影响范围的差异，深入比较和评价各类型站点的运营效用，并提出调整建议。

(3) 城际铁路网络有多种形制，本次研究案例位于城镇密集地区的交通走廊，只是其中一种类型。今后对其他网络类型的案例进行实证研究后，将不同的网络类型进行特征对比，总结和归纳它们的差异和适用条件。

(4) 城市群的空间网络是十分复杂的综合性网络，由多种交通流构成，本书的研究对象为城际铁路，以城际铁路客流作为空间网络的数据基础，代表了沿线地区一种重要的城市联系空间网络(在长三角地区铁路占大部分的城际出行市场)，但是并不是全方式的综合网络，今后的研究还可着重对比高速公路、高铁和城际铁路的市场构成，分析另两者构成的空间网络，与城际铁路相对比，并将三者相叠合，分析空间网络的特征。

(5) 本书受限于数据，没有分析沪宁、沪杭城际铁路的换乘情况，在今后的研究中可增加沪宁、沪杭、宁杭城际铁路在上海、南京、杭州三个城市的中转情况，更完整地反映铁路客流特征。

# 参考文献


[1] ALBALATE D, BEL G, FAGEDA X, 2012. Beyond the efficiency-equity dilemma: Centralization as a determinant of government investment in infrastructure. Papers in Regional Science (3): 599-615.

[2] ALBALATE D, BEL G, 2012. High-speed rail: lessons for Policy makers from experiences abroad. Public Administration Review (72): 336-349.

[3] AMANO K, NAKAGAWA D, 1990. Study on urbanization impacts by new stations of high speed railway. Seoul : Conference of Korean Transportation Association.

[4] ANAS A, ARNOTT R, SMALL K A, 1998. Urban spatial structure. Journal of Economic Literature (36): 1426-1464.

[5] ANDERSSON D E, SHYR O F, FU J, 2010. Does high-speed rail accessibility influence residential property prices? Hedonic estimates from southern Taiwan. Journal of Transport Geography (18): 166-174.

[6] Atkins Engineering Consultancy, 2003. High speed line study. London: High Speed Rail Report.

[7] BANISTER D, BERECHMAN Y, 2003. The economic development effects of transport investments//PEARMAN A, MACKIE P, NELLTHORP J. Transport projects programmes and policies: Evaluation needs and capabilities. Aldershot: Ashgate.

[8] BANISTER D, BERECHMAN Y, 2000. Transport investment and economic development. London: UCL Press.

[9] BATTEN F, 1995. Network cities: Creative urban agglomerations for the 21st century. Urban Studies (2): 313-327.

[10] BAUM-SNOW N, KAHN M, 2005. Effects of urban rail transit expansions: Evidence from sixteen cities, 1970-2000. Brookings-Wharton Paper. Urban Affairs (53):17-25.

[11] BEAVERSTOCK J, SMITH R, TAYLOR P, 2000. World city network: A new metageography? Annals of the Association of American Geographers (1): 123-134.

[12] BERRY B J L, PRED A, 1965. Central place studies: a bibliography of theory and applications. Philadelphia: Regional Science Research Institute.

[13] BLONK W A G, 1979. Transport and regional development: An international handbook.

Farnborough: Saxon House.

[14] BLUM U, GERCEK H, VIEGAS J, 1992. High-speed railway and the European peripheries: Opportunities and challenges. Transportation Research Part A: Policy and Practice (26): 211-221.

[15] BLUM U, HAYNES K E, KARLSSON C, 1997. The regional and urban effects of high-speed trains. The Annals of Regional Science (31):1-20.

[16] BONNAFOUS A, 1987. The Regional Impact of the TGV. Transportation (2): 127-137.

[17] BRIDGE G, 1997. Mapping the terrain of time-space compression: Power networks in everyday life. Environment and Planning D: Society and Space (5): 611-626.

[18] BRÖCKER J, KORZHENEVYCH A, SCHÜRMANN C, 2010. Assessing spatial equity and efficiency impacts of transport infrastructure projects. Transportation Research Part B (44):795-811.

[19] BROTCHIE J, 1991. Cities of the 21st century: New technologies and spatial systems. New York: Longman Cheshire.

[20] BRUINSMA F, RIETVELD P, 1998. The accessibility of European cities: Theoretical framework and comparison of approaches. Environment and Planning A (30): 499-521.

[21] BRUINSMA F, RIETVELD P, 1993. Urban agglomerations in European infrastructure networks. Research Memorandum8, Urban Networks. The Netherlands.

[22] BRUYELLE P, THOMAS P R, 1994. The impact of the channel tunnel on Nord-Pas-deCalais. Applied Geography (14): 87-104.

[23] BUTTON K, 2012. Is there any economic justification for high-speed railways in the United States? Journal of Transport Geography (22): 300-302.

[24] CAMAGNI R, SALONE C, 1993. Network urban structures in northern Italy: elements for a theoretical framework. Urban Studies (6):1053-1064.

[25] CAMAGNI R, 1993. From hierarchy to city network: reflections about an emerging paradigm//LAKSHMANAN T, NIJKAMP P. Sturcture and change in the space economy. Berlin: Springer Verlag: 66-87.

[26] CAO J, LIU X, WANG Y, 2013. Accessibility impacts of China's high-speed rail network. Journal of Transport Geography (28):12-21.

[27] CAPELLO R, NIJKAMP P, 2005. The city network paradigm: Theory and empirical evidence. Contributions to Economic Analysis (266):495-529.

[28] CASTELLS M, 1999. Grassrooting the space of flows. Urban Geography (4): 294-302.

[29] CASTELLS M, 2000. Materials for an exploratory theory of the network society. The British Journal of Sociology (51): 5-24.

[30] CASTELLS M, 1989. The informational city information technology, economic restructuring

and the urban-regional process. Oxford: Blackwell.

[31] CASTELLS M, 1996. The rise of network society. Oxford: Blackwell.

[32] CHEN C-L, HALL P, 2011. The impacts of high-speed trains on British economic geography: a study of the UK's InterCity 125/225 and its effects. Journal of Transport Geography (19): 689-704.

[33] CHEN C-L, HALL P, 2012. The wider spatial-economic impacts of high-speed trains: a comparative case study of Manchester and Lille sub-regions. Journal of Transport Geography (24): 89-110.

[34] CHEN C-L, VICKERMAN R, 2017. Can transport infrastructure change regions' economic fortunes? Some evidence from Europe and China. Regional Studies (1): 144-160.

[35] CHEN Z, HAYNES K, 2014. Impact of high speed rail on housing values: an observation from the Beijing-Shanghai line. Journal of Transport Geography (43): 91-100.

[36] CHENGY, LOO B, VICKERMAN R, 2015. High-speed-rail networks, economic integration and regional specialization in China and Europe. Travel Behavior and Society (2):1-14.

[37] China Daily, 2010. Debate: high-speed rail. Zhao Jian: blind pursuit fails to meet needs. [2019-3-29]. http://www.chinadaily.com.cn/.

[38] CHRISTALLER W, 1933. Die zentralen orte in Süddeutschland. Jena: Fischer.

[39] Commission of the European Communities, 2004. A new partnership for cohesion: Convergence, competitiveness, cooperation. Third Report on Economic and Social Cohesion. Luxembourg: Office for Official Publications of the European Communities.

[40] Commission of the European Communities, 1998. Communication from the commission: Cohesion and transport COM. Luxembourg: Office for Official Publications of the European Communities.

[41] CONRAD L, SESKIN S, 1998. The costs of alternative land use patterns. Washington: Deptartment of Transportation:31.

[42] CURL A, NELSON J, ANABLE J, 2015. Same question, different answer: A comparison of GIS-based journey time accessibility with self-reported measures from the National Travel Survey in England. Computers, Environment and Urban Systems (49): 86-97.

[43] DATAR, 1992. Le Livre Blanc du Bassin Parisien. Paris: DATAR.

[44] DAVIE W K D, 1998. Urban systems research: Unfulfilled promises? Canadian Journal of Regional Science (XXI): 349-356.

[45] DE RUS G, 2008. The economic effects of high-speed rail investment. Competitive interaction between airports, airlines and high-speed rail. Paris: International Transport Forum.

[46] DERUDDER B, TAYLOR P, HOYLER M, 2013. Measurement and interpretation of the connectivity of Chinese cities in the world city network. Chinese Geographical Sciences (3): 261-273.

[47] DERUDDER B, WITLOX F, FAULCONBRIDGE J, et al, 2008. Airline networks and urban systems. Geography Journal (71): 1-3.

[48] DERUDDER B, WITLOX F, 2005. An appraisal of the use of airline data in assessing the world city network: A research note on data. Urban Studies (42):2371-2388.

[49] DERUDDER B, WITLOX F, 2009. The impact of progressive liberalization on the spatiality of airline networks: A measurement framework based on the assessment of hierarchical differentiation. Journal of Transport Geography (17): 276-284.

[50] DUBE J, THERIAULT M, ROSIERS F, 2013. Commuter rail accessibility and house values: The case of the Montreal South Shore, Canada, 1992 - 2009. Transportation Research Part A (54):49-66.

[51] EKOS, 2008. Pennine Lancashire Multi Area Agreement—An Integrated Economic Strategy for Pennine Lancashire. Pennine Lancashire: Blackburn.

[52] FLORIDA R, GULDEN T, MELLANDER C, 2008. The rise of the mega regions. Camb. J. Regional Economic Society (1): 459-476.

[53] FRANKLIN J P, WADDELL P, 2003. A hedonic regression of home prices in King County, Washington, using activity-specific accessibility measures. Washington: Proceedings of the Transportation Research Board 82nd Annual Meeting.

[54] FRIEDMANN J, 1986. The world city hypothesis. Development and change (1): 69-83.

[55] FRÖIDH O, 2005. Market effects of regional high-speed trains on the Svealand line. Journal of Transport Geography (13): 352-361.

[56] FROST D, STEER J, 2009. High speeds, high time the business case for high speed rail. British chambers of commerce (11):1-25.

[57] GABRIEL A, FEDDERSEN A, 2010. From periphery to core: economic adjustments to high speed rail. Barcelona: Working Papers Institut d'Economia de Barcelona (IEB).

[58] GARMENDIA M, ROMERO V, UREÑA J M, et al, 2012. High-speed rail opportunities around metropolitan regions: Madrid and London. Journal of Infrastructure Systems (18): 305-313.

[59] GARMENDIA M, UREFIA J M, CORONADO J M, 2010. Long-distance trips in a sparsely populated region: The impact of high-speed infrastructures. Journal of Transport Geography (19):537-551.

[60] GARMENDIA M, UREÑA J M, RIBALAYGUA C, et al, 2008. Urban residential development in isolated small cities that are partially integrated in metropolitan areas by

high speed train. European Urban and Regional Studies (15): 249-264.
[61] GEDDES P, 1915. Cities in Evolution. London: Williams and Norgate.
[62] GEURS K T, VAN WEE B, 2004. Accessibility evaluation of land-use and transport strategies review and research directions. Journal of Transport Geography (2): 127-140.
[63] GIVONI M, DOBRUSZKES F, 2013. A review of ex-post evidence for mode substitution and induced demand following the introduction of high-speed rail. Transport Review (6): 720-742.
[64] GIVONI M, 2006. Development and impact of the modern high-speed train: A review. Transport Reviews (5): 593-611.
[65] GOTTMANN J, 1961. Megalopolis: the urbanized northeastern seaboard of the United States. New York: The Twentieth Century Fund.
[66] GOTTMANN J, 1978. Megalopolitan systems around the world, in systems of cities: Readings on structure, growth and policy. Oxford: Oxford University Press: 53-60.
[67] GRAHAM D J, 2007. Agglomeration, productivity and transport investment. Journal of Transport Economics and Policy (41):1-27.
[68] GRAHAM D, GIBBONS S, MARTÍN R, 2010. The spatial decay of agglomeration economies: estimates for use in transport appraisal. Report for Department of Transport.
[69] GUIRAO B, LARA-GALERA A, CAMPA J L, 2017. High Speed Rail commuting impacts on labour migration: The case of the concentration of metropolis in the Madrid functional area. Land Use Policy (66): 131-140.
[70] GUTIÉRREZ J, GARCÍA J, 2005. Cambios en la movilidad en elárea metropolitana de Madrid: el creciente uso del transporte privado. Anales de geografía de la Universidad Complutense (25): 331-350.
[71] GUTIÉRREZ J, GÓMEZ G, GARCÍA J, et al, 2006. Análisis de los efectos de las infraestructuras de transporte sobre la accesibilidad y la cohesión regional. Estudios de Construccióny Transportes (105): 215-240.
[72] GUTIÉRREZ J, GONZÁLEZ R, GÓMEZ D, 1996. The European high-speed train network: Predicted effects on accessibility patterns. Journal of Transport Geography (4): 227-238.
[73] GUTIÉRREZ J, 2001. Location, economic potential and daily accessi-bility: An analysis of the accessibility impact of the high-speed line Madrid-Barcelona-French border. Journal of Transport Ge-ography (9): 229-242.
[74] GUTIÉRREZ J, 1996. The European high-speed train network predicted effects on accessibility patterns. Journal of Transport Geography (4): 227-238.
[75] HAGERSTRAND T, 1968. Innovation diffusionasa spatial process. Chicago: University

of Chicago Press: 124-168.

[76] HAGGETT P, 1965. Location analysis in human geography. London: Edward Arnold.

[77] HALL P, PAIN K, 2006. The polycentric metropolis: learning from mega-city regions in Europe. London: Routledge Press: 91-125.

[78] HALL P, 2009. Magic carpets and seamless webs: Opportunities and constraints for high-speed trains in Europe. Built Environment (5): 59-69.

[79] HAN J, YUAN Q, JIA P, et al, 2010. Impact analysis of high speed rail industrial location: Emprical study of Japan Shinkansen. WCTR Lisbon (7):11-15.

[80] HANDY S L, NIEMEIER D A, 1997. Measuring accessibility: An exploration of issues and alternatives. Environment and Planning A (7): 1175-1194.

[81] HANSEN W, 1959. How accessibility shapes land-use. Journal of the American Institute of Planners (1): 73-76.

[82] HARMON R, 2006. High speed trains and the development and regeneration of cities. London: Greengauge.

[83] HARRIS D, ULLMAN E, 1945. The nature of cities. The Annals of the American Academy of Political and Social Science (1):7-17.

[84] HARVEY D W, 1989. The condition of postmodernity. Cambridge: Blackwell.

[85] HAYNES K E, 1997. Labor markets and regional transportation improvements: the case of high speed trains, an introduction and review. The Annals of Regional Science (1): 57-76.

[86] Healey & Baker, 1996. European real estate monitor. London: Healey & Baker.

[87] HERNÁNDEZ A, JIMÉNEZ J, 2014. Does high-speed rail generate spillovers on local budgets. Transport Policy (35): 211-219.

[88] HEY C, NIJKAMP P, RIENSTRA S, et al, 2002. Assessing scenarios on European transport policies by means of multicriteria analysis//GIORGI L, PEARMAN A. Project and Policy Evaluation in Transport. Aldershot: Ashgate.

[89] HIRONORI K, YUICHIRO K, YOSHIHIKO S, 2014. Economic benefits of urban rail projects that improve travel-time reliability: Evidence from Tokyo, Japan. Transport Policy (35): 202-210.

[90] HIROTA R, 1985. Present situation and effects of the Shinkansen. Transport Policy and Decision Making (3): 255-257.

[91] HOHENBERG P M, LEES L M, 1985. The making of urban Europe: 1000-1950. Cambridge: Harvard University Press.

[92] HOU Q, LI S, 2011. Transport infrastructure development and changing spatial accessibility in the Greater Pearl River Delta, China, 1990-2020. Journal of Transport Geography (19): 1350-1360.

[93] ISRAEL E, COHEN G, 2010. Testing the decentralization effects of rail systems: Empirical findings from Israel. Transportation Research Part A (7): 523-526.

[94] JANELLE D G, 1969. Spatial reorganization: a model and concept. Annals of the Association of American Geographers (2): 348-364.

[95] JIANG H, XU J, QI Y, 2010. The influence of Beijing-Shanghai high-speed railways on land accessibility of regional center cities. Acta Geographica Sinica (10): 1287-1298.

[96] JIAO J, WANG J, JIN F, 2014. Dunford M. Impacts on accessibility of China's present and future HSR network. Journal of Transport Geography (40): 123-132.

[97] JIAO J, WANG J, JIN F, 2017. Impacts of high-speed rail lines on the city network in China. Journal of Transport Geography (60): 257-266.

[98] KAMADA M, 1980. Achievements and future problems of the Shin-kansen//STRASZAK A, TUCH R. The Shinkansen high-speed rail network of Japan. Oxford: Pergamon Press: 41-56.

[99] KANASUGI H, USHIJIMA K, 2018. The impact of a high-speed railway on residential land prices. Papers in Regional Science (4): 1305-1335.

[100] KEEBLE D, OWENS P L, THOMPSON C, 1982. Regional accessibility and economic potential in the European Community, Regional Studies (16): 419-432.

[101] KIM K, 2000. High-speed rail developments and spatial restructuring. Cities (4): 251-262.

[102] KLOOSTERMAN R., MUSTERD S, 2001. The polycentric urban region: Towards a research agenda. Urban Studies (4) :623-633.

[103] KNOX P, TAYLOR P, 1995. World cities in a world-system. Cambridge: Cambridge University Press.

[104] KOBAYASHI K, OKUMURA M, 1997. The growth of city systems with high-speed railway systems. Annual Regional Science (31): 39-56.

[105] KOTAVAARA O, ANTIKAINEN H, RUSANEN J, 2011. Population change and accessibility by road and rail networks: GIS and statistical approach to Finland 1970-2007. Journal ofTransport Geography (19): 926-935.

[106] KPMG, 2013. HS2 Regional Economic Impacts Ref: hs2/074. London: High Speed Two (HS2) Ltd.

[107] KRINGS G, CALABRESE F, RATTI C, et al, 2009. Urban gravity: a model for inter-city telecommunication flows. Journal of Statistical Mechanics (7): L07003.

[108] KUNIAKI I, MASATSUGU C, 2001. Railway stations and local communities in Japan. Japan railway and transport review (28): 4-17.

[109] LANG R E, NELSON A C, 2007. America 2040. The rise of the megapolitans. Planning (73): 7-12.

[110] LANG R E, NELSON A C, 2009. Defining megapolitan regions//ROSS C B, CONTANT C. Megaregions in America. Washington: Island Press.

[111] LANG R, DHAVALE D, 2005. Beyond megalopolis: Exploring America's new "megapolitan" geography. Alexandria: Virginia Polytechnic Institute and State University.

[112] LANG R, NELSON A, 2007. The rise of the megapolitans. Planning (1):7-12.

[113] LEVINSON D, 2012. Accessibility impact of high-speed rail. Journal of Transport Geography (22): 288-291.

[114] LÓPEZ E, GUTIÉRREZ J, GÓMEZ G, 2008. Measuring regional cohesion effects of large scale transport infrastructure investments: an accessibility approach. European Planning Studies (16): 277-301.

[115] LÓPEZ E, MONZÓN A, 2010. Integration of sustainability issues in strategic transportation planning: a multi-criteria model for the assessment of transport infrastructure plans. Computer Aided and Civil Infrastructure Engineering (25): 440-451.

[116] LUCCI P, HILDRETH P, 2008. City Links: Integration and Isolation. London: Center for cities.

[117] MALECKI E J, 2002. Hard and soft networks for urban competitiveness. Urban Studies (5/6): 929-945.

[118] MARTÍN J, REGGIANI A, 2007. Recent methodological developments to measure spatial interaction: Syntheticaccessibility indices applied to high-speed train investments. Transport Reviews (5): 551-571.

[119] MARTÍN J, 1997. Justifying a high-speed rail project: social value vs. regional growth. The Annuals of Regional Science (2): 155-174.

[120] MARTÍNEZ H, GIVONI M, 2009. The accessibility impact of a new high-speed rail line in the UK: A preliminary analysis of winners and losers. Oxford: University of Oxford.

[121] MARULL J, FONT C, BOIX R, 2015. Modelling urban networks at mega-regional scale: Are increasingly complex urban systems sustainable? Land Use Policy (43): 15-27.

[122] MASSON S, PETIO R, 2009. Can the high speed rail reinforce tourism attractiveness? The case of the high speed rail between Perpignan (France) and Barcelona (Spain). Technovation (29): 611-617.

[123] MCGEE T G, 1993. The emergence of desakota regions in Asia: Expanding a hypothesis//GINSBURG N, KOPPEL B, MCGEE T G. The Extended Metropolis: Settlement Transition in Asia. Honolulu: University of Hawaii Press.

[124] MCGEE T G, 1991. Urbanisasi or kotadesasi? The emergence of new regions of

economic interaction in Asia//COSTA F J, et al. Urbanization in Asia. Honolulu: University of Hawaii Press: 89-111.

[125] MENENDEZ J M, CORONADO J M, RIVAS A, 2002. Incidencias socioeconómicas dela construcción y explotación de la línea ferroviaria de alta velocidad enciudades de tamaño pequeño. El caso de Ciudad Real y de Puertollano. Estudios deConstrucción y Transportes (94): 29-54.

[126] MENERAULT P, BARRE A, 1997. TGV et recomposition des relations ferroviaires interrégionales: L'exemple des relations Nord-Pas-de-Calais/Picardie. Changement Régional et Dynamique des Territoires: 367-381.

[127] MONZÓN A, ORTEGA E, LÓPEZ E, 2013. Efficiency and spatial equity impacts of high speed rail extensions in urban areas. Cities (30): 18-30.

[128] MOYANO A, MARTÍNEZ H S, CORONADO J M, 2018. From network to services: A comparative accessibility analysis of the Spanish high-speed rail system. Transport Policy (63): 51-60.

[129] MOYANO A, 2016. High speed rail commuting: Efficiency analysis of the Spanish HSR links. Transportation Research Procedia (18): 212-219.

[130] MURAKAMI J, CERVERO R, 2010. California high-speed rail and economic development: Station-area market profiles and public policy responses. Berkeley: A report in University of California Transportation Center. (unpublished)

[131] MURAYAMA Y, 1994. The impact of railways on accessibility in the Japanese urban system. Journal of Transport Geography (2): 87-100.

[132] NEAL Z, 2010. Refining the air traffic approach to city networks. Urban Studies (47): 2195-2215.

[133] OHMAE K, 1993. The rise of the region state. Foreign Affairs (2):78-87.

[134] OIZUMI K, 2011. The emergence of the Pearl River Delta economic zone. RIM: Pacific Business and Industries (41): 2-20.

[135] OKABE S, 1980. Impact of the Sanyo Shinkansen on local communities//STRASZAK A, TUCH R. The Shinkansen high-speed rail network of Japan. Oxford: Pergamon Press: 11-20.

[136] OKADA H, 1994. Features and economic and social effects of the Shinkansen. Japan railway and transport review (10): 9-16.

[137] ORTEGA E, LÓPEZ E, MONZÓN A, 2012. Territorial cohesion impacts of high-speed rail at different planning levels. Journal of Transport Geography (24):130-141.

[138] PEPY G, LEBOEUF M, 2005. Le TGV au XXlème Siècle: Rompre sans Dénaturer. Revue Générale des Chemins de Fer: 7-27.

[139] PERL A, GOETZ A, 2015. Corridors, hybrids and networks: three global development

strategies for high speed rail. Journal of Transport Geography (42):134-144.

[140] PETERS D, 2003. Cohesion, policentricity, missing links and bottlenecks: Conflicting spatial storylines for pan European transport investments. European Planning Studies (3): 317-339.

[141] Pieda, 1991. Rail link project: A comparative appraisal of socio-economic and development impacts of alternative routes. Pieda: Reading.

[142] PLASSARD F, 1991. Le train *à* grande vitesse et le réseau des villes. Transports (345):14-23.

[143] PLASSARD F, 1992. Les villes et le TGV. Transports Urbains (74): 3-4.

[144] PLASSARD F, 1990. TGV et aménagement de territoire. Le Creusot 11-12 de octubre. París: Association Villes et TGV, TEN.

[145] POL P, 2002. A renaissance of stations, railways and cities: Economic effects, development strategies and organizational issues of European high-speed-train stations. Delft: DUP Science.

[146] POL P, 2003. The economic impact of the high-speed train on urban regions. Welthandelsplatz: European Regional Science Association Conference.

[147] PRESTON J, WALL G, 2008. The ex-ante and ex-post economic and social impacts of the introduction of high-speed trains in South East England. Planning Practice and Research (23): 403-422.

[148] PUGA D, 2002. European regional policies in light of recent location theories. Journal of Economic Geography (4): 373-406.

[149] PYGIOTIS Y N, 1991. Urban Networking in Europe. Ekistics (2): 350-351.

[150] RIBALAYGUA C, 2005. Alta velocidad y ciudad: estrategias de incorporación de las nuevas estaciones periféricas francesas y españolas. Madrid: Universidad Politécnica de Madrid.

[151] RIETVELD P, BRUINSMA F, VAN DELFT H T, et al, 2001. Economic impacts of high speed trains Experiences in Japan and France: expectations in the Netherlands. Amsterdam: University of Amsterdam.

[152] ROMERO V, GARMENDIA M, 2009. The integration of peripheral historic cities in the Madrid urban region. Madrid: International Conference of City Futures in a Globalising World.

[153] ROSS C L, 1994. High-speed rail: Catalyst for European Integration? Journal of Common Market Studies (32): 191-214.

[154] ROSS C L, 2011. Literature review of organizational structures and finance of multijurisdictional initiatives and the implications for megaregion transportation planning in the U. S. [2019-04-05]. http://www. fhwa. dot. gov/planning/publications/

megaregions_report_2012/megaregions2012. pdf.

[155] ROSS C L, 2008. Mega-regions: Literature review of the implications for U. S. New York: Department of Transportation Federal Highway Administration.

[156] ROSS C L, 2009. Megaregions: Planning for Global Competitiveness. Washington: Island Press.

[157] Regional Plan Association, 2006. America 2050: A Prospectus. New York: RPA.

[158] SANDS B, 1993. The development effects of high-speed rail stations and implications for California. Built Environment (19): 257-284.

[159] SASAKI K, OHASHI T, ANDO A, 1997. High-speed rail transit impact on regional systems: does the Shinkansen contribute to dispersion? The Annals of Regional Science (31): 77-98.

[160] SCHNEIDER J B, 1993. Selecting and evaluating intermodal stations for intercity high-speed ground transportation. Transp Q (02): 221-245.

[161] SCHNEIDER J B, 1994. The design of intermodal stations for a high speed ground transportation system. US DOT/FRA: Final Report, 92/94: 277.

[162] SCOTT A J, 2001. Global city-regions: Trends, theory, policy. Oxford: Oxford University Press.

[163] SHAW S, FANG Z, LU S, et al, 2014. Impacts of high speed rail on railroad network accessibility in China. Journal of Transport Geography (40):112-122.

[164] SHEN Y, SILVA J, MARÍNEZ L, 2014. Assessing high-speed rail's impacts on land cover change in large urban areas based on spatial mixed logit methods: A case study of Madrid Atocha railway station from 1990 to 2006. Journal of Transport Geography (41):184-196.

[165] SHEN Y, SILVA J, MARTÍNEZ L, 2014. HSR station location choice and its local land use impacts on small cities: A case study of Aveiro, Portugal. Procedia—Social and Behavioral Sciences (111): 470-479.

[166] SMITH A, TIMBERLAKE M, 2001. Cities in global matrices toward mapping the world-system's city system//KNOX P, TAYLOR P. World Cities in a World-System. Chapter 5. Cambridge: Cambridge University Press: 79-97.

[167] SMITH A, 2003. The Japanese Shinkansen catalyst for the renaissance of rail. The Journal of Transport History (2):222-237.

[168] SMITH D A. TIMERLAKE M, 2001. World city networks and herachies, 1977-1997: An empirical analysis of global air travel links. American Behavirral Scientist (10): 1656-1678.

[169] SMITH D A, TIMBERLAKE M, 2001. World city networks and hierarchies 1979-1999: An empirical analysis of global air travel links. American Behavioral Scientist (44):

1656-1677.

[170] SPIEKERMANN K, WEGENER M, 2008. The shrinking continent: accessibility, competitiveness and cohesion//FALUDI. European spatial research and planning. Cambridge: Lincoln Institute of Land Policy: 115-140.

[171] SPIEKERMANN K, WEGENER M, 2004. Time-space maps of rail travel times, 1993-2020. [2019-05-05]. http://www. spiekermann-wegener. com/mod/time/time_e. htm.

[172] SPIEKERMANN K, WEGENER M, 1996. Trans-European Networks and unequal accessibility in Europe. II EUREG. European Journal of Regional Development (4): 35-42.

[173] TAKAGI R, 2005. High speed railways: the last 10 years. Japan Railway and Transport Review (40):4-7.

[174] TAUBENBÖCK H, WIESNER M, 2015. Computers, Environment and Urban Systems (54) :165-180.

[175] TAUBENBÖCK H, WIESNER M, 2015. The spatial network of megaregions: Types of connectivity between cities based on settlement patterns derived from EO-data. Computers, Environment and Urban Systems (54): 165-180.

[176] TAYLOR P J, 2005. 2003 world city network: A global urban analysis. New York: Routledge.

[177] TAYLOR P, DERUDDER B, SAEY P, 2007. Cities within spaces of flows: Theses for a materialist understanding of the external relations of cities, Cities in globalization: Practices, policies and theories. London: Routledge.

[178] TAYLOR P, EVANS D M, PAIN K, 2008. Application of the interlocking network model to mega-city-regions: Measuring polycentricity within and beyond city-regions. Regional Studies (42): 1079-1093.

[179] TAYLOR P, HOYLER M, VERBRUGGEN R, 2010. External urban relational process: introducing central flow theory to complement central place theory. Urban Studies (47): 2803-2818.

[180] TAYLOR P, NI P, DERUDDER B, 2009. Measuring the world city network: New developments and Results. ICTs for mobile and ubiquitous urban infrastructures: Surveillance, locative media and global networks. Surveillance, Locative Media and Global Networks: 15.

[181] TAYLOR P, 2001. Specification of the world city network. Geographical Analysis (33):181-194.

[182] TAYLOR P, 2004. World cities network: A global urban analysis. London: Routledge.

[183] TAYLOR P, 2009. Urban economics in thrall to christaller: A misguided search for city

hierarchies in external urban relations. Environment and Planning A (11): 2550-2555.

[184] TRIP J, 2008. What makes a city: Urban quality in Euralille, Amsterdam South Axis and Rotterdam Central//BRUINSMA F, PELS E, PRIEMUS H, et al. Railway development: Impacts on urban dynamics. Berlin: Physica-Verlag: 79-99.

[185] TROIN J F, 1995. Rail et amenagement du territoire: des heritages aux nouveaux de fis. Edisud: Aix-en-Provence.

[186] TRULLÉN J F, BOIX R, GALLETTO V, 2013. An insight on the unit of analysis in urban research//KRESL P K, SOBRINO J. A handbook of research methods and applications in urban economics. Northhampton: Edward Elgar Publishing Limited: 235-267.

[187] UIC, 2014. High Speed Lines in the World. [2019-05-08]. www. uic. org/spip. php? mot8.

[188] UN-Habitat, 2008. State of the world's cities 2010/2011: Bridging the urban divide. London & Sterling: Earthscan.

[189] United Nations, 2006. Urbanization: mega and metacities, new city states. New York: United Nations.

[190] UREÑA J M, CORONADO J M, GARMENDIA M, et al, 2012. Territorial implications at national and regional scales of high-speed rail// UREÑA J M. Territorial implications of high speed rail: A spanish perspective. Aldershot: Ashgate: 204-243.

[191] UREÑA J M, GARMENDIA M, CORONADO J M, et al, 2010. New metropolitan processes encouraged by high-speed rail: The cases of London and Madrid. Lisbon: 12th WCTR, Lisbon-Portugal proceedings.

[192] UREÑA J M, MENERAULT P, GARMENDIA M, 2009. The high-speed rail challenge for big intermediate cities: A national, regional and local perspective. Cities (26):266-279.

[193] UREÑA J M, DE SOLÍS E. , RUIZ-APILÁNEZ B, et al, 2012. El hábitat unifamiliar en ciudades históricas de regiones metropolitanas policéntricas: El caso de Toledo. Castilla-La Mancha: Universidad de Castilla-La Mancha.

[194] VAN DEN BERG L, POL P, 1998. The European high-speed train and urban development: Experiences in fourteen European urban regions. Aldershot: Ashgate.

[195] VAN DEN BERG L, POL P, 1998. The urban implications of the developing European high-speed train network. Environment and Planning C, Government and Policy (16): 483-497.

[196] VAN DINTEREN J, FANCELLO M, 1994. The high speed train system, urban developments and real estate. Tijdschrift voor economische en sociale geografie, 85(2): 165-170.

[197] VAN HOUTUM H, LAGENDIJK A, 2001. Contextualising regional identity and imagination in the construction of polycentric urban regions: The cases of the Ruhr area and the Basque country. Urban Studies (4): 747-767.

[198] VAN NUFFEL N, SAEY P, DERUDDER B, et al, 2010. Measuring hierarchical differentiation: connectivity and dominance in the European urban network. Transportation Planning and Technology (33): 343-366.

[199] VAN OORT F, BURGER M, RASPE O, 2010. On the economic foundation of the urban network paradigm: Spatial integration, functional integration and economic complementarities within the Dutch Randstad. Urban Studies (4):725-748.

[200] VERMA A, SUDHIRA H, RATHI S, et al, 2013. Sustainable urbanization using high speed rail (HSR) in Karnataka, India. Research in Transportation Economics (38): 67-77.

[201] VICKERMAN R, SPIEKERMANN K, WEGENER M, 1999. Accessibility and regional development in Europe. Regional Studies (33): 1-15.

[202] VICKERMAN R, ULIED A, 2009. Indirect and wider economic impacts of high speed rail. In G. de Rus (Ed.), Economic analysis of high speed rail in Europe. Madrid: Fundacion BBVA: 89-118.

[203] VICKERMAN R, 1974. Accessibility, attraction and potential: a review of some concepts and their use in determining mobility. Environment and Planning (6): 675-691.

[204] VICKERMAN R, 2018. Can high-speed rail have a transformative effect on the economy? Transport Policy (62): 31-37.

[205] VICKERMAN R, 2015. High-speed rail and regional development: the case of intermediate stations. Journal of Transport Geography (42): 157-165.

[206] VICKERMAN R, 1997. High-speed rail in Europe: experience and issues for future development. Annual Regional Science (1): 21-38.

[207] VICKERMAN R, 2007. Indirect and wider economic impacts of high speed rail. An Economic analysis of European high speed rail infrastructures.

[208] VICKERMAN R, 1995. Location, accessibility and regional development: The appraisal of trans-European networks. Transport Policy (4): 225-234.

[209] WANG J, LIN C, 2011. High-speed rail and its impacts on the urban spatial dynamics in China: the background and analytical framework. Urban Planning International (26): 16-23.

[210] WANG J, MO H, WANG F, 2014. Evolution of air transport network of China 1930-2012. Journal of Transport Geography (40): 145-158.

[211] WANG J, MO H, WANG F, 2001. Exploring the network structure and nodal

centrality of China's air transport network: A complex network approach. Journal of Transport Geography (19): 712-721.

[212] WANG J, XU J, HE J, 2013. Spatial impacts of high-speed railways in China: a total-travel-time approach. Environment and Planning A (45), 2261-2280.

[213] WEBER J, KWAN M, 2003. PEvaluating the effects of geographic contexts on individual accessibility: A multilevel approach. Urban Geography (8):647-671.

[214] WEIBULL J, 1976. An axiomatic approach to the measurement of accessibility. Regional Science and Urban Economics (4): 357-379.

[215] WELLINGS R, 2014. Failure to Transform: High-speed Rail and the Regeneration Myth. Institute of Economic Affairs: IEA Current Controversies Paper No. 48.

[216] WHEBELL F J, 1969. Corridors: a theory of urban systems. Annals of the Association of American Geographers (1): 1-26.

[217] WILLIGERS J, VAN WEE B, 2011. High-speed rail and office location choices. A stated choice experiment for the Netherlands. Journal of Transport Geography (19): 745-754.

[218] YANG H, DIJST M, WITTE P, et al, 2018. The spatial structure of high speed railways and urban networks in China: a flow approach. Journal of Economic and Social Geography (1): 109-128.

[219] YARO, ROBERT D, CARBONELL A, et al, 2004. Planning for America in a global economy. Philadelphia: University of Pennsylvania School of Design.

[220] YIN M, BERTOLINI L, DUAN J, 2015. The effects of the high-speed railway on urban development: International experience and potential implications for China. Progress in Planning (98): 1-52.

[221] ZHENG S, KAHN M, 2013. China's bullet trains facilitate market integration and mitigate the cost of megacity growth. Science Foundation in China.

[222] ZOOK M, 2001. Old hierarchies or new network of centrality? The global geography of the Internet content market. American Behavioral Scientist (10):1679-1696.

[223] 巴凯斯，路紫，2000. 从地理空间到地理网络空间的变化趋势. 地理学报(1): 104-110.

[224] 白云峰，2010. 高速铁路对区域社会经济发展影响研究. 北京：北京交通大学.

[225] 博尔哈，卡斯泰尔，2008. 本土化与全球化(信息时代的城市管理). 姜杰，胡艳蕾，魏述杰，译. 北京：北京大学出版社.

[226] 蔡润林，2019. 基于服务导向的长三角城际交通发展模式. 城市交通(1): 19-28.

[227] 蔡勇美，郭文雄，1985. 都市社会学. 台北：巨流图书公司：137-139.

[228] 崔功豪，杜国庆，1992. 关于城市带：中国城镇发展研究. 北京：中国建筑工业出版社.

[229] 崔功豪，王本炎，1992. 城市地理学. 南京：江苏教育出版社.

[230] 邓焕彬，2012. 珠三角区域一体化下交通协调发展研究. 北京：清华大学.
[231] 方创琳，2009. 城市群空间范围识别标准的研究进展与基本判断. 城市规划学刊(4)：1-6.
[232] 方创琳，2011. 2010 中国城市群发展报告. 上海：科学出版社.
[233] 方创琳，2011. 中国城市群形成发育的新格局及新趋向. 地理科学(9)：1025-1034.
[234] 方大春，孙明月，2014. 高速铁路建设对我国城市空间结构影响研究：以京广高铁沿线城市为例. 区域经济评论(3)：136-141.
[235] 方大春，杨义武，2013. 高铁时代长三角城市群交通网络空间结构分形特征研究. 地域研究与开发(4)：52-56.
[236] 耿元，王芳，林玳玳，2010. 高速铁路对我国劳动力市场的影响. 中国铁路(10)：12-15.
[237] 顾朝林，1991. 中国城市经济区划分的初步研究. 地理学报(2)：129-141.
[238] 顾朝林，2011. "十二五"期间需要注重巨型城市群发展问题[J]. 城市规划(1)：3.
[239] 顾朝林，2011. 城市群研究进展与展望. 地理研究(5)：771-784.
[240] 何丹，杨犇，2013. 高速铁路对沿线地区可达性的影响研究：以皖北地区为例. 长江流域资源与环境(10)：1264-1275.
[241] 黄建富，2003. 世界城市的形成与城市群的支撑. 世界经济研究(7)：17-21.
[242] 金凤君，2001. 我国航空客流网络发展及其地域系统研究. 地理研究(1)：31-39.
[243] 金元欢，王建宇，1997. 区域经济学. 杭州：浙江大学出版社.
[244] 林晓言，陈小君，白云峰，等，2010. 京津城际高速铁路对区域经济影响定量分析. 铁道经济研究(5)：5-11.
[245] 刘靖，张岩，2015. 国外城市群整合研究进展与实践经验. 世界地理研究(9)：83-90.
[246] 陆大道，1995. 区域发展及其空间结构. 北京：科学出版社.
[247] 陆大道，2015. 中国重大区域战略：三大城市群的明确定位. [2015-03-06]. https://www.cas.cn/zjs/201503/t20150306_4318361.shtml.
[248] 陆玉麟，1998. 区域发展中的空间结构研究. 南京：南京师范大学出版社.
[249] 罗震东，朱查松，薛雯雯，2015. 基于高铁客流的长江三角洲空间结构再审视. 上海城市规划(4)：74-80.
[250] 芒福德，2005. 城市发展史：起源、演变和前景. 宋俊岭，倪文彦，译. 北京：中国建筑工业出版社.
[251] 倪鹏飞，2010. 中国城市竞争力报告. 北京：社会科学文献出版社.
[252] 宁越敏，2011. 中国都市区和大城市群的界定：兼论大城市群在区域经济发展中的作用. 地理科学(3)：257-263.
[253] 沈丽珍，顾朝林，甄峰，2010. 流动空间结构模式研究. 城市规划学刊(5)：26-32.
[254] 盛蓉，刘士林，2015. 当代世界城市群理论的主要形态与评价. 上海师范大学学报(哲学社会科学版)(2)：37-44.

[255] 宋家泰，1980. 城市-区域与城市区域调查研究：城市发展的区域经济基础调查研究. 地理学报(4)：277-287.

[256] 孙聪，郑思齐，张英杰，2014. 高速铁路对中国城市经济的外部影响. 广东社会科学(5)：22-28.

[257] 孙健韬，2012. 高速铁路对区域经济的影响分析. 北京：北京交通大学.

[258] 孙莉，2013. 高铁对首都经济圈城市规模等级和职能的影响. 中国集体经济(17)：49-53.

[259] 孙中伟，路紫，2005. 流空间基本性质的地理学透视. 地理与地理信息科学，21(1)：109-112.

[260] 谭啸，2012. 中国城市群发展的区域比较分析. 沈阳：辽宁大学.

[261] 王成金，2009. 城际交通流空间流场的甄别方法及实证：以中国铁路客流为例. 地理研究(6)：1464-1475.

[262] 王缉宪，2011. 高速铁路影响城市与区域发展的机理. 国际城市规划(6)：1-5.

[263] 王娟，2012. 中国城市群演进研究. 成都：西南财经大学.

[264] 王兰，王灿，陈晨，等，2014. 高铁站点周边地区的发展与规划：基于京沪高铁的实证分析. 城市规划学刊(4)：31-37.

[265] 王丽，曹有挥，刘可文，等，2012. 南京站区产业空间分布及集聚特征. 地理科学(3)：301-307.

[266] 王世福，赵渺希，2012. 广佛市民地铁跨城活动的空间分析. 城市规划学刊(3)：23-29.

[267] 王煜坤，黄建中，2010. 2000 年以来长三角城市群交通与空间布局演变研究. 重庆：2010 中国城市规划年会论文集.

[268] 吴康，方创琳，赵渺希，等，2013. 京津城际高速铁路影响下的跨城流动空间特征. 地理学报(2)：159-174.

[269] 伍业春，2009. 武广高速铁路对沿线城市体系发展的影响研究. 成都：西南交通大学.

[270] 夏露林，2012. 高速铁路对成绵乐区域经济一体化的影响研究. 成都：西南交通大学.

[271] 肖金成，2009. 中国区域发展新格局及促进区域协调发展的若干建议. 经济学动态(12)：70-74.

[272] 徐进，邵毅明，彭其渊，等，2012. 大客车和小客车在各种类型公路上的连续行驶速度工况分析. 交通科学与工程(4):357-79.

[273] 徐循初，阮哲明，2003. 长江三角洲地区综合运输发展历史与对策研究. 城市规划汇刊(5)：16-21.

[274] 许学强，周一星，宁越敏，1997. 城市地理学. 北京：高等教育出版社.

[275] 许学强，周一星，宁越敏，2009. 城市地理学(第二版). 北京：高教出版社.

[276] 姚士谋. 中国城市群，2001. 合肥：中国科技大学出版社.

[277] 于方涛，顾朝林，李志刚，2008. 1995 年以来中国城市体系格局与演变：基于航空流视

角. 地理研究(6): 1407-1418.

[278] 于洪俊，宁越敏，1983. 城市地理概论. 合肥:安徽科学技术出版社.

[279] 张安琳，蒲泽旭,王敏，等，2013. 京津城际高速铁路对区域社会经济影响分析. 交通科技与经济(1): 14-18.

[280] 张萃，2009. 高速铁路对城镇体系发展影响的研究: 以建设中的京沪高铁为例. 天津: 南开大学.

[281] 张京祥，2004. 城镇群体空间组合. 南京: 东南大学出版社.

[282] 张文新，丁楠，吕国玮，等，2012. 高速铁路对长三角地区消费空间的影响. 经济地理，32(6): 1-6.

[283] 赵丹，张京祥，2012. 高速铁路影响下的长三角城市群可达性空间格局演变. 长江流域资源与环境(4): 391-398.

[284] 赵丹丹，2011. 京沪高速铁路建设对沿线产业空间布局的影响. 成都: 西南交通大学.

[285] 赵渺希，王世福，张小星，2012. 基于地铁出行的广佛城市功能联系研究. 华南理工大学学报(自然科学版)，40(06): 152-158.

[286] 赵渺希，吴康，刘行健，等，2014. 城市网络的一种算法及其实证比较. 地理学报(2): 169-183.

[287] 中国市长协会，2004. 中国城市发展报告. 北京: 商务印书馆.

[288] 周起业，刘再兴，1989. 区域经济学. 北京: 中国人民大学出版社.

[289] 周孝文，2010. 高速铁路对区域经济协调发展的促进作用. 铁道经济研究，98(6): 19-22.

[290] 周一星，杨家文，2001. 90 年代我国区际货流联系的变动趋势. 中国软科学(6): 85-89.

[291] 周一星，1991. 中国城市体系和区域倾斜战略探讨: 中国城市化道路宏观研究. 哈尔滨: 黑龙江人民出版社.

# 附录A　昆山、苏州园区乘客调查表

## 沪宁城际铁路昆山站乘客出行调查(7:00—11:00)

亲爱的旅客朋友:您好！为了方便大家的出行,上海同济城市规划设计研究院特设此调查问卷。此卷不记名,不涉及隐私,请您根据实情勾选,谢谢配合!(有下划线处请填数字,其余勾选数字)

1. 您此次出行的目的地?_________

其他请注明具体区县________

| 沪宁城际铁路沿线地区 |
| --- |
| (01) 上海外环以内城区　(02) 上海外环以外城区　(03) 上海郊区　(04) 苏州姑苏区　(05) 苏州相城区　(06) 苏州虎丘区　(苏州新区站)　(07) 苏州吴中区　(08) 苏州园区　(09) 苏州吴江区　(10) 张家港市、常熟市　(11) 无锡北塘区、崇安区、南长区　(12) 无锡锡山区　(13) 无锡滨湖区　(14) 无锡新吴区　(无锡新区站)　(15) 无锡惠山区　(惠山站)　(16) 江阴市、宜兴市　(17) 南京玄武区、秦淮区、鼓楼区、建邺区、雨花台区　(18) 南京栖霞区　(仙林站)　(19) 南京六合区、浦口区、江宁区　(20) 南京溧水区、高淳区　(21) 常州天宁区、钟楼区　(22) 常州戚墅堰区　(23) 常州新北区　(24) 常州武进区　(25) 金坛市、溧阳市　(26) 镇江润州区　(27) 镇江京口区　(28) 镇江丹徒区　(29) 丹阳市　(30) 句容市　(31) 南翔　(32) 安亭 |
| **其他地区**　(33) 杭州　(34) 合肥　(35) 马鞍山　(36) 滁州 |

2. 您此次出行的出发地:

① 昆山中环线以内　② 东城大道—城北路—常嘉高速—沪宁高速以内　③ 经济技术开发区　④ 玉山镇　⑤ 陆家镇　⑥ 张浦镇　⑦ 周市镇　⑧ 巴城镇　⑨ 昆山市的其他镇　⑩ 自铁路转乘其他________

3. 您目前乘坐城际铁路的频率：

① 每周5次及以上 ② 每周1—4次 ③ 每月1—4次 ④ 说不定或偶尔

4. 您本次出门的目的：

①学习 ② 上班 ③ 办理业务 ④ 经商 ⑤ 旅游 ⑥ 探亲访友 ⑦ 生活购物 ⑧ 其他________（如填"回家"）

5. 您这次来客站的交通方式：

① 公交车 ② 出租车 ③ 长途汽车 ④ 旅游巴士 ⑤ 步行 ⑥ 小汽车 ⑦ 助动车或摩托车 ⑧ 自行车 ⑨ 租赁车 其他________

6. 您到站花费的时间________分钟

7. 您下车后到达目的地花费的时间________分钟

8. 在沪宁城际铁路开通前，对于同样行程，您常用的出行方式：

① 普通火车 ② 小汽车 ③ 长途汽车 ④ 旅游巴士 ⑤ 没有此类出行

9. 您目前乘坐沪宁城际铁路的出行，与乘坐京沪高铁相比，

交通费用：① 明显少 ② 略少 ③ 不变 ④ 略多 ⑤ 明显多

交通时间：① 明显少 ② 略少 ③ 不变 ④ 略多 ⑤ 明显多

出行次数：① 明显少 ② 略少 ③ 不变 ④ 略多 ⑤ 明显多

10. 您的职业：

① 工人 ② 企事业管理人员 ③ 服务业职员 ④ 公务员 ⑤ 个体经商者 ⑥ 科研、工程技术人员 ⑦ 学生 ⑧ 离退休人员 ⑨ 待业人员 其他（请注明）________

11. 您的月收入：

① 5 000 元以下 ② 5 000—10 000 元 ③ 10 000—20 000 元 ④ 20 000 元以上

再次感谢您对此份调查表的支持！

调查时间(24 h)____ ____ ：____ ____

被调查者性别：① 男 ② 女

## 沪宁城际铁路苏州园区站乘客出行调查(7:00—11:00)

亲爱的旅客朋友：您好！为了方便大家的出行，上海同济城市规划设计研究院特设此调查问卷。此卷不记名，不涉及隐私，请您根据实情勾选，谢谢配合！（有下划线处请填数字，其余勾选数字）

1. 您此次出行的目的地？________

其他请注明具体区县________

| 沪宁城际铁路沿线地区 |
| --- |
| (01) 上海外环以内城区 (02) 上海外环以外城区 (03) 上海的郊区 (04) 无锡北塘区、崇安区、南长区 (05) 无锡锡山区 (06) 无锡滨湖区 (07) 无锡新吴区(无锡新区站) (08) 无锡惠山区(惠山站) (09) 无锡江阴市、宜兴市 (10) 昆山市 (11) 南京玄武区、秦淮区、鼓楼区、建邺区雨花台区 (12) 南京栖霞区(仙林站) (13) 南京六合区、浦口区、江宁区 (14) 南京溧水区、高淳区 (15) 常州天宁区、钟楼区 (16) 常州戚墅堰区 (17) 常州新北区 (18) 常州武进区 (19) 金坛市、溧阳市 (20) 镇江润州区 (21) 镇江京口区 (22) 镇江丹徒区(丹徒站) (23) 丹阳市(丹阳站) (24) 句容市 (25) 苏州姑苏区 (26) 苏州相城区 (27) 苏州虎丘区(苏州新区站) (28) 苏州吴中区区 (29) 苏州吴江区 (30) 张家港市、常熟市 (31) 南翔 (32) 安亭 (33) 花桥 |
| **其他地区** (34) 杭州 (35) 合肥 (36) 马鞍山 (37) 滁州 |

2. 您此次出行的出发地：

① 苏州工业园区 ② 姑苏区 ③ 吴中区 ④ 吴江区 ⑤ 自铁路转乘 ⑥ 自机场转乘其他________

3. 您目前乘坐城际铁路的频率：

① 每周5次及以上 ② 每周1—4次 ③ 每月1—4次 ④ 说不定或偶尔

4. 您本次出门的目的：

① 学习 ② 上班 ③ 办理业务 ④ 经商 ⑤ 旅游 ⑥ 探亲访友 ⑦ 生活购物 ⑧ 其他(请注明)________(如填“回家”则注明来该地点的目的)

5. 您这次来客站的交通方式：

① 公交车 ② 出租车 ③ 长途汽车 ④ 旅游巴士 ⑤ 步行 ⑥ 小汽车 ⑦ 助动车或摩托车 ⑧ 自行车 ⑨ 租赁车 其他(单位车等)

6. 您到站花费的时间________分钟

7. 您下车后到达目的地花费的时间________分钟

8. 在沪宁城际铁路开通前，对于同样行程，您常用的出行方式：

① 普通火车 ② 小汽车 ③ 长途汽车 ④ 旅游巴士 ⑤ 没有此类出行

9. 您目前乘坐的沪宁城际铁路的行程，与到苏州火车站转乘京沪高铁相比，

交通费用：① 明显少 ② 略少 ③ 不变 ④ 略多 ⑤ 明显多

交通时间：① 明显少 ② 略少 ③ 不变 ④ 略多 ⑤ 明显多

出行次数:① 明显少　② 略少　③ 不变　④ 略多　⑤ 明显多

10. 您的职业:

① 工人　② 企事业管理人员　③ 服务业职员　④ 公务员　⑤ 个体经商者　⑥ 科研、工程技术人员　⑦ 学生　⑧ 离退休人员　⑨ 待业人员 其他(请注明)________

11. 您的月收入:

① 5 000 元以下　② 5 000—10 000 元　③ 10 000—20 000 元　④ 20 000 元以上

再次感谢您对此份调查表的支持!

调查时间(24 h)____ ____:____ ____

被调查者性别:① 男　② 女

# 附录 B　可达性计算过程表

表 B-1　沪宁走廊 2010 年公路网络与 2010 年城际铁路综合网络平均可达性比较

| 站点 | 城际铁路平均可达性(min) | 公路平均可达性(min) | 时间差(min) | 变化幅度 |
|---|---|---|---|---|
| 南京 | 93.3 | 136.4 | 43.1 | 0.32 |
| 仙林 | 89.2 | 130.1 | 40.9 | 0.31 |
| 宝华山 | 5.3 | 124.4 | 39.1 | 0.31 |
| 镇江 | 1.1 | 106.3 | 35.2 | 0.33 |
| 丹徒 | 7.3 | 103.6 | 26.3 | 0.25 |
| 丹阳 | 63.6 | 91.0 | 27.4 | 0.30 |
| 常州 | 53.0 | 76.9 | 23.9 | 0.31 |
| 戚墅堰 | 49.0 | 72.8 | 23.8 | 0.33 |
| 惠山 | 48.9 | 68.0 | 19.1 | 0.28 |
| 无锡 | 46.7 | 60.0 | 13.3 | 0.22 |
| 无锡新区 | 44.0 | 62.0 | 18.0 | 0.29 |
| 苏州新区 | 44.3 | 61.0 | 16.7 | 0.27 |
| 苏州 | 41.6 | 57.0 | 15.4 | 0.27 |
| 苏州园区 | 42.1 | 61.6 | 19.5 | 0.32 |
| 阳澄湖 | 45.3 | 66.3 | 21.0 | 0.32 |
| 昆山南 | 44.9 | 59.2 | 14.3 | 0.24 |
| 花桥 | 53.9 | 68.1 | 14.2 | 0.21 |
| 安亭 | 49.5 | 69.1 | 19.6 | 0.28 |
| 南翔 | 55.2 | 70.0 | 14.8 | 0.21 |
| 上海 | 58.5 | 94.0 | 35.5 | 0.40 |

**表 B-2　沪宁走廊 2015 年公路网络与 2015 年高铁综合网络平均可达性比较**

| 站点 | 高铁平均可达性(min) | 公路平均可达性(min) | 高铁平均可达性 | 高铁与公路时间差(min) | 变化幅度 |
|---|---|---|---|---|---|
| 南京 | 81.4 | 132.0 | 81.4 | 55.0 | 0.40 |
| 仙林 | 95.5 | 127.0 | 62.6 | 14.3 | 0.19 |
| 宝华山 | 93.8 | 121.0 | 64.7 | 8.1 | 0.11 |
| 镇江 | 74.4 | 106.0 | 95.5 | 34.6 | 0.27 |
| 丹徒 | 75.7 | 101.0 | 60.4 | 7.6 | 0.11 |
| 丹阳 | 58.7 | 83.0 | 48.8 | 11.2 | 0.19 |
| 常州 | 62.6 | 78.0 | 93.8 | 30.6 | 0.25 |
| 戚墅堰 | 64.7 | 70.0 | 53.5 | 8.5 | 0.14 |
| 惠山 | 60.4 | 67.0 | 48.6 | 12.4 | 0.20 |
| 无锡 | 48.8 | 60.1 | 74.4 | 31.9 | 0.30 |
| 无锡新区 | 53.5 | 60.4 | 50.9 | 6.1 | 0.11 |
| 苏州新区 | 48.6 | 64.0 | 54.2 | 7.4 | 0.12 |
| 苏州 | 50.9 | 59.0 | 75.7 | 27.9 | 0.27 |
| 苏州园区 | 54.2 | 62.2 | 58.3 | 8.0 | 0.12 |
| 阳澄湖 | 58.3 | 68.0 | 44.2 | 15.0 | 0.25 |
| 昆山南 | 44.2 | 62.0 | 56.6 | 11.5 | 0.17 |
| 花桥 | 56.6 | 70.4 | 57.2 | 11.9 | 0.17 |
| 安亭北 | 57.2 | 71.2 | 58.4 | 11.6 | 0.17 |
| 南翔北 | 58.4 | 72.4 | 51.0 | 39.5 | 0.43 |
| 上海 | 51.0 | 75.5 | 58.7 | 32.3 | 0.35 |

**表 B-3　沪宁走廊 2010 年公路网络与 2015 年公路网络平均可达性比较**

| 站点 | 2010 年公路(min) | 2015 年公路(min) |
|---|---|---|
| 南京 | 136.4 | 132.0 |
| 仙林 | 130.1 | 127.0 |
| 宝华山 | 124.4 | 121.0 |
| 镇江 | 106.3 | 106.0 |
| 丹徒 | 103.6 | 101.0 |

（续表）

| 站点 | 2010 年公路(min) | 2015 年公路(min) |
|---|---|---|
| 丹阳 | 91.0 | 83.0 |
| 常州 | 76.9 | 78.0 |
| 戚墅堰 | 72.8 | 70.0 |
| 惠山 | 68.0 | 67.0 |
| 无锡 | 60.0 | 60.1 |
| 无锡新区 | 62.0 | 60.4 |
| 苏州新区 | 61.0 | 64.0 |
| 苏州 | 57.0 | 59.0 |
| 苏州园区 | 61.6 | 62.2 |
| 阳澄湖 | 66.3 | 68.0 |
| 昆山南 | 59.2 | 62.0 |
| 花桥 | 68.1 | 70.4 |
| 安亭北 | 69.1 | 71.2 |
| 南翔北 | 70.0 | 72.4 |
| 上海 | 94.0 | 75.5 |

**表 B-4　沪宁走廊 2010 年城际铁路综合网络与 2015 年城际铁路综合网络平均可达性比较**

| 站点 | 2010 年城际铁路(min) | 2015 年城际铁路(min) |
|---|---|---|
| 南京 | 93.3 | 93.3 |
| 仙林 | 89.2 | 89.2 |
| 宝华山 | 85.3 | 85.3 |
| 镇江 | 71.1 | 71.1 |
| 丹徒 | 77.3 | 77.3 |
| 丹阳 | 63.6 | 63.6 |
| 常州 | 53.0 | 53.0 |
| 戚墅堰 | 49.0 | 49.0. |
| 惠山 | 48.9 | 48.9 |
| 无锡 | 46.7 | 46.7 |

（续表）

| 站点 | 2010年城际铁路(min) | 2015年城际铁路(min) |
|---|---|---|
| 无锡新区 | 44.0 | 440 |
| 苏州新区 | 44.3 | 44.3 |
| 苏州 | 41.6 | 41.6 |
| 苏州园区 | 42.1 | 42.1 |
| 阳澄湖 | 45.3 | 45.3 |
| 昆山南 | 44.9 | 44.9 |
| 花桥 | 53.9 | 53.9 |
| 安亭北 | 49.5 | 49.5 |
| 南翔北 | 55.2 | 55.2 |
| 上海 | 58.5 | 58.5 |

**表B-5　沪宁走廊2015年城际铁路综合网络与2015年高铁综合网络平均可达性比较**

| 站点 | 2015年城际铁路(min) | 2015年高铁(min) | 城际铁路与高铁的时间差(min) |
|---|---|---|---|
| 南京 | 93.8 | 81.4 | 12.4 |
| 仙林 | 89.7 | 95.5 | −5.8 |
| 宝华山 | 85.5 | 93.8 | −8.3 |
| 镇江 | 71.3 | 74.4 | −3.1 |
| 丹徒 | 77.7 | 75.7 | 2.0 |
| 丹阳 | 63.1 | 58.7 | 4.4 |
| 常州 | 53.6 | 62.6 | −9.0 |
| 戚墅堰 | 50.2 | 64.7 | −14.5 |
| 惠山 | 49.6 | 60.4 | −10.8 |
| 无锡 | 47.5 | 48.8 | −1.3 |
| 无锡新区 | 45.0 | 53.5 | −8.5 |
| 苏州新区 | 45.7 | 48.6 | −2.9 |
| 苏州 | 43.2 | 50.9 | −7.7 |
| 苏州园区 | 44.0 | 54.2 | −10.2 |
| 阳澄湖 | 47.8 | 58.3 | −10.5 |
| 昆山南 | 47.9 | 44.2 | 3.7 |

（续表）

| 站点 | 2015 年城际铁路(min) | 2015 年高铁(min) | 城际铁路与高铁的时间差(min) |
|---|---|---|---|
| 花桥 | 57.8 | 56.6 | 1.2 |
| 安亭北 | 53.3 | 57.2 | −3.9 |
| 南翔北 | 56.1 | 58.4 | −2.3 |
| 上海 | 59.6 | 51.0 | 8.6 |

**表 B-6　沪宁走廊 2015 年高铁综合网络、城际铁路综合网络的到达区域核心地区(上海)的基本可达半径分析**

| 站点 | 城际铁路与公路时间差(min) | 基本可达半径(km) | 高铁与城际铁路时间差(min) | 基本可达半径(km) | 高铁与公路时间差(min) | 基本可达半径(km) |
|---|---|---|---|---|---|---|
| 南京 | 78.2 | 32.6 | 33.8 | 14.1 | 112.0 | 46.7 |
| 仙林 | 65.4 | 30.5 | 13.3 | 5.5 | 78.7 | 32.8 |
| 宝华山 | 63.2 | 29.5 | 10.5 | 4.4 | 73.7 | 30.7 |
| 镇江 | 60.8 | 28.4 | 18.1 | 7.5 | 78.9 | 32.9 |
| 丹徒 | 48.3 | 22.5 | 21.0 | 8.8 | 69.3 | 28.9 |
| 丹阳 | 44.0 | 20.5 | 18.6 | 7.75 | 62.6 | 26.1 |
| 常州 | 44.6 | 20.8 | 4.2 | 1.75 | 48.8 | 20.3 |
| 戚墅堰 | 38.1 | 17.8 | −6.8 | −2.8 | 31.3 | 13.0 |
| 惠山 | 31.6 | 14.7 | 0.3 | 0.1 | 31.9 | 13.3 |
| 无锡 | 28.8 | 13.4 | 10.2 | 4.3 | 39.0. | 16.2 |
| 无锡新区 | 26.5 | 12.4 | −4.5 | −1.9 | 220 | 9.2 |
| 苏州新区 | 22.9 | 10.7 | 4.8 | 2.0 | 27.7 | 11.5 |
| 苏州 | 15.0 | 7.0 | −8.3 | −3.5 | 6.7 | 2.8 |
| 苏州园区 | 26.7 | 12.6 | −25.2 | −10.5 | 1.5 | 0.6 |
| 阳澄湖 | 19.4 | 9.1 | −19.4 | −8.1 | 0.0 | 0 |
| 昆山 | 12.9 | 6.0 | 2.3 | 0.9 | 11.9 | 5.0 |
| 花桥 | 1.4 | 0.7 | −2.1 | −0.9 | 0 | 0 |
| 安亭 | 5.8 | 2.7 | −6.0 | −2.5 | 0 | 0 |
| 南翔 | 8.6 | 4.0 | −8.6 | −3.6 | 0 | 0 |

表 B-7　沪宁走廊 2015 年高铁综合网络、城际铁路综合网络的到达区域核心地区(南京)的基本可达半径分析

| 站点 | 城际铁路与公路时间差(min) | 基本可达半径(km) | 高铁与城际铁路时间差(min) | 基本可达半径(km) | 高铁与公路时间差(min) | 基本可达半径(km) |
|---|---|---|---|---|---|---|
| 仙林 | 9.7 | 4.0 | −9.7 | −4.0 | 0 | 0 |
| 宝华山 | 18.7 | 7.8 | −18.7 | −7.8 | 0 | 0 |
| 镇江 | 16.6 | 6.9 | −15.5 | −6.5 | 16.1 | 6.7 |
| 丹徒 | 20.4 | 8.5 | −1.9 | −0.8 | 18.5 | 7.7 |
| 丹阳 | 22.6 | 9.4 | −9.0 | −3.8 | 13.6 | 5.7 |
| 常州 | 37.3 | 15.5 | −4.5 | −1.9 | 37.0 | 15.4 |
| 戚墅堰 | 40.5 | 16.9 | −14.4 | −6.0 | 24.3 | 10.1 |
| 惠山 | 48.1 | 20.0 | −16.7 | −7.0 | 31.3 | 13.0 |
| 无锡 | 44.7 | 18.6 | 0.8 | 0.3 | 45.5 | 19.0 |
| 无锡新区 | 47.5 | 19.8 | −0.8 | −0.3 | 46.7 | 19.5 |
| 苏州新区 | 51.3 | 21.4 | 8.4 | 3.5 | 51.7 | 21.5 |
| 苏州 | 55.6 | 23.2 | 4.0 | 1.7 | 58.3 | 24.3 |
| 苏州园区 | 55.8 | 23.3 | 4.5 | 1.9 | 58.2 | 24.3 |
| 阳澄湖 | 67.4 | 28.1 | 0.2 | 0.1 | 64.6 | 27.0 |
| 昆山 | 62.7 | 26.1 | 23.6 | 9.8 | 83.7 | 34.9 |
| 花桥 | 56.5 | 23.5 | 21.9 | 9.1 | 78.4 | 32.7 |
| 安亭 | 64.2 | 26.8 | 14.3 | 6.0 | 76.4 | 31.8 |
| 南翔 | 66.6 | 27.8 | 14.3 | 6.0 | 75.0 | 31.3 |
| 上海 | 78.4 | 32.7 | 33.6 | 14.0 | 100.5 | 41.9 |

表 B-8　2010 年和 2015 年沪宁走廊各站考虑发车停站惩罚出行时耗统计

| 站点 | 2010 年班次(班) | 2010 年班次标准化(min) | 2015 年班次(班) | 2015 年班次标准化(min) | 2010 年平均可达性(min) | 2010 停站惩罚可达性(min) | 2015 年平均可达性(min) | 2015 停站惩罚可达性(min) | 停站惩罚可达性变化(min) |
|---|---|---|---|---|---|---|---|---|---|
| 上海 | 70 | 3.2 | 84 | 2.8 | 58.5 | 61.8 | 58.5 | 61.2 | −0.5 |
| 南翔 | 2 | 112.5 | 1 | 240.0 | 55.2 | 167.7 | 55.2 | 280.2 | −112.5 |

（续表）

| 站点 | 2010 年班次（班） | 2010 年班次标准化（min） | 2015 年班次（班） | 2015 年班次标准化（min） | 2010 年平均可达性（min） | 2010 停站惩罚可达性（min） | 2015 年平均可达性（min） | 2015 停站惩罚可达性（min） | 停站惩罚可达性变化（min） |
|---|---|---|---|---|---|---|---|---|---|
| 安亭 | 1 | 225.0 | 2 | 120.0 | 49.5 | 274.5 | 49.5 | 162 | −112.5 |
| 花桥 | 1 | 225.0 | 1 | 240.0 | 53.9 | 278.9 | 53.9 | 278.9 | 0 |
| 昆山 | 46 | 4.9 | 56 | 4.3 | 44.9 | 49.8 | 44.9 | 49.0 | −0.9 |
| 阳澄湖 | 4 | 56.3 | 2 | 120.0 | 45.3 | 101.6 | 45.3 | 157.8 | 56.3 |
| 苏州园区 | 7 | 32.1 | 9 | 26.7 | 42.1 | 74.2 | 42.1 | 67.1 | −7.1 |
| 苏州 | 52 | 4.3 | 71 | 3.4 | 41.6 | 46.0 | 41.6 | 44.8 | −1.2 |
| 苏州新区 | 4 | 56.3 | 2 | 120.0 | 44.3 | 100.6 | 44.3 | 156.8 | 56.3 |
| 无锡新区 | 7 | 32.1 | 12 | 20.0 | 44.0 | 76.1 | 44.0 | 62.8 | −13.4 |
| 无锡 | 59 | 3.8 | 73 | 3.3 | 46.7 | 50.5 | 46.7 | 49.8 | −0.7 |
| 惠山 | 11 | 20.5 | 12 | 20.0 | 48.9 | 69.3 | 48.9 | 67.6 | −1.7 |
| 戚墅堰 | 5 | 45.0 | 8 | 30.0 | 49.0 | 94.0 | 49.0 | 77.1 | −16.9 |
| 常州 | 48 | 4.7 | 70 | 3.4 | 53.0 | 57.7 | 53.0 | 56.2 | −1.5 |
| 丹阳 | 42 | 5.4 | 40 | 6 | 63.6 | 68.9 | 63.6 | 69.2 | 0.3 |
| 丹徒 | 2 | 112.5 | 1 | 240.0 | 77.3 | 189.8 | 77.3 | 302.3 | 112.5 |
| 镇江 | 48 | 4.7 | 51 | 4.7 | 71.1 | 75.8 | 71.1 | 75.56 | −0.3 |
| 宝华山 | 3 | 75 | 1 | 240.0 | 85.3 | 160.3 | 85.3 | 310.3 | 150.0 |
| 仙林 | 4 | 56.25 | 1 | 240.0 | 89.2 | 145.45 | 89.2 | 314.2 | 168.8 |
| 南京 | 70 | 3.2 | 84 | 2.9 | 93.3 | 96.5 | 93.3 | 95.9 | −0.5 |

**表 B-9　2015 年沪宁城际铁路和京沪高铁沪宁段同城共站和同城异站各站点考虑发车停站惩罚的可达性统计**

| 站点 | 2015 年城际铁路平均可达性（min） | 2015 年城际铁路班次（班） | 2015 年班次标准化（min） | 2015 年城际铁路停站惩罚可达性（min） | 2015 年高铁平均可达性（min） | 2015 年高铁班次（班） | 2015 年班次标准化（min） | 2015 年高铁停站惩罚可达性（min） | 2015 年高铁城际铁路可达性差异（min） |
|---|---|---|---|---|---|---|---|---|---|
| 上海 | 58.5 | 84 | 2.7 | 61.1 | 51.0 | 66 | 3.4 | 54.4 | −6.8 |
| 昆山 | 44.9 | 56 | 4.0 | 48.9 | 44.2 | 10 | 22.5 | 66.7 | 17.8 |

（续表）

| 站点 | 2015年城际铁路平均可达性(min) | 2015年城际铁路班次(班) | 2015年班次标准化(min) | 2015年城际铁路停站惩罚可达性(min) | 2015年高铁平均可达性(min) | 2015年高铁班次(班) | 2015年班次标准化(min) | 2015年高铁停站惩罚可达性(min) | 2015年高铁城际铁路可达性差异(min) |
|---|---|---|---|---|---|---|---|---|---|
| 苏州 | 41.6 | 71 | 3.2 | 44.8 | 50.9 | 33 | 6.8 | 57.7 | 12.9 |
| 无锡 | 46.7 | 73 | 3.1 | 49.8 | 48.8 | 34 | 6.6 | 55.4 | 5.6 |
| 常州 | 53.0 | 70 | 3.2 | 56.2 | 62.6 | 31 | 7.3 | 69.9 | 13.6 |
| 丹阳 | 63.6 | 40 | 5.6 | 69.2 | 58.7 | 8 | 28.1 | 86.8 | 17.6 |
| 镇江 | 71.1 | 51 | 4.4 | 75.51 | 74.4 | 25 | 9.0 | 83.4 | 7.9 |
| 南京 | 93.3 | 84 | 2.7 | 96.0 | 81.4 | 66 | 3.4 | 84.8 | −11.2 |

**表 B-10　沪宁城际铁路各站点到达上海的城际铁路相对公路的基本可达半径**

| 站点 | 城际铁路与公路时间差(min) | 基本可达半径(km) | 2010年公路与城际铁路停站惩罚时间差(min) | 2010年基本可达半径(km) | 2015年班次标准化(min) | 2015年公路与城际铁路停站惩罚权时间差(min) | 2015年基本可达半径(km) |
|---|---|---|---|---|---|---|---|
| 南京 | 78.2 | 26.1 | 75.0 | 25 | 2.7 | 75.5 | 25.2 |
| 仙林 | 65.4 | 21.8 | 9.2 | 3.1 | 225.0 | −159.6 | — |
| 宝华山 | 63.2 | 21.1 | −11.8 | — | 225.0 | −161.8 | — |
| 镇江 | 60.8 | 20.3 | 56.1 | 18.7 | 4.4 | 56.4 | 18.8 |
| 丹徒 | 48.3 | 16.1 | −64.2 | — | 225.0 | −176.7 | — |
| 丹阳 | 44.0 | 14.7 | 38.6 | 12.9 | 5.6 | 38.4 | 12.8 |
| 常州 | 44.6 | 12.7 | 39.9 | 13.3 | 3.2 | 41.4 | 13.8 |
| 戚墅堰 | 38.1 | 17.78 | −6.9 | — | 28.1 | 10.0 | 3.3 |
| 惠山 | 31.6 | 10.5 | 11.1 | 3.7 | 18.8 | 12.8 | 4.3 |
| 无锡 | 28.8 | 9.6 | 25.0 | 8.3 | 3.1 | 25.7 | 8.6 |
| 无锡新区 | 26.5 | 8.3 | −5.6 | — | 18.8 | 7.7 | 2.6 |
| 苏州新区 | 22.9 | 7.6 | −33.4 | — | 112.5 | −89.6 | — |
| 苏州 | 15.0 | 5.0 | 10.7 | 3.6 | 3.2 | 11.8 | 3.9 |
| 苏州园区 | 26.7 | 8.9 | −5.4 | — | 25.0 | 1.7 | 0.6 |
| 阳澄湖 | 19.4 | 6.5 | −36.9 | — | 112.5 | −93.1 | — |
| 昆山 | 12.9 | 4.3 | 8.0 | 2.7 | 4.0 | 8.9 | 3.0 |

（续表）

| 站点 | 城际铁路与公路时间差(min) | 基本可达半径(km) | 2010 年公路与城际铁路停站惩罚时间差(min) | 2010 年基本可达半径(km) | 2015 年班次标准化(min) | 2015 年公路与城际铁路停站惩罚权时间差(min) | 2015 年基本可达半径(km) |
|---|---|---|---|---|---|---|---|
| 花桥 | 1.4 | 0.5 | −223.6 | — | 225.0 | −223.6 | — |
| 安亭 | 5.8 | 1.9 | −219.2 | — | 112.5 | −106.7 | — |
| 南翔 | 8.6 | 2.9 | −201.9 | — | 225.0 | −216.4 | — |

**表 B-11　沪宁城际铁路各站点到达南京的城际铁路相对公路的基本可达半径分析**

| 站点 | 城际铁路与公路时间差(min) | 基本可达半径(km) | 2010 年公路与城际铁路停站惩罚时间差(min) | 2010 年可达优势围半径(km) | 2015 年班次标准化(min) | 2015 年公路与城际铁路加权时间差(min) | 2015 年基本可达半径(km) |
|---|---|---|---|---|---|---|---|
| 仙林 | 9.7 | 3.2 | −46.6 | — | 225.0 | −215.3 | — |
| 宝华山 | 18.7 | 6.2 | −56.3 | — | 225.0 | −206.3 | — |
| 镇江 | 16.6 | 5.5 | 11.9 | 4.0 | 4.4 | 12.2 | 4.1 |
| 丹徒 | 20.4 | 6.8 | −92.1 | — | 225 | −204.6 | — |
| 丹阳 | 22.6 | 7.5 | 17.2 | 5.7 | 5.6 | 17.0 | 5.7 |
| 常州 | 37.3 | 12.4 | 32.6 | 10.9 | 3.2 | 34.1 | 11.4 |
| 戚墅堰 | 40.5 | 13.5 | −4.5 | — | 28.1 | 12.4 | 4.1 |
| 惠山 | 48.1 | 16.0 | 27.6 | 9.2 | 18.8 | 29.3 | 9.8 |
| 无锡 | 44.7 | 14.9 | 40.9 | 13.6 | 3.1 | 41.6 | 13.9 |
| 无锡新区 | 47.5 | 15.8 | 15.4 | 5.1 | 18.8 | 28.7 | 9.6 |
| 苏州新区 | 51.3 | 17.1 | −5.0 | — | 112.5 | −61.2 | — |
| 苏州 | 55.6 | 18.5 | 51.3 | 17.1 | 3.2 | 52.4 | 17.5 |
| 苏州园区 | 55.8 | 18.6 | 23.7 | 7.9 | 25.0 | 30.8 | 10.3 |
| 阳澄湖 | 67.4 | 22.5 | 11.1 | 3.7 | 112.5 | −157.6 | — |
| 昆山 | 62.7 | 20.9 | 57.8 | 19.3 | 4.0 | 58.7 | 19.6 |
| 花桥 | 56.5 | 18.8 | −168.5 | — | 225.0 | −168.5 | — |
| 安亭 | 64.2 | 21.4 | −160.8 | — | 112.5 | −48.3 | — |
| 南翔 | 66.6 | 22.2 | −45.9 | — | 225.0 | −158.4 | — |
| 上海 | 78.4 | 26.1 | 75.2 | 25.1 | 2.7 | 75.7 | 25.2 |

# 附录C 乘客调查结果及初步分析

表 C-1　　调查问卷问题内容

| 内容 | 问题 | 属性 | 备注 |
| --- | --- | --- | --- |
| 出行特征 | 出发地和目的地 | 分类变量 | 目的地设置沪宁沿线城市精确到县级市(区)的32个固定选项,由乘客勾选;其余地区由乘客填写具体地点;出发地按照昆山、苏州园区的行政区划设置选项 |
| | 到站时间和出站后到目的地的时间 | 连续变量 | 乘客填写 |
| | 到站方式 | 分类变量 | 公交车、出租车、长途汽车、旅游巴士、步行、小汽车、助动车、自行车、租赁车、其他,乘客勾选 |
| | 乘坐城际铁路的频率 | 分类变量 | 每周5次及以上、每周1—4次、每月1—4次,说不定或偶尔,乘客勾选 |
| | 乘坐城际铁路的目的 | 分类变量 | 学习、上班、办理业务、经商、旅游、探亲访友、生活购物、其他,乘客勾选 |
| 方式偏好 | 城际铁路开通前的城际出行方式 | 分类变量 | 普通火车、小汽车、长途汽车、旅游巴士、没有此类出行,乘客勾选 |
| 个人属性 | 职业 | 分类变量 | 工人、企事业管理人员、服务业职员、公务员、个体经商者、科研工程技术人员、学生、离退休、待业、其他,乘客勾选 |
| | 月收入 | 分类变量 | 5 000 元以下、5 000—10 000 元、10 000—20 000 元、20 000 元以上,乘客勾选 |

表 C-2　　高频度生活模式的影响要素

| 方程中的变量 | | | | | | | |
| --- | --- | --- | --- | --- | --- | --- | --- |
| 影响要素 | | B | S. E, | Wals | df | Sig. | Exp(B) |
| 步骤 1a | 下车后到达目的地的时间 | 0.042 | 0.014 | 8.531 | 1 | 0.003 | 1.043 |
| | 性别(1) | −1.067 | 0.504 | 4.482 | 1 | 0.034 | 0.344 |

（续表）

| 方程中的变量 | | | | | | | |
|---|---|---|---|---|---|---|---|
| 影响要素 | | B | S. E, | Wals | df | Sig. | Exp(B) |
| 步骤 1a | 乘坐频率 | | | 0.657 | 3 | 0.883 | |
| | 乘坐频率(1) | 24.275 | 2 042.534 | 0.000 | 1 | 0.991 | 3.486E10 |
| | 乘坐频率(2) | 24.975 | 2 042.534 | 0.000 | 1 | 0.990 | 7.019E10 |
| | 乘坐频率(3) | 1.971 | 3 503.424 | 0.000 | 1 | 1.000 | 7.178 |
| | 到站时间 | −0.001 | 0.028 | 0.002 | 1 | 0.961 | 0.999 |
| | 收入 10 000 元(1) | −2.077 | 0.768 | 7.313 | 1 | 0.007 | 0.125 |
| | 职业分类(1) | −2.800 | 0.853 | 10.771 | 1 | 0.001 | 0.061 |
| | 常量 | −23.637 | 2 042.534 | 0.000 | 1 | 0.991 | 0.000 |

a. 在步骤 1 中输入的变量：下车后到达目的地的时间，性别，乘坐频率，到站时间，收入 10 000 元，职业分类

**表 C-3　　低频度工作模式的影响要素**

| 方程中的变量 | | | | | | | |
|---|---|---|---|---|---|---|---|
| 影响要素 | | B | S. E, | Wals | df | Sig. | Exp(B) |
| 步骤 1a | 下车后到达目的地的时间 | −0.017 | 0.006 | 7.420 | 1 | 0.006 | 0.983 |
| | 性别(1) | 0.678 | 0.256 | 7.007 | 1 | 0.008 | 1.970 |
| | 乘坐频率 | | | 11.880 | 3 | 0.008 | |
| | 乘坐频率(1) | −21.183 | 9 180.121 | 0.000 | 1 | 0.998 | 0.000 |
| | 乘坐频率(2) | −21.101 | 3 541.107 | 0.000 | 1 | 0.995 | 0.000 |
| | 乘坐频率(3) | 0.892 | 0.259 | 11.880 | 1 | 0.001 | 2.441 |
| | 到站时间 | 0.014 | 0.011 | 1.535 | 1 | 0.215 | 1.014 |
| | 收入 10 000 元(1) | 0.852 | 0.352 | 5.870 | 1 | 0.015 | 2.344 |
| | 职业分类(1) | 1.147 | 0.311 | 13.586 | 1 | 0.000 | 3.147 |
| | 常量 | −1.737 | 0.437 | 15.808 | 1 | 0.000 | 0.176 |

a. 在步骤 1 中输入的变量：下车后到达目的地的时间，性别，乘坐频率，到站时间，收入 10 000 元，职业分类

表 C-4　　　　　　　　低频度生活模式的影响要素

| 方程中的变量 | | | | | | | |
|---|---|---|---|---|---|---|---|
| 影响要素 | | B | S. E, | Wals | df | Sig. | Exp(B) |
| 步骤 1a | 下车后到达目的地的时间 | 0.017 | 0.006 | 7.420 | 1 | 0.006 | 1.017 |
| | 性别(1) | −0.678 | 0.256 | 7.007 | 1 | 0.008 | 0.508 |
| | 乘坐频率 | | | 11.880 | 3 | 0.008 | |
| | 乘坐频率(1) | −21.605 | 9 108.682 | 0.000 | 1 | 0.998 | 0.000 |
| | 乘坐频率(2) | −21.723 | 3 522.002 | 0.000 | 1 | 0.995 | 0.000 |
| | 乘坐频率(3) | −0.892 | 0.259 | 11.880 | 1 | 0.001 | 0.410 |
| | 到站时间 | −0.014 | 0.011 | 1.535 | 1 | 0.215 | 0.986 |
| | 收入 10 000(1) | −0.852 | 0.352 | 5.870 | 1 | 0.015 | 0.427 |
| | 职业分类(1) | −1.147 | 0.311 | 13.586 | 1 | 0.000 | 0.318 |
| | 常量 | 1.737 | 0.437 | 15.808 | 1 | 0.000 | 5.681 |

a. 在步骤 1 中输入的变量：下车后到达目的地的时间，性别，乘坐频率，到站时间，收入 10 000 元，职业分类

两站乘客到站方式多为公交车和出租车，占样本总量的 86%，其中出租车为 59%，公交车 27%，小汽车的出行比例不到 9%，说明公共交通是大部分乘客认可的接驳方式。其中苏州园区乘客的表现更为明显，选择公交车和出租车接驳的乘

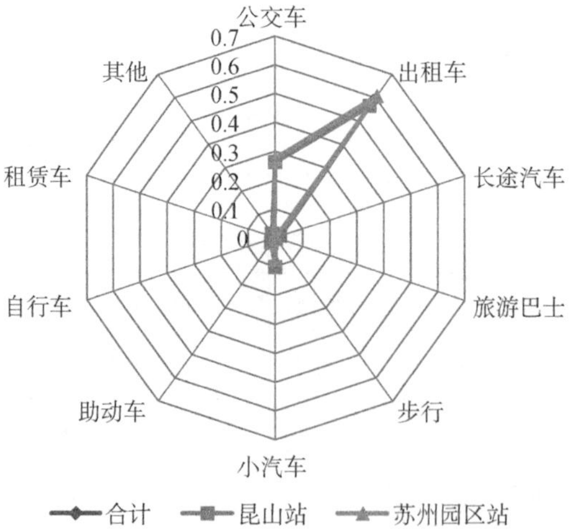


**图 C-1　昆山站、苏州园区站和总体样本到站方式的构成比较**

客达 88.4%，相比之下，小汽车接驳比例仅占 7.6%。出租车相对小汽车更为灵活自由，免去了停车的麻烦；相对公交车，出租车易于把控时间，舒适度也更高；在三种方式中，出租车的出行费用也最为适中，因此是性价比最高的接驳交通工具。基于以上现象，一方面要在各铁路站前广场为出租车划定对应的接驳空间，另一方面要改善公交服务，针对乘客需求增开班次，减少等车时间，提高服务质量，吸引乘客集中出行。

而昆山站的乘客出发地的分布更广，一方面是昆山的行政区划范围较大，城际铁路车站不仅吸引了昆山建成区的乘客，还有昆山下辖的建制镇，也会以城乡公交和出租车等方式抵达铁路车站。但是两站乘客的出行方向都是去往规模较大的一级地区。

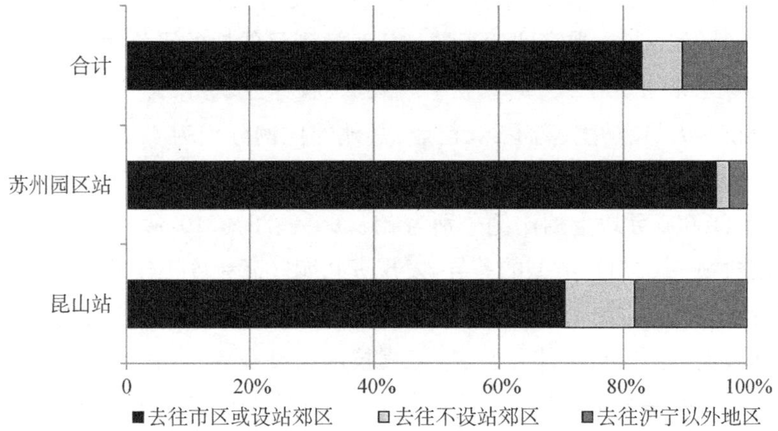


**图 C-2　昆山站、苏州园区站和总体样本乘客目的地构成比较**

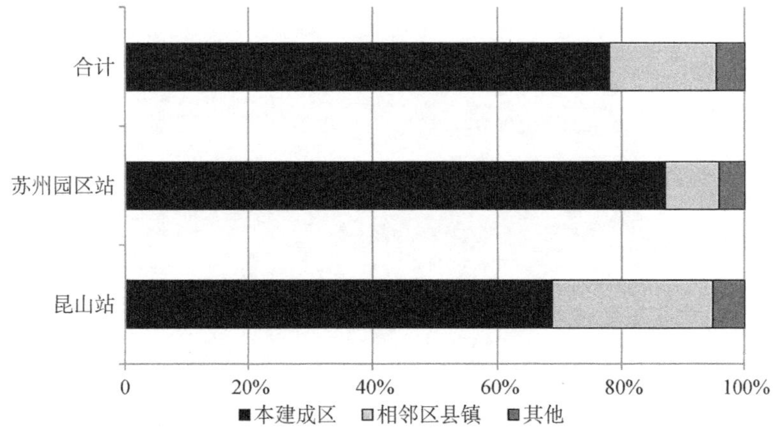


**图 C-3　昆山站、苏州园区站和总体样本乘客出发地构成比较**

昆山站 A 类模式的乘客从普通火车、小汽车、公路大巴、旅游巴士转变过来的比例分别为 9%、58%、16%和 7%。新激发的出行比例为 9%。乘客乘坐公交车、出租车、小汽车、助动车和其他接驳方式到火车站的比例分别为 25%、58%、9%、5%和 2%。乘客到达车站和从车站到目的地的平均时间分别为 20.3 min 和 22.7 min。乘客职业为工人、企事业管理人员、服务业职员、公务员、个体经商者、科研工程技术人员、学生、离退休、待业、其他的比例分别为 16%、32%、12%、9%、14%、12%、2%、0、0、2%。乘客收入为 5 000 元以下、5 000—10 000 元、10 000—20 000 元、20 000 元以上的比例分别为 16%、51%、28%、5%。

苏州园区站 A 类模式的乘客从普通火车、小汽车、公路大巴、旅游巴士转变过来的比例分别为 13%、68%、2%和 0。新激发的出行比例为 17%。乘客乘坐公交车、出租车、小汽车、助动车和其他接驳方式到火车站的比例分别为 21%、67%、9%、2%和 2%。乘客到达车站和从车站到目的地的平均时间分别为 15 和 28 分钟。乘客职业为工人、企事业管理人员、服务业职员、公务员、个体经商者、科研工程技术人员、学生、离退休、待业、其他的比例分别为 4%、72%、12%、2%、0、10%、0、0、0、0。乘客收入为 5 000 元以下、5 000—10 000 元、10 000—20 000 元、20 000 元以上的比例分别为 2%、60%、28%、10%。

比较两站 A 类出行类型的差异，发现苏州园区高频度工作的乘客几乎有 3/4 是企事业管理人员；昆山高频度工作乘客的职业则更为多样化和均衡化，工人、企事业管理人员、公务员、个体经营者、工程技术人员都有。相应地，苏州园区站高频度工作出行的乘客中月收入高于 20 000 元的比例也是昆山站的 2 倍，月收入低于 5 000 元的乘客比例是昆山站的 1/8。苏州园区站新激发的出行行为比例是昆山站的 1.9 倍。

# 附录D　部分二级地区产业资料

## 1. 昆山

昆山拥有两个国家级开发区：昆山高新技术开发区、昆山经济技术开发区，昆山是唯一一个拥有两个国家级园区的区县级行政区。

昆山高新技术开发区列于中国产业园区百强榜单名列，昆山经济技术开发区连续多年在国家级开发区综合发展水平评价中位居全国前四。两个园区的业态都以先进制造和高新技术为主，包括电子信息、光电显示、精密机械、装备制造、民生轻工。

其中经济技术开发区创建最早，已有30余年历史，目前已经引进50个国家和地区的外资项目。该区形成了电子信息、光电显示、精密机械、装备制造、民生轻工等主导产业。高新区中设有昆山工业技术研究院，为制造产业提供技术支持，园中的精密机械产业集群企业产值超过全国11%，模具产业基地为第三批全国科技兴茂创新基地(装备制造)。2015年两园GDP1 800亿元(272亿美元)，两园人均GDP17万元(2.6万美元)，是苏州市域平均水平的1.3倍。(资料来源：http://www.ks.gov.cn/zrgk?id=1724和status=1 http://jsksysz.360500.com/introduction-8030-8-359.aspx，http://www.chinaacc.com/new/403_425/2010_1_25_xi3268485656152101022 8768.shtml)

## 2. 丹阳

丹阳高新技术开发区为江苏省级高新技术开发区，同时为国家级新材料特色产业基地，产业体系以新材料、新型医疗器械及生物医药、高端装备制造、现代服务业等为主导。逐步形成了医疗器械、电子信息、新材料、高端装备制造、视光学等5大新兴产业集群，形成收入百亿级产业集群3个、销售收入超30亿元企业4家，省级科技产业园1个。2016年，高新区实现地区生产总值503.59亿元(76亿美元)，高新技术产值占比达到49%。近年来，高新区企业共承担省级以上科技计划项目128项，引进国内领先项目31项，获得省科技进步奖3项，申报有效专利 1 813 件，发明型专利 395 件。2017 年高新区的激光科技企业获得国家科学技术发明奖。2015 年丹阳高新区与上海股权托管交易中心共建了“丹阳高新区企业挂牌孵化基地”，为园区的企业融资提供服务平台。（资料来源：http://gxq.danyang.gov.cn/dygxq/）

### 3. 苏州园区

苏州园区是全国首个开展开放创新综合试验区域，是中国和新加坡的重要合作项目。苏州园区作为国家级经济技术开发区，同时享受国家级高新技术产业开发区的政策。产业类型以先进制造和高新技术为主，2015 年全园区 GDP2 059 亿元（312 亿美元），人均 GDP 为 25 万元（3.8 万美元），是苏州市域平均水平的 2 倍。

园区主导产业包括电子信息、机械制造、生物医药、云计算等高端制造和新兴产业。2016 年高新技术产业产值占规上工业产值比重达到 66.2%；累计吸引外资项目超 5 800 个，实际利用外资 294 亿美元。

区内以金融和研发作为制造业的坚实基础。区内累计集聚金融类机构超 800 家，形成金融中心高地，为企业提供相应的金融服务，苏州金融资产交易中心、股权交易中心等资本要素市场先后设立，区域股权投资基金规模超 1 200 亿元。2015 年园区服务业增加值占 GDP 比重达 43.8%。

区内拥有 20 多个国家级创新基地，拥有 480 个研发机构，国家级科研院所 10 家，国家级高新技术企业 829 家。其中独墅湖科教创新区是全国唯一的国家高等教育国际化示范区。（资料来源：http://www.sipac.gov.cn/）

### 4. 无锡新区

无锡高新区是国家级高新技术开发区，获批国家传感网创新示范区、国家创新型园区、国家生态工业示范园区、国家知识产权试点园区，与苏州园区相同，也是与新加坡合作的产业园区。

优势产业集群包括装备制造、云计算、新能源、新材料、生物技术新医药、软件等。无锡高新区也是全国首个引进海外高层次人才的国家高新区，已经聚集 1 600 多家科技企业。其实世界 500 强企业中有 53 家在此投资项目。

2015 年全园区 GDP1 302 亿元（200 亿美元），人均 GDP 为 23 万元（3.5 万美元），是无锡市一级地区的 2 倍。

无锡市政府从一级地区向南搬迁，引导城市整体向南发展，距离无锡新区城际铁路站最近，仅 8 km，到无锡站达 13 km。（资料来源：http://cn.bizwnd.

com/overview. html)

## 5. 戚墅堰

戚墅堰站位于常州经济开发区，是省级经济技术开发区。区内三大主导产业包括轨道交通装备、三电（智能电网、燃机发电、电机电器）和新材料（绿色建材、玻纤材料、合金材料）。其中轨道交通具有突出优势，为“国家科技兴贸创新基地”，国家新型工业化产业示范基地，目标发展为“亚洲第一、世界一流”的内燃机车研发和制造基地。2016 年园区 GDP 660 亿元（100 亿美元）。（资料来源：http://jkq. changzhou. gov. cn/html/jkq/2016/PEKLPAJH_0912/2455. html)

## 6. 惠山

惠山经济开发区是省级经济技术开发区，其中的软件产业园是国家级科技企业孵化器，以软件与创意、互联网及相关应用、电子商务、科技金融为主，实际产出 100 亿元，2016 年度获得中国科技园最佳创业环境奖。生命科技产业园区与上海张江生物医药基地全面合作，目前聚集了 100 多家生物医药企业，现代医疗器械产业成为主导产业之一，并入选中国最佳生物医药园区。

惠山站南侧组团设有物流园区，距离车站 6 km，北侧是平湖新城，为生态住宅区。（资料来源：http://huishan. gov. cn/l/kfq/，http://www. wxo-park. com/index. php? g＝portal 和 m＝article 和 a＝index 和 id＝1http://www. bioon. com/z/2012cbia/)